Die Brasilianische Verfassung von 1988
Ihre Bedeutung für Rechtsordnung und Gerichtsverfassung Brasiliens
Im Anhang: Constituição da República Federativa do Brasil 1988 -
Amtlicher Text und deutsche Teilübersetzung

Schriften der Deutsch-Brasilianischen Juristenvereinigung

Für die Deutsch-Brasilianische Juristenvereinigung e. V. (Frankfurt)

herausgegeben von

Prof. Dr. Friedrich Kübler (Frankfurt), Dr. Jürgen Samtleben (Hamburg),
Prof. Dr. Fábio Konder Comparato (São Paulo)

Band 8

Verlag Peter Lang
Frankfurt am Main · Bern · New York · Paris

Die Brasilianische Verfassung von 1988

Ihre Bedeutung für Rechtsordnung und Gerichtsverfassung Brasiliens

Beiträge zur 6. Jahrestagung 1987 der DBJV

herausgegeben von
Wolf Paul

Im Anhang:
Constituição da República Federativa do Brasil vom 5. Oktober 1988

Amtlicher Text
und deutsche Teilübersetzung

Verlag Peter Lang
Frankfurt am Main · Bern · New York · Paris

CIP-Titelaufnahme der Deutschen Bibliothek

Die Brasilianische Verfassung von 1988
[neunzehnhundertachtundachtzig] : Ihre Bedeutung für Rechtsordnung und Gerichtsverfassung Brasiliens. Anh. : Constituição da República Federativa do Brasil vom 5. Oktober 1988 ; amtlicher Text und deutsche Teilübersetzung. Hrsg. von Wolf Paul. - Frankfurt am Main ; Bern ; New York ; Paris : Lang, 1989
(Schriften der Deutsch-Brasilianischen Juristenvereinigung ; Bd. 8) (Beiträge zur ... Jahrestagung ... der DBJV; 6. 1987)
ISBN 3-631-42186-9

NE: Paul, Wolf [Hrsg.]; Brasil: [Verfassung <1988.10.05≤]; beigef. Werk; Deutsch-Brasilianische Juristenvereinigung: Schriften der Deutsch-Brasilianischen ... ; Deutsch-Brasilianische Juristenvereinigung: Beiträge zur ...

ISSN 0176-7976
ISBN 3-631-42186-9

Printed in Germany 1 2 3 5 6 7

Für HPL

INHALTSVERZEICHNIS

Vorwort des Herausgebers

Der vorliegende Band vereinigt herausragende juristische Beiträge zur brasilianischen Verfassungsgebungsdiskussion. Sie sind aus Vorträgen hervorgegangen, die auf der VI. Jahrestagung der Deutsch-Brasilianischen Juristenvereinigung in Rio de Janeiro (15. - 21. November 1987) gehalten worden sind. Deren Aufgabe war es, die Reformbedeutung der neuen Verfassungsgebung für Rechtsordnung und Gerichtsverfassung Brasiliens nach Ende zwanzigjähriger Militärstaatlichkeit und Stagnation des Rechtslebens zu analysieren und im Kreise einer breiteren deutsch-brasilianischen Juristen-Öffentlichkeit zu diskutieren. Die vorliegenden Analysen sind daher authentische Zeugnisse der verfassungsgebenden Stunde der Neuen Republik und ihres demokratischen Rechtsstaats. Für die besondere Authentizität und Aktualität bürgen die Namen der Beitragenden: Dr. Eduardo Augusto Muylaert Antunes (Brasília) ist Staatssekretär im Justizministerium und Vorsitzender des Conselho Nacional de Política Criminal e Penitenciária. Er gehörte ebenso wie die Prozessualistin Prof. Dr. Ada Pellegrini Grinover (São Paulo) zum Kreis der Mitwirkenden im Rechtsausschuß der Verfassungsgebenden Versammlung. Prof. Dr. Kazuo Watanabe (São Paulo) und der Frankfurter Brasilianist und Rechtsanwalt Hans-Joachim Henckel gelten als besondere Kenner des brasilianischen Gerichtsverfassungs- und Prozeßrechts. Rechtsanwalt J. M. Pinheiro Neto (São Paulo) leitet die größte Anwaltsfirma Brasiliens mit Kanzleiniederlassungen in São Paulo, Rio de Janeiro, New York und London. Der Arbeitsrechtler Prof. Dr. Octávio Bueno Magano und der Wirtschaftsrechtler Rechtsanwalt Prof. Dr. Modesto Carvalhosa (beide São Paulo) sind international renommierte Fachgelehrte, sie haben in zahlreichen Veröffentlichungen die Arbeit der Verfassungsgebenden Versammlung kommentiert. Die Professoren Eckard Rehbinder und Wolf Paul (beide Frankfurt) sind Mitglieder der Deutsch-Brasilianischen Juristenvereinigung und langjährig mit rechtsvergleichenden Fragestellungen im deutsch-lateinamerikanischen Kontext befaßt.

Daß die Tagung ein Jahr vor dem förmlichen Abschluß des Verfassungswerks stattgefunden hat, tut ihrer Aktualität keinen Abbruch. Denn eine Woche vor Tagungsbeginn hatte die Systematisierungskommission der Verfassungsgebenden Versammlung ihren A-Entwurf der Verfassung veröffentlicht, mithin diejenige Textfassung, die den Lesungen in der Constituinte zugrunde gelegen hat. Aufbau und wesentlicher Inhalt der neuen Verfassung hatten damit zum Zeitpunkt der Tagung festgestanden.

Alle Beiträge werden in diesem Band in der Sprache publiziert, in der sie seinerzeit in Rio de Janeiro vorgetragen worden sind. Einzelne brasilianische Beiträge sind mit Zusammenfassungen in deutscher Sprache versehen. Insoweit ist dem Stil der Deutsch-Brasilianischen Juristenvereinigung und ihrer Schriftenreihe entsprochen worden.

Die Texte der brasilianischen Referenten sind auf der Grundlage von Tonbandmitschnitten erstellt und von diesen überarbeitet worden. Auf die Wiedergabe der Beiträge von Richter José Carlos Barbosa Moreira (Thema: Das Zivilrecht in der Neuen Verfassung) und von Prof. Paulo de Barros Carvalho (Thema: Das System der Besteuerung in der Neuen Verfassung) mußte mit großem Bedauern verzichtet werden, die erbetenen Überarbeitungen haben den Herausgeber nicht erreicht. Um einen Ausgleich zu schaffen, ist der Band erweitert worden: um einen Anhang mit dem vollständigen amtlichen Text der Constituição da República Federativa do Brasil vom 5. Oktober 1988 sowie mit einer privaten deutschen Teilübersetzung (Grundrechtsteil, Organisationsteil, Programmteil) sowie einer Einleitung in das Grundkonzept der neuen Verfassung durch den Herausgeber. Dadurch wird dem Leser ermöglicht, die von den Autoren im November 1987 erreichten Erkenntnisstände und Einschätzungen der von der Verfassung projektierten Rechts- und Gerichtsverfassungsreform am fertigen Verfassungstext von 1988 zu überprüfen und in den Gesamtzusammenhang der neuen Verfassungsentwicklung einzuordnen.

Der Herausgeber dankt allen, die an der aufwendigen Erstellung dieses Bandes mitgewirkt haben: vor allem Herrn Rechtsanwalt Horacio Bernardes, Rio de Janeiro, für die Bereitstellung der Tonbandmitschnitte, Frau Mariceli de Campos Paraense, Belém-Pará, für die Transskripte, Frau Rechtsanwältin Marcia Vasconcelos, Belém - Pará, für Manuskriptrevisionen, Herrn José Maria Sales Cordeiro, Belém - Pará, und Frau Edelgard Mank, Frankfurt, für Erstellung der Satzspiegelvordrucke, Frau Diana Mendes P. Machado, VARIG Frankfurt, für die schnelle Beschaffung des amtlichen Verfassungstextes nach dem 5. Oktober 1988 sowie Frau Monica Falcone ("O Globo", Rom) für die Versorgung mit brasilianischer Tagespresse. Die Anregung, eine deutsche Übersetzung der Nova Constituição anzufertigen, ist Herrn Horst Röding (Wachtberg-Pech), ehem. Botschafter der Bundesrepublik Deutschland in Brasilien, zu danken, nachhaltige Ermutigungen in dieser Richtung gaben Frau Prof. Dr. Maria Nazaré Imbiriba von der Assessoria Especial de Relações Nacionais e Internacionais sowie Herr Prof. Dr. Thomas Mitschein von der Casa de Estudos Germânicos der Universidade Federal do Pará. Besonders nachdrücklich dankt der Herausgeber allen, die an der Schwerarbeit des Übersetzens des brasilianischen Verfassungstextes sich beteiligt haben: Hans-Joachim Henckel, Wolf von Siebert, Ursula und Peter Schindler.

Frankfurt am Main, den 28. März 1988 Wolf Paul

PRINCÍPIOS GERAIS DA NOVA CONSTITUIÇÃO

Eduardo Muylaert Antunes (Brasília)

A elaboração de uma nova constituição é sempre um momento de tensão. À medida que o reordenamento constitucional gera um novo equilíbrio de múltiplos interêsses em conflito na sociedade, o processo constituinte desperta anseios profundos e propicia a manifestação dos conflitos manifestos ou latentes no país.

Não obstante, as constituições normalmente não fazem revoluções: elas se inserem no processo social muito mais como consolidadoras de situações já configuradas do que como criadoras de mudanças estruturais. Ao estabelecer o novo modelo, a constituição reflete necessariamente tanto conflitos históricos, como aqueles presentes no momento de sua elaboração.

Ao longo de nossa história, há vários tipos de tensões que sempre se manifesta nos momentos de elaboração constitucional. Podemos mencionar, em primeiro lugar, uma tensão entre Brasil e o mundo. Se, por um lado, procuramos acompanhar os progressos das demais nações, mesmo que não correspondam às nossas peculiaridades sociais, cultural e econômica, por outro sofremos as pressões decorrentes de problemas crônicos, tais como a herança colonial e a dívida externa.

Uma segunda tensão que sempre identificamos em nosso processo constituinte é a que se polariza nas idéias afirmadas na bandeira: ordem e progresso. Há sempre setores que se preocupam mais com a segurança e a estabilidade das instituições, enquanto outros dão prioridade à criação de condições para o avanço social.

A tensão entre duas visões divergentes da realidade, que se poderia denominar visão utópica e visão cínica, é a terceira que encontramos em nosso processo constituinte. Alguns querem colocar todas as boas idéias na constituição, mesmo as que não têm terreno fértil para vingar, por não corresponderem ao nosso estágio de desenvolvimento. Outros, em contrapartida, lutam pura e simplesmente pela conservação das estruturas mais arcaicas, repudiando todas as boas idéias e qualquer possibilidade de progresso social.

Não se pode esquecer, finalmente, da constante tensão entre governo e constituinte, aquele procurando colocar suas idéias no modelo constitucional em elaboração e esta tentando moldar seu próprio projeto e conter a influência do executivo.

Tais tensões e conflitos são a matéria-prima do processo constituinte. Sua manifestação é saudável, à medida que refletem e transportam para a carta a realidade subjacente às fórmulas em discussão. É, justamente, o debate livre e amplo, a manifestação plena dos vários segmentos da sociedade que pode legitimar a obra da Constituinte.

A lei,efetivamente, nunca é uma razão escrita,na lição clássica de Mirkine-Guetzévitch: "ela é um compromisso na luta dos grupos, dos partidos, dos indivíduos.Historicamente, a lei é sempre uma transação. Daí porque a lógica jurídica, isoladamente, não é capaz de explicar o direito. Ao lado da lógica jurídica, há o direito vivo, que se cria não na calma dos gabinetes, mas no tumulto das Assembléias, na luta de interêsses, de grupos, de nações. Em cada lei, é preciso observar dois elementos:a consciência jurídica da época e a técnica jurídica do compromisso entre as forças em luta (1).

O grande constitucionalista europeu recomenda desconfiar, em matéria constitucional, das fórmulas, dos dogmas, da terminologia: "as instituições e as leis não são nunca uma simples aplicação de teorias. Toda constituição é muito mais uma obra de circunstâncias do que de lógica jurídica. As constituições saídas do cérebro dos teóricos raramente são viáveis. Mais frequentemente, uma constituição é fruto de transações, de compromissos; mas a transação é o estágio final da obra constituinte. Primeiro, deve se produzir um saudável choque das atitudes, das opiniões"(1).

Embora se possa identificar todas essas e mais outras tensões do nosso processo constituinte em curso, é fácil observar que os conflitos se situam, basicamente, nas questões particulares e não nos princípios gerais da nova constituição . Estes, de alguma maneira, podem ser encontrados em nossa história constitucional e não sofrerão mudanças susbtanciais. A luta que ainda se trava é em torno da aplicação dos princípios gerais, não de sua definição.

Os princípios de proteção dos direitos individuais e de separação dos poderes constituem legado de nossa primeira constituição, editada em 1824. Descoberto pelos portuguêses em 1500, o Brasil vivei até à proclamação da independência,em 1822, um grande período colonial, sem tipografia nem universidade.Quando D. Pedro decide dotar o país de uma constituição, essa palavra ainda não era muito conhecida no Brasil.

A tensão governo-constituinte já se manifesta àquela época. A Assembléia Constituinte foi dissolvida e a Constituição outorgada pelo Imperador. O texto inaugura no Brasil a era das declarações de direitos. Nossa primeira declaração, inspirada nos modelos franceses e norte-americanos, foi considerada uma das mais belas de seu tempo, afirmando ampla, cabal e generosamente a liberdade e a igualdade. Não obstante, conviveria com a realidade da escravidão, só abolida em 1888, dezoito meses antes da proclamação da República.

O princípio da separação dos poderes,considerado in

dispensável à garantia dos direitos individuais, também vem expressamente afirmado na Constituição do Império. Entretanto , por exigência do Imperador, que foi uma das principais causas de tensão com a Assembléia dissolvida, inseriu-se então ao lado dos tres poderes clássicos mais um Poder Moderador, depositado nas mãos do próprio Imperador, com prerrogativas de dissolver a Câmara e suspender os magistrados.

O que é certo é que, com a Constituição do Império, os princípios da proteção dos direitos individuais e da separação dos poderes se incorporam definitivamente à história constitucional brasileira. Sob a Carta de 1824, também, surgiu a prática de um parlamentarismo não previsto no texto constitucional, que acabou por assegurar relativa estabilidade política ao Império.

Os princípios da República e da federação advêm da Constituição da Primeira República, de 1891. O Brasil volta seus olhos para o modelo americano de democracia e se institui em federação, bastante artificial para a realidade da época . Com a república, que adota o regime presidencialista, também o princípio da soberania popular é afirmado. A partir de então , a declaração de que todo poder emana do povo e em seu nome deve ser exercido se incorpora aos nossos textos constitucionais.

A tensão entre as idéias de ordem e progresso, já inscritas na bandeira, caracteriza o início do período republicano. O início do século XX marca o começo da sociedade moderna no Brasil, com suas concentrações urbanas, estabelecimentos fabris, operariado e movimentos de reivindicação."A questão social não pode ser tratada como caso de polícia", afirma Ruy Barbosa em 1919. A idéia de ordem, entretanto, é privilegiada pelo presidente Arthur Bernardes, ao propor a reforma constitucional de 1926.

A nova organização republicana, segundo o Presidente, sistema de excepcionais liberdades, desarmou o Governo para defender convenientemente a ordem - "que é o supremo bem" , deixando a União enfraquecida e males graves sem remédio.

A tensão Brasil-mundo se faz presente. Entre os graves males, o Presidente arrola, ao lado da carestia e da "desarrazoada elevação dos preços", a impontualidade de alguns Estados na satisfação de seus compromissos externos - já a dívida - e a entrega das riquezas que a Nação devia conservar para sua própria defesa, como as minas de ferro, petróleo e outras.

O reforço da idéia de ordem não bastou para superar as tensões do início do século. A revolução dos tenentes, em 1930, marca o fim da ordem liberal e o início da era de Getúlio Vargas. O lema adotado - "representação e justiça" - representa o repúdio ao sistema eleitoral vigente, em que só uma parcela ínfima da população exercia o direito de voto e,mesmo assim, as fraudes eram constantes.

O princípio dos direitos sociais começa a firmar-se entre nós a partir de 1930. Destaca-se o papel do Estado como árbitro dos interêsses desiguais e garantidor dos direitos econômicos e sociais das parcelas mais desfavorecidas da população . As Constituições do México, de 1917, e de Weimar, de 1919, servem agora de modelo.

Assim é que a Constituição de 1934 procura, a um tempo, garantir os direitos individuais e consolidar direitos sociais.Seu reinado seria curto, já que em 1937 Getúlio Vargas estabelece o Estado Novo e outorga a constituição mais autoritária de nossa história. Acompanhando o que se passava na Europa, o período de governo discricionário se estenderia até 1945.

Com o fim da segunda grande guerra, um novo período se inicia no mundo, com a perspectiva da construção de uma era de paz e de conciliação. As novas constituições européias,de modo geral, procuram consolidar a democracia e conciliar os direitos individuais clássicos com os novos direitos sociais.

Embora vivessemos o mesmo espírito, a tensão entre as visões cínica e utópica da realidade se faz presente na Constituinte de 1946. Em plenário, liberais e conservadores se digladiavam em torno da extensão dos direitos sociais. O anteprojeto de Agamenon Magalhães, sobre a ordem econômica, foi amplamente vitorioso, apesar da oposição dos indivualistas, como Graco Cardoso, que advertia: a promessa de salário digno e de emprego à todas as categorias constituem "castelos de vento,a desafiar futuros vendavais"...(2)

A Constituição de 1946, ao lado dos direitos individuais, consagrou o direito de greve, a estabilidade no emprego e até a participação dos empregados no lucro das empresas. Tais normas não foram cumpridas e foram sendo paulatinamente desnaturadas. Sob a Constituição republicana e presidencialista de 1946, também, se formaram as crises políticas que levaram ao movimento militar de 1964 e ao ocaso da democracia.

Vivemos no Brasil longos anos de autoritarismo,saudosos e desejosos de uma constituição efetivamente democrática. A idéia de uma nova constituição democrática é um compromisso inarredável da Nova República. Presenciamos agora o tão esperado momento constituinte, com todas as suas tensões.

Paulo Bonavides, um de nossos melhores constitucionalistas, observa que "o constitucionalismo social das constituições brasileiras deste século jamais operou por via eliminatória, cancelando direitos e garantias expressos nas antecedentes declarações, mas antes obrou com vistas a conservá-los, modificando-lhes tão somente a índole e o espírito, de tal maneira que os acréscimos de inspiração social se impusessem dominantes"(3).

O novo texto constitucional inegavelmente procurará assegurar a democracia, a soberania popular, a separação de poderes. Mais uma vez se vai tentar uma fórmula de equilíbrio entre o executivo e o legislativo, aproveitando as lições do presidencialismo e do parlamentarismo. Da mesma forma, a nova constituição vai buscar garantir os direitos individuais e consagrar direitos econômicos sociais.

Tais princípios gerais já se encontram no preâmbulo do projeto de constituição, que se refere à construção de uma grande nação. baseada na liberdade, na fraternidade, na igualdade, na proibição de qualquer discriminação e na busca de um modo democrático de convivência e de organização estatal.

O projeto reafirma como fundamental o princípio da soberania popular e o objetivo de se construir uma sociedade livre, justa e solidária. A República, a Federação, o regime representativo e a separação de poderes são expressamente reafirmados.

O título referente aos princípios fundamentais coloca também objetivos, que envolvem a garantia do desenvolvimento e da independência nacionais, a erradicação da pobreza e das desigualdades, a superação dos preconceitos e a convivência pacífica no plano internacional.

Tais princípios e objetivos são coerentes com nossa história e inequivocamente refletem os anseios de nosso povo. A luta que hoje se trava no plenário da Constituinte é basicamente em torno da aplicação dos princípios gerais, da elaboração de normas concretas que componham os conflitos de interêsses existentes na sociedade brasileira.

Com os olhos voltados para nossa história constitucional, para nosso rico legado de princípios fundamentais e de tradições democráticas, uma manifestação de otimismo e de esperança em relação ao desfecho de nosso processo constituinte é mais do que justificada. O processo democrático, efetivamente, é o único capaz de compor os conflitos profundos e de superar as constantes tensões que refletem as contradições de nossa própria sociedade.

Notas:

1. Boris Mirkine-Guetzévitch, Les Constitutions Européennes, 1951, págs. 7 e 11.
2. José Duarte, A Constituição Brasileira de 1946, 1947, 3º volume.
3. Paulo Benevides, O Princípio Ideológico nas Constituições Brasileiras, Revista de Ciência Política 4/1968, pág. 45.

DIE WIRTSCHAFTSVERFASSUNG DER BUNDESREPUBLIK DEUTSCHLAND

Eckard Rehbinder (Frankfurt)

I. Zum Begriff der Wirtschaftsverfassung

In der rechtswissenschaftlichen Diskussion wird der Begriff der Wirtschaftsverfassung in zweifacher Bedeutung gebraucht. Man unterscheidet zwischen der Wirtschaftsverfassung im engeren Sinne und der Wirtschaftsverfassung im weiteren Sinne. Die Wirtschaftsverfassung im engeren Sinne sind die Regelungen der Verfassung (des Grundgesetzes von 1949), die die Ordnung des Wirtschaftslebens betreffen (Art. 2 Abs. 1, 3, 9 Abs. 3, 12, 14, 15, 20 Abs. 1, 109 Abs. 2 GG). Die Wirtschaftsverfassung im weiteren Sinne wird als die Gesamtheit der Rechtssätze verstanden, die die Organisation und den Ablauf des wirtschaftlichen Prozesses bestimmen. Der weite Begriff betrifft damit sowohl Verfassungs- als auch einfaches Gesetzesrecht, der enge Begriff nur das wirtschaftsrelevante Verfassungsrecht. Mit der Einführung des Begriffs Wirtschaftsverfassungsrecht darf aber nicht die Vorstellung verbunden werden, daß das Grundgesetz eine spezielle Regelung der nationalen Wirtschaftsverfassung enthält. Anders als die Weimarer Verfassung enthält es gerade keine Normierung einer Wirtschaftsverfassung. Dies beruht einmal darauf, daß das Grundgesetz ein "normatives" Verfassungsverständnis zugrunde legt und daher darauf verzichtet hat, Programmsätze in die Verfassung aufzunehmen, die weitgehend der Ausgestaltung durch den Gesetzgeber bedürfen. Zum anderen war in der historischen Situation bei Schaffung des Grundgesetzes eine allseits akzeptierte Vorstellung über die Ordnung der Wirtschaft nicht vorhanden.

In der Vergangenheit hat es allerdings nicht an Versuchen gefehlt, aus den wirtschaftlich erheblichen Grundrechten auf eine bestimmte Wirtschaftsordnung zu schließen. Diese Versuche und der heutige, mittlerweile gefestigte Diskussionsstand zur Wirtschaftsverfassung der Bundesrepublik sollen im folgenden dargestellt werden. Sodann wird exemplarisch auf einzelne Elemente der Wirtschaftsverfassung im weiteren Sinne eingegangen und dargelegt, daß die Einzelnormierungen grundsätzlich von einer marktwirtschaftlichen Ordnung ausgehen und diese ausgestalten.

II. Wirtschaftsverfassung im engeren Sinne: Wirtschaftsverfassungsrecht

1. Die Ansichten zur Wirtschaftsverfassung des Grundgesetzes

Heute ist der Streit, ob das Grundgesetz eine Wirtschaftsverfassung und ggf. welche enthält, weitgehend überwunden. Auf die Entwicklung sei aber nochmals kurz eingegangen:

a) Auf Nipperdey geht die Ansicht zurück, daß das Grundgesetz die "soziale Marktwirtschaft" gewährleiste. Nipperdey begründet dies in erster Linie mit der Annahme einer Gewährleistung der Institutionen "Wettbewerb" und "Gewerbefreiheit" durch die Freiheitsrechte der Art. 2 Abs. 1 und 12 Abs. 1 GG (Nipperdey, passim). Es wird der Versuch unternommen, das Modell der sozialen Marktwirtschaft als verfassungsrechtlich geboten auszuweisen. Die soziale Marktwirtschaft ist aber nur ein Programm, das auf einem Gesetz über die Leitsätze für die Bewirtschaftung und Preispolitik von 1948 beruht und das wesentlich durch den Erfolg der darauf aufbauenden Wirtschaftspolitik seine Rechtfertigung erhielt. Das Programm der sozialen Marktwirtschaft wird aber nicht durch das Grundgesetz gewährleistet, auch wenn manchen aufgrund der sozialen Ausgleichsfunktion dieses Programms eine Festschreibung in der Verfassung wünschenswert erscheint. Die Versuche, in diesem Sinne das Grundgesetz auszulegen, sind daher bis heute nicht gänzlich verstummt (vgl. Thiele, Gestaltung S. 2 m.w.N.).

b) Demgegenüber stehen verschiedene Auffassungen, die im Grundsatz die These von der wirtschaftspolitischen Neutralität des Grundgesetzes vertreten, im Ergebnis aber tendenziell von dieser Grundthese wieder abrücken. Krüger (DVBl 1951, 361, 363) kommt über die These von der wirtschaftspolitischen Neutralität des Grundgesetzes zu einem liberalen Modell, das es dem Gesetzgeber verwehre, bestimmte wirtschaftliche Programme zu verwirklichen, ihn vielmehr auf die Gefahrenabwehr und die Förderung der öffentlichen Wohlfahrt beschränke. Abendroth unternimmt umgekehrt den Versuch, über Art. 15 GG zu begründen, daß die Neutralität des Grundgesetzes auch den Übergang in eine sozialistische Wirtschaftsverfassung zulasse (Abendroth, S. 65 ff.).

c) Das Bundesverfassunsgericht versteht die Neutralität in einem anderen Sinne (Investitionshilfe-Urteil, BVerfGE 4, 7, 17 f., auch BVerfGE 7, 377 f. "Apothekenurteil" und BVerfGE 50, 290 ,336 f. "Mitbestimmungsurteil"):
"Das Grundgesetz garantiert weder die wirtschaftspolitische Neutralität der Regierungs- und Gesetzgebungsgewalt noch eine nur mit marktkonformen Mitteln zu steuernde 'soziale Marktwirtschaft'.
Die wirtschaftspolitische Neutralität des Grundgesetzes besteht lediglich darin, daß sich der Verfassungsgeber nicht ausdrücklich für ein bestimmtes Wirtschaftssystem entschieden hat. Dies ermöglicht dem Gesetzgeber, die ihm jeweils sachgemäß erscheinende Wirtschaftspolitik zu verfolgen, sofern er

dabei das Grundgesetz beachtet.
Die gegenwärtige Wirtschaftsordnung ist zwar eine nach dem Grundgesetz mögliche Ordnung, keineswegs aber die allein mögliche."
Danach überläßt das Grundgesetz dem Gesetzgeber eine beträchtliche Gestaltungsfreiheit in der Wirtschaftspolitik, die insbesondere auch zur Wirtschaftslenkung genutzt werden kann. Damit ist aber nicht gesagt, daß die Ordnung und Gestaltung des Wirtschaftslebens völlig der politischen Entscheidung überantwortet ist. Der Gesetzgeber hat bei der von ihm verfolgten Wirtschaftspolitik stets das Grundgesetz zu beachten. Aus dem Grundgesetz ergeben sich die Grenzen der Gestaltungsfreiheit. Die These von der "wirtschaftspolitischen Neutralität" des Grundgesetzes ist daher, richtig verstanden, dahin zu verstehen, daß das Grundgesetz kein bestimmtes Wirtschaftssystem vorschreibt oder schützt, daß es aber gleichwohl Grenzen staatlichen Handelns aufzeigt. Umgekehrt folgt aus den grundgesetzlich geschützten Freiheiten und gegebenen Garantien nicht nur eine Schranke für staatliches Handeln, sondern auch ein Auftrag für die soziale und wirtschaftliche Gestaltung. Das Grundgesetz ist in dem Sinne "neutral", daß der Gesetzgeber jede ihm sachgemäß erscheinende Wirtschaftspolitik verfolgen darf, sofern er dabei die bundesstaatliche Kompetenzverteilung, den sozialstaatlichen Auftrag, die rechtsstaatlichen Verfassungsgrundsätze und die grundrechtlichen Gewährleistungen beachtet (Badura, S. 208 f.). Dem Gesetzgeber wird dabei ein weiter Regelungsspielraum zugestanden. Im folgenden sollen die wichtigsten wirtschaftlich relevanten Grundrechte in groben Zügen dargestellt und die Grenzen und der Anspruch an staatliches Handeln aufgezeigt werden.

2. Wirtschaftlich relevante Grundrechte, Schrankensystematik und Verhältnismäßigkeitsgrundsatz

a) Art. 2 Abs. 1 GG schützt im Rahmen der allgemeinen Handlungsfreiheit auch die wirtschaftliche Betätigung und Entfaltungsfreiheit. Art. 2 ist eine Art Auffanggrundrecht, dem gesondert verbürgte Wirtschaftsrechte wie Art. 12 Abs. 1 (Freiheit der Berufswahl und Berufsausübung) und Art. 14 (Garantie des Eigentums) vorgehen. Art. 2 ist insoweit weiter, als auch wirtschaftliche Grundfreiheiten geschützt werden, die im Grundgesetz nicht explizit aufgeführt sind, wie z.B. die Wettbewerbs- und Vertragsfreiheit, die Produktionsfreiheit, die Veräußerungs- und Erwerbsfreiheit und die Konsumfreiheit (Thiele, S. 7 f.).
Bei einer so weit gefaßten Garantie im Sinne eines "jeder kann tun und lassen, was er will" versteht es sich fast von selbst, daß das Grundrecht auch Einschränkungen zuläßt. In Art. 2 kommt dies dadurch zum Ausdruck, daß das Recht auf freie Entfaltung nur so weit geht, als nicht "Rechte anderer verletzt und nicht gegen die verfassungsmäßige Ordnung und das Sittengesetz verstoßen wird". Aus dieser Einschränkung folgt aber nicht, daß die allgemeine Handlungsfreiheit beliebig einschränkbar ist. Eingeschränkt werden kann sie nur durch die

verfassungsmäßige Ordnung, d.h. durch die Gesamtheit der materiell und formell ordnungsgemäß zustande gekommenen Gesetze, die aber ihrerseits wieder den Anforderungen des Grundgesetzes genügen müssen. Im einzelnen muß insbesondere der aus dem Rechtsstaatprinzip (Art. 20 GG) abgeleitete Grundsatz der Verhältnismäßigkeit und die Wesensgehaltsgarantie des Art. 19 Abs. 2 GG beachtet werden. Beide Voraussetzungen sind noch gesondert darzustellen, da sie Bedeutung für die Einschränkung sämtlicher Grundrechte haben. An dieser Stelle sei nur soviel festgehalten, daß sich erst aus der Gesamtschau und dem Zusammenwirken der Grundrechte der Schutzbereich des einzelnen Grundrechts ergibt.

Art. 2 läßt mit dem Verweis auf die verfassungsmäßige Ordnung eine weitgehende Einschränkung der allgemeinen Handlungsfreiheit zu. Für die Wirtschaftsverfassung wird die Grenze staatlicher Intervention erst dort gesehen, wo der Übergang zur staatlichen Zwangswirtschaft stattfindet da dann wirtschaftliche Handlungsfreiheit auch rechtlich nicht mehr gewährleistet ist. Bis zu diesem "Kernbereich" steht dem Staat das Recht zu, weitgehend planend in den Wirtschaftsablauf einzugreifen. Aus dieser Abgrenzung folgt auch, daß das Grundgesetz keine bestimmte Wirtschaftsverfassung gewährleistet, daß es vielmehr nur die Grenzen einer Umstrukturierung der Marktwirtschaft im Hinblick auf den Übergang zu einer Planwirtschaft aufzeigt. Andere für die Wirtschaftsordnung relevante Grundrechte, die ebenfalls den Übergang zu einer staatlichen Planwirtschaft ausschließen, sind Art. 12 und Art. 14, Art. 9 sowie Art. 3 GG.

b) Art. 12 Abs. 1 garantiert die Freiheit der Berufswahl und der Berufsausübung. Trotz ihres Wortlauts gilt die Vorschrift auch für juristische Personen und stellt damit eine Garantie der Gewerbefreiheit dar. Während die Berufswahl grundsätzlich frei ist (Ausnahme: gegenläufige überragende Gesichtspunkte des Gemeinwohls), unterliegt die Berufsausübung engeren Schranken. Art. 12 Abs. 1 S. 2 enthält einen sogenannten Gesetzesvorbehalt. Kein Gesetzesvorbehalt läßt aber ein Grundrecht leerlaufen. Jede Grundrechtseinschränkung ist vielmehr im Lichte der besonderen Bedeutung des Grundrechts zu sehen. Zwischen einschränkendem Gesetz und zu beschränkendem Grundrecht besteht eine Wechselwirkung, so daß das einschränkende Gesetz seinerseits durch das betreffende Grundrecht beschränkt wird. Welchem Recht im Einzelfall der Vorrang gebührt, ergibt sich aus einer umfassenden Güterabwägung unter Berücksichtigung des Grundsatzes der Verhältnismäßigkeit sowie der Beachtung der Wesensgehaltsgarantie des Art. 19 Abs. 2 GG (BVerfGE 7, 198, 209; 28, 191, 200). Das Bundesverfassungsgericht leitet daraus die folgenden ungeschriebenen Qualifizierungen ab, die bei jedem Gesetzesvorbehalt mitzulesen sind:

(1) Das gesetzgeberische Ziel muß auf das Wohl der Allgemeinheit gerichtet sein. Dies ist dann nicht der Fall, wenn das Ziel unvereinbar mit vorrangigen Gemeinwohlentscheidungen des Gesetzgebers ist. Das Ziel muß "grundgesetzkonform" sein.

(2) Die Mittel, die der Gesetzgeber einsetzt, müssen geeignet (= tauglich) und notwendig sein (= es darf kein milderes, weniger beeinträchtigendes Mittel geben, das den gleichen Erfolg bringen würde).

(3) Das Ziel, das erreicht werden soll, darf in seiner Wertigkeit nicht außer Verhältnis zur Intensität des Eingriffs in die Grundrechtsposition stehen. Es hat also eine Güterabwägung stattzufinden. Je intensiver der Staat in das Grundrecht eingreift, umso gewichtiger und dringlicher muß das Ziel sein, das gefördert werden soll. Richtschnur für die Güterabwägung sind keine subjektiven Wertvorstellungen des Gesetzgebers, sondern allein wiederum die Entscheidungen der Verfassung. Da diese aber eine Bandbreite von Entscheidungen zuläßt, bleibt dem Gesetzgeber ein ausreichender Spielraum bei der Wertabwägung.

Das Bundesverfassungsgericht hebt Entscheidungen des Gesetzgebers erst dann auf, wenn sie "offensichtlich fehlsam" oder mit der Wertordnung des Grundgesetzes "unvereinbar" sind. Dies ist dann der Fall, wenn "bei einer Gesamtabwägung zwischen der Schwere des Eingriffs und dem Gewicht der sie rechtfertigenden Gründe die Grenze der Zumutbarkeit für den Grundrechtsträger nicht mehr gewährleistet ist" (BVerfGE 30, 292, 316). Das Gebot der Verhältnismäßigkeit bedeutet bei wirtschaftlichen Interventionen also nur, daß das staatliche Handeln die Grenze der offensichtlichen Unverhältnismäßigkeit nicht überschreiten darf.

Dem Gesetzgeber steht auch für die Beurteilung der "Zwecktauglichkeit" seiner Maßnahmen ein weiterer Spielraum zu. Soweit ein Gesetz auf einer wirtschaftlichen Prognose beruht, kommt es nur darauf an, daß der Gesetzgeber sich an einer sachgerechten und vertretbaren Beurteilung orientiert hatte, nicht aber darauf, ob sich etwa nachträglich herausstellt, daß es sich um eine Fehlprognose handelt (BVerfGE 29, 179, 182; 39, 210). In der Praxis erweisen sich daher wirtschaftsgestaltende Gesetze selten als verfassungswidrig.

c) Neben Art. 12 GG ist die Gewährleistung des Eigentums (Art. 14 GG) von entscheidender wirtschaftsverfassungsrechtlicher Bedeutung, da dieses Grundrecht auch vorhandene Unternehmen gegen staatliche Eingriffe schützt. Allerdings steht die Eigentumsgarantie unter einem doppelten "Eingriffsvorbehalt". Nach Art. 14 Abs. 1 S. 2 werden Inhalt und Schranken des Eigentums durch die Gesetze bestimmt. Art. 14 Abs. 2 hebt die Sozialpflichtigkeit des Eigentums hervor: "Eigentum verpflichtet. Sein Gebrauch soll zugleich dem Wohle der Allgemeinheit dienen". Daher gelten viele staatliche Eingriffe nicht als (entschädigungspflichtige) Enteignung, sondern als (ohne Entschädigung hinzunehmende) bloße "Sozialbindung". Das gilt etwa für die im Jahre 1976 eingeführte paritätische Mitbestimmung der Arbeitnehmer in den Aufsichtsräten der größeren Unternehmen oder für z.T. einschneidende Maßnahmen des Umweltschutzes.

d) Art. 9 Abs. 3 GG schützt die Koalitionsfreiheit (Bildung und Betätigung von Gewerkschaften und Arbeitgeberverbänden) und nach der Rechtsprechung des Bundesverfassungsgerichts auch das überkommene Arbeitskampf- (Streik-) und Tarifvertragssystem. Das Recht der Gewerkschaften, Lohn- und Arbeitsbedingungen mit den Arbeitgebern in Tarifverträgen auszuhandeln und notfalls für die Erreichung ihrer tarifpolitischen Ziele zu streiken, ist im Kern verfassungsrechtlich geschützt.

e) Bei allen staatlichen Interventionen in die Wirtschaft ist der Gleichheitssatz des Art. 3 GG zu beachten, der freilich restriktiv im Sinne eines Verbots unsachlicher Ungleichbehandlung ausgelegt wird.

f) Neben ihrer Abwehrfunktion gegen staatliche Eingriffe enthalten viele Grundrechte auch ordnungspolitische Wertentscheidungen im Sinne von institutionellen Garantien. Dies führt zu einer Verstärkung des subjektiven Schutzes.

Art. 14 GG bietet nicht nur Schutz gegen eine Verletzung des Einzeleigentums, sondern enthält auch die institutionelle Garantie des Privateigentums (BVerfGE 24, 389 f.). Solche Gewährleistungen lassen sich aber nicht unbesehen aus der historischen Wurzel lösen und in einen anderen Zusammenhang übertragen. Das wird etwa im Mitbestimmungsurteil deutlich (BVerfGE 50, 290). Die Gegner der Mitbestimmung versuchten die Verfassungswidrigkeit des Mitbestimmungsgesetzes mit der verfassungsmäßigen Garantie des Privateigentums als Grundpfeiler der Wirtschaftsordnung zu begründen. Das Bundesverfassungsgericht hat aber diese wirtschaftsordnungspolitische Ausdeutung der Grundrechte ausdrücklich verworfen und ausgeführt: "Nach ihrer Geschichte und ihrem heutigen Inhalt sind die Grundrechte in erster Linie individuelle Rechte ... Die Funktion der Grundrechte als objektive Prinzipien besteht in der prinzipiellen Verstärkung ihrer Geltungskraft, hat jedoch ihre Wurzel in dieser primären Bedeutung. Sie läßt sich deshalb nicht von dem eigentlichen Kern lösen und zu einem Gefüge objektiver Normen verselbständigen, in dem der ursprüngliche und bleibende Sinn der Grundrechte zurücktritt". Mit dieser Absage an eine wirtschaftsordnungspolitische Ausdeutung der Grundrechte reicht die Bedeutung des Mitbestimmungsurteils weit über seinen Entscheidungsgegenstand hinaus.

Ähnlich war die Argumentation zu Art. 9 Abs. 3 GG. Da sich im Gefolge der paritätischen Mitbestimmung das Arbeitskampf- und Tarifvertragssystem tendenziell verändern könnte, wurde argumentiert, die paritätische Mitbestimmung verstoße gegen Art. 9 Abs. 3 GG. Dabei wurde aber wiederum übersehen, daß diese institutionelle Garantie im Rahmen und anhand der überkommenen Unternehmensverfassung entwickelt wurde, ihrerseits aber nicht überkommene Unternehmensverfassungen für alle Zeiten festschreiben soll.

3. Sozialstaatsprinzip, staatliche Interventions- und Gestaltungspflichten

Die Ausführungen zu Schranken und institutionellen Verstärkungen des Grundgesetzschutzes sollten das Zusammenwirken grundgesetzlicher Normen aufzeigen und den Blick auf die Einheit der Verfassung hinwenden. Dies leitet über zu einer näheren Auseinandersetzung mit dem Sozialstaatsprinzip (Art. 20 Abs. 1, 28 Abs. 1 GG). Diese Staatszielbestimmung ist Leitprinzip für die wirtschafts- und arbeitspolitische Gesetzgebung. Gesetze müssen auch dort, wo nicht, wie im Falle der Eigentumsgarantie, eine ausdrückliche Anordnung vorliegt, dieses Staatsziel berücksichtigen..

a) Das Leitprinzip "Sozialstaat" ist unter dem Gesichtspunkt der Einheit der Verfassung bei sämtlichen Entscheidungen des Gesetzgebers zu brücksichtigen. Staatsziel ist also nicht nur der Schutz von "Freiheit und Eigentum", sondern auch der Schutz und die Gewährleistung von Arbeit und sozialer Sicherheit.

Dies zeigt wiederum, daß die einzelnen Regelungen der Verfassung sich nicht ohne weiteres zu einer widerspruchsfreien Ordnung zusammenfügen lassen, daß vielmehr erst durch Gesamtschau und systematische Verfassungsauslegung kompromißhaft ein Ausgleich zu finden ist, der die unterschiedlichen Komponenten angemessen berücksichtigt. Das Grundgesetz ist damit auch auf sozialen Ausgleich angelegt. Der Gesetzgeber hat für den Ausgleich sozialer Gegensätze und damit für eine gerechte Sozialordnung zu sorgen (BVerfGE 22, 180, 204). Die Sozialgebundenheit wirtschaftlicher Rechte und Freiheiten bedeutet aber wiederum nur Begrenzung und Kontrolle, nicht aber Instrumentalisierung derart, daß diese Rechte und Freiheiten nur im Hinblick auf ihre soziale Nützlichkeit ausgeübt werden dürfen (Badura, S. 210). Scheinbare Widersprüchlichkeiten des Grundgesetzes in dieser Hinsicht sind nur Ausdruck dessen, daß keine bestimmte wirtschaftliche Ordnung festgeschrieben ist, vielmehr nur Abwehrpunkte gegen extreme Veränderungen gesetzt werden, dem Gesetzgeber im übrigen aber ein weiter Ermessensspielraum zukommt. Nach Art. 15 GG kann etwa "Gemeineigentum" genauso gut objektives Ordnungselement der Wirtschaftsordnung sein wie "Privateigentum". Die Entscheidung hat der Gesetzgeber zu treffen. Eine alternative Wirtschaftsverfassung enthält Art. 15 ebensowenig wie Art. 14 oder andere Grundgesetzbestimmungen die jetzige Wirtschaftsordnung garantierten (Badura, S. 210, Rittner, S. 33). Eine totale oder auch nur überwiegende Überführung von Privateigentum in Staatseigentum wäre unzulässig.

Die Sozialstaatsklausel markiert den Übergang vom liberalen zum sozialen Rechtsstaat. Nicht mehr nur formale, rechtliche Freiheit, sondern reale, in der sozialen Wirklichkeit vorhandene Freiheit ist die Zielvorstellung der Verfassung (Jarass, S. 60).

b) Ansprüche lassen sich aus dem Sozialstaatsprinzip für den einzelnen Bürger nicht in gleicher Weise ableiten wie aus den Abwehrrechten. Würde der Sozialstaatsgrundsatz unmittelbar Ansprüche begründen, würde die Sozialpolitik vom Gesetzgeber auf die Gerichte verlagert. Der Sozialstaatsgrundsatz ist daher in erster Linie ein Auftrag an den Gesetzgeber zu sozialstaatlicher Tätigkeit.

Institutsgarantien und Sozialstaatsprinzip zeigen, daß das Grundgesetz nicht nur Schranken für wirtschaftspolitische Maßnahmen setzt, sondern daß es auch ein Tätigwerden des Gesetzgebers fordern kann. Der Staat ist verantwortlich für die gerechte Ausgestaltung der gesellschaftlichen Verhältnisse, insbesondere im Wirtschafts- und Arbeitsleben (Rittner, S. 37 f.; Badura, S. 295). In Verfolgung der sozialstaatlichen Ziele bleibt allerdings wieder die gesetzgeberische Gestaltungsfreiheit und ebenso die Bindung des Gesetzgebers an die Grundsätze, Rechte und Freiheiten der Verfassung erhalten. Nur in Ausnahmefällen können durch unmittelbare Berufung auf das Sozialstaatsprinzip staatliche Leistungen verlangt werden (Sozialhilfe, Subvention von Privatschulen oder Presseunternehmen).

c) Das an sich bereits vom Sozialstaatsprinzip umfaßte Mandat zur Konjunkturpolitik wurde durch die Neufassung des Art. 109 GG ausdrücklich bekräftigt. Durch diese Vorschrift wird die Notwendigkeit staatlicher Konjunkturpolitik durch Festlegung der staatlichen Verantwortung auf das "gesamtwirtschaftliche Gleichgewicht" verdeutlicht (Badura, S. 296).

Nach der Neufassung des Art. 109 GG wurde die Ansicht vertreten, daß die Epoche der wirtschaftspolitischen Neutralität des Grundgesetzes abgeschlossen sei zugunsten der Wirtschaftsverfassung der "global gesteuerten Marktwirtschaft". Andere sind der Auffassung, daß die konjunkturpolitische Verantwortung des Staates jetzt auch in der Verfassung verankert sei. Art. 109 GG betrifft aber nur die staatliche Haushalts- und Finanzwirtschaft. Man wird daher nicht so weit gehen können, in der Unterordnung der staatlichen Haushalts- und Finanzwirtschaft unter das gesamtwirtschaftliche Gleichgewicht bereits eine ausdrückliche Entscheidung für ein bestimmtes Wirtschaftssystem zu sehen (Thiele, Wirtschaftsverfassung, S. 234 f.).

d) Staatliche Handlungsaufträge zur Intervention in die Wirtschaft (freilich grundsätzlich ohne korrespondierende subjektive Ansprüche) ergeben sich schließlich nach der Rechtsprechung des Bundesverfassungsgerichts (BVerfGE 49, 89; 140 ff.; 49, 252, 257; 53, 30, 55 ff.; 56, 54, 78) u.U. auch aus den Freiheitsgrundrechten selbst. Diese sind zwar primär Abwehrrechte gegen staatliche Eingriffe. Die Rechtsprechung steht jedoch auf dem Standpunkt, daß der Staat auch die Aufgabe hat, den einzelnen vor Beeinträchtigungen und Gefährdungen seiner Grundrechte zu schützen, die ihm aus seiner Umwelt durch Tun oder Unterlassen Dritter erwachsen. Die Lehre von den Schutzpflichten geht aber nicht so weit, daß sie den Staat verpflichtet, positive Leistungen gegenüber dem einzelnen zu erbringen.

Mit den dem Parlament vorliegenden Entwürfen einer Änderung des Grundgesetzes, die eine ausdrückliche Verpflichtung des Staates zum Umweltschutz einführen wollen, wird ein weiterer Handlungsauftrag zur Intervention in die Wirtschaft geschaffen.

III. Wirtschaftsverfassung im weiteren Sinne

Die marktwirtschaftliche Ordnung ist der Kern der Wirtschaftsverfassung im weiteren Sinne. Obwohl die Grundentscheidung für eine marktwirtschaftliche Ordnung keinen Verfassungsrang besitzt, stellt sie doch einen wichtigen politischen Maßstab für die Beurteilung von Eingriffen dar. In diesem Sinne pflegt man bei Entscheidungen über Eingriffe in die Wirtschaft stets zu fragen, ob sie "marktkonform" seien, und bemüht sich, sie ggf. wenigstens möglichst "marktkonform" auszugestalten.

Andererseits verdient in Erinnerung gerufen zu werden, daß die Wirtschaftsordnung der Bundesrepublik keine freie Marktwirtschaft im klassischen Sinne, sondern eine staatlich gesteuerte Marktwirtschaft ist. Gewiß überwiegt das marktwirtschaftliche Element, gewiß werden die zentralen Investitions- und Konsumentscheidungen auf der Grundlage von Eigentum, Wettbewerb und Tarifautonomie von den Wirtschaftssubjekten getroffen. Der Staat beschränkt sich jedoch längst nicht mehr auf die Setzung einer staatlichen Rahmenordnung i.S. von Ordnungspolitik. Er wirkt vielmehr durch vielfältige Steuerungsleistungen und durch eigene Wirtschaftstätigkeit erheblich auf die Wirtschaftsstruktur und den Wirtschaftsprozeß ein. Hinzu kommt in jüngster Zeit das Vordringen wirtschaftsdemokratischer Tendenzen, wie sie sich in der Mitbestimmung manifestieren.

1. Elemente einer marktwirtschaftlichen Ordnung

Als klassische unterverfassungsrechtliche Einzelnormierung, die auf ein Funktionieren einer marktwirtschaftlichen Ordnung ausgerichtet ist, darf man wegen seiner besonderen Bedeutung das Gesetz gegen Wettbewerbsbeschränkungen (GWB) anführen. Dieses Gesetz verbietet Kartelle und stellt ausnahmsweise erlaubte Kartelle unter behördliche Kontrolle, es sieht eine behördliche Kontrolle über Unternehmenszusammenschlüsse und die Mißbrauchsaufsicht bei eingetretener Marktbeherrschung vor. Ein Gemeinwesen, das die Güterproduktion und -verteilung weitgehend der Koordinierung durch den Markt überläßt, muß dafür sorgen, daß das Funktionieren dieser Kräfte nicht behindert oder aufgehoben wird. Diesem Ziel dient das GWB. Das Grundgesetz erwähnt das Thema lediglich bei der Gesetzeskompetenz. Die"Verhütung des Mißbrauchs wirtschaftlicher Macht" gehört zur konkurrierenden Gesetzgebung (Art. 74 Nr. 16 GG). Daraus folgt aber wiederum nicht, daß das Grundgesetz für eine bestimmte Wirtschaftsordnung Stellung nimmt. Die Herstellung der Bedingungen der Marktwirtschaft ist nur verfassungsrechtlich zulässig, aber nicht vorgeschrieben (Rittner, S. 49 f.).

Ein Großteil des unterverfassungsrechtlichen Rechts ist aus historischen Gründen und auch deshalb, weil in der Bundesrepublik eine marktwirtschaftliche Ordnung existiert, auf die Herstellung der Bedingungen der Marktwirtschaft ausgerichtet oder entspricht zumindest deren Bedingungen. Trotzdem gibt es kein in sich konsistentes gesetzgeberisches Wirken, das Ausdruck eines weitgehend liberalen Gedankenguts wäre. Zu vielfältig sind die verschiedenen Belange, deren Verwirklichung und Sicherung gerade dem Gesetzgeber überlassen werden. Bei grundsätzlicher Anerkennung und Sicherung der marktwirtschaftlichen Ordnung sind weite Bereiche zumindest partiell marktwirtschaftlichen Regulativen entzogen. Der Staat wird z.T. wirtschaftslenkend tätig.

2. Ausnahmebereiche

In der Landwirtschaft werden politisch gesetzte Ziele wie die nationale Selbstversorgung, die Agrarpolitik der Europäischen Gemeinschaft und der soziale Schutz der Bevölkerungsgruppe Landwirte der Verwirklichung des freien Marktes vorgezogen. Staatliche Preisregelungen finden sich auf dem Erzeugersektor und teilweise auch auf dem Verbrauchersektor. Über Vorratsstellen und Einfuhrregelungen wird das Güterangebot reguliert. Neben der Preisgarantie wird dem Erzeuger eine weitgehende Absatzgarantie bei gleichzeitigem Schutz vor internationaler Konkurrenz gesichert. Die Folgen dieser Politik haben zu nur schwer lösbaren Problemen in der EG-Agrarpolitik geführt.

Der Schutz der Funktionsfähigkeit der Bundesbahn und umwelt- und verkehrspolitische Gesichtspunkte sprechen gegen einen freien Güterfernverkehr auf der Straße und für eine Reglementierung des Verkehrsbereichs. Mittel staatlicher Intervention sind die Kontingentierung des Fernverkehrs und Preisregelungen. Die Kontingentierung ist als eine der letzten objektiven Berufszulassungssperren von der Rechtsprechung anerkannt worden. Der schwere Eingriff in das Recht der Berufsfreiheit wird gerechtfertigt mit der Gefahr für das überragend wichtige Gemeinschaftsgut "Bundesbahn". Marktmechanismen lassen sich aber auch hier offensichtlich nicht ganz ausschalten, was die ständige Zunahme des genehmigungsfreien Werkverkehrs zeigt, der nicht der staatlichen Preisbindung und Kontingentierung unterliegt.

Ähnliches gilt für das Postmonopol, das die Entwicklung moderner Kommunikationstechniken behindert und letzlich nicht im gegenwärtigen Umfang wird aufrechterhalten werden können.

Der Energiemarkt wird ebenfalls in erheblichem Maße reguliert. Energieunternehmen gelten als Träger einer öffentlichen Aufgabe. Gebietsmäßig sich überschneidende Versorgungsleitungen werden für unerwünscht gehalten (Gebietsschutz). Die Abschottung gegen die Gesetze des Marktes geht so weit, daß Energieversorgungsunternehmen mit kartellrechtlich zulässigen Verträgen jeden Wettbewerb untereinander ausschließen können. Strukturprobleme des Steinkohlenbergbaus, der Wunsch nach Mindestvorräten für Erdölerzeugnisse und mit der Kernenergie verbundene Sicherheitsprobleme haben ebenfalls zu staatlichen Reglementierungen in diesen Bereichen geführt.

Auch der Wohnungsmarkt ist weitgehend reglementiert. Regelungen, die Mieterhöhungen erschweren, und Wohngeldbeihilfen dienen dem Schutz sozial schwacher Bevölkerungsgruppen. Mit Steuervorteilen für Wohnungsbauinvestitionen wird in die Mechanismen der Marktwirtschaft lenkend eingegriffen. Ob allerdings die aufgrund der Nachkriegsnot entstandene Reglementierung des Wohnungsmarktes auch im gegenwärtigen begrenzten Umfang noch erforderlich ist, erscheint zumindest zweifelhaft. Sie hat investitionshemmende Wirkungen, die ihre Vorteile zum Teil wieder aufheben.

Allgemein kann man sagen, daß die Herausnahme bestimmter Wirtschaftszweige aus dem Marktgeschehen vielfach negative wirtschaftliche Auswirkungen gehabt hat. Man hat insoweit von einem "regulativen Versagen" gesprochen. Vielfach wird deshalb eine "Deregulierung" gefordert. Die hauptsächlichen Anstöße zu Veränderungen in Richtung auf Deregulierung kommen insbesondere vom ständigen Anstieg der Kosten staatlicher Reglementierung (Landwirtschaft), von Verzerrungen der Investitionsströme (Wohnungsbau) und von der zunehmenden Internationalisierung der Wirtschaft (Transport, Telekommunikation).

3. Elemente global-interventionistischer Politik

Neben den Sonderregelungen für Teilmärkte, die sich mehr oder weniger dem freien Wettbewerb entziehen und unter staatlicher Lenkung stehen, zeigt sich lenkend eingreifende Wirtschaftspolitik des Staates in der Handhabung des traditionellen Instrumentariums der Notenbankpolitik und seit der ersten Wirtschaftskrise in der versuchten Einflußnahme mit Hilfe des Stabilitätsgesetzes von 1967.

a) Das Bundesbankgesetz (BBankG) liefert wichtige Grundlagen für eine Globalsteuerung und umschreibt währungspolitische Aufgaben der Bundesbank. Diese ist staatlichen Weisungen nicht unterworfen. Allerdings ist gesetzlich eine Abstimmung zwischen Bundesregierung und Bundesbank vorgesehen (§ 13 BBankG), die es einerseits der Bundesbank erleichtern soll, ihren Aufgaben (Geldwertstabilität) nachzukommen, andererseits die Wirtschaftspolitik der Regierung fördern soll (§ 12 BBankG). In der Praxis hat dies bisher immer zu einer ausreichenden Koordinierung zwischen Regierung und Bundesbank geführt. Als Mittel der Steuerung sind zu erwähnen die Festsetzung der Zins- und Diskontsätze, die Festsetzung der Mindestreserven, die Offenmarktpolitik und die Notenausgabe. Mit diesen Mitteln kann der Geldumlauf und die Kreditversorgung der

Wirtschaft reguliert werden.

b) Die Ziele, die mit Hilfe staatlicher Konjunkturpolitik erreicht werden sollen, finden sich in § 1 StabG. Das Stabilitätsgesetz geht über den haushalts- und finanzwirtschaftlichen Verfassungsauftrag hinaus und bindet Bund und Länder bei ihren finanziellen und wirtschaftspolitischen Maßnahmen an die in Art. 109 nur angedeuteten und in § 1 Stabilitätsgesetz genauer angegebenen Grundsätze der Konjunktur- und Wachstumspolitik. Im Gesetz wird der "Rahmen der marktwirtschaftlichen Ordnung" vorausgesetzt und gefordert, daß in diesem Rahmen gleichgewichtig die "Stabilität des Preisniveaus", ein "hoher Beschäftigungsgrad", "außenwirtschaftliches Gleichgewicht" sowie "stetiges und angemessenes Wirtschaftswachstum" anzustreben sind (sog. "magisches Viereck"). Das Stabilitätsgesetz ist damit in seiner Ausprägung eine von vielen unterverfassungsrechtlichen Regelungen, die im Grundsatz eine marktwirtschaftliche Ordnung voraussetzen, obwohl es lenkende Einflußnahme ermöglicht. Der Staat soll Schwankungen der Konjunktur, die für ein marktwirtschaftliches System typisch sind, ausgleichen, indem er die Konjunkturzyklen dämpft oder die Wirtschaft anregt. Die rechtliche Bedeutung der Verpflichtung auf ein gesamtwirtschaftliches Gleichgewicht ist allerdings gering, schon eher eignet sich die Charakterisierung als programmatische Zielvorgabe. Was zu tun oder zu lassen ist, entzieht sich der gerichtlichen Kontrolle (Jarass, S. 175). Die Fiskalpolitik mit antizyklischer Ausgabengestaltung und Steuererhebung erlaubt die Einflußnahme auf die konjunkturelle Entwicklung.

4. Ansätze zu einer neo-korporatistischen Politik

Mit Hilfe des Stabilitätsgesetzes sollte versucht werden, wirtschaftliche Ziele global zu steuern. Ein Weg dahin wurde im Zusammenwirken verschiedener wirtschaftlicher Kräfte im Rahmen der sogenannten "konzertierten Aktion" nach § 3 StabG gesehen. Der Grundgedanke war, unter Leitung der Bundesregierung durch Zusammenwirken mit den großen Verbänden die Ziele Wachstum, hoher Beschäftigungsgrad, Preisstabilität und außenwirtschaftliches Gleichgewicht optimal zu fördern. Die konzertierte Aktion war der Ansatz zu einer neo-korporatistischen Politik, bei der nicht mehr Interessenverbände ihren Einfluß nur im Vorhof staatlicher Macht geltend machen sollten, bei der vielmehr durch eine freiwillige Kooperation zwischen Staat, Gebietskörperschaften, Gewerkschaften und Wirtschaftsverbänden durch Globalsteuerung und aufeinander abgestimmtes Verhalten eine optimale Zielverwirklichung erreicht werden sollte. Nicht staatlicher Eingriff, sondern Kooperation war das Schlagwort. Die Bundesregierung hatte dabei für ein wirkungsvolles Zusammenwirken Orientierungsdaten zur Verfügung zu stellen.
Die konzertierte Aktion ist spätestens seit 1977 gescheitert, als die Gewerkschaften ihre Teilnahme unter Hinweis auf die Verfassungsbeschwerde der Arbeitgeberverbände gegen das Mitbestimmungsgesetz aufsagten: Ihre Bedeutung und den Mythos, der ihr am Anfang anhaftete, hatte sie schon vorher verloren.

Spätestens seit Wachstum, hoher Beschäftigungsstand, Währungs- und Preisstabilität sich in der Realität nicht mehr nebeneinander verwirklichen ließen, nahm die Bedeutung der konzertierten Aktion ab. Der Versuch, Einkommensverteilung (Investition, Konsum) zum Gegenstand, wenn nicht schon der Einigung, so doch des Verständnisses zu machen, scheiterte schon daran, daß die Gewerkschaften nicht mehr bereit waren, ohne Zugeständnisse Zurückhaltung in der Lohnpolitik zu üben. Von Anfang an war die konzertierte Aktion nicht geeignet, den Tarifpartnern die Verantwortung für Lohnabschlüsse abzunehmen. Als Instrument der Preispolitik der Unternehmen war sie schon deshalb ungeeignet, weil sich die Preise aus dem Wettbewerb ergeben und nicht von den Unternehmen oder Verbänden autonom bestimmt werden können. Am ehesten können die Orientierungsdaten auch heute noch von den Gebietskörperschaften für ihre Investitionstätigkeit berücksichtigt werden. Die Investitionstätigkeit der öffentlichen Hand ist bei dem hohen Staatsanteil am Sozialprodukt ein bedeutendes Lenkungsinstrumentarium. Daher liegt die Bedeutung des § 3 StabG in erster Linie in der Koordination der öffentlichen Ausgabenpolitik, nicht in der bereits im Ansatz verfehlten Koordinierung der Gesamtwirtschaft. Von Anfang an wurden auch schon nicht alle nach § 3 StabG vorgesehenen wirtschaftlichen Kräfte beteiligt, vielmehr handelte es sich um die Konferenzen der Vertreter der Großgewerkschaften und großen Unternehmensverbände mit dem Bundeswirtschaftsminister. Die Gebietskörperschaften wurden nie beteiligt, wohl aber Vertreter der Bundesbank, des Sachverständigenrats, anderer Ministerien und des Kanzleramts. Die mit konzertierter Aktion bezeichneten Zusammentreffen in der Praxis standen daher nie mit dem Begriff der konzertierten Aktion nach § 3 StabG im Einklang.

Neue Ansätze zu neo-korporatistischer Politik zeigen sich schließlich heute vor allem im Bereich des Umweltschutzes, wo zahlreiche Absprachen zwischen Staat und Wirtschaft zur Lösung schwieriger Probleme mit besonderen Anpassungserfordernissen geschlossen werden. § 14 des Abfallgesetzes ermächtigt die Regierung, zur Steuerung solcher Absprachen Zielvorgaben zu machen. Der Erlaß staatlicher Regelungen erscheint dann nur noch als ultima ratio. Die Erfolge dieser Politik muß man mit Skepsis betrachten.

Literatur

Abendroth, Das Grundgesetz, 7. Aufl., 1978, S. 65 ff.

Badura, Grundprobleme des Wirtschaftsverfassungsrechts, JuS 1976, 205 ff.

Badura, in: v. Münch, Besonderes Verwaltungsrecht, 7. Aufl. S. 273 ff.

Benda u.a., Handbuch des Verfassungsrechts, 1983

Fikentscher, Wirtschaftsrecht, 1983

Hoppmann, Konzertierte Aktion, 1971

Jarass, Wirtschaftsverwaltungsrecht, 1980

Mertens/Kirchner/Schanze, Wirtschaftsrecht, 2. Aufl. 1982

Nipperdey, Soziale Marktwirtschaft und Grundgesetz, 3. Aufl. 1965

Rittner, Wirtschaftsrecht, 1987

Thiele, Die Gestaltung unserer Wirtschaftsordnung, 1978

Thiele, Wirtschaftsverfassungsrecht, 1974

Zacher/Simitis/Kübler/Hopt/Teubner, Verrechtlichung von Wirtschaft, Arbeit und sozialer Solidarität, 1984

OS DIREITOS FUNDAMENTAIS NO PROCESSO CONSTITUCIONAL DA REPÚBLICA FEDERAL DA ALEMANHA

Wolf Paul (Frankfurt/Belém)

Para dar início a qualquer tentativa de entendimento referente a Constituição Alemã (chamada "Grundgesetz") no que respeita aos direitos fundamentais, cabe a confissão de que os direitos fundamentais na Alemanha não tem longa tradição e de que, na verdade, somente após 1945 eles aclimataram-se tanto teórica quanto praticamente.

Depois do término da Segunda Guerra Mundial - falando polemicamente - esses direitos foram importados para a Alemanha, de certo modo como primeira ação de paz das forças vencedoras. Os alemães precisaram aprender a ter direitos fundamentais e a viver com direitos fundamentais. A história desses direitos na Alemanha até 1945, pode-se considerar,visto no seu todo, como uma história de seu impedimento,de seu fracasso, de seu escárnio e total opressão.

Os direitos fundamentais, que haviam entrado em vigor triunfalmente no fim do séc. XVIII com a grande declaração dos direitos, o Bill of Rights na América e as declarações francesas de 1789 e 1795, foram citados apenas simbolicamente nas constituições contemporâneas dos Estados autônomos alemães (assim sendo, nas Constituições da Baviera em Baden de 1818, de Württemberg de 1819 e mais tarde da Prussia de 1959). A tentativa de criação de um Estado Nacional de todos os alemães após a revolução de 1848 fracassou com a Assembléia Nacionaal de Frankfurt e, com ela, o trabalho de uma constituição nacional, quando como elemento importante estava prevista a garantia dos direitos fundamentais para todos os cidadãos. O " Deutsches Reich" (Império Alemão"), que foi criado em 1871 como manifestação de unidade nacional, não se baseava nos fundamentos dos direitos do povo, mas sim nos direitos dos cavalheiros feudais, consequentemente, a Constituição Imperial de 1871 não continha direitos fundamentais.

Somente com a transição para a forma do Estado democrático e republicano depois da revolução de 1918 foram colocados os direitos fundamentais na Constituição de Weimar.Mesmo devendo obter,segundo a vontade da Assembléia Nacional de 1919, uma relevância que integrasse e constituisse o cidadão livre (conforme a emenda constitucional do deputado liberal, Friedrich

Naumann), eles não chegaram a nenhum desdobramento e nenhuma efetividade neste sentido. Eles foram entendidos, no sentido da doutrina jurídico-política teuto-conservadora do grande jurista Georg Jellinek, como expressões da auto-limitação estatal, do poder jurídico concedido pelo Estado. Garantias jurídicas contra sua perversão ou transformação mediante arbitrariedade estatal não eram previstas. Uma via judicial para proteção dos direitos fundamentais, como no sentido de ação de inconstitucionalidade de um tribunal constitucional nacional não existia. A teoria e prática juridicamente dominantes na época da República de Weimar não recepcionaram o conteúdo essencial dos direitos fundamentais, assim como foi definido na tradição francesa e americana; os direitos fundamentais eram, no melhor dos casos, programas não obrigatórios dirigidos ao legislativo. O outro destino dos direitos fundamentais na Alemanha é conhecido: o que se seguiu foi o total desprezo e a total opressão dos direitos humanos e dos cidadãos durante os doze anos de domínio nacional-socialista até a capitulação incondicional do "Großdeutsches Reich" (Império Alemão) no ano de 1945.

A história deste subdesenvolvimento dos direitos fundamentais e, com isso, do impedimento de uma cultura constitucional burguesa moderna revela a situação dos direitos fundamentais na fase constitutiva da República Federal da Alemanha nos anos posteriores a 1945. Nesta hora "zero" do recomeço da vida política e jurídica, faltou um ponto de orientação fixo através de tradições próprias dos direitos fundamentais, que poderiam ter fornecido o fundamento do desenvolvimento político. Os constituintes alemães tiveram de orientar-se por constituições extrangeiras. A influência pregada da visão constitucionalista norte-americana ficou bastante clara. Mais decisivamente sobre a consciência dos constituintes alemães agiu a experiência negativa do regime nacional-socialista totalitário que desprezava a humanidade, a liberdade e a dignidade. Resultaram daí os motivos políticos, principalmente, no sentido de erguer os direitos fundamentais, humanos e dos cidadãos à condição de valores referenciais da nova constituição, de assegurar sua validade tão confiavelmente quanto possível, e de submeter sua observação a um controle judicial total.

Sem dúvida, não seria certo explicar apenas jurídica e histórico-normativamente os motivos do processo constituinte, orientado pelos direitos fundamentais depois de 1945, como acontece, em demasia nos livros didáticos alemães do Direito Político e Constitucional. Claro, o Grundgesetz (Lei Fundamental) surgiu como contra-projeto teórico normativo para o passado político, sobretudo do Großdeutsches Reich; e certamente, a Carta Constitucional, ao proclamar um Estado constitucional democrático e moderno baseado nos direitos fundamentais, na divisão de poderes, no princípio do Estado de Direito, na independência da administração da justiça, no parlamentarismo e no federalismo, ganhou a importância de um recomeço cultural e da criação de uma cultura política desconhecida para a Alemanha, que tinha de preencher um vácuo praticamente ético. Mas com isso a gênese motivacional da Constituição Alemã dos direitos fundamentais não está suficientemente abrangida. Pelo contrário,deve-se chamar a atenção para o fato de os "pais da constituição" alemães - constituintes não eleitos, como no Brasil, mas denominados membros de um "Conselho Parlamentar" sob a supervisão dos países vencedores da guerra - tinham um motivo muito mais forte para chegar a um concenso em favor de uma Constituição Liberal, a saber, um motivo econômico.

Uma visão do período imediatamente posterior à guerra atesta isto. Os países vencedores haviam desistido das intenções originárias de acabar com a Alemanha industrializada e desenvolvida e de "congelá-la" em um estágio econômico pré-industrial; então, deram luz verde para a reconstrução industrial do país. A chance que se abriu com isso de reconstruir o país totalmente destruído pela guerra, isto é, de colocá-lo sobre uma base econômica própria e assim levá-lo a ser uma unidade política e ter autonomia estatal, pôde ser aproveitada somente sob as condições de liberdade. A reconstrução da Alemanha tinha como pré-requisito absolutamente imprescindível a liberdade da economia, do trabalho e dos cidadãos.

O desenvolvimento econômico do país tornou-se ao lado do desenvolvimento político, o motivo central da Carta Constitucional alemã.

Os direitos fundamentais como garantias constitucionais da liberdade, eram as condições institucionais sob as quais a economia capitalista liberal podia desdobrar as forças de desenvolvimento e reconstrução nela contidas. O concenso político em favor de uma Constituição orientada pelos direitos fundamentais tinha, portanto, uma lógica econômcia fundamental. A Constituição com suas amplas garantias dos direitos fundamentais , que em 8 de maio de 1949, no quinto aniversário da capitulação incondicional, era aprovada pelo Conselho Parlamentar,inclusive pelas assembléias legislativas estatais (a exceção da Baviera) e que entrou em vigor em 23 de maio de 1949, funcionou como quadro normativo institucional para o desenvolvimento econômico,político e social da República Federal da Alemanha. Com ela os direitos fundamentais receberam a importância de uma força produtiva político - ideológica e jurídica do desenvolvimento econômico e político, com redundante êxito, como mostraram o assim chamado, na retrospectiva histórica, "milagre econômico alemão" e - como gostaria de acrescentar com um pouco de hesitação - também, o "milagre democrático alemão".

A carta constitucional é um ato de transformação e recomeço fundamentais da vida política. Cada processo constituinte autêntico tem, portanto, caráter revolucionário.Com ele, a idéia revolucionária de reordenamento é transposta para uma nova ordem constitucional, declarada como suprema norma obrigatória e assegurada por regulamentos e por instituições.A visão crucial da nova ordem perpetua-se desta maneira,ou seja,a idéia revolucionária dos novos constituintes é definida como obrigató ria para as gerações posteriores.

No Grundgesetz de 1949, os direitos fundamentais e o sistema de suas garantias constitucionais formavam a idéia revolucionária dos fundadores políticos da República Federal da Alemanha. O ato formal, pela qual o Grundgesetz, no seu preâmbulo, baseava a nova ordem social e estatal no absoluto e indisponível princípio supremo da intocabilidade da dignidade do homem (art. 1 I GG) e no reconhecimento dos intangíveis e inalienáveis direitos humanos, simboliza a idéia revolucionária dos fundadores. Ela introduziu um desenvolvimento que não encontra paralelos na história alemã, a saber, um desenvolvimento em que os direitos fundamentais não assumem apenas a existência simbólica de textos constitucionais, mas que também determinam e impregnam toda a vida jurídica e estatal.

No entanto, se através disso a idéia revolucionária dos fundadores tornou-se normalidade e realidade perpétua na Alemanha, como se costuma afirmar, é uma questão que precisa ser tratada com cepticismo e grande reserva. A idéia eufórica bastante comum entre juristas alemães de que a constituição dos direitos básicos assumiu uma autoridade quase religiosa com uma pretensão de vigência absoluta - ou em outra versão notável de que a constituição dos direitos básicos teria transformado para melhor a consciência, jurídico moral da Nação alemã quando teria transformado os primeiros patriotas nacionalistas em "Verfassungspatrioten" (patriotas constitucionais), e portanto, em patriotas da chamada "Freiheitlich-Demokratische Grundordnung " (ordem fundamental liberal democrata). Essa idéia precisa ser , contudo, desprezada como ideologia básica das profissões jurídicas.

Resulta a questão, de que maneira, em termos históricos se desenvolveu a idéia constitucional abordada pelos fundadores da Alemanha democrática, ou seja, em que consiste a importância real dos direitos básicos para a convivência política e social dos alemães de hoje?

Conceitos como "patriotismo constitucional"ou "patriotismo dos direitos fundamentais", com os quais políticos ou juristas fanáticos confessa, a sua lealdade com a ordem de valores institucionais, certamente, não são apropriados para avaliar de maneira realística a importância dos direitos fundamentais. Mas, também, o regime dos direitos fundamentais no texto constitucional revela, a primeira vista, pouco sobre sua realidade. Pelo contrário, se se compara o curto catálogo dos direitos fundamentais na parte inicial da Constituição, por exemplo, com os detalhados projetos brasileiros - como o da Comissão Arinos e dos substitutivos do relator da Constituinte Sr. Bernardo Cabral, tem-se a impressão de que os constituintes alemães tivessem imaginado apenas uma realidade limitada dos direitos fundamentais. O catálogo é limitado aos direitos básicos, clássicos: junto à proteção da dignidade humana os direitos essenciais à liberdade, compreendendo as conhecidas liberdades funda mentais, assim como o direito geral à liberdade do "livre desenvolvimento da personalidade" (art. 2 I GG.), e ainda os conhecidos dos direitos à igualdade, assim como outros direitos fundamentais (matrimônio e família, nacionalidade, asilo, garantia de auto-administração dos municípios), estão integrados no texto do Grundgesetz, a saber, na forma de uma enumeração sucinta; portanto, a extensão do texto constitucional não reflete sua verdadeira importância. Ademais, os criadores do Grundgesetz desistiram de exceder o catálogo clássico e de prever normas da vida econômica, social e cultural na forma de garantias dos direitos fundamentais (como nos anteprojetos de Constituição do Brasil). No que concerne aos direitos fundamentais, poder-se-ia falar e desconfiar de um déficit normativo da Constituição, que os constituintes alemães - ao contrário de suas declaradas intenções — têm enganado sua revolucionária idéia constitucional e teriam pretendido conceder aos direitos fundamentais chances de realização apenas limitadas.

Esta impressão engana. Sem dúvida, não há motivo para ver na RFA um império da liberdade, um paraíso de direitos fundamentais foram colocados limites "naturais". A problemática institucional é conhecida pelo conceito de "restrição dos direitos fundamentais". Pensa-se aqui em restrições sistemáticas da liberdade, quando entram em conflito direitos de terceiros ou interesses da coletividade, quer dizer, as restrições imanentes indicadas pela própria Constituição (p.e., o direito de reunião está limitado a reuniões pacíficas, art. 8 I GG) ou limitações legislativas dos direitos fundamentais indicados pela fórmula "sob reserva da lei". No, entanto, estas restrições dos direitos básicos, assim como suas formas concretas mantidas pelas legislações especiais (veja-se p.e. as restrições da liberdade de imprensa pela Lei de Imprensa, ou da liberdade de reunião pela Lei de Reunião), correspondem a normalidade de todas as Constituições.

A verdadeira e real chance de assegurar ampla e efetivamente a validade jurídica e empírica dos direitos fundamentais, (- e com isso de evitar desenvolvimentos negativos, como o do destino dos direitos básicos na República de Weimar e no Nacionalismo -) foi aberto pelo Grundgesetz através das seguintes disposições: o Grundgesetz vinculou todos os poderes estatais, expressamente, também, o Executivo e o Legislativo, aos direitos fundamentais (art. 20 III GG); o Grundgesetz prescreveu a proibição de modificações e perversões dos direitos básicos através de maiorias parlamentares; o Grundgesetz declarou categoricamente intangíveis os supremos princípios constitucionais como o da "dignidade do homem", da democracia e, do Estado do direito, do Estado social, e do federalismo (Art.79 GG). A chance de serem cumpridos efetivamente essas disposições constitucionais é real na Alemanha - e isto, aqui na América Latina, é de difícil compreensão - porque elas gozam de proteção judicial. O Judiciário é um poder forte e efetivo na República Federal da Alemanha.

O cumprimento, a segurança e a aplicação dos direitos básicos estão garantidos formalmente por um sistema funcional e abrangente de jurisdições estatais. A observação e a proteção dos direitos fundamentais são da incumbência de todos os tribunais. Ultimamente, porém, é responsável o Bundesverfassungsgericht (Tribunal Constitucional Federal), que dispõe de amplas competências. Importante aqui é, sobretudo, a Verfassungsbeschwerde (a ação de inconstitucionalidade), que qualquer cidadão pode instaurar, a partir da afirmação de ter sido lesado em um de seus direitos básicos pelo poder público (art. 93 I nº 4 GG). A ação de inconstitucionalidade também se aplica, em determinadas circunstâncias, diretamente contra uma lei ou contra uma decisão judicial. Toda interpretação e aplicação de leis simples, mediante tribunais ordinários, deve ocorrer conforme a Constituição. Ao Bundesverfassungsgericht convêm a tarefa de julgar se, quando da aplicação do direito pelos diversos tribunais ordinários e especiais, foi lesado o direito constitucional.

A função chave que cabe ao Tribunal Constitucional Federal na proteção dos direitos fundamentais ainda, se fortalece pelo fato de que ele possui o status de um "órgão constitucional" (reside a diferença em que, os Tribunais Federais são apenas instituições do direito constitucional), e suas decisões vinculam os órgãos constitucionais da Federação e dos Estados, assim como todos os tribunais e serviços públicos; em determinados casos eles têm, inclusive, força legal (§ 31 Lei do Tribunal Constitucional Federal). Os direitos fundamentais valem hoje na RFA da forma como forem interpretados pelo Tribunal Constitucional Federal, pode-se dizer que não há direitos fundamentais realmente garantidos sem a intervenção do Tribunal Constitucional.

A importância político real dos direitos fundamentais, porém, não é perceptível únicamente pelo sistema institucional da sua aplicação judicial. O que caracteriza, no geral, todo o direito e a sua relação à realidade política e social, caracteriza também a Constituição: a validade jurídica dos direitos fundamentais não é equivalente a sua validade factual, e a sua validade factual não é equivalente à efetividade social dos direitos fundamentais. O processo da realização da norma é complexo. Desde a constatação dos direitos básicos, entanto, normas constitucionais, desde a sua interpretação e aplicação judicial, até a sua implementação e efetivação nas áreas de conflitos políticos e sociais, há um longo caminho. A importância real dos direitos fundamentais deduz-se, portanto, apenas quando se analisa o contexto da função e do efeito social que sua prática judicial, especialmente, a do Tribunal Constitucional, forma com as problemáticas e campos conflitivos da vida política. Em relação a isto cabe as seguintes exposições:

As intenções fundamentais, promessas e pretensões de legitimidade prática dos direitos básicos ganharam um perfil notório e específico na jurisdição do Bundesverfassungsgericht (Tribunal Constitucional Federal), atual "Hüter der Verfassung" (guardião da Constituição, segundo a palavra de Carl Schmitt) , ou como diríamos aqui "fada-madrinha da Constituição":eles são em primeiro lugar direitos individuais, direitos humanos e dos cidadãos, que têm como objeto a proteção de esferas jurídicas concretas e, especialmente, arriscadas da liberdade individual. Já que os perigos para a liberdade do indivíduo na Alemanha - como mostrou, principalmente, a experiência histórica partiram do Estado, os direitos fundamentais servem, sobretudo,a defesa do cidadão das agressões e ingerências lesivas à esfera da vida individual por parte dos poderes públicos. Sob a proteção de Bundesverfassungsgericht os direitos fundamentais tornaram-se contra-poder para os poderes públicos, em princípio e de caso em caso. As suas sentenças, na sua maioria, tem a qualidade de acórdão , com importância abrangente para as atividades políticas dos poderes públicos, citando como exemplos a intervenção do Tribunal relativa ao projeto de Lei de Censo e a cobrança de taxas à promoção de investimento econômico. Em muitos casos foram resolvidos os conflitos entre a liberdade do cidadão e a razão do Estado em favor dos direitos deste cidadão, atribuindo-se uma imagem a este Tribunal de "defensor rei publicae" ou seja de "Tribunal do Cidadão".

Na verdade, novas experiências de problemas e conflitos sociais mostraram que os direitos fundamentais não mais podiam ficar limitados a sua função clássica como direitos de defesa individual contra o Estado. Relevantes transformações das condições da liberdade individual, no presente, levaram à conclusão de que ao indivíduo deve ser proporcionada uma proteção mais ampla dos direitos fundamentais. Refere-se aqui,por um lado, as transformações no quadro das condições sócio-políticas da vida autônoma e livre, as quais o indivíduo está sujeito sem defesa, como, por exemplo, desenvolvimento do mercado de trabalho, questão habitacional, serviços de saúde, sistema de ensino, de formação profissional, desenvolvimento dos meios de comunicação. Aqui, o Estado que intervém, configura,dirige e planeja, o Estado da "Daeinsvorsoge" (previdência social e cultural)tem de representar os interesses de liberdade do indivíduo e proteger esses interesses mediante a delimitação, coordenação e regulação preventivas das áreas conflitivas de liberdade.

Por outro lado, cresce o saber de que a liberdade dos homens, não só através do Estado mas também através de forças não estatais, está ameaçada e colocada em risco, de uma maneira tal, que uma proteção dos direitos fundamentais contra terceiros parece necessária sob ambos aspectos: da problemática modificada da liberdade em relação ao Estado de previdência moderno e aos poderes sociais não-estatais, a liberdade dos direitos básicos não mais pode ser entendida como esfera do indivíduo livre do Estado. Se esta liberdade deve ser liberdade real e prática, ela pressupõe, aumentativamente, realização ativa dos direitos fundamentais pelo Estado. O Estado não mais aparece apenas como inimigo potencial da liberdade do indivíduo,mas como seu protetor e tutor. Os direitos fundamentais recebem uma importância como direito objetivo.

Já em 1958 agitou o Bundesverfasungsgericht a idéia de fortalecer a vigência dos direitos fundamentais, portanto, não se vê neles direitos subjetivos, mas ao mesmo tempo, princípios objetivos do sistema constitucional e da ordem jurídica na sua totalidade (Sentenças vol. 7 págs. 198.204). Segundo ele, os direitos fundamentais funcionam como princípios do chamado "objektive Wertordnung" (sistema de valores objetivos). Como tais, eles influenciam todo o direito, inclusive o direito organizacional e processual. Eles atuam, portanto, sobre as relações jurídicas diante dos poderes públicos e sobre as relações jurídicas dos cidadãos entre si. Esta compreensão jurídico-objetiva dos direitos fundamentais também é de fundamental importância para os deveres do Estado, pois a vinculação de todos os poderes aos direitos fundamentais contém, desde este ponto de partida, não só uma obrigatoriedade negativa do Estado de não fazer intervenções em áreas protegidas pelos direitos fundamentais, mas também uma obrigatoriedade positiva de fazer tudo para realizar os direitos fundamentais, mesmo se não houver um direito público subjetivo dos cidadãos. Os direitos básicos funcionam como "diretrizes e impulsos" de toda atividade estatal.

Nesta função como "diretrizes e quadro" da atividade estatal, os direitos fundamentais ganham uma importância especial no assim chamado "Leistungs staat" (Estado de prestações) atual. Quando a liberdade não pode ser assegurada unicamente através da defesa contra ingerências estatais, se ainda a liberdade tiver de ser assegurada pelo fato de o Estado criar e manter os pressupostos e condições gerais da liberdade, então os direitos fundamentais à liberdade devem ser reinterpretados e ampliados para transformar-se em "Teilhabereichte", direitos de participação nas prestações estatais desses pressupostos e condições gerais da liberdade.

A transformação do "Estado da sociedade industrial" (Forsthoff) em um "Estado de prestações sociais", em um estado de previdência e segurança social, assim como a objetivação dos direitos fundamentais em valores referenciais da ordem jurídica, favoreceram, decisivamente, projetos progressistas e inovadores como o dos direitos fundamentais enquanto direitos participativos e direitos básicos sociais (soziale Grundrechte").

Na verdade, no destino desses projetos, evidenciaram-se os limites da realização da Constituição. Desta maneira, os direitos fundamentais sociais, como o "Direito ao Trabalho", o "Direito à Moradia", o "Direito a um Meio-ambiente saudável", já não podem ser realizados simplesmente pelo fato de que eles são expressamente formalizados e garantidos na Constituição. Eles constituem fórmulas simbólicas sem importância, se o programa nele contido não foi implementado por medidas e ações estatais abrangentes. As condições de sua realziação, seriam não só uma atividade do Legislativo e da Administração Pública, mas também tais fatores objetivos como o desenvolvimento da riqueza pública, a estabilidade econômica, a prosperidade geral, assim como diante do status quo, - todos eles pré-requisitos que possibilitam a "re-distribuição" das riquezas na forma de prestação social. E porque estes pré-requisitos não estão a disposição permanentemente, a garantia dos direitos socias fundamentais no sentido de direitos subjetivos diretamente realizáveis por meio da Justiça, seria ilusória. O Estado de prestações sociais depende do sistema político e sócio-econômico em vigor, do sistema de planejamento, de distribuição e de intervenção, em que as posições dos direitos básicos são atribuídas ou negadas, relativamente, a situação econômica e política atual.

Por isso, na República Federal da Alemanha se permaneceu na negativa de integrar formal e expressamente os direitos socias fundamentais na Carta Constitucional. Em lugar disso, a solução construtiva para a problemática social foi buscada na idéia de um mandato geral do Estado baseado no conceito programático do chamado "Sozialer Rechtsstaat" (Estado Social do Direito), que obriga todos os poderes públicos a garantir uma ordem social justa (art. 20 I, 28 I GG). Quais são os objetivos concretos e como estes devem ser realizados concretamente, dependerá sempre da situação histórica concreta, quer dizer, da decisão política no processo democrático na atualidade. Na medida em que este programa de direitos sociais básicos é realizado, estes direitos podem ter o efeito de uma garantia institucional das conquistas sociais ("Besitzstandsgarantie") para o indivíduo, por exemplo, no âmbito da segurança social. No entanto, novas experiências demonstram que esses efeitos podem ser revogados, como no caso do dinheiro-desemprego, das ajudas de custos para estudantes, das garantias de renda mínima para camponeses.

Os limites da validade jurídica e factual dos direitos fundamentais, geralmente os limites da efetividade social da Constituição, são visíveis, onde, mediante poderes sociais e forças tecnológicas são colocados limites ao poder do Estado: no Estado da sociedade industrial, no Estado tecnológico atual, o monopólio do poder estatal não é mais absoluto. E não tem de se estudar primeiro a lírica política de um Carl Schmitt - como a teoria do partisano desenraízado como símbolo do individualismo, que quebrou o Estado como o Grande Leviatano para saber que o poder estatal poderia ser ocupado pelos poderes sociais, e que desenvolvimentos tecnológicos tornam-se poderes que se desprendem do controle estatal.

Em relação à esta situação do Estado na era das civilizações tecnológicas e da super-industrialização, a problemática dos direitos fundamentais ganha um perfil especificamente conflitivo. Os direitos básicos entram em choque com os interesses político-econômicos e tecnológicos dominantes, e os direitos fundamentais são, via de regra, "sacrifica" a esses interesses poderosos, ou tornam-se "vítimas" deles devido a autodinâmica dos sistemas tecnológicos modernos. A fiscalização formal dos riscos para os direitos básicos, incorporados nos sistemas tecnológicos, que o Estado assumiu através de legislações especiais (p.e. através da "Lei de Proteção contra Imissões" e da "Lei de Energia Nuclear"), não pode ser efetivada, pois a avaliação do risco corre a base de cálculos da probabilidade de ocorrência do risco, relativos ao estado atual do saber técnico. No que o Tribunal Constitucional Federal da Alemanha se refere em relação aos critérios formais de admissão da alta tecnologia nuclear, dos assim chamados "Schnelle Brüter" (incubadores nucleares rápidos), pode-se dizer com relação aos critérios legais de admissão de todos os sistemas tecnológicos com potencial de risco de catástrofe e de efeitos danosos, irreversíveis (como p.e. da tecnologia genética).

"Exigir do legislativo, relativamente a sua tutela obrigatória, um regulamento que com absoluta certeza exclui riscos para os direitos fundamentais, que podem surgir da admissão da instalação técnica e de seu funcionamento, significaria ignorar os limites das competências cognitivas humans. As incertezas "inescapáveis" ligadas, forçosamente, com a implantação da energia nuclear, devem ser carregadas por todos os cidadãos como pesos socialmente adequados".

Resumindo: No Estado da civilização tecnológica a realidade política dos direitos fundamentais transformou-se decisivamente. O Estado acoplado ao avanço tecnológico e aos desenvolvimentos econômicos dinâmicos está obrigado a intervir nas áreas da liberdade individual garantidas pelos direitos básicos. Por um lado, ocorrem intervenções no processo democrático e, com isso, no sistema de direitos políticos fundamentais. Na medida em que o processo democrático se refere a admissão de tecnologias com grande potencial de risco "high-risk tecnologies") o princípio democrático será quebrado pelo fato que as decisões parlamentares são tomadas à base do chamado "princípio do risco calculado". Essas decisões políticas meramente majoritária, têm alcance não-calculável, levando consigo ameaças reais não apenas para humanidade de hoje, mas também para futuras gerações, como demonstram as experiências catastróficas dos assim chamados "acidentes normais" (Charles Perrow) como os de Minamata, Seveso, Tschernobyl até Goiânia.

Por outro lado, as intervenções do Estado tecnológico no sistema dos direitos básicos ocorrem quando têm de ser encontrados os riscos resultantes da instalação e do funcionamento do high-risk tecnologies. Este é sempre o caso em que essas tecnologias não apenas se fazem necessárais medidas técnicas de segurança, mais também medidas político-jurídicas de fiscalização contra pessoas como, por exemplo, medidas policiais . Uma proteção dinâmica dos direitos fundamentais, em cumprimento das obrigações estatais de prevenir e controlar os riscos da civilização tecnológica, paradoxalmente, só pode se tornar eficaz se ela estiver acoplada a crescentes intervenções nos direitos políticos fundamentais. O medo que passa pela República Federal da Alemanha diante da assim chamada "decomposição radioativa dos direitos básicos", quer dizer, diante a ameaça de um novo Estado autoritário, e um primeiro indício da deficiência "moderna" dos direitos fundamentais. Isso mostra, em vista da auto-dinâmica o progresso tecnológico e do seu Estado, que hoje a liberdade e as garantias constitucionais dos direitos bá sicos representam um bem precioso, porque torna-se cada vez mais escasso.

A ORGANIZAÇÃO JUDICIÁRIA E O PROCESSO CIVIL NA ALEMANHA E NO BRASIL — ELEMENTOS PARA UMA COMPARAÇÃO (1)

Joachim Henckel (Frankfurt)

I. COMPARAÇÃO ENTRE A ALEMANHA E O BRASIL?

Ao se pretender comparar o direito alemão ao direito brasileiro dentro do quadro da "Deutsche-Brasilianische Juristenvereinigung" que tem como objetivo contribuir para a mútua compreensão de bachareis brasileiros e alemães, torna-se portanto desnecessária a explicação do "porque, para que e para quem?". Mas perante as diferenças entre os dois países, a possibilidade de se realizar uma comparação razoável de direito parece merecer consideração especial.

É certo que, em termos do direito comparado clássico, o direito brasileiro e o alemão fazem parte da mesma "família" jurídica (2), até mesmo na área do processo civil (3). É certo também, que o conceito de "família" jurídica na sua limitação ao direito formal tem os seus méritos tanto no ensino do direito comparado quanto como primeira orientação no trabalho do jurista internacional.

Mas em face às enormes diferenças "não-jurídicas " existentes entre o Brasil e a Alemanha a impossibilidade de se limitar a uma comparação meramente técnica do direito formal nos dois países parece evidente . Os dados a seguir realçam as diferenças anteriormente mencionadas (4)

Superfície (em 1000 km²)

Brasil	8.512	R.F.A	248
São Paulo	248	Hessen	21
Pernambuco	98		

População (1980 em milhões de pessoas)(5):

Brasil	119,0	R.F.A	61,6
São Paulo	25,0	Hessen	5,6
Pernambuco	6,1		

PSB (1985 em US$ por hab.)(6):

Brasil	1.640	R.F.A	10.940

Além destas grandes diferenças entre os dois países

a utilização do país como categoria de comparação parece muito problemática apesar da uniformidade de direito formal existente nos territórios de ambos países [7]. Entretanto nenhum dos dois pode ser tratado como um bloco estático e monolítico sob os pontos de vista social [8], econômico [9], geográfico [10], histórico, cultural [11] e até mesmo jurídico [12].

Um outro aspecto muito importante e considerar, para uma comparação de direito entre o Brasil e a Alemanha, é o (sendo parcialmente consequência dos anteriores) de verificar até que ponto as noções jurídicas têm o mesmo sentido nos dois países.

Observa-se por exemplo, com referência à noção Processo Civil/Zivilprozeß, que existe na República Federal da Alemanha o "Mahnverfahren" (procedimento monitório [13]. No Brasil não existe procedimento semelhante. Isto parece importante pois na Alemanha são realizados quase quatro vezes mais " Mahnverfahren " do que procedimentos cíveis de primeira instância [14].

Ao se utilizar a noção de Juiz/Richter deve-se observar, por exemplo, além de diferenças notáveis na formação [15], que parte das funções reservadas ao juiz brasileiro, são exercidas por aproximadamente 11.000 Rechtspfleger (administradores judiciais) [16] na Alemanha [17].

Usando o termo "Tribunal" constata-se em primeiro lugar, que a tradução alemã "Gericht" abrange também Juízos com Juízes singulares e Juntas compostas por juízes singulares e juízes leigos, enquanto que o termo brasileiro limita-se a órgãos colegiados formados por vários juízes togados (Tribunal de Justiça, Tribunal Regional de Trabalho etc.)

Mais importante e primordial, na análise das estatísticas judiciárias, é a existência de Juízos e Tribunais especiais Administrativos, de Finança e de Previdência Social, na Alemanha, enquanto que no Brasil os processos correspondentes são da competência da Justiça comum (Federal ou Estadual), existindo aqui aproximação ao modelo anglo-americano [18].

Outro exemplo das diferenças entre noções, a primeira vista iguais, é a noção de "audiência/Verahndlung". No Brasil a produção de provas faz parte da primeira audiência, na Alemanha isto parece ser excepcional.

Podemos concluir esta lista de exemplos com a observação que nenhum dos dois países os procedimentos contenciosos realizados por órgãos administrativos são considerados "judiciários", apesar de terem características para-judiciais; mas enquanto, via de regra, no Brasil estes procedimentos prejudiciais conhecem vários graus de recurso, na Alemanha existe somente um grau de recurso administrativo, sendo este compulsório para recorrer aos Juízos e Tribunais em matéria administrativa, social ou fiscal (Widerspruchs- e Einspruchsverfahren).

Mas mesmo se as noções fossem formalmente iguais isto não significaria necessariamente conteúdo igual real [19]. Assim há grande diferença entre os dois países e até dentro dos dois países no equipamento dos Juízos e Tribunais com pessoal e material [20].

Se voltarmos à questão inicial, sobre a possibilidade de uma comparação jurídica entre o Brasil e a Alemanha, cremos que além de ser necessária, nos diversos contatos entre ambos os países, tal comparação é possível. É imprescindível porém, que esta seja realizada com a devida atenção às condições e circunstâncias de funcionamento do direito.

Infelizmente ainda sabemos muito pouco sobre estas condições e circunstâncias de funcionamento assim como sobre as influências recíprocas entre elas e o direito. Portanto, limitar-nos-emos em seguida a relatar alguns detalhes disponíveis que poderão contribuir para uma imagem (ainda que bastante difusa) dos tribunais de ambos os países e que por sua vez destacaram a necessidade de trabalhos comparativos profundos e adequados às diferenças entre ambos os países.

II. A ORGANIZAÇÃO JUDICIÁRIA FORMAL

1. Organização Judiciária Alemã.

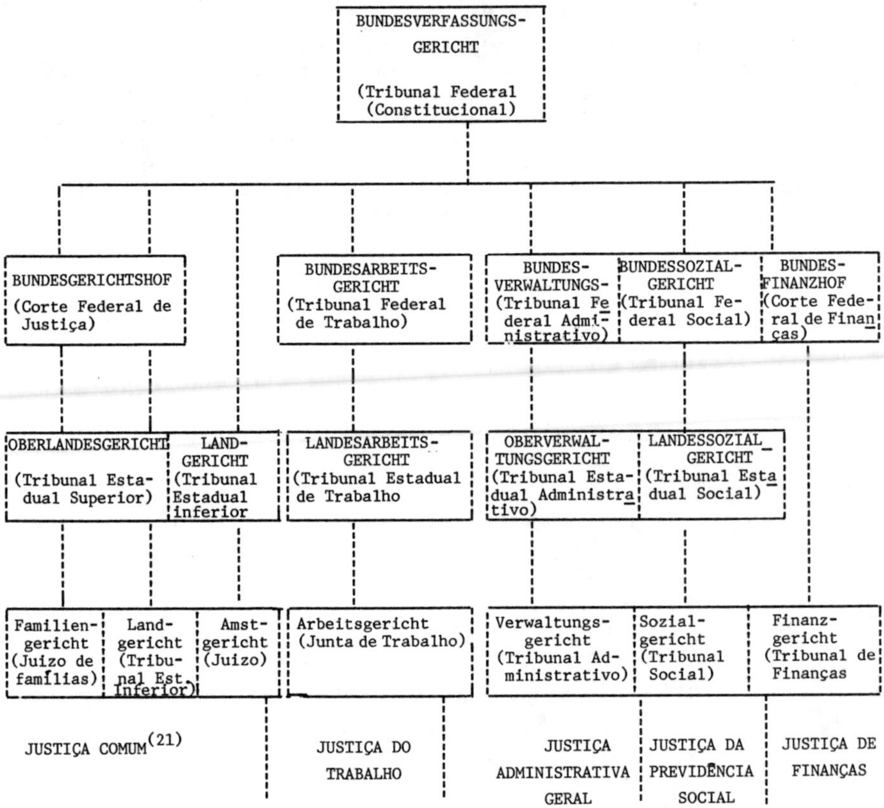

NOTAS:

1. Ao contrário do Supremo Tribunal Federal brasileiro o Bundesverfassungsgericht tem a sua competência limitada para questões de carácter constitucional. Pode haver porém, um controle incidente da aplicação da lei comum tratando-se de questões de igualdade de tratamento dos cidadões ou de garantias processuais etc. Na maioria dos Estados alemães existem, paralelamente ao Bundesverfassungsgericht, Tribunais Constitucionais Estaduais com vários tipos de organização.

2. O recurso ao Bundesgerichtshof (Revision) requer admissão especial em causas patrimoniais com valor até 40.000 DM.

3. O recurso de apelação implica na Alemanha, ao contrário no Brasil, revisão dos fatos, em caso de tal requerimento pelas partes, limitada por uma eventual preclusão de alegações baseadas em fatos novos (22).

4. O Amtsgericht (Juízo com juíz singular) tem competência para causas com valor até 5.000 DM em primeira instância. O Landgericht (Tribunal Estadual Inferior, órgão colegiado) tem competência para causas com valor acima de 5.000 DM em primeira instância e é instância de apelação para o Amtsgericht, não havendo recurso de apelação ao Landgericht para causas com valor até 700 DM.

2. Organização Judiciária Brasileira *)

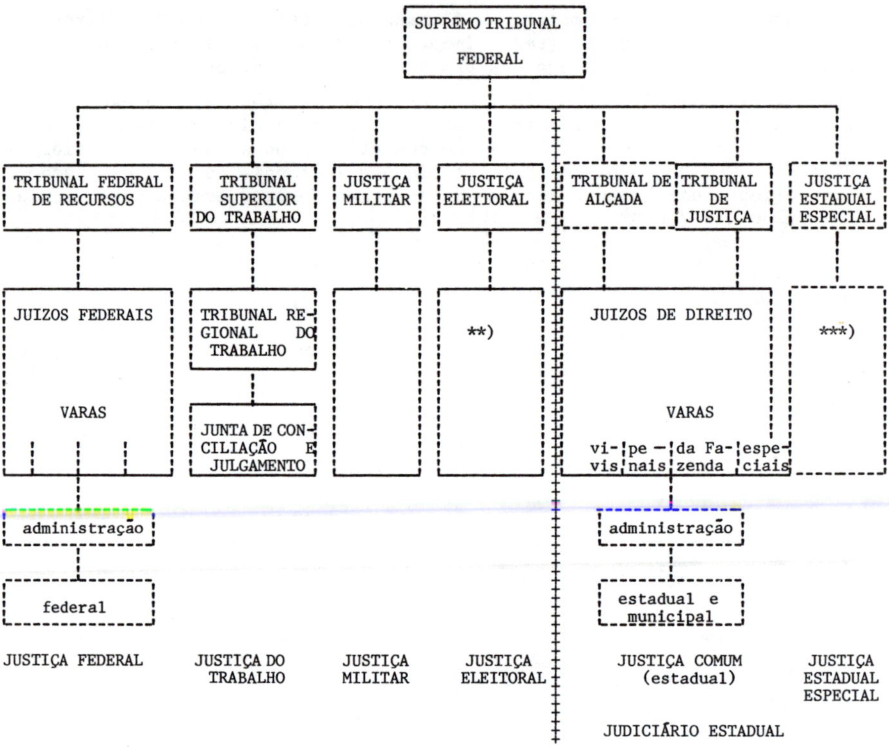

*) Não se incluiram no Quadro acima
- O Tribunal do Juri garantido pela Constituição brasileira (art. 153 § 18) com competência no julgamento de crimes contra a vida.
- Os Juízos de Paz com competência de celebrar casamentos.

**) Em primeira instância funciona como Juíz Eleitoral o Juíz de Direito; existem Juntas Eleitorais, órgãos colegiados ' (presididas pelo Juíz de Direito) receptores de sufragio com diminuto poder decisório.

***) Justiça Estadual Especial existe onde for prevista pela legislação estadual. Isto é o caso da Justiça Militar Estadual com finalidade de jurisdicionar os integrantes da Polícia Militar Estadual, servindo na maioria dos Estados o Tribunal de Justiça como instância de recursos.

NOTAS:

1. Tanto no Brasil como na Alemanha os tribunais podem ser federais ou estaduais. Mas, enquanto a distinção no Brasil se faz verticalmente com um judiciário federal completamente desenvolvido, a distinção na Alemanha é horizontal, somente com uma cúpula judicária federal. Porém, onde não houver órgãos de uma justiça especializada competente no Brasil (p. ex. federal ou de trabalho) o Juiz de Direito (estadual) pode ser competente como primeira instância (23).

2. A Justiça Federal é competente onde houver participação da República Federativa (União), i.e. em matérias que na Alemanha seriam da competência da Justiça Administrativa, da de Finanças, da de Previdência Social ou da Civil.

3. A Justiça Estadual comum (24) tem competência para todas as matérias de carácter civil, comercial, penal, administrativo etc., quando não atribuídos a outro ramo do Judiciário; ao contrário da Alemanha, esta competência compreende os contenciosos administrativos e fiscais com participação da administração Estadual ou Municipal (para as quais geralmente existem varas (25) especializadas "da Fazenda" nas capitais).

4. O Supremo Tribunal Federal tem competência mais abrangente do que o Bundesverfassungsgericht (Tribunal Federal Constitucional) alemão verificando também violação da lei ordinária federal o que seria da competência do Bundesgerichtshof (Corte Federal de Justiça) na Alemanha.

   O Supremo Tribunal Federal, através de "Súmula", pode decidir com efeito geral; na Alemanha, esta possibilidade fica restrita a matérias constitucionais, prevendo o Bundesverfassungsgerichtsgesetz (Lei sobre o Tribunal Federal Constitucional) no seu § 31 uma possível força de lei para sentenças referentes à inconstitucionalidade de leis.

5. O Tribunal de justiça é o órgão supremo do Poder Judiciário Estadual, integrado por "Desembargadores", com amplas competências na área da administração e organização judiciária em comparação aos tribunais alemãs, além das suas atribuições em matéria de recursos. À diferença da Alemanha um quinto dos seus integrantes são recrutados a partir do Ministério público e dos advogados.

6. O Tribunal de Alçada só existe em Estados com maior movimento forense (São Paulo, Rio de Janeiro, Minas Gerais, Paraná, Rio Grande do Sul), e tem competência para recursos em causas de menor importância.

7. Onde houver mais do que um juíz na comarca (na maior parte do interior brasileiro existe um só juíz na comarca), instalam-se via de regra tantas varas quantos juízes houver. Estas varas podem - pelo regulamento da legislação estadual aplicável - manter competência geral ou tornar-se especializadas, p.ex. como Vara da Fazenda Municipal ou como Vara de Família. Em alguns Estados (São Paulo, Rio de Janeiro) procura-se uma descentralização do Judiciário através de uma distribuição territorial da comarca entre diferentes varas especializadas.

III. COMPARAÇÃO NUMÉRICA DA ORGANIZAÇÃO JUDICIÁRIA

Esta breve exposição sobre as organizações judiciárias formais deveria ser complementada por aspectos de fato. Face ao pouco material, adequando para uma comparação entre o Brasil e a Alemanha, limitamo-nos aqui a uma relação de dados estatísticos gerais.

1. Utilização do Judiciário Civil

É corrente, referir-se ao número de processos por habitantes como índice da utilização do judiciário civil para justificar afirmações sobre litigiosidade da população, perfeição e eficiência do judiciário, etc., e para basear nele comparações entre diferentes países, sociedades ou regiões. Só dispomos de dados gerais do número de processos por habitante[26], variando este bastante, por várias razões, no tempo, no espaço e nas diferentes partes de uma sociedade. Ao nosso ver, um dado tão geral deveria ser usado com muito cuidado; por isso incluimo-lo com determinadas reservas que mencionaremos a seguir.

PROCESSOS CIVIS POR 1000 HAB.[27]

Pernambuco	(1987)	ca. 11	[28]
Recife	(1987)	26	[29]
Rio de Janeiro	(1980)	12,5	[30]
	(1987)	23	
Alemanha	(1973)	31	
	(1981)	35	
	(1985)	40	
Espanha	(1966)	3	
Itália	(1973)	10	
Suécia	(1973)	35	
Inglaterra	(1973)	41	
Califórnia	(1973)	52	

Como já observamos estes dados são extremamente gerais. Eles não distinguem o objeto do processo, o valor da causa, nem as partes (indivíduos, pequenas ou grandes empresas, instituições etc).[31] Nestas circunstâncias o mesmo dado em dois países poderia compôr-se por litígios de tipos e causas complementares diferentes.

Além do mais é evidente que para bem entender estes dados deveria conhecer-se as características das diferentes sociedades, dos seus sistemas jurídicos e dos seus judiciários[32] existindo uma variedade muito grande de fatores que poderiam ter influência sobre o número global de litígios num país.

Estas podem ser de direito material formal; no Brasil por exemplo a introdução do divórcio em 1978 deve ter influenciado o número dos processos. Atualmente as ações de despejo aumentam em número significante sob influência conjunta da legislação e inflação.

As condições econômicas[33] e os costumes desempenham papel igualmente importante. Particularmente em países com alta inflação a possibilidade de fazer lucros através da inflação, durante o período de duração de um processo, pode causar um aumento tanto do número de processos quanto da duração deles por medidas retardatárias dos devedores. A jurisprudência brasileira tentou remediar esta situação dando compensação pela inflação[34].

E para terminar poderiamos mencionar que a existência de alternativas eficientes ao Judiciário pode limitar a utilização deste[35].

Deve concluir-se, que o valor da comparação de números genéricos é limitado[36], sendo em princípio, necessário uma análise muito mais profunda, que ainda não temos condições de realizar neste trabalho com o material disponível.

2. Objetos dos Processos[37]

RECIFE (1987)[38]

processos novos nos Juízos de Direito da Justiça Estadual e Federal		34.390
destes:	Processos Cíveis Gerais:..................	51 %
	Direito de Família:.......................	13 %
	Sucessões/Registros:......................	4 %
	Orfãos/Menores/Interditados:.............	3 %
	Acidentes de Trabalho, Falências e Concordatas:.................	2 %
	De direito administrativo (Fazenda Municipal,Estadual e Justiça Federal[39]:..	27 %

ALEMANHA (1984)[40]

processos terminados[41] na Justiça Civil,de Família,de Finanças, de Previdência Social e Administrativa Geral

	R.F.A	Hamburg	Bremen	Berlin(Ocid.)
	2.621.288	89.783 (3,4 %)	32.431 (1,2 %)	115.928(4,4%)
destes (% do total):				
Compra e venda	262.459 (11 %)	6.230 (7 %)	3.326 (10 %)	7.182(6 %)
Aluguel	234.676 (10 %)	13.133 (15 %)	3.987 (12 %)	19.392(17 %)
Despejo (1981)[42]	82.138	6.006	1.951	6.101
Acidentes de Trânsito	131.678 (6 %)	4.186 (5 %)	1.158 (4 %)	6.523(6 %)
Direito de Família	375.145 (14 %)	13.933 (16 %)	6.045 (19 %)	17.110(15 %)
Administrativo,Fiscal e Social (Fazenda e Federal no Brasil)[43]	425.256 (16 %)	11.057 (--)	4.679 (--)	12.758(--)
População (30.6.1985 em mil)[44]	61.015,3	1.585,9(2,6 %)	663,4 (1,1%)	1.852,7(3,0%)

3. Gastos Judiciais

Para com O Judiciário gastaram-se em 1981 DM 3,10 / hab. em Pernambcuo e DM 43,80/hab. no Estado alemão de Hessen[45]

Todavia deve observar-se que a Alemanha possui uma

posição bastante excepcional em relação aos gastos judiciais a nível internacional. Gastaram-se por habitante em 1973[46]

na R.F.a	13,9 US$
na Suécia	9,1 US$
na França	4,0 US$
na Inglaterra	2,4 US$
na Itália	5,3 US$
nos Estados Unidos	7,5 US$
na Califórnia	7,8 US$

4. Números de Juízes[47]

Segundo J.Falcão havia no Brasil 6.000 Juízes em 1983[48]. Na Alemanha eram aproximadamente 17.000[49] para uma população 50% menor.Mas o valor de uma mera comparação numérica é limitado:no Japão em 1975,para uma população semelhante à brasileira de 110 milhões de habitantes,existiam cerca de 2.500 juízes[50].A seguinte tabela demonstra que também em termos de número de juízes a Alemanha tem uma posição forte em comparação a outros países.

Números de Juízes por milhão de habitantes (1973)[51]:

Brasil	50
Pernambuco (1979)	26
R.F.A.	213
Suécia	100
Itália	101
Inglaterra	51
Califórnia	66
Países Baixos(1980)	50

5. Duração dos processos

É muito provável que o processo civil na primeira instância dure muito tempo no Brasil do que na Alemanha.Entretanto os dados estatísticos disponíveis sobre o Brasil ainda não permitem uma indicação mais precisa,sendo necessária uma ampla pesquisa,levando em consideração diferentes tipos de processos assim como diferentes lugares[52]. Não obstante observamos uma diferença processual importante,existindo na Alemanha a execução provisória depois da primeira sentença,enquanto que no Brasil , via de regra,em caso de apelação não existe tal possibilidade[53].

IV. COMPARAÇÕES PROCESSUAIS

Mencionaremos a seguir alguns exemplos de diferenças processuais entre o Brasil e a Alemanha que realçam os limites da estrutura básica comum.

1. Não existe equivalente no Brasil ao procedimento monitório (Mahnverfahren) alemão,já mencionado.

2. Os prazos processuais para as partes no Brasil , muitas vezes são muito mais curto do que na Alemanha,e tem parcialmente um efeito de preclusão muito mais rigoroso do que as regras dos §§ 296 II, 282 da ZPO (em caso de não-cumprimento do

prazo por grave negligência) e §§ 296 I, 273 - 276 da ZPO (em caso de não-cumprimento do prazo sem justificação se houver retardamento do processo).

O prazo processual comum no Brasil é de 5 dias, para a contestação o réu dispõe de 15 dias(54) sem possibilidade de prolongação para o juíz, mesmo em caso de acordo do autor(55).

3. Tanto os conceitos como as consequências da revelia são diferentes nos dois países(56).

4. Para processos com valor de litígio até 20 salários mínimos (que correpondem mais ou menos ao limite alemão de 5.000 DM para a competência do Amtsgericht) e para alguns outros tipos de processos(57), existe no Brasil o chamado procedimento sumaríssimo, que pode ser comparado ao procedimento alemão com audiência imediata ("frühem ersten Termin", §§ 272 II, 275 ZPO). Neste caso o CPC brasileiro prevê que o réu apresente a sua defesa somente na primeira audiência. Mas também aqui, o CPC requer que a prova pericial(58) e testemunhal(59) seja oferecida antes da audiência(60). A lei estipula que o procedimento sumaríssimo não exceda os 90 dias na primeira instância e os 40 dias na apelação, o que não corresponde à pratica forense.

Enquanto o direito alemão exclui a apelação para causas com um valor inferior a 700 DM, o direito brasileiro em geral oferece para tosos os processos civis tal recurso(61). porem, a apelação brasileira se limita a uma segunda instância de direito, enquanto o direito alemão oferece uma segunda instância de fato com (re)-produção de provas. À diferença do direito alemão o direito brasileiro, geralmente, não conhece uma execução provisória durante a apelação (sendo uma das exceções importantes a ação por alimentos(62).

Uma complicação desconhecida pelo processo alemão são os "embargos infringentes", que permitem uma revisão da sentença do Tribunal de Justiça pela mesma instância se não houver unanimidade de votos na decisão.

5. Nos campos do direito brasileiro da execução e da falência observamos regulamentos que são mais favoráveis do que no direito alemão, tendo o devedor a possibilidade de liberar-se de suas dívidas cinco anos depois do procedimento de falência. Evita-se assim(63) um "moderner Schuldturm" (prisão moderna de devedores inadimplentes)(64) da prescrição legal alemã de 30 anos o que é objeto de crítica na Alemanha. Outro regulamento mais favorável ao devedor é o da impenhorabilidade de salários e vencimentos no Brasil, enquanto que o direito alemão só oferece proteção ao devedor dentro dos limites bastante baixos da tabela anexa ao § 850c da ZPO:

V. ALTERNATIVAS AO JUDICIÁRIO

Uma comparação judiciária deveria estender-se às limitações estruturais do Judiciário e às alternativas ao Judiciário em cada país.

Uma destas limitações estruturais (65) consiste no fato que os tribunais oferecem um procedimento relativamente caro para a economia nacional: trata-se no mínimo de três bacharéis (juiz e advogados, com exceção de parte dos processos no Amtsgericht e nos tribunais administrativos alemães) com as suas equipes que são encarregadas de transformar o problema das partes em caso jurídico e de decidí-lo nesta transformação jurídica, com possibilidade de ocupar outros bacharéis e as suas equipes com requerimentos de modificação da decisão através de recursos. Isto garante ao conhecedor do direito um grau relativamente elevado de predictibilidade, e um grau bastante alto de independêcia dos juízes o que certamente tem um valor considerável em conflitos com autoridades estaduais garantido, pelo menos formalmente, uma proteção elevada para o mais "fraco"num conflito (66).

Visto pelas partes (potenciais) os tribunais não têm capacidade para "fazer tudo" (67). Não oferecem proteção contra a insolvência do devedor em caso de dívidas em dinheiro, nem podem oferecer soluções ou pelo menos maneiras adequadas para tratar conflitos em relações duráveis (família, trabalho, habitação) (68).

O procedimento judicial, onde não é compulsório só pode ser atrativo na medida em que subjetivamente pareça ao utilizador: acessível, com custos razoáveis, rápido e oferecendo uma chance interessante para a realização dos seus objetivos (69).

Os problemas do acesso ao judiciário, especialmente para a classe baixa, foram amplamente pesquisados e descritos (70). Não dispomos de material comparativo sobre as diferenças entre a Alemanha e o Brasil com referência ao acesso ao Judiciário (problema do poder de sanção da outra parte, custos , incerteza de ganhar, barreiras de educação, de língua, de psicologia (medo) e mentalidade, de tempo de processo etc.). Supomos que são menos de natureza qualitativa do que quantitativas. Estas diferenças quantitativas no acesso ao judiciário, porém, parecem bastante grandes, diferindo consequentemente a importância e as características das alternativas ao Judiciário nos dois países. Como ilustração da grande variedade de alternativas ao Judiciário Civil junta-se uma lista com exemplos de ambos países.

1. Alternativas institucionais ao Judiciário Civil (71)

As alternativas institucionais oferecem em caso de conflitos uma alternativa à função dos tribunais de tomar decisões, e via de regra têm o inconveniente, de não possibilitar a execução forçada estadual como os tribunais (72). Além do mais, muitas delas não garantem a mesma independência do órgão de decisão. É aspecto importante que,em caso de não solucionar um con flito, muitas das instituições alternativas podem facilitar o acesso aos tribunais (advogados, organismos da Assistência Judiciária no Brasil e na Alemanha, onde existem); pode supôr-se que têm função multiplicadora das decisões dos tribunais, na medida em que se orientam, na sua atividade como "alternativa", pela jurisprudência destes.

ASSISTÊNCIA JUDICIÁRIA (73)

As instituições da assistência judiciária parecem ter no Brasil uma importância relativamente grande para o tratamento de conflitos de direito civil da classe baixa. Em Recife, no ano de 1980 a Assistência Judiciária Estadual tratou cerca de 13.500 casos, enquanto que no mesmo ano um total de 17.025 feitos civis novos foram distribuidos aos juízes. Cerca de 10 % dos casos tratados pela Assistência Judiciária foram enviados posteriormente para os juízes (74).

ADVOGADOS

Tanto no Brasil como na Alemanha os advogados têm um papel importantíssimo na solução de conflitos na fase pré-judicial; isto é válido tanto na negociação de advogado para advogado, quanto em procedimentos "para-judiciais": O advogado pode tentar realizar tais procedimentos intimados a parte oposta para comparecer no seu escritório.

DELEGACIAS DE POLÍCIA

No Brasil, em casos com conotação pública (áreas típicas: vizinhos, família, acidentes, danos causados por crianças ou animais, despejo), as delegacias de polícia podem jogar papel importante como alternativa accessível, rápida e gratuita, ao judiciário civil (75).

INSTITUIÇÕES DE MEDIAÇÃO

Ao lado das instituições estaduais de mediação, como a Öffentliche Rechtsauskunfts- und Vergleichsstelle em Hamburg (76), ou da instituição nacional do Schiedsmann (Mediador) (77) encontramos na Alemanha um número crescente de outras instituições de mediação (78) para problemas de automóveis, rádios e televisões, lavanderias, construções, tratamento medicinal etc., assim como instituições de mediação entre proprietário e inquilinos (Mietschlichtungsstellen). É lógico que existem muitas instituições - menos formais - também no Brasil (79).

Finalmente merece destaque especial uma instituição em processo de criação no Brasil, o JUIZADO ESPECIAL DE PEQUENAS CAUSAS (80), um tipo de "small claims court", que não tem correspondente na Alemanha.

Em resumo pode-se constatar que existe uma variedade muito grande de alternativas diferentes ao judiciário em ambos países exercendo, pelo menos parcialmente, funções que o judiciário não tem capacidade de exercer.

2. Alternativas não-institucionais ao Judiciário Civil

As alternativas ao judiciário, mencionados no capítulo anterior têm função de decidir como os tribunais. Normalmente a discussão das "alternativas" ao judiciário se limita a estas. Existe porém uma imensa variedade de alternativas às outras funções dos tribunais, como são a função de execução, de ameaça ou a de orientação. Estas alternativas podem oferecer vantagens e funções adicionais que não têm os tribunais, dando por exemplo uma proteção contra a insolvência do devedor, ou evitando os gastos financeiros e de tempo para conseguir uma decisão judicial, e diminuindo os riscos inerentes à procura de uma tal decisão.

Exemplos para tais alternativas na área de dívidas contratuais são as GARANTIAS por pessoas e instituições por bens (como a alienação fiduciária, reserva de domínio, etc. (81) ou por títulos de crédito (cheque, etc.); a PRESSÃO, com a possibilidade de exclusão do sistema crediário através da inclusão dos meios de informação existentes (como o Serviço de Proteção ao Crédito (SPC) no Brasil e a Schufa na Alemanha (82)), a escalação comum de ameaças (83) e medidas de cobrança (84) (incluindo, na Alemanha, o procedimento monitório (Mahnverfahren)) ou a utilização de MEDIDAS EXTRA- E ILEGAIS (84). Existe finalmente como alternativa preventiva, com efeitos econômicos muito importantes, a NEGAÇÃO ANTECIPADA DE DAR UM CRÉDITO com a DESISTÊNCIA eventual do negócio: Sem poder entrar numa análise detalhada aqui, podemos constatar a existência de importantes diferenças entre os dois países neste campo.

Se tentarmos resumir este rápido excurso comparativo pelo judiciário, temos que reter que existem importantes diferenças jurídicas e não-jurídicas entre a Alemanha e o Brasil no campo da organização judiciária e do processo civil que limitam o valor uma comparação simplificadora ou limitada a aspectos do direito formal. Faltam-nos ainda, porém, muitas informações para uma comparação mais profunda.

Neste contexto parece-nos particularmente importante reconhecer as limitações de uma atitude que proclama a situação e o direito na Alemanha, ou em qualquer outro país, como um tipo de "modelo". A Alemanha, tanto em comparação ao Brasil quan to em comparação a outros países, dispõe de uma Justiça desenvolvida e cara. Isto porém, não significa impreterivelmente uma ótima satisfação das necessidades jurídicas. O Judiciário não é nem pode ser uma solução para tudo em matéria de tratamento de conflitos (86). Assim sendo, a realização da pretenção (constitucional (87)) de garantir a ampla satisfação dos requerimentos sociais em matéria de tratamento de conflitos através dos tribunais, pode somente ser realizada de maneira relativa, apesar de custos elevados.

Uma ótima satisfação das necessidades jurídicas requer um determinado desenvolvimento de instituições mais flexíveis e mais accessíveis, de instituições de mediação e de alternativas que não operem segundo critérios puramente jurídicos (88) (desenvolvimento este aliás, que, segundo o sociólogo Blankenburg poderia ser menor na Alemanha do que em outros países).

Por isto parece deplorável, que a transformação e realização de alternativas mais accessíveis, mais adequadas e mais simples, como poderia ser o caso do Juizado Especial de Pequenas Causas no Brasil, não seja empreendido com mais rigor.

N O T A S

(1) Versão revisada e ampliada de um discurso proferido no VIº Congresso Anual da "Deutsch-Brasilianische Juristenvereinigung", no Rio de Janeiro, em 17 de novembro de 1987 e baseada em trabalhos preparatórios para uma pesquisa mais ampla.

O tema deve entender-se com uma reserva importante no que se refere ao material estatístico ilustrativo, limitando-se este por enquanto principalmente ao Estado de Pernambuco onde se iniciou a pesquisa do autor. É evidente que não se pretende descrever o Brasil inteiro com tão restrito material. Para uma descrição da organização judiciária alemã vista por um brasileiro vide Francisco de Paula Xavier Neto in: R. Inf. legisl. Brasília a.19 n.74 abr./jun. 1982 p.183 -242.

(2) Uma breve descrição de conceitos de classificar sistemas jurídicos no direito comparado tradicional contém F. Kübler, Rechtsvergleichung als Grundlagenwissenschaft der Rechtswissenschaft, JZ 1977 p.113 - 118. Veja, a título de exemplo, a obra clássica de René David, Les grands systèmes de droit contemporains, Introduction, nº 16 ss e passim, ou a obra de Konrad Zweigert e Hein Kötz, Einführung in die Rechtsvergleichung , vol. 1.

(3) Sobre a relação do processo civil brasileiro com a "família" processual romano-germânica veja por exemplo Barbosa Moreira, Quelques aspects de la Procédure Civile Brésilienne et de ses Rapports avec d'autres Systèmes Juridiques, Revue Internationale de Droit Comparé 1982, p.1215 - 1224. Na área da Organização Judiciária esta classificação já merece , portanto, análise mais profunda.

(4) Excluindo-se aqui diferenças frapantes como as de história, estrutura da economia e sociologia interna e externa, religião, mentalidade...

(5) Fontes: IBGE, Anuário Estatístico do Brasil 1983, 1984, p.76 e Statistisches Bundesamt, Fachserie 10, Reihe 1, 1981, p.44.

(6) Fonte: Fischer-Weltalmanach 1988, 1987, p.39; deve observar-se que a utilização do dólar norte-americano como valor de referência implica alguns problemas, entre eles especialmente a influência de modificações no câmbio.

(7) Isto é válido, pelo menos, para o Processo Civil e o Direito Civil e Comercial (com restrições para a população indígena no Brasil); as diferenças de organização judiciária dentro dos territórios alemães e brasileiros respectivamente são pouco significantes.

(8) Segundo dados do Banco Mundial a distribuição da renda entre os lares no Brasil em 1972 foi a seguinte (em parêntese os dados para a República Federal da Alemanha para 1973):

20 % mais baixos	segundo quinto	terceiro quinto	quarto quinto	20 % mais altos	10 % mais altos
2.0	5.0	9.4.	17.0	66.6	50.6
(6.5)	(10.3)	(15.0)	(22.0)	(46.2)	(30.3)

(Fonte: World Bank, World Development Report, 1980, p.157; deve observar-se que a categoria do lar não é ideal visto o número variável dos seus membros segundo país e categoria social, mas cremos que apesar disto pode servir como ilustração).

(9) Ramos da população ativa (1984, em parêntese a contribuição ao PIB):

	no Brasil	na Alemanha
na agricultura	30 % (16 %)	5,5 % (2 %)
na indústria	24 % (32 %)	41 % (45 %)

(Fonte: Fischer-Weltalmanach 88, 1987, p. 98 e 142).

(10) A densidade demográfica no Brasil varia de 1,65 hab./Km^2 no Norte (com um mínimo absoluto de 0,34 no Território de Roraima) até 260,74 hab. / Km^2 no Estado do Rio de Janeiro (Dados para 1980, fonte: Anuário Estatístico do Brasil 1983, IBGE 1984, p.120).

(11) Isto vale para a Alemanha na sua variedade de zonas urbanas e rurais , de pequenas e médias ou de grandes indústrias, com regiões caracterizadas por indústrias em crise, como aquela do aço ou da construção naval, ou por outras em plena expansão ou pelo setor terciário (vide p.ex. o pequeno ensaio com material estatístico limitado sobre diferenças da estrutura econômica e a justiça civil e penal numa parte da Alemanha de Rasehorn, Justiz und Wirtschaftsstruktur, em ZRP 1975 p.177 - 182), e é muito acentuado no imenso território brasileiro de 8,5 milhões de quilômetros quadrados com regiões inacessíveis onde literalmente caça o índio. Vide p.ex. a descrição de um município no interior do Nordeste em J. de Oliveira Ascenção, Água Branca, Recife 1978, ou p.ex. sobre aspectos da estrutura jurídica nas favelas, Boaventura de Souza Santos, The Law of the Oppressed: The Construction and Reconstruction of legality in Pasargada, Law and Society Review 1977, p.5 - 126.

(12) Mencionamos a título de exemplo os vencimentos dos juízes que variam bastante segundo o Estado no Brasil; para a mesma função variaram em 1981 de 33.000 Cr$ (Piauí) até 189.000 Cr$ (Rio de Janeiro) (Xavier de Albuquerque, Ajuris vol.24, p.25).

(13) Trata-se de um procedimento, que consiste em duas interpelações do credor ao devedor de uma soma de dinheiro em formulário oficial, enviado através do Juízo Civil. A interpelação deve ser acompanhada por uma instrução sobre a medida a ser tomada pelo pretendido devedor se não concordar com o pagamento, e por um formulário de carta a ser assinada e retornada ao Juízo, neste caso. Se o devedor não responde à primeira das duas cartas num prazo de duas semanas o credor pode pedir ao Juízo o envio da segunda. Esta torna-se título executivo provisório e depois definitivo se o devedor não contesta a ela dentro de um novo prazo de duas semanas (para os demais detalhes vide os §§ 688 - 703d da ZPO alemã e a descrição de F. de Paula Xavier Neto, obra citada p.216 e 217).

Apesar das facilidades e instruções para o pretendido devedor, a ausência de controle das alegações do pretendido credor em caso de não-contestação do devedor pelo Juízo, permite a obtenção de títulos que não correspondem à lei ou à jurisprudência (cf. a análise de Reifner, Weitz e Uesseler em Tatsachen zum Verbraucherschutz im Konsumentenkredit , 1978, p.256 - 271; Holzscheck/Hörmann/Daviter em Praxis des Konsumentenkredits, 1982, p.329 - 359, dão uma análise do procedimento monitório na área do crédito ao consumidor, inclusive dos motivos para contestar ou não, sem entrar porém numa análise da justificação jurídica). No caso de tais títulos para créditos com juros excessivos a questão da possibilidade de impedir a execução foi muito controvertida. Há pouco, finalmente, o Bundesgerichtshof (Corte Federal de Justiça) teve ocasião de decidir esta questão no sentido que existe tal possibilidade (NJW 1987 p. 3256 - 3259 e 3259/3260.

(14) Para 1981 trata-se de 5.275.629 procedimentos monitórios contra 1.448.236 processos novos não incluindo os 342.656 procedimentos nos Juízos de Família (Familiengerichten) (Fonte: Statistisches Bundesamt, Fachserie 10, Reihe 1 p.7 e 8 e Reihe 2 p.26).

(15) Os dois países conhecem um estágio antes da concessão de vitaliciedade (de dois anos no Brasil, de três na Alemanha); mas o juiz alemão tem que passar antes outro estágio de três anos (o Referendariat). Observa-se que no Brasil a situação não é uniforme, existindo p.ex. Estados com exigência de curso preparatório.

Sobre a formação universitária brasileira vide p.ex. J. Falcão, Lawyers in Brazil: Ideals and Praxis, International Journal of Sociology of law, 1979, 7, p. 355 - 375; sobre a formação alemã p.ex. Wolf, Ausbildung, Auswahl und Ernennung der Richter, in: P. Gilles (Org.), Humane Justiz , 1977, p.73 - 90, e F. de Paula Xavier Neto, op.cit., p.201 e 202.

(16) Com a reforma de 1957 foi introduzido o RECHTSPFLEGER, administrador judicial, com formação de 3 anos de estágio e de estudos em escola especial superior de direito. O alvo da criação desta função era a de libeberar o juiz de encargos administrativos. São funções do "Rechtspfleger":

- decisões em matéria dos registros
- decisões de menor importância em direito de família, em direito tutelar, em direito das sucessões, em direito de falência
- procedimento de execução quando não houver embargos do devedor
- procedimento monitório (Mahnverfahren)
- leilão e distribuição
- execução de sentença penal
- assistência judiciária extrajudicial.

O trabalho do "Rechtspfleger" é autônomo, não pode ordenar prisão e encontrando dificuldades deve dirigir-se ao juiz. Contra as decisões dele cabe recurso gratuito ao juiz, e em caso de adesão à decisão do "Rechtspfleger", esta, via de regra, é tratada como se fosse do próprio juiz.

Para mais detalhes vide as observações de F. de Paula Xavier Neto, op. cit., p- 205 - 207 ou R. Bender e H. Eckart, The Rechtspfleger in the

Federal Republic of Germany, in:
M. Cappelletti et al. (Org.), Access to Justice, vol II, 1978,p.477 - 488.

(17)Existem muitas outras diferenças, como vencimentos, número de juízes por habitante,número e natureza de processos a serem tratados, horas e dias de serviço etc.

(18)vide infra II.

(19)Neste sentido deveria dar-se destaque especial às diferentes alternativas à utilização do Judiciário existentes em cada país/sociedade e - mais precisamente - nas diferentes partes do país/da sociedade(vide infra V.).

(20)A título de exemplo se citariam os salários e vencimentos dos funcionários e empregados do Judiciário no Brasil que podem causar problemas maiores, do que na Alemanha, no recrutamento de pessoal motivado e competente.

Outras categorias seriam o número de juízes por habitantes,tamanho dos territórios de jurisdição (comarcas/Gerichtssprengel), duração dos processos civis etc. (para alguns destes pontos vide infra, II.).

(21)No quadro da Organização Judiciária Alemã não se incluiu a justiça penal e a voluntária.

(22)vide infra IV.3.

(23)Neste caso o recurso será considerado pela segunda instância da justiça especial competente em questão (p.ex. pelo Tribunal Federal de Recursos ou pelo Tribunal Regional de Trabalho).

(24)Situação particular existe no Distrito Federal (Brasília) e nos territórios Federais (Amapá, Roraima, Fernando Pessoa).

(25)vide infra Nota 7.

(26)Em breve será publicado o resultado das pesquisas de um grupo de sociólogos de direito europeus sobre a quantidade de processos em diferentes países europeus (Países Baixos, Bélgica, França, Alemanha Ocidental e Dinamarca; vide p.ex. as comparações de Blankenburg e Verwoerd entre a Alemanha e os Países Baixos em DRiZ 1986, p.207 - 211 e DRiZ 1987, p.169 - 178). O professor Wollschläger realiza voluminosa pesquisa estatística sobre o desenvolvimento da quantidade de processos em doze países europeus nos últimos dois séculos, mas indica que o número total de processos reflete principalmente o desenvolvimento da população e as catástrofes sociais (guerras,crise econômica de 1929 etc.).Dados gerais a partir de 1870 para a Alemanha relata Rottleuthner in : Aspekte der Rechtsentwicklung in Deutschland, Zeitschrift für Rechtssoziologie 1985, p. 206 - 256. Compilação muito volumosa de dados gerais foi preparado pelo Governo Federal alemão para a Câmara de Deputados (Bundestags-Drucksachen 10/4592 e 10/4593 de 19.12.1985 e 10/5317 de 15.4.1986).

(27)Veja nota nº 1.

Fontes:

Para a Espanha: Toharia, Jahrbuch für Rechtssoziologie und Rechtstheorie, vol. IV, 1976, p.57;
para Pernambuco e Recife: calculando segundo as informações obtidas pelo centro de processamento de dados do Judiciário para os meses de 1987, incluindo o dado do Relatório Anual da Justiça Federal;
para o Rio de Janeiro: para 1980: Piquet Carneiro, Juizado de Pequenas Causas, Mimeo, 1981, p.2, para 1987: Relatório anual do Tribunal de Justiça (não inclui a Justiça Federal); para a Alemanha (1981 e 1985) calculando segundo dados publicados em Fachserie 10, Reihe 1 e 2 pelo Statistisches Bundesamt, incluindo as Justiças de Finanças, Administrativa Geral e de Previdência Social, estando as competências destas no Brasil atribuidas à Justiça Civil;

os demais dados provêm de Johnson et al., Comparative Analysis of the Statistical Dimensions of the justice Systems of Seven Industrial Democracies, 1977.

(28)Trata-se aqui de uma estimação, multiplicando-se o dado para Recife com a quota de julgamentos em Recife segundo a estatística oficial(37 %).

(29)Vide nota anterior. Os dados são: 24.922 processos cíveis e 4.895 processos das varas da Fazenda para a Justiça Estadual, mais 4.573 Processos na Justiça Federal para 1,3 milhões de habitantes. Para ser absolutamente correto dever-se-ia reduzir minimamente o dado total, considerando que a vara da Fazenda Estadual e a Justiça Federal recebem processos do Estado inteiro. Mas diante da impossibilidade de obter dados sobre a participação da população recifense nestes ramos não dispomos de possibilidades de dar um dado mais exato.

(30)Estes dados, à diferença daqueles para Pernambuco, não incluem a Justiça Federal.

Não dispomos de uma explicação para a grande divergência dos dois referentes ao Rio de Janeiro.

(31)A lista de desejáveis poderia ser continuada: duração dos processos, resultados, utilização de recursos etc., com a possibilidade de realizar conexões estatísticas entre eles e com diferentes fatores sociológicos.

(32)Supomos que são poucos os fatores propriamente "nacionais", sendo carac-terística "nacional" a sua importância, que aliás, deveria depender de áreas geográficas e sociais dentro do país.

(33)Podemos citar alguns exemplos:

1. Em matéria de automóvel deveria baixar o número de processos desde as seguradoras consideram mais econômico de adotar uma determinada "generosidade" em vez de esperar decisões judiciais (vide Blankenburg et al., ZfRSoz 1985, p.264 - 267, DRiZ 1986, 207 - 211 e DRiZ 1987, 169 - 178 analisando a diferença de litigiosidade na Alemanha e nos Países Baixos em matéria de acidentes de automóvel).

2. A contratação de seguros em si, deve ter efeito sobre o número de

litígios também, tanto por conflitos entre seguradora e contratante , quanto p.ex. em matéria de acidentes de automóveis pela existência de seguros contra danos causados por terceiros. Estes parecem ser usados no Brasil para protegerem (parcialmente) contra a insolvência do devedor de indenização e/ou contra uma insuficiente cobertura pelo seguro da responsabilidade civil, evitando-se assim a necessidade de recorrer a tribunais (pelo menos para o prejudicado), na medida em que houver proteção suficiente pelo próprio seguro.

3. Onde há pouco poder aquisitivo do consumidor tanto as queixas dele quanto as cobranças de créditos ao consumidor deveriam ter importância limitada no Judiciário.

Geralmente a solvência limitada de grande parte de uma população pode tornar inútil boa parte de possíveis litígios patrimoniais.

4. A conjuntura econômica parece ter importância na utilização do Judiciário Civil: A estagnação ou a deterioração da situação econômica geral deveria aumentar a tendência de recorrer aos tribunais para realizar créditos: De um lado aumentam os problemas de cobrança com os problemas da solvência dos devedores, pelo outro nesta fase econômica é muito mais penoso para os credores de renunciar a um crédito.Além do mais se reduz a possibilidade e tendência do credor de aplicar as suas capacidades de maneira mais lucrativa na produção ou na aquisição de nova clientela do que em períodos de crescimento econômico.Existem muitos outros fatores neste sentido, como por exemplo, o fato que em grandes empresas a pressão exercida pelos donos do capital parece geralmente aumentar em época de crise para continuar a obter rendimentos adequados em comparação ao mercado tornando a renuncia a créditos mais penosa e possivelmente mais difícil de justificar (no caso extremo da falência do credor o síndico vai dificilmente renunciar total- ou parcialmente a um crédito em visto da sua responsabildiade pessoal para os credores do credor falente).

(34)Veja a descrição em língua alemã por Huber e Wald, Fünfzehn Jahre Anpassung von Geldschulden im brasilianischen Recht in: RabelsZ 45(1981), p.761 ss para alugéis (p.765 e 771).

Isto não é assim em todos os países com alta inflação,como demonstra o exemplo do México.

(35)É claro que existe uma influência recíproca entre Judiciário e alternativas,provocando provavelmente uma eficiência limitada da primeira um maior recurso às últimas,onde isto for possível e suficiente.Vide ainda infra V.

(36)Além disso observam-se em cada estatística erros oriundos no levantamento e tratamento de dados.

(37)A utilização e comparação de dados estatísticos alemães e brasileiros sobre os diferentes tipos de litígio, acarretam em si também problemas, dado que as categorias usadas divergem.

Observa-se por exemplo, que enquanto no Brasil os litígios com participação da União ou das suas entidades,e particularmente da Previdência Social, geralmente são da competência da Justiça Federal (veja, a títu lo de exceção, o artigo 126 da Constituição), na Alemanha a competência para estes litígios se divide entre Justiça Civil, Administrativa geral, de Finanças e de Previdência Social.

Ou ainda: enquanto que na Alemanha existe um procedimento de cognição especial e simplificado para letras de câmbio, notas promissórias e cheques, o direito brasileiro oferece a execução imediata destes títulos, dando somente a possiblidade de defender-se por Embargos do Devedor (Vollstreckungsgegenklage) depois de depositada ou penhorada a soma em litígio. Uma diferença parecida existe para reserva de domínio (Eigentumsvorbehalt) e alienação fiduciária (Sicherungsübereignung).

Outro exemplo é que ao inverso da Alemanha, no Brasil, via de regra, o processo de execução requer a intervenção do juíz, excluindo-se o requerimento direto dos serviços do oficial de justiça pelo exequente, modificando-se assim o número de processos de execução na estatística.

(38) Infelizmente ainda não dispomos de dados estatísticos deste tipo para outras áreas geográficas.

(39) A Justiça Federal trata também uma pequena parte de matérias penais e cíveis.

(40) Fontes: Statistisches Bundesamt, Zivil- und Strafgerichte 1982-1985 e Fachserie 10, Reihe 1, 1985, p. 7 ss e Bundestags- Drucksachen 10/ 4592 e 10/4593 de 19.2.1985 e 10/5317 de 15.4.1986. Diferentes pesquisas realizadas na Alemanha, mas limitadas ao Amtsgericht (Juízo com competência limitada atualmente até 5.000 DM) deram os seguintes resultados:

compra e venda	15 - 27 %
aluguel (geral)	10 - 23 %
serviços/obras	13 - 21 %
acidentes de trânsito	7 - 9 %

(Bender/Schumacher, Erfolgsbarrieren vor Gericht, 1980, p. 127 e 128 ; Steinbach/Kniffka, Strukturen des amtsgerichtlichen Zivilprozesses , 1982, p.62; Blankenburg/Morasch/Wolff, Tatsachen zur Reform der Zivilgerichtsbarkeit, vol. 1, p. 108, 113 s). Na época destas pesquisas o limite de competência do Amtsgericht ainda era menor que 5.000 DM.

(41) Observa-se que os dados brasileiros referem-se a processos iniciados , enquanto os dados alemãs a processos terminados. Ante a ausência de outro material estatístico mais adequado, e supondo que cada processo novo aparece, algum tempo depois, na estatística como processo terminado (o que se justifica particularmente na Alemanha, onde os números de processos iniciados e terminados cada ano são muito parecidos), parece-nos possível comparar as estatísticas alemãs e brasileiras citadas, apesar desta diferença.

(42) Desde 1982 a estatsitica oficial informa somente sobre o número de processos terminados e referentes ao aluguel de moradia (1982: R.F.A. 227.455, Hamburg 12.744, Bremen 4.029, Berlin 18.499; Statistisches Bundesamt, Zivilgerichte und Strafgerichte 1982 bis 1985, p.26). Portanto, relatamos o último dado disponível sobre as ações de despejo que é aquele de 1981 (Fonte: cálculo com base nos dados de Statistisches Bundesamt, Fachserie 10, Reihe 2, 1981, p. 34).

(43)Estes dados para as cidades de Hamburg, Bremen e Berlin são estimações em base do dado para a Alemanha dividido pela população respectiva.

(44)Fonte: Stat. Bundesamt, Fachserie 10, Reihe 1, 1985, p.44.

(45)Em base do Câmbio do 31.12.1980; os dados não incluem os gastos com os ministérios e a administração penitenciária; para Hessen incluiram-se os gastos para com os Sozialgerichte (Juízos e Tribunal de Previdência Social), enquanto que não se considerou a soma gasta pela União no Brasil para as instituições da Justiça Federal existentes em Pernambuco. Portanto o dado pernambucano referido é um pouco menor do que na realidade.

A utilização destes fundos foi a seguinte:

Pernambuco (1979)		Hessen (1981)	
Juízes	47 %	Pessoal	78 %
Pessoal de Justiça	26 %		
Pensões (Juízes)	21 %		
Outros	6 %	Outros	22 %

(46)Fonte: Johnson et al., op. cit., p.9-7.

(47)Sobre a necessidade de levar em consideração possíveis diferenças vide supra notas 15, 16, 17 e 20.

(48)em Piquet Carneiro et el., Introducing Small Claims Courts in Brazil : Reactions from the Judicial Community, Mimeo, 1984, p.2.

(49)além de 11.000 Rechtspfleger (vide supra I. e Nota 16).

(50)Kahei Rokumotu, Tschotei (Schlichtung) in: Jahrbuch für Rechtssoziologie und Rechtstheorie, vol.6, 1980, p.402.

(51)Parece importante recordar a problemática da utilização de tais dados globais. Eles não dão nenhuma indicação sobre a carga concreta de trabalho,quantidade de substituições e casos extremos,como aquele dos dois juízes encarregados, durante anos,dos serviços judiciais para 200.000 habitantes numa cidade brasileira.

Fontes: Brasil: cálculo em base do número indicado por Falcão, 1984,em Piquet Carneiro et al., op.cit. (nota 41), p.2;
Pernambuco: calculando em base dos dados em Benildes de Souza Ribeiro et al., Diagnóstico de um Poder Imolado, vol.1, Corregedoria Geral de Pernambuco, Recife 1979, p.33 ss; Países Baixos: Blankenburg, ZfRSoz 1985, p.262; os demais provêm de Johnson et al., op.cit. Blankenburg/ Verwoerd relatam para 1983/1984 200 juízes por milhão de habitantes na Áustria e na Blégica (DRiZ 1987, p.170).

(52)As estatísticas alemãs também são relativamente gerais; vide Statistisches Bundesamt, Fachserie 10, Reihe 2 (para 1981 pp.30/31 e 40/41)e o informe do Governo Federal em BTDr 10/5317 (para este vide supra Nota 26).

(53)Vide infra IV. Outro aspecto importante é o efeito da inflação supra mencionado (III.1).

(54)Um prazo parecido é o previsto no § 276 I da ZPO alemã,mas aí se limita à indicação (a ser apresentada por advogado em causas de um valor acima de 5.000 DM) de intenção de defesa enquanto que no prazo brasileiro todos os meios de defesa têm que ser indicados.

A maioria dos prazos alemães variam entre duas semanas e um mês,fixando a lei para a contestação do réu, p.ex., somente o mínimo a ser concedido pelo juiz.

(55)Neste prazo o réu deve compreender a causa, decidir se quer defender-se, achar um advogado competente, entrar em contato com este realizando um pagamento a conta (possivelmente importante para o réu),informá-lo, encarregá-lo, eventualmente conseguir e providenciar informações e materiais adicionais, fazer reconhecer a sua firma na escritura de procuração para o advogado (procedimento mais difícil deve ser seguido em caso de analfabetos); o advogado tem que entender o caso, reestruturá-lo e formular a contestação, ditá-lo, deixar escrevê-lo, depondo-o com as provas documentais no Juízo.

Existe todavia a possibilidade para o advogado do réu de pedir ao juiz a permissão de juntar a procuração e documentos ulteriormente à contestação. É verdade também que na realidade o prazo pode ser um pouco maior no Brasil, porque ao contrário da Alemanha o prazo começa a correr não a partir da citação ou intimação, mas a partir da notificação destas nos autos.

Pelo regulamento do § 224 da ZPO alemã o juiz pode conceder prolongação dos prazos fixados por ele; em caso de prazos legais ele tem esta faculdade se tal possibilidade está prevista na lei (o que não é o caso para a indicação de defesa (vide nota anterior) e do Einspruch (embargo do revel, vide infra IV.2.).O juiz alemão geralmente trata um pedido de prolongação de prazo com determinada generosidade, e da mesma forma é tendência dos advogados de apoiar tal pedido feito por um colega em base de sobrecarga de trabalho ou de problemas de comunicação com a parte (espírito que se reflete no tratamento do advogado revel, vide nota 49 infra).

Para demais detalhes vide os §§ 224 - 227 da ZPO e os comentários referentes a estes para o direito alemão e os art. 177ss.do CPC brasileiro.

(56)O conceito de revelia diverge bastante nos dois países. Na Alemanha, a revelia se refere ao não-comparecimento à audiência; no Brasil, à falta de contestação escrita, que por sua vez seria tratado como problema de preclusão na Alemanha.

Em caso de revelia o juíz alemão, sob requerimento da outra parte,pode proferir sentença sem levar em consideração as alegações por escrito do réu. Esta sentença serve como título para execução provisória sem necessidade de caução, mantendo ao revel a possibilidade do Einspruch(embargo) dentro de um prazo de duas semanas.Porém, se na seguinte audiencia o revel não se apresentar novamente ou não declarar, não existe a possibilidade de um segundo "Einspruch" (embargo) (§ 345 ZPO).As regras profissionais dos advogados preveêm que o advogado não deveria requerer julgamento por revelia contra um colega revel pela primeria vez num processo.

Não se deve confundir este "Einspruch" (embargo do revel) com a reintegração por justa causa (Wiedereinsetzung in den vorigen Stand) prevista tanto no CPC brasileiro, art. 183, como nos §§ 233 ss. da ZPO alemã.

(57) vide art. 275 CPC; algumas leis especiais referem-se também a este procedimento, mas não é aplicável em ações relativas ao estado ou à capacidade das pessoas.

(58) Para o perito, a parte tem que propôr um questionário; cada parte tem a possibilidade de propôr assistentes técnicos para o perito, mas estes têm que ser independentes tal como o próprio perito. Cada parte tem a possibilidade de propôr ulteriormente "quesitos suplementares" ao perito.

(59) O sistema da prova testemunhal também parece mais formal no Brasil do que na Alemanha: existe um limite máximo de dez testemunhas para cada parte, não existe a possibilidade de cambiar testemunhas; cônjuges e membros da família não são considerados aptos como testemunhas, existindo todavia a possibilidade para o juíz de ouvi-los para a sua informação.

(60) Art. 281, 550 CPC.

(61) Uma exceção deve ser assinalada para a Justiça Federal.

(62) Em casos de urgência o autor pode também, nas condições legais desta, requerer uma medida cautelar.

(63) Se o devedor tem os recursos necessários para recorrer a este procedimento.

(64) de With/Nach in ZRP 1984, 1.

(65) Breves descrições das limitações estruturais da prestação judiciária encontram-se em W. Gottwald, Streitbeilegung ohne Urteil, 1981, p. 9 - 30 e em J. Falke/V. Gessner, Konfliktähe als Maßstab für gerichtliche und außergerichtliche Streitbehandlung, in: e Blankenburg et al. (ed.), Alternativen in der Ziviljustiz, 1982, p.289 ff.

(66) Todavia deve perguntar-se, quando e em que medida o mais "fraco" como "atacante" consegue ultrapassar as barreiras de acesso aos tribunais e se ele, como "defensor", tem capacidade e possibilidade de usar adequadamente as suas defesas existentes na teoria ou na prática, e se antecipadamente não as debilitou já demasiado pela chamada liberdade contratual.

(67) p.ex. a Conferência da Magistratura Alemã 1983 teve como divisa o tema significativo de "Grenzen der Rechtsgewährung" (Limites da Prestação de Direito).

(68)Em relações duráveis, diferentemente de contatos singulares (como p. ex. entre participantes de um acidente de automóveis),o Judiciário normalmente é chamado só em caso de dissolução da relação (divórcio,recisão do contrato). Vide V. Gessner, Los conflictos sociales y la administración de justicia en México, 1984.

(69)É verdade que a exaltação de uma parte pode também tornar "atrativo" o Judiciário como "válvula".

(70)vide p.ex. Cappelletti et al., (Org.), Access to Justice,1978 ss. e para a Alemanha U. Reifner, Erfolgs- und Zugangsbarrieren in der Justiz, DuR 1981 p.143 - 154 e 396 - 413.

(71)Para a Alemanha vide p.ex. E. Blankenburg et al.(Org.), Alternativen in der Ziviljustiz, 1982, ou as publicações mencioandas a seguir.O governo alemão apoia as tentativas de estabelecer instituições de mediação e de arbitragem. Vide p.ex. a publicação com o título significativo "Schlichten ist besser als Richten" (Mediação é preferível ao Julgamento) distribuído gratuitamente pelo Governo Federal, ou H. Morasch (Org.), Schieds- und Schlichtungsstellen in der Bundesrepublik,Bundesanzeiger, 1984, analisando tais tentativas nos diferentes ramos da economia.

(72)Não é o caso do Juizado Especial de Pequenas Causas brasileira,onde este já funcione. Em ambos os sistemas jurídicos existem a possibilidade de estabelecer documentos privados que podem servir como título para a execução (por escrito com dois testemunhas no Brasil, por tabelião na Alemanha, se houver acordo expressão do devedor).

(73)No Brasil esta pode ser organismo estadual (Pernambuco),exercida pela Procuradoria (São Paulo) ou por uma Defensoria Pública (Rio de Janeiro), além de organismos privados ou semi-privados,como os respectivos centros das faculdades de direito,da OAB, da LBA, de algumas prefeituras, da igreja/CJP, e os sindicatos ou ainda serviços como PROCON, etc.

Na Alemanha existe em alguns estados um organismos público (Berlin , Bremen, Hamburg, Lübeck). É frequente a existência de um serviço de assistência judiciária no Amtsgericht (Juízo), e as associações de consumidores,de inquilinos, de automobilistas, etc. oferecem assistência judiciária no ramo específico deles. à diferença do Brasil (e com exceção dos sindicatos), esta assistência se limita geralmente a uma orientação e, se necessário, a uma ajuda extra-judicial.

(74)Fontes: Cálculos com base nos dados do Relatório Anual da Assistência Judiciária, Recife, para 1980, e de Benildes de Souza Ribeiro et al. , op.cit. (nota 44), vol. 2, 1980. Essa proporção torna-se ainda mais evidente considerando-se que a Assistência Judiciária trata principalmente de problemas de direito de família, enquanto que no Juízo se tratam matérias com outro carácter.

(75)Vide J. Oliveira, Sua Excelência, o Comissário, mimeo., Recife, 1984 . Tal observação pode ser feita também na Alemanha no caso p.ex. de vizinhos ruidosos onde não se agiria fazendo uso (teoricamente possível) dos tribunais.

(76)Ofício Público de Informação Jurídica e de Acordos que principalmente é organismo de Assistência Judiciária.

(77)Dentro da discussão sobre alternativas ao judiciário e a possibilidade de desengarrafar este pela criação daqueles, deve considerar-se com muita atenção que os 5.022 Schiedsmänner na República Federal da Alemanha só realizaram 1.063 procedimentos de mediação (Güteverfahren) em 1975, enquanto no século passado desempenharam papel muito mais importante (cf. Bierbrauer et al., Zugang zum Recht, 1978, p. 146,tab.1)..

(78)Criadas por exemplo, por câmeras de indústria e comércio,de artesanato e dos médicos. O governo apoia as tentativas de estabelecer instituições de mediação e de arbitragem. Vide nota 63.

(79)São ou podem ser outras instituições com papel de mediação:a IGREJA, a FAMÍLIA e os VIZINHOS, as INSTÂNCIAS SUPERIORES DENTRO DE ORGANIZAÇÕES (administrações, grandes empresas), a ARBITRAGEM COMERCIAL,a "JURISDIÇÃO" das Federações Esportivas ou muitas OUTRAS INSTÂNCIAS EXTERNAS(como o poderia ser um banco do devedor, um vereador ou a prefeitura, a Associação de Moradores descrita por Boaventura Santos, op.cit.,a Neta do Barão descrita por Oliveira de Ascenção, op.cit., um proprietário' comum de cotas-partes de duas sociedades comerciais, etc.).

(80)vide a Lei Federal n. 7.244, de 7.11.84.

(81)Ao contrário do direito alemão, estas possibilitam a execução imediata e a venda livre dos bens de garantia pelo credor (vide Nota 35);em contrapartida, no direito alemão qualquer credor pode ser titular de alienação fiduciária (Sicherungsübereignung).

(82)A Schufa alemã não pode ser comparada aos meios eficientes de informação sobre devedores existentes no Brasil por causa das restrições, na utilização de dados individuais,impostas pela lei alemã e por causa do acesso muito restrito a este sistema de informação (limitando-o principalmente aos bancos,enquanto que o SPC está à disposição do varejista).

(83)Estas ameaças podem basear-se em meios preventivos como a utilização ' das garantias (informação do empregador de uma cessão do salário,fiança, apreensão dos bens servindo de garantia) e o pedido de abertura de um inquérito policial por causa de cheque sem fundos (o que é um dos motivos para requerer cheques predatados no Brasil), ou podem aproveitar-se de possibilidades judiciais como um pedido de declaração de falência ou uma ação cautelar de arresto.

(84)Veja a descrição por Hörmann/Holzscheck/Daviter, Praxis des Konsumentenkredits, 1982, pp. 229, 284 ss, 300. e em ZfRSoz 1983 pp. 34 ss.

(85)A imaginação não tem limites neste respeito. Observamos por exemplo ao lado da violência bruta pessoas como aquele credor anônimo em São Paulo que encontrou uma fórmula pitoresca de intimidar seu devedor.Associando ameaça e discreção instalou uma faixa na rua do domicílio dele com os seguintes dizeres: "Sr. ... morador do apartamento ... do número ... Favor pagar o que deve até o dia 18/1. Caso contrário, colocaremos nome e endereço." (Folha de São Paulo de 19.1.1985).

(86) supra e sobre o exemplo mexicano V. Gessner, op.cit.

(87) Art. 153 § 4 da Constituição brasileira/"Justizgewähranspruch" do direito constitucional alemão.

(88) Isto não dispensará a cobertura de tais alternativas por um judiciário que oferece as garantias formais tradicionais.

A ORGANIZAÇÃO JUDICIÁRIA BRASILEIRA E A NOVA ORDEM CONSTITUCIONAL

Kazuo Watanabe (São Paulo)

Será apresentada nessa Palestra uma rápida visão da nova estrutura sugerida pela Comissão de Sistematização, no que diz respeito ao arcabouço geral, genérico e a partir desse arcabouço geral, algumas implicações em termos de uma definição mais pormenorizada,no aproveitamento dessa transparência.

Possuimos, atualmente, como órgão de cúpula,o Supremo Tribunal Federal.O Supremo exerce, basicamente, três funções institucionais. Na configuração atual, hoje funciona como tribunal, como corte constitucional, o tribunal julga ação direta de inconstitucionalidade, porque uma ação para declaração de inconstitucionalidade da lei, em tese, não é em relação ao caso concreto e tem também através de recurso extraordinário, o controle da constitucionalidade em casos concretos, ou seja, esses casos concretos sobem ao Supremo Tribunal Federal através de recurso extraordinário. Essa é a primeira função institucional. O Supremo também funciona hoje como um órgão que uniformiza a aplicação e o entendimento da lei federal. Nessa expressão lei federal, também estão incluídos os acordos internacionais, e tudo que diga respeito à uniformidade da lei federal, porque temos uma federação, um sistema federalista e cada Estado tem seus tribunais podendo cada um dar uma interpretação diferente à lei federal, surge então, a necessidade de fazer a uniformização a nível de órgão do povo, e temos essa função também no Supremo que funciona como tribunal especial em determinadas causas na área criminal, na área civil, mandado de segurança contra o Presidente da República, crimes de responsabilidade, crimes comuns ao Presidente da República, enfim, a constituição enumera a competência do Supremo nessa área. Assim hoje, o Supremo preenche uma função de corte constitucional e órgão de um tribunal que uniformiza o entendimento, à aplicação, à interpretação da lei federal e funcionando, também, como um tribunal especial para determinadas causas que a constituição enumera.

Com a nova estrutura aprovada pela Comissão de Sistematização, vamos ter logo abaixo do Supremo Tribunal Federal, o Tribunal Superior de Justiça. O Tribunal Superior de Justiça vai tomar algumas funções atuais do Supremo para fazer com que o Supremo funcione basicamente como um tribunal constitucional. No entanto, continua, apesar disso, o Supremo, a ser uma corte, um tribunal especial para determinadas causas. O que acontece no que respeita a esse nível de tribunal especial, é que este passa a dividir com o Tribunal Superior de Justiça as suas atribuições e algumas causas passam para o Tribunal Superior de Justiça e outras ficam para o Supremo Tribunal Federal. Mas, para interpretação, para um guardião da constituição, quer dizer, o órgão de cúpula residirá no Supremo Tribunal Federal. A ação direta de inconstitucionalidade será da competência do Supremo e o recurso extraordinário, com fundamento na violação de norma constitucional, continua a ser também do Supremo Tribunal Federal, e ainda o Supremo vai continuar no que diz respeito à interpretação da lei federal, a manter uma função que já existe no sistema atual, que é a de declarar, a de dizer qual a interpretação em tese da lei federal. Isso existe no sistema atual, é uma ação. Desconheço hoje há possibilidade de se pedir ao Supremo que se declare o alcance daquela norma da lei federal ou estadual, ao sistema atual da lei federal ou estadual.

No sistema que a Comissão de Sistematização está propondo, a interpretação em tese da lei federal. O Tribunal Superior da Justiça vai funcionar basicamente como um Tribunal que vai zelar pela interpretação de aplicação uniforme da lei federal, e então separar. O Supremo, que acumulava essa função, zelar pela constituição e também pela lei federal, ficara apenas com a atribuição de zelar pela constituição e ser guardião da lei federal, passará a ser atribuição do Tribunal Superior de Justiça.

O recurso que hoje se chama extraordinário para esse fim, passa a denominar-se recurso especial, e além disso tudo o Tribunal Superior de Justiça vai ter algumas atribuições a nível de competência originária, para funcionar como tribunal especial. Assim atualmente nós temos por exemplo,na justiça federal, primeira instância, segunda instância e o Supremo Tribunal Federal. Nós vamos ter Justiça Federal, Tribunal Federal de Recursos, Tribunal Superior de Justiça e Supremo Tribunal Federal. Ficará o Supremo Tribunal Federal apenas com a competência na parte tributária para matéria constitucional.

Na Justiça Estadual a estrutura vai ser mais ou menos a mesma, juiz de direito, Tribunal de Justiça,Tribunais de alçada, Tribunal Superior de Justiça e Supremo Tribunal Federal. O surgimento da necessidade de criação do Tribunal Superior de Justiça, quer dizer, qual a razão fundamental reside no fato de que se encontra com um volume muito grande de serviço, e no que diz respeito ao recurso extraordinário sob a alegação de violação da lei federal, o Supremo no sistema atual, evita uma sobrecarga de serviço utilizando-se de um expediente que é a chamada arguição de relevância. Hoje, sómente sobe para o Supremo quando o recurso consiste em alegação de ofensa à lei federal, quando há arguição de relevância e o Supremo Tribunal Federal reconhece a relevância da causa. É uma forma de selecionar as causas e filtrar os casos para que não haja sobrecarga de serviço.Constatou-se pelo menos essa justificativa nessa peculiaridade existente no Brasil relativamente as diferenças regionais,onde há, e essas diferenças levam por exemplo a existência de um Tribunal eficaz,p.e.,no Estado de S.Paulo e tribunais de níveis mais inferiores em outros Estados, onde constatou-se que essas diferenças regionais estavam criando a necessidade de um órgão ou de um recurso que pudesse permitir maior controle das decisões dos tribunais em última instância ordinária,tanto estadual quanto federal, e a arguição de relevância estava fazendo com que pouquíssimos casos pudessem ser examinados pelo Supremo Tribunal Federal. Isso cria na mente dos juízes, juízes estaduais ou federais de segunda instância, uma idéia de "senhor absoluto", vamos dizer da decisão naquela causa, quer dizer, não há nenhum órgão superior que controle suas decisões . Isso tende a fazer com que o teor do conteúdo da justiça venha a decrescer, então a solução,seria um problema de opção ou acabar com o recurso extraordinário com base na alegação de ofensa à lei federal ou manter o recurso, mas sem arguição de relevância. A partir disso, mantendo o recurso sem arguição de relevância, havia a necessidade de se criar um outro tribunal , porque o Supremo Tribunal Federal não tinha capacidade para continuar julgando e a opção acolhida pela Comissão de Sistematização foi exatamente essa segunda ou seja manter o recurso extraordinário, porque isso se entendeu necessário em razão da peculiaridade do Brasil, e necessidade pelo menos de manter teoricamente o controle das decisões de última instância, dos tribunais estaduais e tribunais federais, e então,a proposta da criação do Tribunal Superior de Justiça.

A nível de estrutura constitucional dos tribunais, não vamos encontrar na proposta da Comissão de Sistematização grandes modificações. O que podemos notar basicamente é o resultado do trabalho de lobby, lobby corporativo. As várias corporações estão atuando junto à constituinte, estão conseguindo normas que disciplinam a sua categoria de uma forma melhor, todos eles, sem distinção nenhuma, lobby dos juízes, lobby dos promotores, dos advogados, dos defensores públicos,dos serventuários da justiça, dos juízes de paz, lamentavelmente é isso que se pode cosntatar. Em relação ao juizado de pequenas causas, pelo menos existe agora uma inserção constitucional de obrigatoriedade na organização do juizado em todos os Estados, o que até hoje é facultativo,ou seja cada estado faz a sua opção e na proposta da Comissão de Sistematização. Em termos de participação popular na justiça, há também uma norma que manda organizar, permite a organização da justiça na decisão de causas de pequena expressão econômica, de causas mais simples, de solução mais simples, a possibilidade de recrutar leigos para a administração da justiça. Mas, o que se verifica é,talvez , uma estrutura formal, e melhor, vamos dizer, ordenada e, algumas afirmativas de princípios. Mas, basicamente pode-se dizer o seguinte: que com a Nova Constituição, nós não vamos obter absolutamente a solução do problema do judiciário.A solução do problema do judiciário vai depender,fundamentalmente,da organização que nós dermos à justiça, à nível de organização regional, organização que supõem toda a infra-estrutura mencionada anteriormente.

Dando continuidade vamos analisar, quais os problemas atuais encontrados na justiça brasileira. Partimos ao fa zer essa análise, da constatação da realidade brasileira.Temos uma sociedade extremamente contraditória em etrmos sociais, em termos políticos, em termos econômicos, em termos regionais . Existem hoje inúmeros conflitos que estão surgindo em razão dessas contradições, contradições por exemplo, que resultam da estrutura fundiária, nós temos uma quantidade muito grande de invasões de propriedades, de um lado nesta nova constituinte temos o debate, uma polarização do debate, os que desejam reforma fundiária e os que não desejam essa reforma. Esse problema é um problema básico senão se definir, senão se modificar a estrutura da sociedade no que diz resepito a esses problemas básicos estruturais, não vamos resolver o problema de justiça porque esses conflitos aumentam a cada dia e a justiça não está aparelhada para isso.

Em relação,por exemplo ao problema do conflito fundiário, a constituição se limita a dizer, única e exclusivamente, o seguinte: os tribunais estaduais criarão varas especializadas em matéria fundiária. Hoje nós temos por exemplo, no Estado de São Paulo e fora de São Paulo e em outros vários Estados, inúmeros conflitos de terra no campo e na cidade; nós temos o problema Das favelas, problema de habitação de um lado , temos o problema também da Distribuição da terra no campo,quer dizer então, enquanto nós não tivermos a solução desse problema, vamos acumulando uma quantidade muito grande de conflitos. Assim, esses conflitos todos em razão não só da estrutura fundiária, mas também da própria estrutura econômica, e social , nós temos a situação de miséria, por exemplo em relação, numa parcela muito grande da população; como nós temos um país extreammente contraditório nesses vários campos, o que fazem os homens que governam o povo a solução que eles adotam basicamente é a utilização do governo, utilização do Estado para aministar os conflitos que existem no país, e, assim temos hoje um intervencionismo muito grande do Estado. No entando esse intervencionismo do Estado não atende uma filosofia de governo, algum governo de esquerda, de algum partido de esquerda,mas,atende a filosofia dos homens que estão no poder,então surge o problema. Uma classe emergente hoje por exemplo, os bóias-frias - Bóias-frias são empregados, são trabalhadores rurais que estão no campo mas que moram na cidade e vão trabalhar no campo levando a comida fria, daí o nome de bóia-fria. Esses trabalhadores, hoje têm uma força política, têm, inclusive sindicatos, e estão se organizando politicamente; esse grupo político organizado, evidentemente, consegue fazer pressão junto aos centros de poder, do poder de decisão política e essas pressões feitas junto ao governo, levam a estratégia da solução dos conflitos através da concessão de benefícios sociais. Estende-se benefício para essa categoria, concede-se outro benefício para outra categoria, e tudo isso representa custo, representa dinheiro para o Estado. Com a necessidade cada vez maior de recursos,o Estado passa a inventar meios que contribuir mais e o governo chega, inclusive, na administração dos conflitos, a usar da estratégia de distribuição de renda, de distribuição de bens. Dessa maneira mesmo com a arrecadação,com o aumento da carga tributá ria que já faz criar por sí só conflitos e isso vai parar nos tribunais, temos uma quantidade muito grande de mandados de segurança impetrados pelas empresas, contra os tributos e as cargas tributárias impostas pelo governo. Mesmo com toda essa arrecadação, o governo ainda não apresenta o recurso suficiente, e resolve o problema, descumprindo o direito social que prometeu. Isso gera conflitos relativos a matéria previdenciária, como por exemplo a promessa ao governo de estender o benefício da Previdência Social para certas categorias, para trabalhadores rurais ou empregados domésticos, mas que, no entanto não tem possibilidade de cumprir tudo isso. A Previdência Social, passando a assumir muitas funções privadas, de ambulatório médico, de toda Previdência Social, emfim, se não cumpre ou se cumpre mal, evidentemente, isso gera conflito.

Em São Paulo, de segunda instância, temos o Tribunal de Justiça e três tribunais de alçada; dois de competência civil e um de competência criminal. Na área civil nós vamos constatar hoje que tanto nos tribunais da alçada, como no Tribunal de Justiça, que o litigante mais frequente nos tribunais do Brasil é o poder público. O poder público é o litigante em todos os níveis, isso é bastante lastimável. De um lado mostra o estado dessa contradição em que vive a sociedade, que deve resolver os problemas estruturais sem o que vamos ter sempre essa causa muito importante a geração de conflitos. De outro lado temos que repensar a função do Estado, no que diz respeito à solução e a administração dos problemas. Mas, o que é mais grave, é percebemos também, a utilização da justiça por parte do poder público ou por parte do ocupante eventual do poder. Quando digo ocupante eventual do poder estou me referindo àqueles políticos que se elegem, ficam quatro anos no governo, cinco anos na Presidência da República, no ministério etc... Esses ocupantes eventuais do governo, às utilizam frequentemente o poder judiciário como um meio de realizar alguma obra pública, isto é se valem exatamente da demora do poder judiciário para realizar certos projetos políticos.

Um exemplo, é a ação de desapropriação hoje, que existe em grande quantidade em alguns Estados, exatamente porque o governo quando resolve realizar uma obra pública, não tem verba necessária para pagar a, desapropriação da terra e a própria construção da obra pública. Como não se pode construir sem pagar os empreiteiros da mão-de-obra e o material, o governo , simplesmente, não paga o proprietário da terra, e propõe uma ação de desapropriação e quanto mais demorar, melhor será para o poder público. Isso, ainda recentemente no Estado de São Paulo, veio a criar um problema seríssimo em termos políticos ao tempo do governo Montoro; Montoro precisou pagar uma desapropriação decretada há mais de 50 anos atrás; no caso por exemplo da companhia paulista. O governo do Estado estava sendo obrigado a pagar a desapropriação da Estrada de Ferro Companhia Paulista, mas isso, porque agora? Por que à utilização do Poder Judiciário, ou seja a demora do processo no poder judiciário interessa ao governo.

Em São Paulo, por exemplo, temos um tribunal de alçada, que é o segundo tribunal da alçada com competência para julgar acidente de trabalho, ou seja, acidente de trabalho de responsbilidade do INPS, o seguro estatizado. No que diz respeito a competência deste tribunal, metade da competência é para julgar essas causas: O reú nessas ações é sempre o INPS , havendo sempre o interesse do INPS em que essas ações demorem, porque não há verba para o pagamento destas condenações. Então tudo isso, para a melhor organização do poder judiciário,passa pela revisão da conduta, do problema da moralidade administrativa, não só à estruturação, mas um outro problema relativo a quantidade muito grande de conflitos,que resultam também da distorção, vamos dizer, quanto ao uso do direito. Hoje o direito é utilizado não somente para disciplinar a conduta dos homens na sociedade, para resolver os conflitos que eventualmente possam surgir na sociedade mas é, o direito hoje utilizado como meio de goevrno. No Brasil o governo utiliza-se do decreto-lei, por exemplo, que é uma forma de legislar intensamente, quase sem nenhum controle, ao controle teórico do Legislativo, mas prático quase nenhum, porque depende evidenteemnte das forças políticas, assim o decreto-lei utilizado como meio de governar; então hoje edita o cruzado um, através do decreto-lei, amanhã edita o cruzado dois, depois, enfim, é uma mudança e tudo isso está levando ao fenômeno que os cientistas politicos denominam de administrabilização do direito.

O direito cada vez mais está sendo editado por centros administrativos, então a concepção, aquela concepção teórica de tripartição de poderes na prática, não existe. Hoje,os centros de edição de lei, de decretos-lei estão em alguns níveis do Poder Executivo e isso é o fator de geração de conflitos, e muitas são as demandas existentes nos foruns do Brasil pela razão da existência de decretos-lei manifestamente inconstitucionais. Entretanto como o governo insiste à utilização com base, talvez em cálculo atual que demonstra uma estatística que normalmente às reclamações,quando há uma lei, uma medida ilegal, uma medida inconstitucional, que as reclamações do povo não atingem a 30 %. Assim, o governo consegue pelo menos arrecadar 70 % e os 30 % se discute no poder judiciário, e quando dá-se a sentença, o governo já arrecadou o que estava pretendendo. Então existe hoje lamentavelmente no Brasil,a utilização do direito como meio de governo e quando se utiliza o direito como meio de governo, o direito não afina-se mais à ética da equidade, a ética da justiça, mas afina-se à ética da eficiência do plano econômico, do plano de governo, e isso é extremamente lastimável.Mas, tudo isso está gerando, para o poder judiciário, uma quantidade muito grande de conflitos, além de que essa administratibilização do direito leva à criação de uma quadro de leis, que hoje nem mesmo o profissional de direito entende.

Dessa realidade, surge, então, a necessidade de organizar, pensar no valor da organização da justiça, não a partir apenas de uma estrutura formal como essa, mas a partir da realidade que nós temos, examinando-se às necessidades que existem e pensar na administração da justiça em acesso à justiça, não como acesso ao órgão judiciário existente, mas como acesso à ordem jurídica justa. Este acesso à ordem jurídica justa, supõe não só a estruturação adequada do judiciário, mas a estruturação adequada da própria sociedade tal forma que haja possibilidade de acesso à informação, ou seja, que o povo possa ser melhor informado, melhor orientado e saber que tem direitos, quer dizer, esse é o dado principal, e a partir da existência desse conhecimento, permitir acesso a organismos que permitam a solução dos seus problemas jurídicos. A solução desses problemas jurídicos não devem Ser necessariamente feitos pelos meios formais que existem, mas pelos meios alternativos que estão ao nosso alcance. Os juizados de pequenas causas que existem já implatados em alguns Estados.No Estado de São Paulo temos apenas o Juizado Informal de Conciliação, e esses juizados demonstram o seguinte: que a solução dos conflitos jurídicos não dependem necessariamente de uma justiça formal,mas depende de interposição às vezes de uma terceira pessoa,pode ser um juíz, ou até advogado sem função pública, permitindo a mediação, a solução dso conflitos de uma forma adequada desde que se organize o serviço adequadamente. Por exemplo,no Estado de São Paulo nos quatro juizados de conciliação que temos,nos quatro pontos fundamentais da capital, estamos atendendo uma quantidade muito grande de casos e as soluçẽos por meio da conciliação atingem índice superior a 70 % chegando emsmo a 80 % em alguns casos. Isso demonstra que essas soluções, esses conflitos que existem na sociedade podem ser muito bem administrados por meio informais. Na medida em que se urbaniza uma população, o relacionamento dos homens, apssa a ser um relacionamento mais impessoal, sendo muito comum um vizinho não conhecer outro nos prédios de apartamentos. Então, quando uma sociedade passa a se organizar dessa forma, nós temos que repensar a organização da sociedade e recriar ou criar novos meios de comunicação da própria comunidade à solução desses problemas e não tentar levar tudo para o Poder Judiciário porque o Poder Judiciário não apresenta estrutura e possivelmente nunca terá para resolver todos esses conflitos.

BRASILIANISCHE GERICHTSVERFASSUNG UND NEUE VERFASSUNGSORDNUNG

Kazuo Watanabe

- Zusammenfassung -

Der Beitrag beruht auf dem Stand der Beratungen vom November 1987, dem Zeitpunkt, zu dem die neue Verfassung bereits hätte vorliegen sollen. Er ist durch spätere Änderungen nicht überholt.

Auch unter der neuen Verfassung bleibt die im Beitrag von Hans-Joachim Henckel dargestellte Grundstruktur der brasilianischen Gerichtsverfassung unverändert. Hervorzuheben ist die Schaffung eines Höheren Gerichtshofs (Tribunal Superior de Justiça), der zur Entlastung des Obersten Bundesgerichts (Supremo Tribunal Federal) einen Teil von dessen Kompetenzen übernimmt; das neu geschaffene Gericht wird insbesondere als Rechtsmittelinstanz für Rügen der Verletzung von Bundesrecht tätig werden. Im übrigen ist u.a. die nunmehr in der Verfassung verankerte Verpflichtung aller Bundesländer zur Schaffung von Besonderen Gerichten für kleine Streitwerte von Bedeutung.

Der Beitrag betont sodann, daß die Probleme der brasilianischen Ziviljustiz nicht losgelöst von den extremen Widersprüchen sozialer, politischer, wirtschaftlicher und regionaler Natur in Brasilien seien, da diese Widersprüche eine Unzahl von Konflikten, wie etwa die Landbesetzungen, verursachten. Die neue Verfassung beschränke sich insoweit jedoch auf die Einrichtung spezieller Gerichte für diese Konfliktart.

Bislang sei die Antwort auf die extremen gesellschaftlichen Widersprüche in Brasilien der Gebrauch des Staats zur "Konfliktverwaltung" mit einem umfassenden, aber konzeptionslosen Staatsinterventionismus gewesen. Diese Strategie der Konfliktlösung bestehe in der Gewährung sozialer Vorteile - etwa für die zunehmend organisierten Landarbeiter ("boias frias"). Die hierdurch entstehenden Kosten erzwängen die Erfindung immer neuer Einnahmeformen. Die sich ergebende Steuerüberlastung der Unternehmen mache sich dann auch vor Gericht mit einer Vielzahl steuerrechtlicher Prozesse bemerkbar.

Da die Einnahmen des Staats trotzdem unzureichend bleiben, werde das Problem durch Nichterfüllung der zugesagten sozialen Rechte gelöst, wie etwa im Bereich der Landarbeiter und der Hausangestellten.

Besonders schwerwiegend sei der "Gebrauch" der Gerichte durch in Wahlperioden denkende Politiker, wenn die Dauer der Gerichtsverfahren zur Verwirklichung von politischen Projekten genutzt werde, etwas durch Nichtzahlung von Enteignungsentschädigungen oder durch Nichterfüllung von Leistungsverpflichtungen der Sozialversicherung.

Diese problematische Verwaltungsmoral setze sich fort im Gebrauch von Recht als Regierungsinstrument. In Brasilien gebe es eine Vielzahl von Rechtsstreitigkeiten wegen eindeutig verfassungswidriger Gesetzesverordnungen; da aber allenfalls 30 % der Betroffenen sich zur Wehr setzen, erreiche die Regierung in mindestens 70 % der Fälle trotzdem ihr Ziel. Basis des Rechts sei dann jedoch nicht mehr eine Ethik der Gerechtigkeit, sondern eine "Ethik der Verwirklichung des Wirtschaftsplans" durch die Regierung. Dies führe zu einer großen Zahl von Konflikten vor Gericht und zu einer auch für den Rechtskundigen undurchschaubaren Gesetzeslage.

Information und Zugang zu Konfliktlösungsmöglichkeiten seien aber für die Bevölkerung erforderlich. Dies müßten dann nicht notwendig die bestehenden formellen Mechanismen sein, wie die hohen Schlichtungsquoten von bis zu 90 % vor bestehenden Gerichten für kleine Streitwerte und vor den vier informellen Schlichtungsgerichten in São Paulo zeigten, zumal die ordentlichen Gerichte niemals alle Konflikte einer zunehmend anonymer werdenden urbanen Gesellschaft lösen könnten.

DIE RECHTE DER AUSLÄNDER IN BRASILIEN UND DIE TENDENZEN DER NEUEN VERFASSUNG

J. M. Pinheiro Neto (São Paulo)

Dieses Referat* steht unter Vorbehalt. Die hierin geäußerten Meinungen über die Rechte der Ausländer und die Stellung des Auslandskapitals beziehen sich auf uns bekannt gewordene Tendenzen der Verfassungsgebung. Erst der endgültige Text der neuen Verfassung wird Gewißheit bringen.

Lassen Sie uns zunächst einen allgemeinen Überblick gewinnen über das, was im Moment besteht und als Tendenz sichtbar ist. Ich werde dann die Grundsätze und Normen des brasilianischen Rechts hinsichtlich der ausländischen Beteiligung in gedrängter Form wiedergeben. Ich habe versucht, mich hierbei ausschließlich auf die Rechte der Ausländer als hier errichtetes Unternehmen einzustellen, weil mir eine solche Einstellung geeigneter und richtiger erschien.

Es ist bekannt, daß die gegenwärtige brasilianische Verfassung in ihrem Artikel 153, Paragraph 1, Behandlungsgleichheit für alle hier lebenden Bürger ohne Ausnahme vorsieht, seien sie Brasilianer oder Ausländer.
Dieses verfassungsrechtliche Prinzip erfährt indessen Einschränkungen, die sogar gesund sind, wenn es sich um Gebiete oder Tätigkeiten handelt, die dem Staat allein vorbehalten sind, entweder, weil sie als notwendig für die nationale Sicherheit gelten, oder weil sie als von hervorragendem Interesse und/oder von großer sozialer Wirkung betrachtet werden. Hierbei beziehe ich mich auf die staatlichen Monopole, wie dies auch in anderen Ländern der Fall ist.

Das brasilianische Recht neigte im allgemeinen stets dazu, das Prinzip der Isonomie bei der Behandlung von Brasilianern und Ausländern anzuwenden, auch dann, wenn es sich um Unternehmen mit ausländischer Beteiligung handelte.
Selbst das Gesetz des Auslandskapitals (Gesetz 4131/62, abgeändert durch Gesetz 4390/64) enthält in seiner Fassung das vorstehend erwähnte konstitutionelle Prinzip, indem es in sei-

* Dank für Mitarbeit am Referat schulde ich meiner Sozietätsteilhaberin Frau Rechtsanwältin Selma Mara Barroso sowie der Übersetzerin Frau Helga Kick-Ehlers.

nem Artikel 2 verfügt, daß das in Brasilien investierte ausländische Kapital rechtlich eine gleiche Behandlung wie das nationale Kapital bei gleichen Voraussetzungen erfährt. Es verfügt darüber hinaus, daß jegliche Diskriminierungen ausländischen Kapitals, welche in dem genannten Gesetz nicht vorgesehen, verboten sind.
Gleichwohl, sei es auf Grund des in Brasilien erreichten technologischen Fortschritts, sei es, weil die brasilianische Produktionskapazität zugenommen hat, oder weil die im Inland fabrizierten Erzeugnisse konkurrenzfähiger geworden sind, man stellt im Zuge des nationalen Souveränitätsbegriffs seit einigen Jahren die Tendenz zu Maßnahmen und politischen Bestimmungen fest, welche das im strengen Sinne nationale Unternehmen schützen sollen - zum Nachteil der Betätigung und des Kapitaleinsatzes durch Ausländer auf brasilianischem Gebiet.
Die erwähnten Maßnahmen haben in den meisten Fällen den Zweck, die Beteiligung von Ausländern auf Gebieten, in denen Brasilien bereits ein angemessenes Know-how besitzt, einzuschränken oder gar zu unterbinden. Andere protektionistische Vorkehrungen wiederum zielen darauf ab, solchen Unternehmen den Vorzug zu geben, in denen Brasilianer die finanzielle Mehrheit haben.

Nach brasilianischem Recht gilt ein Unternehmen als national, wenn es nach brasilianischem Recht errichtet ist und hier seinen Sitz hat, ganz gleich, welcher Nationalität die Personen angehören, die es betreiben; diese Norm ist im Handelsgesetz vorgesehen und bestätigt im Artikel 20 des brasilianischen Zivilgesetzbuches, welcher bestimmt, daß die juristische Person einen von ihren Mitgliedern gesonderten Persönlichkeitsstatus hat.
Im Laufe der Jahre hat der Begriff "nationales Unternehmen" jedoch aufgehört, eine absolute Norm zu sein, da verschiedene Gesetze, Vorschriften und Verwaltungsakte dazu übergegangen sind, solche Unternehmen zu diskriminieren, welche zwar den vorgenannten Voraussetzungen in kumulativer Form entsprechen, jedoch ausländische Beteiligung haben; in derartigen Fällen war die Folge ein "disregard" als Gesellschaft, deren juristische Person einen von ihrem Mitgliedern verschiedenen Persönlichkeitsstatus hatte.

Interessant ist hervorzuheben, daß es einen einheitlichen Begriff nicht gibt, der in gültiger Form auf Unternehmen mit ausländischer Beteiligung anwendbar wäre. Im Laufe dieses Referats wird festzustellen sein, daß der Grund darin zu sehen ist, daß man als ausländisch einmal solche Gesellschaften einstuft, deren mehrheitliche Inhaber Ausländer sind, dann wieder solche, deren Inhaber zwar in der Mehrheit Brasilianer sind, das stimmberechtigte Kapital sich jedoch in ausländischen Händen befindet; dann wieder gelten Unternehmen als ausländisch, deren Kapitalmehrheit nicht in brasilianischen Händen, die Entscheidungsgewalt und Kontrolle jedoch von Brasilianern ausgeübt wird.

Nach den in Kraft befindlichen Gesetzen gibt es mehrere Beispiele für die unterschiedliche Behandlung von Brasilianern und Ausländern, indem es, wie oben erwähnt, verschiedene Begriffe gibt, um ein nationales Unternehmen mit ausländischer Beteiligung zu definieren; dies hängt nämlich von dem jeweiligen Betätigungsfeld ab, wenn auch eine jede entsprechend dem brasilianischen Gesetz aufgebaute Gesellschaft mit Sitz in Brasilien grundsätzlich als nationales Unternehmen angesehen werden sollte. Für Unternehmen dieses Art bestehen Einschränkungen oder Hindernisse hinsichtlich gewisser Betätigungsarten auf einigen wirtschaftlichen Sektoren.
Daher bestimmt Artikel 60, Gesetz Nr. 2627/40, das kraft Art. 300 des Gesetzes 6.404 vom 15.12.1976 Geltung hat, daß, wenn nach dem Gesetz sämtliche oder eine bestimmte Anzahl der Aktionäre Brasilianer sein müssen, die Aktien dieser Gesellschaft Namensaktien zu sein haben. Es ist deshalb möglich, daß es ein Gesetz gibt, laut welchem die Aktionäre sämtlich oder zu einem gewissen Teil Brasilianer sein müssen.

Im Immobilienrecht besteht eine Beschränkung für den Erwerb von ländlichen oder landwirtschaftlichen Grundstücken laut Gesetz Nr. 5.709 vom 7.10.1971, welches in seinem Artikel 1, § 1, brasilianische juristische Personen dem Regime des Gesetzes unterwirft, wenn an ihnen natürliche oder juristische Personen in irgend einer Form beteiligt sind, welche die Mehrheit ihres Gesellschaftskapitals besitzen und im Ausland wohnhaft sind oder dort ihren Sitz haben. Diese juristischen Personen können nur dann ländliche oder landwirtschaftliche Immobilien mit mehr als drei Moduln Grundfläche erwerben, wenn ihnen vorher eine ausdrückliche Genehmigung des Nationalen Instituts für Kolonisation und Agrarreform - INCRA (Instituto Nacional de Colonização e Reforma Agrária) gewährt wurde. (Dieses Institut ist vor kurzem im Zuge der von der Bundesregierung vorgenommenen Verwaltungsreform aufglöst worden.) Wie man in diesem Fall sieht, hat das Gesetz besondere Eigenschaften bei den Inhabern der Kapitalmehrheit einer Gesellschaft im Auge, oder auch die Tatsache, daß sie Ausländer und im Ausland wohnhaft oder im Ausland ihren Sitz haben.
Zu bemerken ist ferner, daß diese Verfügung sich auf die gegenwärtige Verfassung stützt; diese sieht in ihrem Artikel 153, § 34, vor, daß über den Erwerb von ländlichen oder landwirtschaftlichen Liegenschaften durch Brasilianer oder Ausländer, natürliche oder juristische Personen, das Gesetz zu bestimmen hat, indem es Bedingungen, Beschränkungen, Begrenzungen und weitere Gebote zum Schutz der territorialen Unversehrtheit und für die Staatssicherheit erläßt sowie für eine gerechte Verteilung des Eigentums Richtlinien aufstellt.

Was das Gebiet des Transportwesens anbelangt, so will mir scheinen, daß die Restriktionen kein Ende nehmen. Die Vorbedingungen dafür ändern sich jedoch von Fall zu Fall.
So bestimmt das Gesetz z.B. für den Gütertransport mit Lastkraftwagen ausdrücklich, daß diese Tätigkeit selbständigen

Brasilianern oder solchen juristischen Personen vorbehalten ist, deren stimmberechtigtes Kapital mindestens zu vier Fünfteln in brasilianischen Händen liegt, und daß mit ihrer Leitung und Verwaltung ausschließlich Brasilianer betraut sind (Gesetz Nr. 6.813 vom 10.7.1980, Artikel 1).

Strenger noch ist das Gesetz der Beförderung von Geld und Wertpapieren: es ordnet an, daß sowohl Eigentum als auch Verwaltung der hierin spezialisierten Unternehmen für Ausländer untersagt ist (Gesetz Nr. 7.102 vom 20.6.1963, Artikel 11). Dieses Gesetz bezeichnet jedoch nicht genau, was unter Eigentum zu verstehen ist, auch gibt es nicht an, bis zu welcher Höhe eine ausländische Beteiligung am Gesellschaftskapital gestattet ist.

Andererseits wird die Konzession für Lufttransport-Dienstleistungen nur an brasilianische juristische Personen erteilt, die ihren Sitz in Brasilien haben, mindestens vier Fünftel des stimmberechtigten Gesellschaftskapitals in brasilianischen Händen haben und mit deren Leitung ausschließlich Brasilianer betraut sind (Dekret Nr. 72.898 vom 9.10.1973, Artikel 10).
Hinzugefügt sei noch, daß Privatflugzeuge nur dann in das Brasilianische Luftfahrzeugregister (Registro Aeronáutico Brasileiro) eingetragen werden können, wenn sie Eigentum eines Brasilianers, und zwar als natürliche und juristische Person, sind und wenn sie dem eigenen Gebrauch dienen sollen; sind sie hingegen für juristische Personen bestimmt, die Luftfahrtdienste betreiben, dann müssen vier Fünftel oder mehr des Gesellschaftskapitals nominell Brasilianern gehören (Gesetz Nr. 7.565 vom 19.12.1986 - Brasilianisches Luftgesetzbuch).

Bei der Küstenschiffahrt hat das Gesetz diejenigen Schiffe als national definiert, die Eigentum von Brasilianern sind oder Gesellschaften gehören, die in Brasilien gegründet wurden, vorausgesetzt, daß mehr als die Hälfte ihres Kapitals Brasilianern eignen; ferner wurde bestimmt, daß die Verwaltung des Unternehmens mehrheitlich aus Brasilianern besteht oder daß ihnen die gesamte Geschäftsführungsmacht übertragen ist (Dekretgesetz Nr. 2.784 vom 20.11.1940, Art. 1).
Das Gesetz Nr. 2.180 vom 5.2.1954 regelt die Normen für das Bundes-Seeamt (Tribunal Marítimo); eine der Bedingungen für die Eintragung von Schiffen in das Eigentumsregister des genannten Amts lautet, daß die Gesellschaft, der das Schiff gehört, von Brasilianern verwaltet und 60 Prozent seines Kapitals in brasilianischer Hand sein muß.
Andererseits erwähnt das Gesetz Nr. 62.383 vom 11.3.1968 in seinem Artikel 3 bezüglich der Genehmigungserteilung für Schiffahrtslinien, und zwar sowohl für Langstrecken als auch für die Küsten-, Fluß- und Binnensee-Schiffahrt als Bedingung für eine solche Konzession, daß die Direktoren dieser Unternehmen sowie auch 60 Prozent der Aktionäre Brasilianer sind.

Die Gewässerordnung (Cốdigo Águas), Dekret Nr. 24.643 vom 10.7.1934, macht gleichfalls gewisse Einschränkungen, denn es verlangt, daß Gesellschaften, die sich organisieren, um für gemeinnützige öffentliche Dienste bestimmte Wasserfälle zu nutzen oder Energiehandel zu treiben, folgenden Erfordernissen zu genügen haben:

(a) bei Kapitalgesellschaften müssen die stimmberechtigten Aktien Namensaktien sein und sämtlich Brasilianern gehören; die Ausgabe von Vorzugsaktien ist in diesem Falle auf zwei Drittel des Gesellschaftskapitals beschränkt;

(b) handelt es sich um eine gemischtwirtschaftliche Gesellschaft, so müssen die Vollhafter der einfachen Kommanditgesellschaften oder der Kommanditgesellschaften auf Aktien wie auch der Teilhaber von Gesellschaften mit beschränkter Haftung Brasilianer sein; bei Kommanditgesellschaften auf Aktien müssen diese Aktien nominal sein und Brasilianern gehören;

(c) bei Personalgesellschaften müssen alle Gesellschafter Brasilianer sein.

Das Gesetz schreibt ferner vor, daß für die Ausübung der Geschäftsführung oder Verwaltung in jedem Falle die brasilianische Staatsangehörigkeit unerläßlich ist (Artikel 7, Dekretgesetz Nr. 852 vom 11.11.1938, das die Gewässerordnung abändert, sowie Artikel 1, Dekretgesetz Nr. 4.480 vom 15.7.1942).

Unter dem Schild der nationalen Sicherheit begegnen wir bereits einer weiteren Einschränkung. Das Gesetz Nr. 6.634 vom 2.5.1979, das sich mit dem Grenzlandstreifen befaßt, der als unentbehrlich für die nationale Sicherheit gilt, schränkt gewisse Tätigkeitsbereiche für Unternehmen mit ausländischer Beteiligung ein. Es bestimmt, daß in dem Grenzlandstreifen Firmen, deren Zweck die Errichtung oder Nutzung von Industrien ist, welche die nationale Sicherheit interessieren (so in einem Dekret der Exekutiven Gewalt bezeichnet),und solche Firmen, welche Schürfung, Erschließung, Nutzung und Verwertung von Erzvorkommen betreiben, sich mit der Kolonisierung und Parzellierung ländlicher Gebiete befassen, folgende Bedingungen erfüllen müssen:

(a) mindestens 51 Prozent ihres Kapitals müssen Brasilianern gehören;

(b) mindestens zwei Drittel der Arbeiter müssen Brasilianer sein;

(c) die Verwaltung oder Geschäftsführung muß der brasilianischen Mehrheit obliegen, der vorherrschende Befugnisse zugesichert werden (Artikel 3, Gesetz Nr. 6.634).

Es ist interessant festzustellen, daß gemäß Artikel 17, Dekret Nr. 85.064 vom 26.8.1980, diese Einschränkungen nicht nur für Unternehmen gelten, sondern auch für alle anderen, selbst wenn sie sich an einem anderen Ort etablieren, jedoch im Grenzlandstreifen tätig sind.

Auf dem Gebiete der Glücksspiele und der Wetten hängt die Betreibung des Lotteriedienstes von der Konzession durch die Regierung ab; diese wird nur Brasilianern erteilt oder Firmen, die aus brasilianischen Teilhabern bestehen; ausgeschlossen sind Aktiengesellschaften, deren Aktien nicht sämtlich Namensaktien sind (Artikel 7, Dekretgesetz Nr. 6.259 vom 10.2.1944).

Im Bereich des brasilianischen Finanzsystems sind ebenfalls einige Restriktionen zu verzeichnen. Artikel 22, Gesetz Nr. 4.728 vom 14.7.1965 (welches den Kapitalmarkt regelt), schafft Sonderbedingungen, die in Zeiten unausgeglichener Zahlungsbilanz anzuwenden sind, in denen die Zentralbank von Brasilien die Mittel für das Finanzsystem des Inlands für diejenigen Unternehmen kürzen kann, die Zugang zum internationalen Finanzmarkt haben. So erachtet Artikel 22, Paragraph 1, des angezogenen Gesetzes Gesellschaften, denen der internationale Geldmarkt offensteht, als Filialen ausländischer Unternehmen; desgleichen Firmen, die ihren Sitz in Brasilien haben, deren gesamtes Kapital aber Inhabern eignet, die im Ausland ihren ständigen Wohnsitz haben, sowie solche Gesellschaften, die auch ihren Sitz in Brasilien haben, jedoch von Personen beherrscht sind, welche im Ausland ihren Wohnsitz haben. Nach Paragraph 2 gilt ein Unternehmen als von im Ausland ständig wohnhaften Personen beherrscht, wenn diese direkt oder indirekt die Kapitalmehrheit mit Stimmberechtigung haben.

Auf dem Gebiet der den Gesellschaften gewährten Vorteile und Vergünstigungen besteht ebenfalls eine gewisse Diskriminierung gegenüber denen, die Auslandsbeteiligung haben.
Die Überwachungsstelle für die Entwicklung Amazoniens (Superintendência para o Desenvolvimento da Amazônia SUDAM) z.B. stuft die Unternehmen nach den Beteiligungssätzen der Geldmittel ein, die von ihr verwaltet werden. Diese Einstufung richtet sich normalerweise nach der Möglichkeit des Unternehmens, einer Reihe von Voraussetzungen zu genügen. Jedoch erfahren Gesellschaften, deren Aktienkontrolle direkt oder indirekt von im Ausland ständig wohnenden Personen ausgeübt wird oder die nach den geltenden Gesetzen als Auslands-Kapitalgesellschaften bezeichnet werden, eine unterschiedliche Behandlung. In diesen Fällen übersteigt die Umbuchung von Mitteln, die von der SUDAM verwaltet werden, nicht die Prioritätsstufe "C", auch dann nicht, wenn die betreffenden Firmen anderen Bedingungen gerecht werden (Resolution Nr. 225 vom 23.4.1976 der SUDAM, Artikel 53).
Die Nationale Entwicklungsbank (Banco Nacional de Desenvolvimento BNDES) sieht im Artikel 10 der Allgemeinen Geschäftsvorschriften - als Zusatz zur Resolution Nr. 535/79 - vor, daß die Bank natürlichen und juristischen Personen finanzielle Mitarbeit gewähren kann, wenn sie in Brasilien wohnen und hier auch ihren ständigen Wohnsitz haben; in letzterem Falle wird

verlangt, daß die direkte oder indirekte Kontrolle von natürlichen in Brasilien wohnhaften Personen oder einer juristischen Person des internen öffentlichen Rechts ausgeübt wird; ferner hat die Kontrollmacht und das Entscheidungszentrum in brasilianischen Händen zu liegen.

Auf eine weitere Beschränkung stößt man auf dem Dienstleistungsgebiet der technischen Beratung und des Ingenieurwesens. Die Organe der Bundesverwaltung einschließlich der indirekten Verwaltungsstellen dürfen die Dienste von ausländischen Firmen nur dann verpflichten, wenn es entsprechend befähigte nationale Gesellschaften für diese Dienste nicht gibt. Diese Vorschrift erscheint in Artikel 1 des Dekrets Nr. 73.685 vom 19.2.1974. In § 1 desselben Artikels wird als national eine Gesellschaft definiert, die regulär im Inland errichtet ist, ihren Sitz und Gerichtsstand in Brasilien hat, deren Aktienkontrolle von in Brasilien wohnhaften Brasilianern ausgeübt wird und deren technischer Stab mindestens zur Hälfte aus Brasilianern besteht. In § 3 desselben Artikels wird die Aktienkontrolle als Machtbefugnis von Personen definiert, welche mehr als 50 Prozent des stimmberechtigten Gesellschaftskapitals besitzen.

Im Bereich des Fernmeldewesens erscheint wiederum eine andere Begriffsbestimmung des brasilianischen Unternehmens, und zwar gilt als solches das im Inland erreichtete Unternehmen, dessen stimmberechtigtes Kapital mehrheitlich Brasilianern oder in Brasilien ansässigen Ausländern gehört, und dessen Satzung wie auch die Verträge zwischen Aktionären über Zusammenarbeit oder technische Assistenz keine einschränkende Klausel bezüglich des ungeschmälerten Gebrauchs der Vorrechte dieser Aktienmehrheit enthält (Punkt 3.1, Erlaß Nr. 622 vom 19.6.1978 des Fernmeldeministeriums, welcher die grundlegenden Ziele der Politik für die Anschaffung von Ausrüstungen sowie für die technische Entwicklung des Fernmeldewesens bestimmt).
Das Gesetz der Informatik Nr. 7232 vom 29.10.1984 regelt deren nationale Politik, indem es Ricjtlinien, Ziele und Prinzipien festsetzt; dieses Gesetz definiert als nationale Gesellschaft diejenige, deren ständige Kontrolle ausschließlich und bedingungslos unter direkter und/oder indirekter Herrschaft von natürlichen oder juristischen Personen ausgeübt wird, die (ständig) im Inland wohnen (Artikel 12). Für die gesetzlichen Wirkungen erstreckt sich der Kontrollbegriff nicht nur auf die Kapital-, sondern auch auf die Entscheidungs- und Technologiekontrolle.
Zu Ihrer Information möchte ich hinzufügen, daß man unter Entscheidungskontrolle die Ausübung de iure und de facto der Machtbefugnis versteht, Verwalter der Gesellschaft zu wählen sowie den Betrieb der Unternehmensorgane zu leiten; unter technologischer Kontrolle wird die rechtliche und faktische Ausübung der Befugnis verstanden, Produktionsverfahren sowie Produkttechnologie zu entwickeln, erzeugen, erwerben, zu übertragen und zu verändern; mit Kapitalkontrolle endlich

ist der direkte oder indirekte Besitz des gesamten Kapitals mit dem effektiven potentiellen Stimmrecht und von mindestens 70 Prozent des Gesellschaftskapitals gemeint.

Auf dem Gebiet der Versicherung treffen wir ebenfalls auf eine weitere Restriktion des ausländischen Kapitals, wie sie in den Resolutionen des Nationalen Rats für Privatversicherung (Conselho Nacional de Seguros Privados CNSP) Nr. 3 vom 9.1.1986 und Nr. 14 vom 3.7.1986 vorgesehen ist; sie schränken die direkte wie die indirekte Beteiligung von ausländischem Kapital an Versicherungsgesellschaften ein, ebenso wie an Kapitalisierungsfirmen, an der privaten geschlossenen Sozialversicherung, ferner der Versicherungs-Maklerfirmen, auf 50 Prozent des gesamten Gesellschaftskapitals und auf 1/3 (ein Drittel) des stimmberechtigten Kapitals dieser Unternehmen. Die auferlegte Restriktion aus den genannten Resolutionen erstreckt sich indes nicht auf direkte oder indirekte Beteiligungen von ausländischem Kapital, die bereits früher an diesen Gesellschaften bestanden haben.

Die hier aufgezeigten Restriktionen, das Auslandskapital betreffend, bieten Gelegenheit zu einer gewissen Polemik auf juristischer Ebene, ob die erlassenen Verfügungen gesetzlich und verfassungsrechtlich vertretbar sind.

Die Verfassungsvorlage hat diese Restriktionen des ausländischen Kapitals erweitert: in ihrem Artikel 200 (Projeto de Constituição A) vereinheitlicht sie den Begriff des nationalen Unternehmens, indem sie verfügt, daß als nationales Unternehmen die juristische Person angesehen wird, die im Inland errichtet und hier ihren Sitz hat, deren Entscheidungskontrolle und stimmberechtigtes Kapital ständig, ausschließlich und bedingungslos unter direkter oder indirekter Herrschaft von natürlichen Personen steht, die in Brasilien ansässig sind, oder Körperschaften des internen öffentlichen Rechts gehören.

Paragraph 1 des zitierten Artikels definiert durch Ausschluß als brasilianische Gesellschaft mit ausländischem Kapital die juristische Person, die zwar im Inland errichtet ist und hier ihren Sitz und ihre Leitung hat, aber nicht den Erfordernissen des genannten Artikels entspricht.

Im Lichte der Definition einer nationalen Gesellschaft bestimmt der Verfassungsentwurf die Tätigkeitsfelder und Bereiche, die nur von brasilianischen Gesellschaften genutzt werden dürfen, wobei solche Unternehmen ausgeschlossen sind, die zwar brasilianisch konstituiert sind, aber ausländische Beteiligung haben, wodurch das Obengesagte bestehen bleibt, nämlich, daß gewisse Diskriminierungen von Gesellschaften aufgrund ihrer Staatsangehörigkeit oder Herkunft des Kapitals fortdauern.

Nach dem Entwurf handelt es sich um folgende Restriktionen, die das Auslandskapital erfährt:

(1) Nutzung von Wasserkraft sowie Schürfung und Abbau von Erzvorkommen dürfen nur durch nationale Unternehmen erfolgen, wofür die Genehmigung oder Konzession von der Bundesregierung erteilt werden muß;

(2) die öffentliche Hand besitzt das Monopol für den Vertrieb von Ölerzeugnissen, wobei dieser Vertrieb an private Unternehmen, die in Brasilien errichtet wurden und ihren Sitz haben, delegiert werden darf, obwohl die Kontrolle dieser Unternehmen nur mit der vorherigen Genehmigung der Regierung übertragen werden kann;

(3) der Transportdienst auf dem Landwege von Personen und Gütern sowie von Luftfrachten innerhalb des nationalen Landesgebietes einschließlich des Agenturbetriebs ist allein der öffentlichen Hand, Brasilianern oder nationalen Unternehmern vorbehalten, wobei das Prinzip der Gegenseitigkeit zu beachten ist;

(4) Reeder, Schiffseigner, Befrachter - gleich, ob sie natürliche oder juristische Personen sind - sowie Schiffskapitäne und mindestens zwei Drittel der Besatzung von nationalen Wasserfahrzeugen müssen Brasilianer sein;

(5) Küsten- und Binnenschiffahrt wie auch die Fischereitätigkeit sind nationalen Fahrzeugen vorbehalten und können - vorausgesetzt, daß kein öffentlicher Notstand eintritt - nur von nationalen Gesellschaften betrieben werden, die für diesen Zweck errichtet wurden;

(6) der Erwerb oder die Pacht von ländlichem oder landwirtschaftlichem Eigentum durch Ausländer, sowohl natürlichen als auch juristischen Personen sowie auch von im Ausland wohnhaften Interessenten werden begrenzt; der Erwerb von ländlichen oder landwirtschaftlichen Ländereien durch ausländische juristische Personen unterliegt der vorherigen Genehmigung durch den Nationalkongreß;

(7) vorgesehen ist, daß das brasilianische Finanzsystem durch ein Zusatzgesetz geregelt wird, welches auch Verfügungen hinsichtlich der Bedingungen trifft, unter welchen ausländisches Kapital an Finanzinstitutionen, Versicherungsgesellschaften, Sozialfürsorge, Kapitalisierungsgesellschaften im Lichte nationaler Interessen, an internationalen Verträgen beteiligt sein darf und welchen Kriterien das Prinzip der Gegenseitigkeit unterliegen wird;

(8) die direkte oder indirekte Nutzung von Gesundheitsdiensten im Inland seitens ausländischer Gesellschaften und Kapitalien werden verboten;

(9) der öffentlichen Hand ist das Monopol für die Einfuhr von medizinischen und zahnärztlichen Ausrüstungen, Medikamenten sowie Rohstoffen für die Pharmaindustrie vorbehalten;

(10) ohne das ausländische Kapital direkt zu erwähnen, werden allgemeine Einschränkungen durch die Bestimmung vorgesehen, daß der Inlandsmarkt ein Teil des Staatsvermögens ist und somit die Entwicklung, das Wohlhaben des Volkes und die technologische und kulturelle Autonomie des Landes ermöglichen muß. Verfügt wird, daß die direkten und indirekten Verwaltungsstellen der öffentlichen Hand die nationale wissenschaftliche und technologische Befähigung vorrangig als Kriterium für den Einkauf, den Zugang zum brasilianischen Markt und die Gewährung von Vergünstigungen einsetzen werden, ebenso wie für die Inanspruchnahme von Gütern und Diensten zu gleichen Bedingungen, welche von nationalen Gesellschaften angeboten werden;

(11) bestimmt wird der Begriff des nationalen Unternehmens in Gebieten, wo die Spitzentechnologie ein entscheidender Produktionsfaktor ist, als Unternehmen, das nicht nur den Erfordernissen des Artikels 200 (wo dic nationale Gesellschaft definiert ist), sondern auch der ständigen, ausschließlichen und bedingungslosen nationalen technologischen Kontrolle untersteht. Die nationale technologische Kontrolle wird definiert als die de iure und de facto ausgeübte Entscheidungsmacht, Produkt-Technologie und Produktionsverfahren zu entwickeln, zu erzeugen, zu erwerben und anzueignen;

(12) das Eigentum von Presse- und Rundfunkgesellschaften wird geborenen oder seit länger als 10 Jahren eingebürgerten Brasilianern vorbehalten. Für die Verwaltung und intellektuelle Ausrichtung der Gesellschaften tragen sie die Hauptverantwortung. Verboten ist die Aktienbeteiligung von juristischen Personen am Gesellschaftskapital der Presse- und Rundfunkgesellschaften; ausgenommen sind politische Parteien und Gesellschaften mit ausschließlich brasilianischem Kapital.

Außer den vorgenannten Einschränkungen und Hindernissen möchte ich noch die vorgesehenen Bestimmungen hervorheben, welche das Auslandskapital unmittelbar betreffen. Sie besagen, daß ausländische Kapitalinvestitionen nur in ausschließlich nationalem Interesse zugelassen werden und gesetzlich zu regeln sind.

Festzustellen ist also eine zunehmende Tendenz zu staatlichem Interventionismus auch in Tätigkeitsgebieten, die den Bereich der nationalen Sicherheit oder des relevanten Gemeinwohls nicht tangieren. Zu bemerken ist ferner eine übertriebene Protektion des nationalen Kapitals, die meiner Ansicht nach unnötig ist und die im Namen einer in diesem Zusammenhang fragwürdigen nationalen Souveränität ausgeübt wird; man vergißt dabei, daß damit die grundlegende Prämisse einer demokratischen und kapitalistischen Wirtschaft des freien Wettbewerbs in Frage gestellt ist.

Ich hoffe jedoch, daß der gesunde Menschenverstand unserer Verfassungs- und Gesetzesgeber sich durchsetzen wird, um zu verhindern, daß Brasilien gegenüber den anderen Ländern der westlichen Welt in die Isolierung und in einen technologischen Rückstand geraten wird.

REMÉDIOS CONSTITUCIONAIS PROCESSUAIS

Ada Pellegrini Grinover (São Paulo)

Sr. Presidente,senhores membros da mesa, conferencista de hoje,Dr. Pinheiro Neto,meu caro amigo e conferencista de amanhã,Dr. José Carlos Barbosa Moreira,senhoras e senhores.

Devo agradecer,antes de mais nada,a oportunidade que me é dada para,intervindo num encontro tão importante, trazer alguns elementos,presentes e futuros,com relação ao tema"Remédios Constitucionais Processuais".Antes de entrarmos propriamente no exame desses remédios,parece importante esclarecer que a denominação,na doutrina constitucional brasileira,indica os instrumentos processuais reforçados por se situarem na Constituição e utilizados para assegurar aos indivíduos e aos grupos as liberdades públicas violadas ou ameaçadas.Os remédios processuais constitucionais não deixam de ser garantias constitucionais,muito embora,no Brasil,a denominação "garantia" tenha diversos sentidos e uma abrangência maior do que a do remédio constitucional.Abrangência maior,porque por garantia se costuma indicar todo e qualquer instrumento necessário à concretização dos direitos declarados pela Constituição,de modo que,nesse sentido de garantia,compreende-se a própria ação,como poder de ir a juízo.

Os remédios constitucionais processuais, tradicionais no Brasil,correspondendo aos "Writs" do direito anglo-saxão,são o mandado de segurança,o habeas corpus e, em certa medida, a ação popular constitucional;esta em certa medida, porque originariamente a ação popular não era instrumento utilizado para assegurar liberdades públicas,mas nasceu como instrumento do cidadão a serviço da correção administrativa.Todavia a evolução do instituto,principalmente nesses últimos anos, tem feito com que tenha sido utilizado para a proteção de certos interesses coletivos,difusos,metas-individuais,sociais,de maneira que hoje,mais do que nunca, fica autorizada a idéia de considerar também a ação popular constitucional,como um remédio constitucional processual.

Começarei dando alguma noção rápida sobre os institutos que mencionei, tal qual eles existem na Constituição vigente,para depois passarmos a verificar as modificações que o projeto de Constituição introduz nesses institutos,criando tambem outros remédios processuais constitucionais.

O "habeas corpus" e o mandado de segurança,no Brasil,têm a mesma raiz,sendo que este representou um desdobramento do "habeas corpus".

Começaremos então com alguma idéia atinente ao "ha

beas corpus", porque deste é que se origina o nosso mandado de segurança.

O habeas corpus descende diretamente do mesmo instituto do direito inglês, prendendo-se diretamente ao Bill of Rights de 1628, que introduziu o habeas corpus naquele sistema, embora haja antecendente do instituto, que não vale a pena lembrar aqui.No Brasil o habeas corpus entrou na história jurídica,não no plano constitucional, mas no plano da lei ordinária, tendo sido introduzido,em 1932, pelo Código de Processo Criminal do Império. Passou depois ao plano constitucional, pela Constituição da República, de 1891.

Em face da amplitude do texto constitucional,entendeu-se que os seus contornos seriam mais amplos do que os habeas corpus inglês.Desenvolveu-se então a construção,doutrinária primeiro,e jurisprudencial depois, que levou a fazer com que o habeas corpus não se limitasse à proteção do direito de locomoção, como era em sua origem, permitindo que fosse aplicado para a tutela de qualquer direito que tivesse, como pressuposto, a liberdade de locomoção.

No entanto, como a reforma constitucional de 1926, restringiu-se o habeas corpus,que retornou ao seu leito clássico. A partir daí iniciou-se nova elaboração doutrinária, influindo nas propostas legislativas,para criar,ao lado do habeas corpus,outro remédio constitucional,destinado a cobrir a área remanescente que a reforma de 26 havia deixado a descoberto.Exatamente por isso, a Constituição de 1934 criou o mandado de segurança, ao lado do habeas corpus, que foi então reconduzido a seus contornos clássicos, deixando-se a proteção do mandado de segurança para outros direitos,que não fossem o de locomoção.

A seguir, o mandado de segurança só foi ignorado pela Constituição de 1937, a Constituição autoritária do Estado Novo.Mas mesmo naquele período, o mandado de segurança permaneceu na lei ordinária.

Voltemos ao habeas corpus, assim como existe no nosso ordenamento constitucional,ligado à proteção da liberdade de locomoção.É o parágrafo 20, do artigo 153 da Constituição que Diz: "dár-se-a habeas corpus,sempre que alguém sofrer ou se achar ameaçado de sofrer violência ou coação em sua liberdade de locomoção, por ilegalidade ou abuso de poder.Nas transgressões disciplinares, não caberá habeas corpus".

Desse texto retiram-se imediatamente algumas conclusões fundamentais: a) trata-se de uma ordem judicial, concedida desde que se caracterize a ilegalidade, entendida com sinônimo de abuso; b) a ordem pode ser concedido em favor de qualquer um e impetrada por qualquer um, independentemente de capacidade postulatória, independentemente da presença de um advogado; c) existe a modalidade preventiva do habeas corpus, em face de uma ameaça, concreta e real, e existe a modalidade repressiva, para reparar à ilegalidade; d) dirige-se não apenas contra autoridade pública, mas também contra particulares, (por exemplo, hospitais, hotéis, etc.); é excluído nas transgressões disciplinares, muito embora a interpretação que a essa exclusão foi dada, por juristas como Pontes de Miranda, mostre que , na verdade, o que se proibe é apenas o exame do mérito da punição, podendo o habeas corpus ser concedido quando houver vício que diga respeito à hierarquia, ao poder disciplinar expresso, à ligação do ato, à função, à forma prescrita em lei ou à ausência de qualquer desses requisitos. Isso é importante de ser salientado, diante da proposta do novo texto constitucional, para entendermos bem o que significa a eliminação das transgressões disciplinares do campo de abrangência do habeas corpus.

É importante ainda dizer que o habeas corpus brasileiro é bem mais amplo do que remédios, que às vezes têm a mesmíssima denominação, em outros ordenamentos; porque muito embora se trate de proteção da liberdade pessoal, da liberdade de locomoção, o Código Processual Penal tem dado à disposição constitucional sentido muito amplo, muito abrangente. Até a instauração de um processo penal, em que não esteja propriamente em risco a liberdade de locomoção, pode ser impedida por habeas corpus, na hipótese de não haver elementos suficientes e necessários para levar adiante a acusação; até mesmo o inquérito policial, embora em casos mais restritos, pode ser trancado por habeas corpus, ainda que não esteja preso o paciente, tudo isso porque o processo criminal, ilegalmente instaurado, poderia levar mais tarde à limitação ao direito de locomoção.

Com relação ao comando de segurança, vimos rapidamente como nasceu, na Constituição de 1934, que o previu ao lado do habeas corpus. Vimos também que durante o Estado Novo inexistia mandado de segurança a nível constitucional, mas permaneceu ele na lei ordinária, embora com algumas limitações. No direito vigente, o mandado de segurança está previsto no parágrafo 21, desse mesmo artigo 153, da Constituição que diz:"Conceder-se-à mandado de segurança para proteger direito líquido e certo, não amparado por habeas corpus seja qual for a autoridade responsável pela ilegalidade ou abuso de poder".

Algumas elucidações me parecem importantes para que melhor se entendia o instituo no direito brasileiro: a) seu campo é delimitado por exclusão: onde não couber habeas corpus, caberá mandado de segurança, instrumento de tutela, portanto,contra transgressões, que não comprimam o direito de locomoção mas sim quaisquer outros direitos; b) só cabe contra autoridade pública, uma vez que a nomenclatura utilizada é diferente da do habeas corpus; no entanto a jurisprudência estendeu o campo do MS às hipóteses de atividades delegadas do poder público (por ex., estabelecimentos de ensino); c) direito líquido e certo , diz a Constituição; trata-se de expressão muito pouco técnica, mas tradicional no nosso direito constitucional, repetida pela lei ordinária, que na verdade indica fato que possa ser comprovado documentalmente, ou seja,fato que independa de dilação probatória para ser provado; d) também existe na forma preventiva,ao lado da forma repressiva; e) em natureza jurídica de ação, sendo um Writ, um mandado, tanto quanto o habeas corpus; f) legitimados para a ação, no polo ativo, sujeitos ativos da ação, são as pessoas que sofrem a coação ilegal. Nesse ponto,durante muito e muito tempo, a doutrina tem excluido as associações de classe da titularidade do mandato de segurança negando-lhes legitimação para a defesa de direitos de associados. É verdade que a evolução doutrinária e alguma jurisprudência posterior ou iam abrindo o esquema da legitimação ativa, mas não havia realmente dispositivo expresso que de forma segura assegura-se o mandado de segurança de índole coletiva. Outras regras existem,na lei da ação do mandado de segurança,(lei 1533 de dezembro de 1951, com modificações posteriores), que prevêm, por exemplo, que não se pode impetrar mandado de segurança, se ainda não se esgotarem as vias administrativas. A jurisprudência temperou esse dispositivo, no sentido de admitir de imediato o mandado de segurança, mesmo sem a exaustão das vias administrativas, quando houver dano imediato, como no caso de dependência de recurso administrativo que não suspenda os efeitos do ato, ou quando se trate de omissão do poder público, perante a qual as vias administrativas seriam inteiramente ineficazes. É interessante notar que, também por via de interpretação jurisprudencial, o mandado de segurança tem sido entendido aplicável contra atos judiciais, mesmo de natureza jurisdicional. Nesses casos, utiliza-se frequentemente, na prática processual, o mandado de segurança que passa então, embora considerado ação, a ser utilizado como recurso, exatamente para dar efeito suspensivo a um recurso que não o tenha.

Claro que não podemos nos delongar aqui a respeito dessas questões, sendo suficiente, nesta sede, que se faça menção a certos aspectos, para que se tenha uma idéia do nosso Instituto e da sua aplicação prática, cada vez mais extensa.

Passando agora à ação popular constitucional,ela vem prevista no parágrafo 31, desse mesmo artigo 153:"qualquer cidadão será parte legítima para propor ação popular, que vise a anular atos lesivos ao patrimônio de entidades públicas". A ação popular, na verdade, é uma criação do século XIX;surgindo vários países como instituto democrático de participação política do cidadão, com fundamento no princípio da legalidade, no princípio da moralidade administrativa e na idéia de que o cidadão tem direito ao controle dos atos administrativos. Existem, em direito comparado,algumas ações populares que são de índole corretiva e outras que são de índole supletiva: vale dizer que algumas ações são supletivas, no sentido de que o autor popular intenta uma ação, que na verdade corresponde à ação que a administração teria, com relação a terceiro. É o caso, por exemplo de algumas leis italianas, em matéria eleitoral. Mas existe outro tipo de ação popular,de índole corretiva, que é aquela proposta contra,ou pelo menos em face da administração,visando a corrigir o ato ilegal praticado por esta mesma administração,bem como a ressarci-la através de uma indenização, que será paga pelos agentes que praticaram o ato e pelos seus beneficiários. Esta ação corretiva, por exemplo, existe na Constituição estadual da Baviera, com relação à ação popular por inconstitucionalidade de lei, que restrinja direitos fundamentais.

A ação popular brasileira é de índole corretiva, é uma ação intentada pelo cidadão, para anular ou declarar nulidade de atos lesivos ao patrimônio público e para pleitear o ressarcimento, dos causadores e dos beneficiários do ato. A ação, que havia entrado na Constituição de 1934 já com caráter corretivo, foi abolida em 1937 e restaurada com o Estado democrático em 1946, permanecendo até hoje como remédio constitucional. O regime legislativo da ação popular (lei 4.717 de 1965, com alterações posteriores) tornou mais ampla a tutela constitucional, em primeiro lugar, ampliando a idéia de patrimônio público, não mais reduzido à sua expressão econômica, mas compreendendo, também, bens e direitos de índole turística, artística, histórica, cultural e paisagística. A lei também estendeu o conceito de entidades públicas, porque a elas foram equiparadas entidades paraestatais de direito privado, como as sociedades de economia mista.

Em virtude da ampliação da lei 4.717, com relação ao conceito de "patrimônio", foi possível aplicar a ação popular para a defesa de certos interesses coletivos ou difusos, ou seja aqueles interesses, meta-individuais, supra-individuais, que não se titularizam particularmente em um ou em mais indivíduos, mas que pertencem a um grupo considerado como um todo, muito embora não haja relação jurídica básica entre os componentes do grupo. É o caso do meio ambiente e das questões edilícias, em que foi frequentemente utilizada a ação popular, mas limitamente às hipóteses em que a ilegalidade proviesse do poder público (isso porque nossa ação popular, sendo corretiva, dirigi-se sempre contra ato do poder público).

Estávamos nessa situação quando foi introduzida na legislação brasileira, através da lei 7.345 de 1985, a denominada "ação civil pública", destinada à tutela do ambiente e dos consumidores, sem prejuízo da utilização da ação popular para a mesma finalidade (desde que, repita-se, que a lesão provenha do poder público). É importante notar, antecipando o que direi depois, que a lei 7.347 de 85, para a tutela de certos interesses difusos (meio ambiente e consumidores) prevê a legitimação conferida, concorrentemente, ao Ministério Público (órgão estatal, que, no Brasil, não tem apenas função de acusar no processo penal, mas diversas funções no campo civil), às associações constituídas há pelo menos um ano de acordo com a lei civil e a certos órgãos públicos. Isso é importante para mostrar que a evolução da teoria, estrangeira e brasileira, em torno da tutela jurisdicional dos interesses difusos, sempre buscou algum elemento que indicasse a seriedade do autor, que pode ir a juízo "representando" toda uma coletividade, lesada ou ameaçada. Até porque nessas ações de índole coletiva, como também ocorre na própria ação popular constitucional, a coisa julgada tem necessariamente uma extensão ultra-partes, não sendo possível restringir a autoridade da sentença às partes da relação jurídica processual. É preciso então que se busque, dentro do que se denominou de "representatividade adequada", um portador dos interesses coletivos, (os quais envolvem, às vezes, milhares e milhares de pessoas) que seja realmente representativo desses interesses, para de certa forma diminuir os riscos da coisa julgada "erga omenes".

É essa, por ora, a situação do nosso direito constitucional posto, com relação aos remédios processuais constitucionais, que por enquanto se restringem ao habeas corpus, ao mandado de segurança e, dentro de uma acepção evolutiva, à ação popular constitucional. Examinemos agora o projeto de constituição, assim como veio, em redação final, da Comissão de Sistematização, e como deverá ser debatido e posteriormente aprovado, com eventuais modificações.

Com relação ao habeas corpus, o artigo 6º, parágrafo 48 do, projeto de constituição, mantém o instituto com a seguinte redação: "conceder-se-á habeas corpus sempre que alguém sofrer ou se achar ameaçado de sofrer violência ou coação em sua liberdade de locomoção, por ilegalidade ou abuso de poder". A primeira parte do dispositivo não traz novidade de monta com relação ao instituto clássico. Retira-se, porém, a parte final do parágrafo 20, que diz que, nas transgressões disciplinares, não caberá habeas corpus. Apesar disso, não parece substancial a mudança, uma vez que a doutrina que lhes expus agora há pouco, possibilitava atacar o ato pela via do habeas corpus, desde que a punição contivesse alguma ilegalidade. É evidente que não será possível, pelo habeas corpus, examinar o mérito da punição, até porque o habeas corpus se restringe à ilegalidade ou abuso de poder: de maneira que a eliminação da segunda parte do atual dispositivo não me parece trazer grandes novidades com relação àquilo que a doutrina já havia construído.

No mandado de segurança, agora sim, temos importantes novidades. São dois os dispositivos do projeto que tratam do assunto: o parágrafo 49 e o parágrafo 50 deste mesmo artigo 6º. O parágrafo 49 tem a seguinte redação: "conceder-se-á mandado segurança para proteger direito líquido e certo, individual ou coletivo, não amparado por habeas corpus ou habeas-data, (e isso nós vamos ver depois) seja qual for a autoridade responsável pela ilegalidade ou abuso de poder, estendendo-se a proteção contra a conduta de particulares, no exercício de atribuições do poder público". A primeira grande novidade desse dispositivo, talvez a mais importante, é caracterizar a possibilidade de um mandado de segurança coletivo. Nos, que até há pouco tempo atrás quase não tínhamos, no sistema brasileiro, ações para a tutela de interesses coletivos, de repente, com o Projeto constitucional, vemo-nos diante de uma grande variedade delas; e dentre os mais importantes, sem dúvida alguma, inscreve-se o mandato de segurança coletivo. Sobre a matéria, vamos imediatamente ao parágrafo 50, que se liga diretamente ao mandado de segurança coletivo, quando diz! "O mandado de segurança coletivo pode ser impetrado por partido político, com representação na câmara federal ou Senado da República, organização sindical, entidade de classe ou qualquer associação legalmente constituída em funcionamento há pelo menos um ano, em defesa dos interesses de seus membros ou associados".

O projeto acolhe, assim, a idéia já preconizada pela doutrina, no sentido de estender a proteção do mandado de segurança para situações que envolvem coletividades,para evitar a multiplicidade de mandados de segurança a título individual, necessário na medida em que cada pessoa lesada, ainda que tenha um direito idêntico ao de outra pessoa, deve impetrar o seu próprio mandado de segurança, porque a coisa julgada entre nós atua rigorosamente entre as partes, como regra geral. O mandado de segurança coletivo poderá permitir que se resolvam, de uma vez por todas, questões idênticas que envolvem às vezes centenas e centenas de pessoas, com relação a atos da autoridade. Basta pensar nos contribuintes, por exemplo, de país é muito frequente no Brasil a utilização do mandado de segurança contra o fisco, que poderão agora ver suas pretensões examinadas coletivamente, uma vez por todas, com grande economia processual e evitando decisões contraditórias.

Voltando ao parágrafo 49, outra diferença que se nota com relação ao texto atual é de que a proteção se estende à conduta de particulares, no exercício de atribuições do poder público. Isso de certa forma, como vimos, já vinha sendo admitido pela jurisprudência mas de maneira mais limitada, porque somente se admitia o mandado de segurança contra particulares quando se tratasse de atribuições delegadas do poder público, ou seja quando se tratasse de função a ser desempenhada pelo poder público, e que por delegação fosse exercida por particulares (como é o caso do ensino). A fórmula do Projeto, aliás por mim sugerida, é mais ampla, porque abrange a conduta de particulares no exercício de atribuições do poder público, ainda que não se trate propriamente de delegação. Um exemplo é o das Bolsas de Valores que, entre nós, não exercem funções delegadas do Poder Público, muito embora sejam fiscalizadas pelo Poder Público, com atribuições a elas deferidas por lei. Hoje, então, o mandato de segurança não poderia ser impetrado contra Bolsas de Valores,por atos ilegais por elas praticados, enquanto o poderá ser pela fórmula mais ampla do Projeto.

Vamos agora ao habeas-data,mencionado pelo parágrafo 49, - porque o mandado de segurança caberá agora, por exclusão, quando não fosse caso nem dele nem de habeas corpus. O habeas-data é um novo remédio constitucional processual que se destina à proteção da pessoa perante a informática. Diz o parágrafo 52: "conceder-se-á habeas-data, I - para assegurar,ao brasileiro, o conhecimento de informações e referências relativas à sua pessoa, pertencentes a registros ou bancos de dados, de entidades particulares, públicas ou de caráter oficial, bem como dos fins a que se destinam; II - para a retificação de dados,não se preferindo fazê-lo por processo sigiloso, judicial ou administrativo.

Trata-se, portanto de um novo "Writ" que surgiu nas diversas propostas constitucionais, sobretudo por sugestão do professor José Afonso da Silva, da Universidade de São Paulo, e que visa à instituição de um remédio específico, próprio,adequado, com relação à proteção da intimidade e da veracidade perante a informática. A pessoa terá direito ao conhecimento do que constar ao seu respeito, nos registros informáticos, sejam eles particulares ou públicos, e poderá também solicitar sua retificação, quando os dados forem inexatos. O que pode suscitar alguma dúvida é se haveria realmente necessidade de um remédio específico próprio, diferente do mandado de segurança, para este tipo de tutela, ou se não seria mais adequado simplesmente estender o mandado de segurança a essa proteção, quando se tratasse de bancos de dados de entidades particulares. O projeto não define ainda o regime processual, do habeas-data sendo para isso necessária a edição de lei ordinária. Uma dúvida que permanece, é quanto à restrição do habeas-data ao brasileiro, introduzida pelo segundo substantivo do relator da comissão de sistematização.

A motivação dessa restrição seria a de que, principalmente com relação às entidades públicas, quando ligadas a dados criminais ou à segurança nacional, poderia ser inconveniente a concessão do habeas-data para estrangeiro, que assim teria acesso a dados informáticos sigilosos a respeito de sua pessoa. Não me parece, contudo, que a distinção deva ser mantida, até porque se trata, simplesmente, de dados relativos à própria pessoa. E, de qualquer maneira, qualquer pessoa, brasileira ou estrangeira (e sobretudo o estrangeiro aqui residente, sujeito a todas as informações constantes de bancos de dados) pelo princípio da isonomia, deveria ser titular do direito a conhecer e retificar os dados pessoais que lhe dizem respeito. Aliás, o estrangeiro, entre nós, mesmo o não residente, pode impetrar o habeas corpus e o mandado de segurança, não se justificando para o habeas-data um tratamento discriminatório.

Vistos então o "habeas corpus, o mandado de segurança, e o novo habeas-data, vamos à ação popular. O instituto é tratado no parágrafo 53, do artigo 6º, mas na verdade o que se nota, nesse dispositivo, é a mistura da ação popular, com o seu objetivo e sua legitimação, com as ações coletivas para a defesa de interesses difusos, a que me referi ainda há pouco (quando mostrei como da ação popular, evoluimos para a tutela infraconstitucional dos interesses difusos). A ação popular, como já se viu, é um direito de natrueza cívica, ligada à democracia participativa e que, a meu ver, por isso mesmo, deve prever a legitimação exclusiva do cidadão, que dessa cidadania compartilha, e eventualmente dos partidos políticos, os quais conglomeram a vontade política dos cidadãos. Outras entidades devem ser legitimadas para as ações coletivas para a defesa de interesses difusos, uma vez que esses interesses difusos não são de natureza pública, mas sim de natureza privada, embora de dimensão coletiva.

Acontece que o parágrafo 53 misturou os institutos e as legitimações, dizendo o seguinte: "qualquer pessoa física ou jurídica, domiciliada no Brasil, é parte legítima para propor ação popular que vise a anular ato ilegal ou lesivo ao patrimônio público, à moralidade administrativa, à comunidade, à sociedade em geral, ao meio ambiente, ao patrimônio histórico e ou cultural ou ao consumidor; o autor da ação é isento das custas judiciais e do ônus da sucumbêmcia,salvo comprovada a má fé".

A primeira observação que eu faço, é no plano da necessidade de distinguir, em dois ítens diferentes,ação popular e ações coletivas para defesa de interesse difusos.Sustento a necessidade,ou ao menos a alta conveniência, de se fazer com que as ações coletivas também passem a configurar remédio constitucional processual, mas num plano distinto do atribuido à clássica ação popular. Existe uma proposta de emenda, já apresentada, para desdobrar o dispositivo do projeto em dois parágrafos diferentes. O primeiro, destinado à ação popular, teria a seguinte redação: "qualquer cidadão ou partido político é parte legítima para propor ação popular,que vise a anular atos lesivos ao patrimônio público ou de entidade de que o estado participe". A proposta amplia a legitimação ativa aos partidos políticos e nos moldes do que fez a lei, a titularidade passiva da ação.A segunda disposição, separada desta, teria a seguinte redação:"As entidades representativas de interesses coletivos são parte legítima para defendê-los em juízo, na forma da lei".

Não se fez referência,nesta proposta de emenda, ao Ministério Público, porque o "parquete" já tem reconhecida, no seu capítulo próprio, a legitimação ás ações coletivas para a defesa de interesses difusos, de maneira que não seria necessário repetir, aqui, a legitimação que já está lá.

A primeira medida necessária, no plano das modificações ao projeto, seria, assim, a de distinguir as duas ações , que têm objeto diferente, que têm finalidade diferente, e cuja legitimação também há de ser diferente. Não parece conveniente estender a legitimação às ações coletivas a qualquer pessoa física ou jurídica, que pode ser representativa de interesses coletivos; e muito menos assim ampliá-la quando se trata da ação popular, que é um direito de cidadania.

Outra observação: O dispositivo da ção popular sugere uma inquietação. Modificando a redação da constituição vigente, que fala em "anular atos lesivos ao patrimônio",o texto aprovado pela Comissão, fala em "anular ato ilegal ou lesivo". O disjuntivo "ou" significa claramente que é suficiente que o ato impugnado seja apenas lesivo ao patrimônio público, sem ser ilegal; e, o que é mais grave, é suficiente que o ato seja ilegal, sem ser necessariamente lesivo.Isso faz com que se modifique completamente a situação definida pela lei. 4.717, a lei ordinária que cuida da ação popular,pela qual se vê claramente que - salvo algumas hipóteses excepcionais, em que a lesividade se presume é necessário, para embasar a ação popular constitucional,que o ato seja contemporâneamente ilegal e lesivo.Hoje,não basta a lesividade se não há ilegalidade e muito menos a ilegalidade, se não há lesividade. É verdade que a fórmula constitucional poderia dar margem a uma interpretação diferente,tanto assim que certa doutrina brasileira, durante algum tempo, sustentou que a "causa petendi", o fundamento da ação popular,poderia ser apenas a lesividade, ainda que não houvesse ilegalidade. E talvez, "da lege ferenda" fosse interessante que assim se fizesse em casos específicos, muito embora isso carreasse algum problema com relação ao ato discricionário,com relação ao mérito do ato administrativo.Mas, seja como for, o que até agora se preconizou , quando muito,em casos excepcionais, a serem definidos em lei, não pode tornar-se regra geral.E o projeto vai muito além, porquanto, além de permitir a ação popular, quando haja apenas lesividade,acaba permitindo a ação popular em qualquer caso de mera ilegalidade, mesmo que não haja lesividade: o que significa fazer da ação popular uma vala comum para a anulação de qualquer ato administrativo, transformando,rebaixando mesmo,a ação popular a nível de ação anulatória de ato administrativo.É claro que se o texto permanecer, a doutrina e a jurisprudência poderão trabalhar em torno desses conceitos,dando-lhes interpretação mais adequada, mas o certo é que a forma como o Projeto vem redigido, poderia dar margem a interpretação abrangente demais.

O tratamento dos honorários em nível constitucional também parece totalmente inadequado.A regra da parte final do dispositivo deve ficar para a legislação ordinária,não se engessando desse modo o texto constitucional.

Com relação às ações populares e coletivas é oportuno lembrar que existem alguns outros institutos esparsos no texto;assim, por exemplo,com relação às comunidades indígenas , o artigo 263 do projeto da legitimação a essas comunidades e ao Ministério Público,para a defesa coletiva dos interesses dos índios.Ademais, o Ministério Público tem sua legitimação prevista no artigo 158, III e V. E existe outra ação,no artigo 16, parágrafo 10 do Projeto,que possibilita a qualquer do povo a impugnação perante a justiça eleitoral,de mandato eletivo quando houver provas conclusivas de abuso de poder econômico,corrupção ou fraude,transgressões eleitorais.Fica claro,portanto,repetindo o que vínhamos dizendo de início.Que,de uma situação de insuficiência do nosso ordenamento constitucional com relação a remédios constitucionais processuais de índole coletiva,passa-se a uma grande abertura,sem dúvida benéfica,mas que deve ser reconduzida a dimensões mais consentâneas com a realidade.

Finalmente,como último e novo remédio constitucional processual,existe no texto do projeto o denominado "mandado de injunção:trata-se do parágrafo 51,que me parece de difícil interpretação:"Concerder-se-á mandado de injunção,na forma da lei, sempre que a falta de norma regulamentadora torne inviável o exercício das liberdades constitucionais e das prerrogativas inerentes à nacionalidade,à soberania do povo e à cidadania".Trata-se de um Writ que se dirige contra a omissão.Aliás,o problema da omissão é um problema seríssimo em todos os ordenamentos modernos,pois a inércia do poder público pode realmente tornar inaplicável a norma constitucional,assim violada por via tranversa.Sem dúvida,tanto é inconstitucional a conduta do agente público que abertamente infringe normas ou princípios constitucionais,como também o é a inércia do órgão público,que faz com que a norma constitucional não possa ser aplicada.Corre,porém,que o problema da inconstitucionalidade por inércia,é um problema muito bem detectado pela doutrina constitucional,mas sem dúvida alguma,de dificílima solução.Existem nos diversos ordenamentos algumas técnicas como,por exemplo,em Portugal, a previsão de uma decalração de inconstitucionalidade por omissão. A doutrina tenta encontrar soluções para que essa omissão seja suprida, sem que o Poder Judiciário se substitua à atividade legislativa ou governamental, pois é evidente que não pode o Judiciário legislar se o legislativo não o faz, nem pode expedir ato administrativo se o administrador não o faz, sem contrariar toda a teoria da separação dos poderes, por mais mitigada que possa ser hoje. Vê-se daí que o problema existe, foi detectado, mas os remédios são de muito difícil aplicação.

Mais adiante, no próprio projeto, na parte do Poder Judiciário, introduz-se, como novidade no nosso ordenamento, a declaração da inconstitucionalidade por omissão, por via de direta. Nesse passo, houve muitas marchas e contra marchas, muitas tentativas como as de dar-se um prazo ao legislativo para que legisle, sob pena de se inverter a iniciativa, que passaria ao executivo ou a qualquer do povo. Outras técnicas foram pensadas, para coibir a omissão administrativa. Mas, finalmente, chegou-se a uma solução mais modesta, mas talvez mais realista, qual seja a de que o Judiciário nada mais pode fazer do que declarar a inconstitucionalidade e assinar prazo para que o órgão responsável preencha a lacuna. Também a doutrina alemã estudou esse problema, apresentando propostas interessantes que, porém, ainda não foram transportadas para a prática constitucional, reconhecendo-se dificuldades enormes perante um problema que sem dúvida existe e que não é despiciendo. Mas, voltando ao Projeto, além da declaração da inconstitucionalidade por omissão, prevista com relação à ação direta, o legislador constituinte também propõe o mandado de injunção, que seria um Writ, uma ordem. Mas não ficam claros nem o destinatário nem a finalidade da ordem. Faz-se a injunção, na falta de norma regulamentadora, mas não se diz com que finalidade. Para editar a norma? Para aplicar a regra constitucional?

E mais, que norma regulamentadora é esta? O que significa "norma regulamentadora que torne inviável o exercício etc...?" Trata-se-ia de regulamento do Executivo, no sentido que essa palavra tem no direito brasileiro? Ou de norma do Poder Legislativo, regulamentado a Constituição (lei complementar ou lei ordinária que regulamente os direitos e as garantias fundamentais)? É outra dúvida que permanece. Se for a primeira a interpretação correta, o Writ só se dirigirá ao Poder Executivo. Se for a segunda, poderá dirigir-se também ao Poder Legislativo.

E mais: diz o projeto que a ausência de norma deve tornar inviável o exercício das liberdades constitucionais e das prerrogativas inerentes à nacionalidade e soberania do povo e cidadania. Não se entende se o termo "inerentes à nacionalidade, soberania e cidadania", diz respeito só às prerrogativas ou também às liberdades constitucionais; ou seja, explicitando, melhor, se toda e qualquer liberdade constitucional , ainda que não inerente à nacionalidade, à soberania do povo e à cidadania, podem ser objeto da mandado de injunção, ou se apenas o serão as liberdades (além das prerrogativas) ligadas a essas matérias. O texto é confuso e não dá margem a uma interpretação segura, por ser extremamente ambíguo. Mantido na forma que está,certamente dará enorme trabalho ao intérprete, seja em sede doutrinária , seja em sede jurisprudencial, correndo-se até o risco,como perante regras obscuras, de cair-se na inaplicação da norma,exatamente em virtude das próprias dificuldades que sua interpretação acarreta.

Eram essas as considerações principais que eu podia fazer a respeito do tema, repetindo minha impressão inicial de que, na parte dos direitos e garantias fundamentais, o texto constitucional apresenta novidades extremamente interessantes, com pontos altamente positivos, configurando inegável avanço com relação ao sistema constitucional vigente. Mas ainda será necessário desbastar os excessos, aperfeiçoar o texto e proceder a um trabalho de enxugamento, para que instrumentos tão importantes não se tornem letra morta, não se tornem palavras vãs, mas sejam realmente utilizados para a tutela das liberdades fundamentais. Muito obrigada.

O DIREITO DO TRABALHO EM FACE DA NOVA CONSTITUIÇÃO

Octávio Bueno Magano (São Paulo)

1. Direito do Trabalho é o conjunto de princípios , normas e instituições, que, incidindo sobre as relações do trabalho, visa à proteção do trabalhador e à melhoria da sua condição social.

Assim concebida, a disciplina divide-se em direito individual do trabalho, direito coletivo do trabalho,direito tutelar do trabalho, previdência e assistência social.

2. No Projeto de Constituição, em debate na Constituinte, observa-se que os três primeiros segmentos do Direito do Trabalho estão sendo tratados sob a rubrica de Direitos Sociais, ao passo que os dois últimos inserem-se no capítulo da "Seguridade Social", pertencente ao título, mais abrangente,denominado "Da Ordem Social".

3. A classificação apontada gera a necessidade de se definirem os direitos sociais, contrapondo-os, a seguir,aos conceitos de "ordem social" e "seguridade social".

Num sentido amplo, o Direito Social compreende necessariamente todos os ramos do Direito, porque o homem é um animal social: as relações jurídicas em que se envolve são necessariamente sociais. Numa tentativa de individualizar o Direito Social, já se asseverou que as suas normas diriam respeito à estrutura e ao funcionamento da sociedade.(1) Assim concebido seria algo semelhante ao Direito Constitucional, entendido como conjunto de regras sobre a estrutura do poder e suas funções.(2)

4. Em sentido estrito, já teve grande voga o conceito de que o Direito Social seria um "tertim genus",colocado entre o Direito Público e o Privado.(3) Particularizar-se-ia pela sua natureza integrativa. Enquanto o Direito Público estabelece relações de subordinação e o Privado de coordenação, o Direito Social seria direito integrativo, quer dizer, de integração do homem dentro dos grupos e da sociedade, de cujos poderes participaria.(4)

5. Modernamente, caracteriza-se o Direito Social como instrumento do Estado do Bem Estar Social. Compreende,portanto, o conjunto de normas e instituições, fundadas no princípio da solidariedade (5) e destinadas a promover o bem estar - dos indivíduos integrantes de uma sociedade.

Devido à sua abrangência e heterogeneidade,não pode ser concebido como ramo específico do Direito,(6)adequando-se melhor à idéia de ordem social.

Ao que tudo indica foi essa a perspectiva em que se colocaram os ilustres membros da Comissão Constitucional,em cujo projeto não se fala de direitos sociais mais exclusivamente de "ordem social".(7)

6. A ordem social concebida como conjunto de normas e instituições destinadas à promoção do progresso social compreende os direitos dos trabalhadores (individual,coletivo,tutelar), a seguridade social (saúde,previdência,assistência),os chamados direitos culturais (educação,cultura,desporto, ciência,tecnologia,comunicação),as regras sobre meio ambiente, às relativas à família, à criança,aos adolescentes,aos idosos e aos índios.

Como se vê,a abrangência e a heterogeneidade das matérias integrantes da ordem social são fatores excludentes - de sua inserção em ramo específico do Direito.

7. Com a ordem social não se confundem nem os direitos democráticos nem os direitos e garantias individuais.À primeira espécie pertencem as regras tendentes a assegurar a participação de interessados na estrutura e funcionamento de entidades estatais,paraestatais ou outras instituições de relevância social,como as empresas e os sindicatos.(8) A segunda espécie é composta de regras destinadas a defender, de modo institucionalizado,os direitos da pessoa humana contra - agressões e abusos por parte de outras pessoas,notadamente as autoridades públicas.(9)

Não há confundir os chamados direitos sociais com os direitos democráticos porque enquanto estes giram em torno da idéia de participação,aqueles têm como escopo a melhoria - de condições sociais.

Menor ainda é a possibilidade de se confundirem os chamados direitos sociais com os direitos e garantias individuais pelas três principais razões abaixo aduzidas: primeira , porque estes surgiram para coibir abusos da autoridade,atingindo o apogeu com o predomínio do individualismo liberal,enquanto aqueles forjaram-se para a promoção dos pobres e vieram à tona com o industrialismo do século XIX,explicitando-se em algumas constituições do tempo da Primeira Grande Guerra,como a mexicana e a de Weimar,e atingindo o apogeu com o término da Segunda Grande Guerra,segunda,porque as garantias individuais exigem abstenção por parte do Estado,ao passo que os direitos sociais pressupõem da parte deste atividade progressiva,(10) terceira,porque os direitos individuais correlacionam-se com claras e precisas obrigações de não fazer por parte do Estado e outras pessoas,ao passo que a regras componentes do chamado Direito Social traduzem-se apenas em padrões de conduta norteadores da atividade do Estado.(11)

A última distinção bem se ilustra com os exemplos do

Pacto Internacional sobre Direitos Civis e Políticos e o Pacto Internacional sobre Direitos Econômicos, Sociais e Culturais, celebrados sobre os auspícios da ONU, em 1966. Enquanto as regras integrantes do primeiro se mostram suscetíveis de aplicação e reconhecimento judicial imediatos, as componentes do segundo devem ser postas em prática progressivamente, não sendo judicialmente exigíveis.(12) Com efeito, no Pacto sobre Direitos Civis e políticos, declara-se enfaticamente: as partes signatárias "obrigam-se a respeitar e a garantir a todos os indivíduos(...) os direitos reconhecidos neste Pacto..."(13) Já, no Pacto sobre Direitos Sociais, afirma-se apenas que as partes signatárias obrigam-se "a agir (...), tendo em vista assegurar progressivamente o pleno exercício dos direitos reconhecidos neste Pacto..." (14) No primeiro caso, trata-se de respeitar e garantir algo já existente, enquanto, no segundo, cuida-se tão somente de agir progressivamente para a implantação de nova ordem reconhecida desde logo como desejável.

Convém sublinhar que a distinção aqui assinalada reflete-se também na Convenção Européia dos Direitos do Homem quando comparada com a Carta Social Européia.(15) Na Convenção Americana sobre Direitos Humanos, de novembro de 1969, as duas matérias são tratadas em capítulos distintos e, enquanto, dos direitos civis e políticos, se diz que devem ser reconhecidos, dos direitos econômicos, sociais e culturais, afirma-se, exclusivamente, que hão de ter desenvolvimento progressivo.(16)

8. Do exposto, infere-se que o Projeto em tramitação na Constituinte ressente-se de grave falha de sistematização. A matéria ali tratada sob a rubrica de direitos sociais possui vinculação muito mais estreita com a disciplinada no título "Da ordem social", do que com a dos direitos e garantias individuais. Na verdade, constitui aquela, juntamente com a Previdência Social, a Saúde e a Assistência Social o próprio cerne da ordem social. Não há como separá-las. Contudo, se houvessem de ser desagregadas, a que deveria aparecer com o signo de direitos sociais seria a pertinente à previdência, à assistência e à saúde, reunindo-se os tópicos relativos ao direito individual do trabalho, direito coletivo do trabalho e direito tutelar do trabalho, sob o rótulo de direitos trabalhistas. Outra alternativa, inspirada nos documentos de nível internacional, acima mencionados, seria a de se tratar dos direitos e garantias individuais, sob a inscrição direitos civis e políticos, e das demais regras aqui assinaladas, sob o dístico, direitos sociais e culturais. O critério extravagante adotado pela Comissão de Sistematização é que não pode prevalecer.

9. Tendo em vista os segmentos de que se compõe o Direito do Trabalho, inicialmente especificados, cumpre agora examinar como vêm sendo eles disciplinados pelos Constituintes.

No âmbito do direito individual do trabalho, a questão mais empolgante é a da garantia de emprego, que enseja - três posicionamento: a) o dos que querem estabilidade estrita; b) o dos que ensejam a continuidade do direito potestativo do empregador de despedir, com mero aumento de ônus em comparação ao Direito vigente; c) e o dos que preconizam a eliminação da despedida arbitrária, condicionado a despedida à configuração de motivos sociais relevantes. A primeira solução é incompatível com a fluidez da economia, como bem se ilustra com este exemplo: uma empresa que, para produzir dez mil unidades de um bem determinado, necessita de mil empregados, não pode ser constrangida a conservá-los, quando o mercado não absorve senão cinco mil unidades de sua produção. A segunda solução não é plausível porque mantém o poder arbitrário do empregador. A terceira solução mostra-se a única aceitável e pode ser formulada nestes termos: "proteção contra despedida arbitrária, não se considerando como tal a que se fundar em causa econômica relevante, motivo técnico ou disciplinar. A alusão à causa econômica intransponível ou à força maior, ou a infortúnio, por implicarem inviabilidade da empresa, transmudam a terceira solução em modalidades de estabilidade estrita, que já se demonstrou inadimissível.

No campo do direito coletivo de trabalho, a questão obviamente mais significativa é a da unidade ou a do pluralismo sindical. Não há titubear na escolha da segunda alternativa, porque o monopólio de cúpulas sindicais é tão nefasto quanto o exclusivismo político. Como o texto em tramitação na Assembléia Constituinte aponta o pluralismo político como um dos fundamentos do Estado democrático, cumpria-lhe, coerentemente, adotar o pluralismo sindical como outro de seus sustentáculos. E tanto mais imperiosamente deveria assim proceder quanto é certo existir crescente interpretação entre o político e o sindical. (17) Numa democracia pluralista, os grupos profissionais tendem a se tornar peças cada vez mais importantes no equilíbrio do sistema não só por serem fatores de limitação do poder estatal (18) senão também por se apresentarem como agentes promotores do interesse público, como sucede quando entabulam pactos sociais; participam da gestão de entidades públicas; ou, simplesmente, ingressam com ação de inconstitucionalidade, perante o Supremo Tribunal Federal, segundo se prevê no Projeto em tramitação. O exercício das apontadas funções políticas não deve ficar sujeito a nenhum monopólio de cúpulas, ao contrário, numa democracia, é mister que seja acessível a todas as facções de que se compõe a sociedade civil. Por outro lado, numa democracia, os sindicatos devem possuir autonomia, o que significa manterem-se com recursos próprios. Nesse quadro, não há lugar para a continuidade da contribuição sindical compulsória, consequência de, nos regimes autoritários, exercerem funções delegadas do poder público.

Na esfera do direito tutelar do trabalho, a questão mais momentosa é a da opção pelo regime de quarenta e quatro - horas semanais, fundada em duas razões: geração de novos empregos e maior tempo de lazer para o trabalhador. O primeiro fundamento se descarta por existir nexo necessário de causa e efeito entre diminuição do tempo de trabalho e geração de novos empregos. O segundo merece respeito. Contudo, modernamente, a melhor maneira de se proporcionar tempo de lazer ao trabalhador reside na flexibilização da duração do trabalho, o que em outros países tem acarretado a derrocada do módulo hebdomadário (19) e a consagração de novos instrumentos de flexibilização, como o "kapovaz", do direito alemão, e o "job sharing", do direito anglo-americano. (20)

No que concerne à Previdência Social, convém, antes de mais nada, indicar o seu significado, a saber, instituição pública, cuja finalidade é a de assegurar a renda do trabalhador, quando esta estiver diminuida ou extinta, em virtude de risco social. O campo próprio de incidência da Previdência é o dos trabalhadores subordinados; o seu funcionamento condiciona-se à ocorrência de riscos sociais favoráveis ou adversos, considerados como tais, a morte, a invalidez, a doença, a velhice, a maternidade, a família numerosa, o acidente do trabalho, o desemprego, a reclusão do chefe de família. Na legislação ordinária brasileira, já se ultrapassaram os limites aqui apontados. Estendeu-se o campo de incidência da Previdência Social, a fim de que passasse a se aplicar também a trabalhadores autônomos, avulsos, eventuais, temporários, a estudantes e até a empregadores. Ampliaram-se as suas prestações, incluindo-se no rol respectivo não só a aposentadoria por tempo de serviço, que não possui natureza previdenciária, mas ainda a assistência médica, farmacêutica e odontológica; a assistência complementar e a assistência reeducativa, que são, como os nomes indicam, prestações assistênciais e não previdenciárias. Como se vê, o legislador ordinário brasileiro converteu a Previdência Social numa instituição extremamente aparatosa, já atingindo as raias da segurança social. Mas isso apenas no papel. Toda gente conhece a precariedade dos seus programas assistenciais a exiguidade dos benefícios por ela oferecidos e a lentidão com que se processam. Por isso, vem logo a talho a indagação: não teria sido melhor ao invés de tanta expansão, qualidade e afetividade das prestações dela provenientes?

No que respeita à assistência social, inserida ao longo do tempo, no corpo da previdência social, o menos que se pode dela dizer é que é vasqueira e, além disso, salvo exceções de baixa qualidade.

Agora, o que se pretende, no âmbito da Assembléia-Constituinte, é o conúbio da ineficiência com o disparate, ou seja, ampliadas ambas até os limites máximos de suas potencialidades. O que se tenciona implantar no Brasil é uma instituição taumatúrgica, denominada arrevezadamente de "seguridade social" e destinada a liberar o homem de toda e qualquer necessidade. Sim, porque a "seguridade social" é necessariamente universal. Não fica condicionada à configuração de determinados riscos previdenciários, mas se estende a toda e qualquer situação de dificuldade. Por outro lado, sendo universal, não se restringe a trabalhadores, mas abrange toda a população do país.

Toda gente sabe que instituição, assim aparatosa, só pode funcionar na imaginação dos lunáticos. Na face da terra, jamais existiu com tamanha amplitude. Nos países mais ricos do hemisfério norte, onde se intentou implantar simulacro de "seguridade social", os resultados foram desapontadores. E os que passaram por tal experiência,como é o caso da Inglaterra, da França e dos Estados Unidos da América do Norte estão dando passos decisivos no sentido da aplicação de novo modelo, qual seja, o de uma Previdência Social destinada a satisfazer necessidades sociais básicas, conjugada com a atuação de sistemas - complementares, provenientes ou não de convenções coletivas de trabalho. (21)

No Brasil, é duvidoso que mesmo sistemas simples de previdência e de assistência social possam funcionar eficazmente. E isso devido a duas precariedades que nos são inerentes: escassez de recursos e população ativa reduzida em comparação à inativa. Sob esse último aspecto, cumpre assinalar que a população ativa representa um terço apenas do total,prevalecendo nos seus desdobramentos, a faixa etária entre dez e quatorze anos de idade.(22)

Considerando-se, com realismo, a situação brasileira, o que se há de desejar é a revisão do atual sistema previdenciário, com o propósito de se lhe tirarem rebarbas impeditivas de funcionamento eficaz. A aposentadoria por tempo de serviço, por exemplo, quando não a suprimam, haverá de ser temperada com a imposição de limites de idade (55 anos),condicionante da outorga do benefício, a fim de que vultuosos recursos que lhe são canalizados possam ser redistribuidos para o atendimento de reais necessidades como as resultantes da doença, da invalidez e da velhice. Em nível constitucional, pode ser sem dúvida desfraldada a bandeira de ideal mais amplo, mas isso com a ressalva de constituir apenas meta a ser progressivamente colimada pela atividade governamental.

Esse ideal mais amplo a ser buscado não pode, porém, receber o nome esdrúxulo de "seguridade social" mas sim o de "segurança social", que é mais conforme à índole da língua portuguesa e que tem curso desimpedido em Portugal.

10. Em suma, o que se preconiza é que o Direito do Trabalho venha a ter projeção adequada no corpo da nova Constituição; que as suas partes se disciplinam debaixo de uma única designação, a da ordem social, a fim de que não se desagreguem; que os seus preceitos se esculpam de acordo com diretrizes democráticas e não autoritárias; que os benefícios nele abrigados não sejam fantasiosos mas concebidos de forma realista, porque como diria Huxley, "no reform is likely to achieve the results intended unless ist is not only well intentioned , but also opportune." (23) Por último, é de se esperar que os Constituintes tratem do todo de maneira harmaniosa,com engenho e arte, como diria o Poeta.

Notas:

1. Hayek, F.A., Droit, législation et liberté, Paris, Presses Universitaires de France, 1986, p. 94.

2. Ferreira Filho, Manoel Gonçalves, Curso de Direito Constitucional,São Paulo, Saraiva, 1979, p. 20.

3. Cesarino Jr., A.F., Direito Social, São Paulo, LTr, 1980, p. 61.

4. Gurvitch, L'idée du droit social, Paris, Sirey, 1932, p. 16/23.

5. Siches, Luis Recasens, Tratado General de Filosofia del Derecho, México , Porrua, 1970,p. 602.

6. Szabo, Imre,Les dimensions Internationales des droits de l'homme, Unesco, 1978, p. 20.

7. Moraes Filho, Evaristo, A ordem social num novo texto constitucional, São Paulo, LTr, p. 11.

8. Siches, ob. cit., p. 601.

9. Idem, p. 601.

10. Ibidem, p. 602.

11. Van Boven, T.C., Les dimensions internationales des droits de l'homme,Unesco, p. 53.

12. Idem, p. 54.

13. Rangel, Vicente Marotta, Direito e Relações Internacionais,São Paulo,RT , 1981, p. 357.

14. Idem, p. 346.

15. Vak, Karel, Les Dimensions internationales des droits des l'homme,Unesco, p.356 e 593.

16. Rangel,ob. cit., p. 381 e 388.

17. Fois, Sergio, Sindicati e sistema político, Milano, Giuffrè, 1978. Vide também Sagardoy, Juan A., Relaciones del trabajo y estructuras políticas, Madrid, Instituto de Estudios Laborales y de la Seguridade Social, 1984.

18. Loewenstein, Karl,Political Power & Governmental Process, Chicago,The Univesity of Chicago Press, 1965, p. 344.

19. Barthélemy, Jacques, L'éclatement du module hebdomadaire en matière de durée du travail, Paris, Droit Social, avril 1987, p. 368).

20.Daubler,Wofgang,Le Friant, Martine,Un récent exemple de flexibilisation législative: la loi allemande pour la promotion de l'emploi du 26 avril 1985, "in" Droit Social, nº 9-10, Septembre-Octobre 1986, p. 715.

21.Barnett, Correlli, The Audit of War,London,Macmillan,1986. Vide também Dupeyroux, Droit de la Sécurite Sociale, Paris, Dalloz, 1984, p. 10.

22.Ministério do Trabalho, indicadores Sócio-Econômicos, 1987.

23.Huxley, Aldous, Ends and Means, London, Harper & Brothers, 1937, p. 31.

A ORDEM ECONÔMICA NO PROJETO DE CONSTITUIÇÃO

Modesto Carvalhosa (São Paulo)

INTRODUÇÃO

A análise de qualquer aspecto do projeto de constituição ora em debate no Congresso Nacional vem, necessariamente, procedida da questão que nos parece fundamental e que diz respeito à oportunidade e conveniência da elaboração de uma nova Carta Constitucional entre nós.

A questão não é pacífica, tendo suscitado fortes polêmicas envolvendo aspectos jurídicos, políticos e econômicos.

Como se sabe, não houve uma ruptura da ordem vigente que passasse a exigir uma nova ordem jurídica em substituição à anterior. O que ocorreu foi a passagem pacífica do poder dos militares aos civis através de um acordo de cúpulas, tendo sido a assembléia constituinte convocada pelo poder já constituído. Não houve assim uma efetiva transformação social ou política a ser consolidada.

Tais fatos têm pesado na opinião pública, impedindo que haja um consenso até mesmo sobre a necessidade ou cabimento de nova constituição.

Por outro lado, deve ser lembrado que o País anseia, apesar de tudo, por um novo arcabouço jurídico que possibilite mudanças na estrutura sócio-econômica, correspondendo à vontade geral da sociedade.

Nesse aspecto o projeto tem méritos isolados, especialmente como repositório de reinvidicações sociais, falta-lhe o chamado "fio condutor filosófico" que lhe dê a necessária definição estrutural, clareza de objetivos e precisão de soluções.

Assim, em um primeiro momento pode-se dizer que o Projeto conseguiu efetivamente captar determinados anseios gerais da nação, e assim refletir novas tendências, problemas relações de força entre os interesses em jogo.

No entanto, já em um segundo momento, na etapa da formulação jurídica, o projeto ressente-se da ausência de síntese, precisão redacional, e consistência lógica, elementos essenciais para que as mudanças desejadas possam ser efetivamente impulsionadas.

ORDEM ECONÔMICA

Da mesma forma, o Título VII que trata da ordem econômica e financeira caracteriza-se também por uma certa indefinição de objetos e conceitos lógicos.

Em uma análise mais acurada do Título em questão, pode-se notar que é este composto fundamentalmente por dois tipos de normas:

1) normas principiológicas, ou seja, normas que reduzem-se a uma mera enumeração de princípios, sem apresentar meios necessários para sua real e efetiva implementação.

Pode-se citar como exemplo o artigo 199 que dispõe:

"Art. 300 - A ordem econômica, fundada na livre iniciativa e na valorização do trabalho humano, tem por fim assegurar a todos existência digna, conforme os ditames da justiça social e os seguintes princípios:

I - soberania nacional;
II - proprieda privada;
III- função Social da propriedade;
IV - livre concorrência;
V - defesa do consumidor;
VI - defesa do meio ambiente;
VII- redução das desigualdades regionais e sociais."

Lembre-se ainda que o nosso Poder Judiciário não está estruturado, contrário de países de tradição, anglo-saxônica como Estados Unidos, para aplicar tais princípios a situações individuais concretas, dotando-os de eficácia.

2) Normas regulamentares, ou seja, normas excessiva e inutilmente detalhada, e assim incompatíveis com uma constituição da qual se espera uma razoável permanência de suas normas no tempo.

Esse é o caso, v.g., do artigo 215 que, ao tratar do usucapião urbano, chega à minúcia de estabelecer a metragem quadrada exigida, matéria essa evidentemente que deveria ser objeto de lei ordinária.

Taís falhas e imprecisões do Projeto certamente dificultam a fundamentação e direcionamento de uma reforma da estrutura econômica do país e sua posterior implementação.

Destacamos hoje para uma rápida abordagem três aspectos que nos parecem essenciais relacionados com ordem econômica:

1) Intervenção do Estado
2) Empresa Nacional
3) Reserva de Mercado

Saliente-se que questões relativas à reserva de mercado, embora constantes de capítulo da Ordem Social, representam hoje fundamental aspecto de nosso desenvolvimento, razão pela qual merecem algumas considerações.

1) INTERVENÇÃO DO ESTADO

O Estado brasileiro, nas últimas décadas tem-se caracterizado por uma postura intervencionista, dirigista e monopolista.

E o Projeto de Constituição, ao contrário do que poderia pensar, apresenta uma ampliação do papel do Estado, tanto como agente regulador da atividade econômica, como ainda árbitro das iniciativas individuais.

Veja-se a respeito o artigo 204:

> "Como agente normativo e regulador da atividade econômica, o Estado exercerá funções de controle, fiscalização, incentivo e planejamento...".

Como se vê, através de sua conceituação como "Agente normativo e regulador", outorga-se ao Estado ampla competência para assumir as rédeas mestras da atividade econômica no País. Como agente normativo cabe ao Estado fixar os sistemas que irão nortear os diversos setores: Sistema Financeiro da Habitação, Sistema Financeiro Nacional. E, como agente regulador, cabe-lhe administrar e regular os preços.

Além disso, através de suas funções constitucionais de controle, incentivo e planejamento da economia o Estado assume seu caráter dirigista e monopolista de forma absoluta.

É bom de se notar, ainda, que as regras que estabelecem os limites para intervenção estatal são menos claras e precisas que as constantes da constituição anterior.

Veja-se o art. 163 da Constituição de 1969 que limita a intervenção estatal a

> "... organizar setor que não possa ser desenvolvido com eficácia no regime de competição e de liberdade de iniciativa, assegurados os direitos e garantias individuais."

Como se vê a atuação do Estado reduzia-se a um papel residual no processo econômico.

Já o art. 202 do Projeto outorga ao Estado um papel essencial no processo econômico, e não mais meramente residual, ao determinar que o Estado intervem para "... atender imperativos da segurança nacional ou a relevante interesse coletivo, conforme definidos em lei".

Ademais, tal redação carece da necessária precisão conceitual, posto que a noção de relevante interesse coletivo é extremamente flexível, variando no tempo e de acordo com os in teresses dominantes.

Por outro lado, apesar do Projeto continuar a colocar a LIVRE INICIATIVA como um dos fundamentos da Ordem Economica (art. 199), nega, de certa forma a LIVRE CONCORRÊNCIA ao estabelecer privilégios para empresas nacionais, privadas ou estatais.

E ainda apresenta um conceito distorcido de livre mercado, ao erigi-lo à condição de "patrimônio nacional", com sentido profissional valorativo.

O projeto de Constituição apresenta também um considerável aumento do MONOPÓLIO da União. Veja-se, por exemplo, o artigo 207 que estabelece a competência exclusiva da União nas áreas de petróleo e de minérios nucleares, tanto na pesquisa, lavra e refinação, como na importação,exportação e transporte. De acordo com tal artigo a União não poderá nem mesmo celebrar contratos de risco, ou ceder ou conceder qualquer tipo de participação.

A Comissão de Sistematização incluiu ainda a distribuição de petróleo como monopólio da União,ficando claro, no entanto que tal dispositivo visava simplesmente a fins políticos, não devendo ser sustentado na votação final.

2) EMPRESA NACIONAL

O Projeto tem uma clara feição protecionista das empresas nacionais, tanto privadas como estatais, além de manifestar uma acentuada hostilidade ao capital estrangeiro.

A própria Comissão de Sistematização ampliou os mecanismos de proteção nacional, com a inclusão de novos programas de fortalecimento do capital nacional, visando a melhorar sua competitividade e determinando um tratamento diferenciado à empresa nacional pelo Poder Público no que se refere à aquisição de bens e produtos.

E inclusive a definição de empresa nacional, ou seja, da empresa que deverá gozar dos benefícios e privilégios tem também suscitado polêmicas.

O artigo 200 do Projeto estabelece que:

> "Será considerada empresa nacional a pessoa jurídica constituída e com sede no País, cujo controle decisório e de capital votante esteja, em caráter permanente, exclusivo e incondicional, sob a titularidade direta ou indireta de pessoas físicas domiciliadas no País, ou de entidades de direito público interno."

Pode-se explicar rapidamente tal conceito:

1) controle decisório - poder de eleger administradores e estabelecer a política empresarial;

2) controle de capital votante - titularidade da maioria de ações do direito a voto;

3) caráter permanente - titularidade de ações ordinárias;

4) caráter exclusivo - impossibilidade de joint ventures;

5) caráter incondicional-não vinculação de acordos de adicionistas ou side letters;

6) titularidade direta ou indireta - holdings;

7) pessoa físicas domiciliadas no país - brasileiras ou estrangeiras;

8) entidades de direito público interno - estatais.

Note-se que tal conceito assemelha-se bastante àquele de sociedade brasileira estabelecido pela lei de sociedades anônimas no artigo 265 § 1º e 269 § único combinado com o artigo 116.

E as empresas nacionais, assim consideradas as que enquadram no conceito acima serão objeto de inúmeras vantagens e privilégios, tais como incentivos fiscais e créditos subsidiados, e outros benefícios, constitucionalmente previstos visando ao fortalecimento do capital privado nacional.

É necessário ressaltar que tais mecanismos não se limitam ao setor privado, mas são extensivos às empresas estatais, como se verifica claramente do disposto nos parágrafos 1º e 2º do artigo 202.

A única, embora relevante, restrição às empresas estatais está na exigência de autorização legislativa para sua criação, ou de subsidiárias, bem como sua participação em empresas privadas. Pretende-se através de tal requisito impedir ou evitar a formação de conglomerados e cartéis, como,por exemplo, aqueles existentes na indústria petroquímica.

Os investimentos de capital estrangeiro,nos termos do artigo 201, serão admitidos exclusivamente no interesse nacional e disciplinados na forma da lei. Será outrossim favorecido o reinvestimento de lucros no País, e regulada por lei a remessa para o exterior (art. 201, § único). A respeito ainda pode-se notar que foi excluído o parágrafo do art. 200 que proibia discriminação entre as empresas em razão da origem de seu capital.

Conclui-se assim que o projeto apresenta grandes in

centivos constitucionais à empresa nacional, seja ela a privada ou estatal, que podem ser assim sintetizados:

1) definição de atividades que somente poderão ser exercidas por empresas brasileiras (art. 206, 207 V, 208, 209 e 210);

2) aquisição de bens preferencialmente de empresa nacional (art. 200 § 3º);

3) outros privilégios e preferências para empresa nacional - § único do art. 257.

3) RESERVA DE MERCADO

Outra questão bastante polêmica, e que tem suscitado divergências, relacionada com a ordem econômica, diz respeito à reserva de mercado.

A filosofia de reserva de mercado nos setores de tecnologia de ponta funda-se na necessidade de gerar capacitação nacional nessas áreas, essenciais ao desenvolvimento moderno do país.

O fundamento da implantação da reserva de mercado diverge, como se vê, dos princípios que inspiram o estabelecimento da indústria automobilística no Brasil nos anos 50. Como se sabe, 30 anos depois o País não conseguiu assimilar a tecnologia necessária para atingir-se a autosuficiência no setor.

A reserva de mercado expressa-se na Lei de Informática (Lei nº 7232/84) pelo controle das importações no setor, o que acarreta, necessariamente, o controle da produção (art. 3º, I, II e III, art. 4º, VIII e art. 8º, VI).

Deve-se ressaltar que a reserva de mercado nos artigos 4º e 8º foi estabelecida por 8 anos. Foi portanto inserida em caráter provisório, devendo perdurar até que o País esteja suficientemente capacitado no setor. Evidentemente, tal prazo deverá ser prorrogado se considerado de interesse nacional.

Para os setores de tecnologia de ponta, especialmente informática, biotecnologia, mecânica de alta precisão, química fina e materiais novos, o Projeto apresenta maiores urgências para que possam ser caracterizadas como empresas nacionais e assim gozar dos privilégios e preferências constitucionalmente previstos (art. 247). Além do controle nacional de capital votante, exige-se ainda o controle tecnológico (art. 248).

A exigência de controle tecnológico para tais setores foi incluída no projeto por insistência do Ministério da Ciência e Tecnologia.

Isto porque a experiência tem demonstrado fartamente que especialmente em tais áreas comando efetivo da empresa pertença a quem detém a tecnologia, mesmo se tiver participação na empresa. Com efeito, o cedente da tecnologia, através de acordos de acionistas ou de outros instrumentos paralelos (side letters), vinculam os majoritários à sua tecnologia, impossibilitando autonomia e independência na tomada de decisões.

O controle tecnológico, tal como definido no § único do art. 248 está no exercício, de direito e de fato, do poder decisório para desenvolver, gerar, adquirir e absorver a tecnologia do produto e do processo de produção.

E na realidade todos os incentivos, prilégios, preferências, tem por finalidade possibilitar que as empresas nacionais do setor desenvolva tecnologia própria, aperfeiçoem e comercializem tal tecnologia, para que, proximamente, o País possa alcançar níveis de competetividade.

No entanto, apesar das restrições e dificuldades impostas às empresas estrangeiras, deve-se notar que a própria Lei de Informática cuidou de estabelecer, no artigo 22, um eficaz instrumento de negociação. Ou seja, admite-se que bens e serviços de informativa venham a ser produzidos no País por empresas estrangeiras, consoante o interesse nacional, desde que tais empresas, entre outras exigências, apliquem no País em pesquisa e desenvolvimento quantia correspondente a percentagem de sua receita.

Em 1977, quando se começou a pensar no incentivo à produção no setor de informática pensou-se em tentar formar joint ventures com empresas estrangeiras, que não demonstraram nenhum interesse. Hoje a situação apresenta-se totalmente invertida, com acentuado interesse das empresas estrangeiras em produzir no País, mas já com certa independência do setor privado nacional.

Pode-se afirmar que, apesar das grandes dificuldades e problemas, e ainda das fortes pressões que o País vem sofrendo, a política nacional de informática tem obtido sucesso, correspondendo às finalidades e objetivos para os quais foi introduzida.

Para ilustrar tal afirmação basta lembrar alguns dados aproximados: Nos últimos 10 anos (1977 a 1987) o faturamento no setor passou de US$ 200.000.000 (duzentos milhões de dólares), dos quais apenas 2% decorrente do capital nacional, para US$ 3.000.000.000 (três bilhões de dólares) com uma participação de 55% do capital nacional.

Note-se que as empresas nacionais do setor empregam hoje cerca de 60.000 (sessenta mil) pessoas, com expressivo número de técnicos de nível superior, altamente capacitados, inclusive com formação técnica no exterior.

Nesse passo é bom lembrar que recentemente foi liberada verba de 25 bilhões de cruzados, destinada especificamente a bolsas de estudos prioritariamente e nas áreas consideradas estratégicas: informática e biotecnologia, especialmente.

Mesmo assim as empresas multinacionais mais destacadas da área, como a IBM continuam investindo no País,apesar de grandes interesses contrários.

Por outro lado, a política nacional de informática acarretou problemas que seriam de certa forma inevitáveis:

1) certo retardamento nos avanços tecnológicos, mas em questões não essenciais ou prioritárias;

2) custo maior nos produtos, embora com tendência a serem reduzidos;

3) dificuldades burocráticas frente ao rígido controle da Secretaria Especial de Informática (SEI)

No momento existe ainda a possibilidade de o País exportar produtos ligados à informática, especialmente em áreas determinadas como automação bancária,já havendo conversações nesse sentido com a Argentina e a União Soviética. Evidentemente, a forte reação do Governo norte-americano tem dificultado a afetivação dessa política de exportação.

Em conclusão, pode-se afirmar que a exigência de controle tecnológico e a política de reserva de mercado para setores de tecnologia de ponta, apesar dos problemas mencionados acarretou um considerável avanço para o País como ocorreu na Coréia, com sua rígida política protecionista e grandes subsídios estatais.

Eram essas as observações que nos propusemos a fazer a respeito da Ordem Econômica no Projeto da Constituinte.

Beiträge zum Anhang

1. Wolf Paul
   Das Fortschrittsprofil der neuen Brasilianischen Verfassung

2. Die Verfassung der Föderativen Republik Brasilien von 1988
   - eine deutsche Übersetzung in Auszügen*

3. Constituição da República Federal do Brasil 1988
   - texto integral

* Übersetzer: Wolf Paul unter Mitwirkung von Joachim Henckel, Wolf von Siebert, Ursula und Peter Schindler.
Die Übersetzung ist um Verständlichkeit im Deutschen bemüht. Daß die dazu eingesetzten Mittel (Verwendung der deutschen Gesetzgebungssprache, syntaktisch bedingte Umstellungen, sprachästhetische Stilisierungen) sicherlich zu semantischen Verfremdungen, gar Verfehlungen des Originals geführt haben, wurde in Kauf genommen.

DAS FORTSCHRITTSPROFIL DER NEUEN VERFASSUNG

Wolf Paul

Brasilien hat sich eine neue Verfassung gegeben, die achte seiner Geschichte seit der Unabhängigkeitserklärung. Als Gründungsakte der sog. Neuen Republik löst sie die Verfassung der Militärregime 1967/1969 ab, und zwar mit kompromißloser Entschiedenheit. Sie ist, so das einhellige Urteil selbst ihrer Kritiker, ein überzeugendes Dokument der politischen Entschlossenheit, den zentralistischen Militärstaat der Vergangenheit zu liquidieren und den zivilen, freiheitlich demokratischen Rechtsstaat auf parlamentarischer Grundlage zu errichten. Der demokratische Auf- und Umbruch, den die politische Geschichte des Landes in den vergangenen zehn Jahren vollzogen hat, hat in ihr einen überzeugenden juristischen Ausdruck gefunden. Brasilien hat förmlich verwirklicht, was die große Mehrheit der Brasilianer erstrebt und in dieser Form noch niemals besessen hat: ein umfassendes System öffentlicher Freiheiten mit staatlichen Gewährleistungsgarantien.

Allein die Verfassung selber ist ein Werk der Demokratie. Sie ist das direkte Ergebnis eines 19 Monate lang währenden politischen Ringens und Abstimmens in der Assembléia Nacional Constituinte, der am 1.2.1987 einberufenen und seit der Verfassungsverkündung am 5.10.1988 wieder aufgelösten Verfassungsgebenden Versammlung, bestehend aus den 559 Mitgliedern beider Häuser des Nationalkongresses. Der in beharrlicher Kommissionsarbeit und unter Einbezug tausender, aus allen Teilen der Bevölkerung eingebrachter Änderungsvorschläge immer wieder neu redigierte Verfassungstext ist von der Constituinte Ende Juni 1988 in 1. Lesung und am 2. September 1988 in 2. Lesung verabschiedet worden, am 22. September 1988 in der Endfassung der Redaktionskommission mit überwältigender Mehrheit (474 gegen 15 Stimmen der Arbeiterpartei "Partido dos Trabalhadores") angenommen und am 5. Oktober 1988 feierlich verkündet worden. Abgesehen vom offiziellen Vorentwurf (Anteprojeto da Comissão Provisoria de Estudos Constitucionais 1986) und alternativen Parteientwürfen (z.B. Anteprojeto da Constituição do Partido de Trabalhadores 1986) haben der Verfassungsgebenden Versammlung insgesamt vier Entwurffassungen zur Beratung und Abstimmung vorgelegen: Projeto de Constituição (A), die Grundfassung der Systematisierungskommission nach Vorarbeit durch Unter- und Themenkommissionen (November 1987); Projeto de Constituição (B), die Fassung nach der 1. Lesung einschließlich der in das Plenum eingebrachten Änderungsanträge (Juli 1988); Projeto de Constituição (C), Fassung nach der 2. Lesung (2. September 1988) und Projeto de Constituição (D), Endfassung der Redaktionskommission (22. September 1988). Nimmt man die ungeheure Emendierungsarbeit hinzu und die zahllosen, synoptisch präsentierten Teil- und Detailentwürfe aus den Reihen der Abgeordneten- und Senatoren-Constituyentes, so ergibt sich das Bild einer außerordentlich sorgfältigen, gründlichen und, wegen ihres Strebens nach regulativer Ausführlichkeit, wohl auch einmaligen Verfassungsgebung in der Geschichte des modernen Konstitutionalismus.

Die neue Verfassung versteht sich, so der Präsident der Verfassungsgebenden Versammlung, der Abgeordnete Dr. Ulysses Guimarães, als Verfassung des "Muda Brasil", des Veränderungswillens des brasilianischen Volkes. Veränderung meint die politische Grundentscheidung des Trägers der verfassungsgebenden Gewalt für freiheitliche Demokratie und Rechtsstaat, die förmliche Absage an die Diktatur. Die neue Verfassung legitimiert sich damit als Dokument einer historischen Zäsur. Sie erklärt förmlich den "ciclo autoritario", die Schreckenszeit der Militärregime seit 1964, für beendet, und die Nova República, die Zeit der Demokratie, der Herrschaft des brasilianischen Volkes, für endgültig etabliert. Mit der Autorität von 69 Millionen Brasilianern, die sie 1986 in direkter und geheimer Wahl gewählt haben, proklamieren die Verfassungsgebenden Parlamentarier ihr Werk als "Constituição Coragem" und "Constituição Cidadã", als Verfassung des Mutes zur politischen Innovation und Entwicklung des Landes im Sinne von Bürger-Freiheit, Bürger-Partizipation und Bürger-Wohlfahrt.

Im Text der Verfassung hat diese Gründungsidee und Grundentscheidung der Nova República einen durchgängigen Ausdruck gefunden. Die Präambel macht sie zum Verfassungsprogramm, indem sie den Staat auf das Ziel verpflichtet, als höchste Werte der freien und solidarischen Gesellschaft die Ausübung der kollektiven und individuellen Grundrechte, Freiheit, Sicherheit, Wohlstand, Entwicklung, Gleichheit und Gerechtigkeit zu gewährleisten.

Was die Präambel als Leitziel ausspricht, erklärt der Eingangstitel "Über die Grundprinzipien" zur Substanz der Verfassung: die Entscheidung für den demokratischen Rechtsstaat (Art. 1) und das Prinzip der Gewaltenteilung (Art. 2), die Verpflichtung zum nationalen Entwicklungsstaat mit einer spezifisch sozialen Programmatik gegen Hunger, Armut, Unwissenheit, Marginalisierung, Diskriminierung und Ungleichheit (Art. 3) sowie das Selbstverständnis als Staat der internationalen Integration mit spezifisch völkerrechtlicher Charakteristik wie Friedens- und Menschenrechtsschutz, Selbstbestimmung und Nichteinmischung sowie der Wille zur lateinamerikanischen Staatengemeinschaft (Art. 4)

Über den wirklichen Stellenwert bzw. den Grad der Verbindlichkeit dieser substanziellen Erklärungen bestehen angesichts des manolinischen Stils der Verfassung Zweifel, die allerdings bei genauem Hinsehen nicht begründet sind. Sicher ist, daß ihre wahre Bedeutung nicht allein aus den Grundwertdeklarationen und ihrer systematischen Anlage in der Verfassung (Vorrangposition des Grundrechtsteils, Schwerpunktposition der sozialen Grundrechte und sozialer Entwicklungsziele im Ausführungsteil) erschlossen werden kann. Vielmehr erhellt sie aus einer Vielzahl konkreter und unzweideutiger Regelungen sowohl im System von Regierung, staatlicher Organisation und Kompetenzverteilung als auch im System der Freiheitsrechte und -garantien, der sozialen Gewährleistungen und des Rechtsschutzes. Insgesamt handelt es sich hier um Regelungen der Dezentralisierung, der Kompetenzverlagerung, der Struktur- und Anspruchsverstärkung sowie der Statusverbesserung zugunsten von Staatsbürger und Parlament, Region, Einzelstaat und Gemeinde sowie von Arbeit und sozialem Sektor. Es sind Regelungen, die die demokratische und rechtsstaatliche Grundentscheidung und den sozialen Entwicklungsaspekt im Detail ausführen und insoweit den wirklich fortschrittlichen Gehalt der neuen Verfassung ausmachen. Da sie den traditionellen **status quo** brasilianischer Verfassungsgewohnheiten nicht unerheblich korrigieren, haben sie - nicht von ungefähr - den widerstrebenden konservativen Gruppierungen in der Verfassungsgebenden Versammlung hartnäckig abgerungen werden müssen.

Als wichtigste demokratische Errungenschaft darf die Entscheidung zur Reform des Regierungssystems angesehen werden. Die neue Verfassung dezentralisiert das staatliche Machtgefüge, revidiert die Stellung der Exekutive, stärkt den Parlamentarismus und den rechtsstaatlichen Rahmen. Hervorzuheben sind alle Regelungen, die das Amt des Präsidenten der Republik und seine Ausübung auf eine demokratische Basis stellen. Die Wahl des Präsidenten kann nicht mehr - wie bislang praktiziert - indirekt, über das manipulationsverdächtige Colegio Eleitoral, erfolgen. Nach Ablauf der Amtszeit des regierenden Präsidenten Sarney (gemäß Art. 4 der Übergangsbestimmungen endet sein Mandat am 15. März 1990) wird die mächtigste Position des brasilianischen Regierungssystems nur noch im Wege direkter, allgemeiner, freier und geheimer Wahl besetzt werden (Art. 77 i.V. m. Art. 14). Das traditionell exekutivlastige System der Gewaltenteilung ist in einem entscheidenden Punkt korrigiert worden. Der Präsident darf nicht nicht mehr tun, was er noch bis zum 4. Oktober 1987 in großzügigster Weise praktiziert hat, nämlich eigenmächtig Gesetze dekretieren, mithin am Parlament vorbeiregieren oder abseits aller parlamentarischen oder juridischen Kontrolle mit Hilfe von Mittelverfügungen, Verbas Secretas (Geheimfonds) oder Ämtervergabe die Spielräume seiner Eigenmacht nutzen und zentralen Einfluß auf alle wichtigen politischen Entscheidungen im Lande nehmen. Die Verfassung hat der viel kritisierten Gestalt des "Marajá", des Millionenverdieners im System des öffentlichen Dienstes, ein Ende bereitet (Art. 38 und 17 der Übergangsbestimmungen).

Statt dessen wird der Parlamentarismus rehabilitiert. Der Nationalkongreß - während der Militärregime seiner demokratischen Funktionen enthoben - ist in seine volle Autonomie als

Staatsgewalt und in seine Alleinzuständigkeit zur Gesetzgebung wiedereingesetzt (Art. 44). Er berät den Bundes- und Regierungshaushalt bis in Einzelfragen hinein und kontrolliert das Regierungshandeln auf konkreten und höchst relevanten Gebieten wie z.B. dem der internationalen Rechtsbeziehungen, des Notstands, der Intervention des Bundes in die Angelegenheiten der Staaten, der Atompolitik, der Medienkonzessionen u.a.m. (Art. 49). Die Rehabilitierung der Legislative findet ihren besonderen Ausdruck in dem umfangreichen Gesetzesauftrag, der in der Verfassung enthalten ist. Nicht weniger als 200 verfassungsergänzende und -ausführende Gesetze sind in den nächsten Jahren von Nationalkongreß und einzelstaatlichen Parlamenten zu erlassen.

Eine weitere bedeutsame Begrenzung der alten Machtfülle der Bundesregierung ist durch Dezentralisierung und Neufestlegung von Befugnissen und Verwendungsweisen im Steuer- und Haushaltswesen erfolgt. Die Steuererhebungs- und Verfügungskompetenzen sind zugunsten der Bundesstaaten, der einzelnen Staatsregierungen und Gemeinden, umverteilt (Art. 145 ff., 157 ff.), starke Budgetanteile sind von Verfassungs wegen zweckgebunden festgelegt (z.B. 18 % des Bundes- und des einzelstaatlichen Etats, 25 % der Gemeindeetats für Bildung). Der traditionelle Finanzstaat à brasileira mit seiner zentralistischen Allzuständigkeit und Omnipotenz ist damit in ein System gliedstaatlicher Partizipation und parlamentarischer Kontrolle überführt.

Die Dritte Gewalt erfährt besondere Aufmerksamkeit. Die Verfassung der Nova República baut auf den Rechtsstaat. Sie setzt zur Verwirklichung der von ihr gewollten Veränderungen in einer Weise auf Gesetz und Rechtsprechung, die in der Geschichte des brasilianischen Konstitutionalismus ohne Beispiel ist. Die Justiz, in Brasilien nach maßgeblicher Meinung nie wirklich unabhängig, sondern stets auf verschlungene Weise dem Willen der Exekutive untertan, soll, angeführt vom neu benannten Hüter der Verfassung, dem Obersten Bundesgerichtshof (Supremo Tribunal Federal), in ihre Funktion als selbständige, unabhängige Kontrollgewalt hineinwachsen und landesweit expandieren. Die private Anwaltschaft hat eine komplementäre Funktion. Sie wird als unabhängiges Organ der Rechtspflege anerkannt und sieht sich dadurch in ihrer angestammten Rolle als Förderer liberal-rechtsstaatlicher Entwicklung von der Verfassung bestätigt. In diese Richtung weist die in Titel IV, Kapitel III projektierte Gerichtsverfassungs- und Verfahrensreform.

Der demokratischen Korrektur am System von Regierung und Gewaltenteilung entspricht in der neuen "Carta" die Neufassung des Systems der Grundrechte und -freiheiten. Die Normierung des Verhältnisses von Staat und Bürger räumt der Achtung vor der Freiheit des einzelnen, der Würde des Menschen und der kollektiven Wohlfahrt Vorrang ein und versieht sie mit rechtsstaatlichen Garantien. Anders als alle früheren Verfassungen Brasiliens, die in der Regel den Raum öffentlicher Freiheiten tendenziell eingeschränkt oder ganz aufgehoben haben, weitet die neue Verfassung diesen Raum in bedeutsamer Weise aus. Die Meinungsfreiheit ist von nun an unbeschränkt, jede Art von Zensur ist abgeschafft, die Pressefreiheit grundsätzlich garantiert, die Werbefreiheit erst dann eingeschränkt, wenn sie gesundheitsschädliche und umweltunverträgliche Produkte und Verhaltensweisen propagiert. Die Freiheit der Wahl in der Form allgemeiner, unmittelbarer, gleicher und geheimer Wahlen von Präsident, Gouverneur, Präfekt und Vertretern in Nationalkongreß, Bundesstaats- und Gemeindeparlamenten ist gewährleistet. In Brasilien bislang sparsam konzedierte Rechte wie Demonstrier-, Versammlungs- und Vereinigungsfreiheit, insbesondere die zur Bildung von Berufsverbänden und Gewerkschaften (Art. 8) einschließlich des Streikrechts (Art. 9), auch im öffentlichen Dienst (Art. 37), werden in vollem Umfang anerkannt. In deutlicher Wendung gegen die polizei- und militärstaatlichen Praktiken der Vergangenheit werden Folter, Rassismus, Drogenhandel, Terrorismus, degradierende Behandlung zu schwersten, nicht gnade- oder amnestiefähigen Verbrechen (Art. 5 XLII, XLIII) erklärt, die Rechtsstaatlichkeit und Menschenrechtlichkeit von Strafverfolgung und Strafvollzug garantiert (Art. 5 XLVIII ff.), die Abschaffung von Todes- und grausamen Strafen, Zwangsarbeit und Verbannung verfügt (XLVII), ein beneidenswert fortschrittliches System individuellen und kollektiven Rechtsschutzes gegen staatliche Übergriffe und Willkür verankert (Art. 5 LXVIII-LXXIII: "habeas corpus", "habeas data", Kollektivschutzmandat, Injunktionsschutzmandat, Popularklage).

Ebenso wie die demokratisch rechtsstaatliche findet die entwicklungsstaatliche Substanz der neuen Verfassung einen Ausdruck in einer Vielzahl konkreter Einzelregelungen und durchformulierter Regelungskomplexe. Der Schwerpunkt liegt auf dem sozialstaatlichen Aspekt. Die neue Verfassung bildet den fortschrittlichsten Rahmen von Arbeits- und Sozialrechten sowie sozialstaatlichen Leistungen seit der Arbeitsgesetzgebung von Getúlio Vargas. Die Details sprechen für sich: Verkürzung der Regelarbeitszeit von 48 auf 44 Stunden, Recht auf Überstundenvergütung, Zuschlag für Nacht-, Schwer- und Gefahrenarbeit, Anspruch auf Jahresurlaub und Urlaubsgeld, Ruhestand mit 65 Jahren, bei Landarbeitern mit 60 Jahren, Abfindung bei unbegründeter Entlassung, Entlassungsschutz für Gewerkschaftsmitglieder, Mutterschaftsurlaub, Vaterschaftsurlaub, Verbot der Kinderarbeit (unter 14 Jahren), der Nachtarbeit von Jugendlichen u.a.m. (Art. 7).

Hinzu kommen alle jene Regelungen, die - der eigentümlichen Systematik dieser Verfassung folgend - in einem Ausführungsteil (Titel VIII) dem sozialstaatlichen Programm konkrete Bedeutung verleihen. Zu nennen sind die Gewährleistungen des Rechts auf Bildung, eines staatlichen Schul- und Hochschulsystems in Koexistenz mit privaten, der Staatsaufsicht unterstellten Bildungsinstitutionen auf allen Ebenen, Unentgeltlichkeit des Zugangs zu staatlichen Schulen, Grundschulpflicht,

Chancengleichheit, Bildungspluralismus (Art. 205 ff.) mit dem Ziel der Beseitigung des Analphabetismus, der Hebung des Bildungsniveaus, adäquate Berufsausbildung; ferner die Gewährleistung des einheitlichen und unentgeltlichen staatlichen Gesundheitssystems, die Zulassung privater Träger nur kraft öffentlich-rechtlicher Verträge und unter restriktiven Bedingungen (Rechnungsaufsicht, Handelsverbote für Blutkonserven und Transplantate); ferner Garantie der Altersversorgung und eines Rentenanspruchs in Höhe des Mittels der letzten 36 Löhne mit Anpassungen an die Inflationsrate (Art. 202); Grundabsicherung im Falle von Krankheit, Invalidität und Tod (Art. 201); Schutz und Fürsorge für verlassene oder verwaiste Kinder, bekanntlich ein Massenproblem in Brasilien; Schutz der Indios, ihres Lebensraums und ihrer kulturellen Identität, auch dieses eine existentielle Problematik im nationalen Kontext (Art. 231).

Auch der kulturelle und ökologische Entwicklungsaspekt wird von der Verfassung unter staatliche Obhut gestellt. Dazu gehören: staatliche Förderungen von Wissenschaft und Technologie (Art. 218, 219); die Gewährleistung eines grundsätzlich freien, i.e. privaten Trägern vorbehaltenen Rundfunk- und Fernsehbetriebs, allerdings auf der Grundlage von parlamentarisch kontrollierter staatlicher Genehmigungsaufsicht und Konzessionierung nach Prinzipien der Informations-, Bildungs-, Kunst- und Kulturförderung (Art. 220 ff.); Gewährleistungen des Rechts auf eine ökologisch intakte Umwelt durch gezielte Nutzungsaufsicht und Schutzmaßnahmen (Art. 225).

Besondere Aufmerksamkeit widmet die neue Verfassung dem ökonomischen Entwicklungsaspekt in ihrem Ausführungsteil (Art. 170-192). Hier allerdings, in der für das Schwellenland Brasilien und seine Dritte-Welt-Problematik entscheidenden Verhältnisbestimmung von Staat und privatem Sektor, Politik und Wirtschaft, ist die Verfassung auffällig ambivalent und gibt Regelungen Raum, die in klarem Widerspruch zu ihrem politischen Gründungskonzept und ihren Prinzipien stehen. Die in der Carta geregelte Wirtschaftsordnung läuft, wie vielfach kritisiert wird, in maßgeblichen Hinsichten auf einen Verlust an Verfassungssubstanz hinaus. Zwar verfolgt der Staat auch hier eindeutige Entwicklungsziele. Zur Verstärkung der staatlichen Interventions- und Kontrollfunktionen statuiert die Verfassung konkrete Regelungen zur Überwindung der bekannten z.T. katastrophenträchtigen Dilemmata sozialer, regionaler wie nationaler Unterentwicklung, wie z.B. die Überstellung der Naturräume, natürlichen Ressourcen und Bodenschätze aller Art in Bundeseigentum und deren Nutzung, Ausbeutung und Verwertung in staatliche Verantwortlichkeit (Art. 176, 177), die Entschärfung des metropolitanen Konflikts der Stadtinvasionen durch Ermöglichung von Kleinmobiliareigentum (Enteignung, Ersitzung, Art. 182), die Entschärfung des Agrarkonflikts, der Hunger- und Armutsproblematik sowie der Migrationsfrage durch Delegitimierung und Enteignung inproduktiven Großgrundbesitzes (Art. 184) sowie Landerschließungs- und Strukturverbesserungsprojekte nach Maßgabe eines nationalen Agrarreformplans (Art. 186 ff.).

Dem gegenüber aber finden sich Regelungen in der neuen Verfassung, die in ihrer Gesamtheit auf Restriktion und Demobilisierung wirtschaftlicher Entwicklung sowie der wichtigen Außenwirtschaftsbeziehungen hinauslaufen. Ihrem Prinzip nach liberal läßt diese Verfassung die traditionellen Gesellschaftsformationen und Produktionsverhältnisse unangetastet. Die ökonomisch gebotene Agrarreform, die einen neuen unternehmerischen Bauernmittelstand schaffen, einen breiten Raum für Existenz und Überlebenschance in den Agrarräumen eröffnen und eine breite Lebensmittelversorgung sichern könnte, wurde nach heftigsten Debatten und auf Druck neu gebildeter Mehrheiten in der Verfassungsgebenden Versammlung (das sog. "Centrão"-Phänomen) vertagt. Der vorliegende Verfassungstext verharrt insoweit in Absichtserklärungen und Regelungen von Nebenfragen (Art. 184 ff.). Realiter verfolgt die Wirtschaftsverfassung dezidiert protektionistische Ziele zugunsten sog. nationaler Interessen. Der Binnenmarkt gilt als patrimonaler Schutzraum für das "brasilianische Unternehmen mit nationalem Kapital" (Art. 171). Nationale Unternehmen erhalten staatlicherseits Sonderkonditionen für die Bereitstellung von Gütern und Dienstleistungen sowie Sonderförderungen bei Betätigung in Bereichen von nationalem Interesse (Art. 171 § 1,2). Ausländische Kapitalinvestitionen und Gewinnrückführungen werden dagegen unter gesetzliche Aufsicht gestellt (Art. 172). Das Land mit chronischer Abhängigkeit vom ausländischem Kapital und Technologietransfer wehrt sich gegen diese mit konstitutionellem Mauerbau. Auch die Monopolstellung des Bundes über Erschließung, Abbau, Verwertung und Transport im Erz- und Erdölbereich (Art. 176, 177), ohnehin in Widerspruch mit den liberalen Prinzipien der Wirtschaftsverfassung, muß in der brasilianischen Praxis nicht die Verwirklichung entwicklungsstaatlicher Zielsetzungen bedeuten, wie sich an den sozialen, ökonomischen und ökologischen Folgen der großen Erschließungs-, Energiegewinnungs- und Industrieansiedlungsprojekte wie Grande Carajás, Tucurui, Balbina, Itaipú absehen läßt.

In ihrer Gesamtheit läßt die neue Wirtschaftsverfassung im Hinblick auf die akute Krisenlage des Landes kein zukunftsweisendes Entwicklungskonzept erkennen. Sie begnügt sich damit, den Ausweg aus der Krise symbolisch zu verheißen und am status quo der Realitäten nicht zu rütteln, sog. nationale Interessen zu wahren, notwendige Interventionen im privaten Sektor zu vermeiden, mithin die Verhältnisse in der Schwebe zu halten - kein "Muda Brasil".

Hier, in den Widersprüchen des Wirtschaftsteils zum progressiven Gesamtkonzept, findet das problematische Verhältnis der neuen Verfassung zur Realität des Landes ihren spezifischen Ausdruck. Die Disparitäten des Textes signalisieren die Verfassungskämpfe der Zukunft, und die neue Carta besitzt die Souveränität, sich dazu zu bekennen, indem sie bereits für das Jahr 1993 eine Verfassungsrevision ankündigt und zur Emendierung auffordert (Art. 3 der Übergangsbestimmungen). Genauso souverän fordert sie aber auch Bestandsgarantien für sich selbst, indem sie Unantastbarkeiten normiert: Gegenstand von Verfassungsänderungsanträgen können keine Vorschläge sein, die die Abschaffung der föderativen Struktur des Landes, der periodischen allgemeinen, direkten und geheimen Wahlen, der Gewaltenteilung und der individuellen Rechte und Garantien bezwecken (Art. 60 § 4). Doch noch in dieser Bestimmung, die auf Kontinuität pocht, darf das Fortschrittskonzept der Gesamtverfassung wiedererkannt werden. Sie drückt die Einsicht aus, daß das große Land, in welchem das 19. Jahrhundert ebenso zuhause ist wie das 20. und 21. Jahrhundert, nicht durch Verfassungsgebungen in die bessere Zukunft zu bewegen ist, sondern durch Menschen, die in Freiheit, demokratischer Selbstbestimmung und solidarischer Verantwortung für ihr Schicksal handeln können.

DIE VERFASSUNG DER FÖDERATIVEN REPUBLIK BRASILIEN 1988

<u>Gesetzesübersicht</u> Art.

DIE VERFASSUNG DER FÖDERATIVEN REPUBLIK BRASILIEN

VOM 5. OKTOBER 1988

PRÄAMBEL

Wir, die Vertreter des brasilianischen Volkes, vereinigt in der Verfassungsgebenden Versammlung, um einen demokratischen Staat zu errichten, mit dem Ziel, die Ausübung der sozialen und individuellen Grundrechte, Freiheit, Sicherheit, Wohlstand, Entwicklung, Gleichheit und Gerechtigkeit zu gewährleisten, als höchste Werte einer brüderlichen, pluralistischen und vorurteilsfreien Gesellschaft, die auf sozialer Harmonie und auf der Verpflichtung zur friedlichen Lösung von Streitfragen in den inneren und internationalen Verhältnissen aufbaut, verkünden unter dem Schutz Gottes die folgende Verfassung der Föderativen Republik Brasilien.

TITEL I

Grundprinzipien

Art. 1 Die Föderative Republik Brasilien in Gestalt des unauflöslichen Bundes der Staaten und Gemeinden und des Bundesdistrikts konstituiert sich als Demokratischer Rechtsstaat und zählt zu ihren Grundlagen:

I - die Souveränität;

II - die Staatsbürgerschaft;

III - die Würde der menschlichen Person;

IV - die sozialen Werte Arbeit und freie Initiative;

V - den politischen Pluralismus.

Einziger Paragraph. Alle Gewalt geht vom Volke aus. Sie wird vom Volke durch gewählte Vertreter oder direkt nach Maßgabe dieser Verfassung ausgeübt.

Art. 2 Die Gewalten des Bundesstaates sind die Gesetzgebung, die vollziehende Gewalt und die Rechtsprechung. Sie sind unabhängig und befinden sich im Gleichgewicht untereinander.

Art. 3 Fundamentale Ziele der Föderativen Republik Brasilien sind:

I - Errichtung einer freien, gerechten und solidarischen Gesellschaft;

II - Sicherung der nationalen Entwicklung;

III - Bekämpfung von Armut und Marginalisierung und die Beseitigung der sozialen und regionalen Ungleichheiten;

IV - Beförderung der Wohlfahrt aller Menschen ohne Ansehen von Herkunft, Rasse, Geschlecht, Hautfarbe, Alter oder anderer Formen der Diskriminierung.

Art. 4 Die Föderative Republik Brasilien läßt sich in ihren internationalen Beziehungen von folgenden Prinzipien leiten:

I - nationale Unabhängigkeit;

II - Vorrang der Menschenrechte;

III - Selbstbestimmung der Völker;

IV - Nichteinmischung;

V - Gleichheit unter den Staaten;

VI - Verteidigung des Friedens;

VII - friedliche Konfliktlösung;

VIII - Bekämpfung von Terrorismus und Rassismus;

IX - Zusammenarbeit der Völker für den Fortschritt der Menschheit;

X - Gewährung politischen Asyls.

Einziger Paragraph. Die Föderative Republik Brasilien strebt die ökonomische, politische, soziale und kulturelle Integration der Völker Lateinamerikas mit dem Ziel der Bildung einer lateinamerikanischen Nationengemeinschaft an.

TITEL II

Grundrechte und -garantien

KAPITEL I

Individuelle und kollektive Rechte

Art. 5 Alle Menschen sind, ohne Unterschied, vor dem Gesetz gleich. Allen Brasilianern und im Lande wohnhaften Ausländern wird die Unverletzlichkeit des Rechts auf Leben, Freiheit, Gleichheit, Sicherheit und Eigentum wie folgt garantiert:

I - Männer und Frauen haben, nach Maßgabe dieser Verfassung, gleiche Rechte und Pflichten;

II - niemand darf zu einem Tun oder Unterlassen gezwungen werden, es sei denn von Gesetzes wegen;

III - niemand darf der Folter oder unmenschlicher oder erniedrigender Behandlung unterworfen werden;

IV - die Äußerung von Gedanken ist frei, die Anonymität unstatthaft;

V - das Recht auf angemessene Verteidigung des eigenen Rechts gegen jedwede Beschwer ist gewährleistet, unabhängig vom Anspruch auf Ausgleich materiellen, immateriellen und Image-Schadens;

VI - die Gewissens- und Glaubensfreiheit ist unverletzlich; die freie Ausübung religiöser Kulte sowie, nach Maßgabe des Gesetzes, der Schutz von Kultstätten und Liturgien, ist gewährleistet;

VII - der Anspruch auf religiösen Beistand in zivilen oder militärischen kollektiven Internierungsgemeinschaften ist, nach Maßgabe des Gesetzes, zu gewährleisten;

VIII - niemand darf Einbußen an Rechten aus Gründen religiösen Glaubens oder philosophischer oder politischer Überzeugungen erleiden, es sei denn, diese werden dazu benutzt, sich allgemein auferlegten gesetzlichen Verpflichtungen zu entziehen und der Erfüllung einer gesetzlich vorgesehenen Ersatzleistung zu entgehen;

IX - die geistige, künstlerische, wissenschaftliche und kommunikative Tätigkeit ist frei und unabhängig von Zensur und Lizenz;

X - Intimsphäre, Privatleben, Ehre und Ansehen der Person sind unverletzlich; das Recht auf Ersatz für durch Verletzung entstandenen, materiellen oder immateriellen Schaden ist gewährleistet;

XI - das Haus ist unverletzliche Heimstatt des Individuums, niemand darf es ohne Zustimmung seines Bewohners betreten, es sei denn bei Gefahr im Verzuge oder Unfall oder zwecks Hilfeleistung oder, während des Tages auf gerichtliche Anordnung;

XII - das Brief- und Fernmeldegeheimnis, das Daten- und Telefongeheimnis ist unverletzlich. Nur im letzteren Fall sind Beschränkungen aufgrund richterlicher Anordnung unter den gesetzlichen Voraussetzungen und in den gesetzlich vorgeschriebenen Formen zu Zwecken der kriminalpolizeilichen Ermittlung oder der strafprozessualen Untersuchung zulässig;

XIII - die Ausübung aller Art von Arbeit, Handwerk oder Beruf ist frei. Gesetzlich vorgeschriebene berufliche Qualifikationen sind zu beachten;

XIV - jedermann kann sich aus frei zugänglichen Quellen ungehindert unterrichten. Das Quellengeheimnis ist geschützt, wenn es die berufliche Tätigkeit erfordert;

XV - jedermann genießt Freizügigkeit auf nationalem Gebiete. Jedermann darf nach Maßgabe des Gesetzes unter Mitnahme von Hab und Gut ein- oder ausreisen;

XVI - alle Brasilianer dürfen sich ohne Erlaubnis friedlich, ohne Waffen, an öffentlich zugänglichen Orten versammeln, sofern sie nicht eine andere, am selben Ort stattfindende Versammlung behindern. Erforderlich ist lediglich die vorherige Benachrichtigung der zuständigen Behörde;

XVII - die Freiheit der Vereinigung zu erlaubten Zwecken ist uneingeschränkt, verboten ist die Vereinigung paramilitärischen Charakters;

XVIII - die Bildung von Vereinigungen und, nach Maßgabe des Gesetzes, von Kooperativen bedürfen nicht der Genehmigung. Staatliche Eingriffe in ihre Aktivitäten sind unstatthaft;

XIX - die zwangsweise Auflösung von Vereinigungen oder Suspendierung ihrer Aktivitäten darf nur aufgrund richterlicher Entscheidung erfolgen. Im ersteren Fall ist eine rechtskräftige Entscheidung Voraussetzung;

XX - niemand darf gezwungen werden, einer Vereinigung beizutreten oder in ihr zu verbleiben;

XXI - Vereinigungen sind befugt, ihre Mitglieder gerichtlich und außergerichtlich zu vertreten, sofern diese ausdrücklich ihr Einverständnis erklärt haben;

XXII - das Recht auf Eigentum wird gewährleistet;

XXIII - das Eigentum hat eine gesellschaftliche Funktion zu erfüllen;

XXIV - das Gesetz regelt das Verfahren der Enteignung aus zwingendem öffentlichem Grunde oder zum Wohle der Allgemeinheit oder in gesellschaftlichem Interesse mittels gerechter und vorheriger Entschädigung in Geld in den von dieser Verfassung vorgesehenen Fällen;

XXV - bei drohender Gefahr für die Öffentlichkeit kann die zuständige Behörde von privatem Eigentum Gebrauch machen. Dabei erlittene Schäden werden ersetzt;

XXVI - das kleine landwirtschaftliche Eigentum im Sinne des Gesetzes kann nicht zur Zahlung von Verbindlichkeiten aus produktiver Tätigkeit gepfändet werden;

XXVII - dem Urheber steht das ausschließliche Recht zur Nutzung, Veröffentlichung und Reproduktion seines Werkes zu. Das Recht ist auf die Erben innerhalb des gesetzlich vorgeschriebenen Zeitraums übertragbar;

XXVIII - nach Maßgabe des Gesetzes wird gewährleistet:

a) der Schutz von Einzelbeiträgen zu Gemeinschaftswerken und die Reproduktion von Bild und Stimme, einschließlich im Rahmen sportlicher Betätigungen;

b) das Recht der Urheber, Interpreten und ihrer Gewerkschafts- und Verbandsvertretungen zur Kontrolle der wirtschaftlichen Verwertung der Werke, die sie geschaffen haben oder an denen sie beteiligt waren;

XXIX - das Gesetz garantiert den Urhebern von industriellen Erfindungen ein zeitlich begrenztes Nutzungsvorrecht, es garantiert ferner den Schutz der industriellen Werkschöpfung, des Eigentums an Warenzeichen, der Firmennamen und anderer Kennzeichen, in Ansehung ihrer Bedeutung für das gesellschaftliche Interesse und die technologische und wirtschaftliche Entwicklung des Landes;

XXX - das Erbrecht ist gewährleistet;

XXXI - die Erbfolge an im Inland befindlichen Vermögenswerten von Ausländern regelt sich zum Vorteil des brasilianischen Ehegatten oder der brasilianischen Kinder nach brasilianischem Recht, in denen das persönliche Recht des Erblassers für sie nicht vorteilhafter ist;

XXXII - der Staat fördert den Schutz des Verbrauchers in gesetzlicher Form;

XXXIII - jedermann hat das Recht, innerhalb gesetzlich festgelegter Frist von staatlichen Organen verbindliche Auskünfte zu erhalten, die ihren privaten Interessen oder einem kollektiven oder allgemeinen Interesse dienlich sind. Ausgenommen sind solche Auskünfte, die aus Gründen der Sicherheit von Gesellschaft und Staat geheimzuhalten sind;

XXXIV - allen Brasilianern wird zugesichert, ohne Erhebung von Gebühren:

a) das Recht der Petition an die öffentliche Gewalt zur Wahrnehmung von Rechten und zum Schutze vor illegalen Akten und Machtmißbrauch;

b) die Ausstellung von Bescheinigungen durch Behörden zur Wahrnehmung von Rechten und zur Klarstellung von Situationen im persönlichen Interesse;

XXXV - durch Gesetz darf keine Rechtsverletzung oder -gefährdung von der Überprüfung durch die rechtsprechende Gewalt ausgeschlossen werden;

XXXVI - durch Gesetz darf kein erworbenes Recht, wirksames Rechtsgeschäft und rechtskräftiges Urteil in seinem Bestand angetastet werden;

XXXVII - unstatthaft sind Sonderurteile oder Ausnahmegerichte;

XXXVIII - die Institution des Geschworenengerichts wird in der vom Gesetz vorgesehenen Form anerkannt. Hierbei wird anerkannt:

a) umfassende Verteidigung;
b) geheime Abstimmung;
c) Hoheitlichkeit der Urteile;
d) Zuständigkeit für alle vorsätzlichen Straftaten gegen das Leben;

XXXIX - eine Tat kann nur bestraft werden, wenn Strafbarkeit und Strafe gesetzlich bestimmt waren, bevor die Tat begangen wurde;

XL - Strafgesetze dürfen nicht rückwirkend angewandt werden, es sei denn zugunsten des Angeklagten;

XLI - das Gesetz bestraft jede Diskriminierung, die sich gegen Grundrechte und Freiheiten richtet;

XLII - rassistische Handlungen stellen ein nicht kautionsfähiges und nicht verjährbares Verbrechen dar, welches mit Freiheitsentzug nach den gesetzlichen Bestimmungen bestraft wird;

XLIII - das Gesetz sieht die Folter, den unerlaubten Handel mit Rauschgift und Drogen, den Terrorismus und die sogenannten furchtbaren Verbrechen als nicht kautions-, gnade- oder amnestiefähige Straftaten an. Zu verantworten haben sich die Auftraggeber des Verbrechens, seine Ausführenden und die Unterlassungstäter, die es hätten verhindern können;

XLIV - das Handeln bewaffneter, ziviler oder militärischer Gruppen gegen die verfassungsmäßige Ordnung und gegen den demokratischen Staat gilt als nicht kautionsfähiges und verjährbares Verbrechen;

XLV - der Verurteilte entgeht der Strafe nicht, jedoch kann eine ihn treffende Verpflichtung zum Schadensersatz und Anordnung zum Einzug des Vermögens auf seine Erben erstreckt und gegen diese in Höhe des Wertes seines Vermögens vollstreckt werden;

XLVI - das Gesetz regelt das individuelle Strafensystem und sieht als Strafen vor:

a) Freiheitsentzug oder -beschränkung;
b) Verfall;
c) Geldstrafe;
d) soziale Ersatzleistung;
e) Entzug oder Versagung von Rechten.

XLVII - abgeschafft sind:

a) Todesstrafe, bis auf ihre Anwendung im Fall des erklärten Krieges gemäß Art. XIX;
b) die lebenslängliche Freiheitsstrafe;
c) die Zwangsarbeit;
d) die Verbannung;
e) grausame Strafen.

XLVIII - die Vollstreckung der Strafe erfolgt in unterschiedlichen Anstalten, je nach Art der begangenen Straftat, Alter oder Geschlecht;

XLVIX - das Recht der Gefangenen auf Achtung ihrer körperlichen und sittlichen Integrität ist zu wahren;

L - den weiblichen Strafgefangenen werden Umstände garantiert, unter denen sie während der Stillzeit bei ihren Kindern verweilen können;

LI - kein Brasilianer darf ausgeliefert werden, mit Ausnahme des naturalisierten Brasilianers, wenn er vor seiner Einbürgerung eine Straftat begangen hat oder ihm die Beteiligung an unerlaubtem Handeln mit Rauschgift und Drogen nachgewiesen ist;

LII - die Auslieferung von Ausländern wegen politischer Vergehen oder strafbarer Meinungsäußerung ist unstatthaft;

LIII - niemand darf angeklagt noch verurteilt werden, außer durch das zuständige Gericht;

LIV - niemand darf ohne das dafür vorgesehene gesetzliche Verfahren der Freiheit oder seines Vermögens beraubt werden;

LV - Parteien im Gerichts- und Verwaltungsverfahren sowie Angeklagte im allgemeinen haben Anspruch auf kontradiktorische Einlassung und umfassende Verteidigung mit allen gebotenen Mitteln und Möglichkeiten;

LVI - Beweise, die auf unerlaubten Wegen erlangt werden, sind unzulässig;

LVII - bis zur rechtskräftigen Verurteilung gilt niemand als schuldig;

LVIII - der personenrechtlich Ausgewiesene darf einer erkennungsdienstlichen Identitätsfeststellung nicht unterworfen werden, es sei denn in den gesetzlich vorgeschriebenen Fällen;

LIX - im Wege der Privatklage können strafbare Handlungen verfolgt werden, wenn in der gesetzlich festgesetzten Frist keine öffentliche Klage erhoben wird;

LX - eine Beschränkung der Öffentlichkeit von Gerichtsverhandlungen ist von Gesetzes wegen nur statthaft, wenn dies zur Wahrung der Intimsphäre oder im gesellschaftlichen Interesse erforderlich ist;

LXI - niemand darf verhaftet werden, es sei denn, er wird auf frischer Tat angetroffen oder aufgrund schriftlichen Haftbefehls des zuständigen Gerichts, mit Ausnahme der gesetzlich bestimmten Fälle von Militärvergehen und -straftaten;

LXII - von der Festnahme und vom Aufenthaltsort des Inhaftierten werden unverzüglich das zuständige Gericht und die Familie des Festgenommenen oder die von ihm benannte Person benachrichtigt;

LXIII - der Festgenommene wird über seine Rechte, insbesondere über sein Aussageverweigerungsrecht, belehrt. Er kann sich des Beistandes der Familie und eines Anwalts bedienen;

LXIV - der Festgenommene hat das Recht zu erfahren, wer die Verantwortung für seine Festnahme oder seine polizeiliche Vernehmung trägt;

LXV - eine rechtswidrig erfolgte Festnahme ist unverzüglich durch richterliche Anordnung aufzuheben;

LXVI - niemand darf festgenommen oder festgehalten werden, wenn die gesetzlichen Voraussetzungen einer vorläufigen Freilassung, mit oder ohne Kaution, gegeben sind;

LXVII - der zivile Arrest ist unstatthaft, mit Ausnahme des

Arrests von Personen, die für willentliche und unentschuldbare Nichterfüllung von Unterhaltsverpflichtungen einzustehen haben, sowie der Arrest des unredlichen Treuhänders;

LXVIII - habeas-corpus ist immer dann zu gewähren, wenn jemand rechtswidrig oder mißbräuchlich durch Gewalt oder Zwang in seiner Bewegungsfreiheit eingeschränkt wird oder sich darin bedroht glaubt;

LXIX - ein Sicherungsmandat (mandado de segurança) ist, wenn habeas-corpus oder habeas-data-Schutz nicht greifen, zum Schutz eindeutig begründeter Rechtsansprüche zu erteilen, wenn der Verantwortliche für die Rechtswidrigkeit oder den Mißbrauch von Befugnissen entweder eine öffentliche Behörde oder ein Vertreter einer juristischen Person in Ausübung von Befugnissen der öffentlichen Gewalt ist;

LXX - den Antrag auf Erteilung des kollektiven Sicherungsmandats können stellen:

a) politische Parteien, die im Nationalkongreß vertreten sind;

b) Gewerkschaften, Berufsverbände oder ordnungsgemäß gegründete und seit mindestens einem Jahr bestehende Vereine zum Schutz der Interessen ihrer Mitglieder oder Angehörigen;

LXXI - das Interjunktionsmandat (mandado de injunção) ist zu erteilen, wenn verfassungsmäßige Rechte und Freiheiten sowie die mit der Staatsangehörigkeit, Souveränität und Staatsbürgerschaft verbundenen Vorrechte wegen Fehlens einer Ausführungsnorm nicht ausgeübt werden können;

LXXII - habeas-data ist zu erteilen:

a) zur Gewährleistung des Rechts des Antragstellers auf Kenntnis der von ihm in amtlichen oder öffentlichen Registern und Datenbanken gespeicherten personenbezogenen Informationen;

b) zur Gewährleistung des Rechts auf Berichtigung von Daten, falls diese nicht im Wege vertraulicher gerichtlicher oder behördlicher Verfahren erfolgen soll;

LXXIII - jeder Bürger hat die Befugnis zur Anstrengung der Popularklage mit dem Ziel der Annullierung von Handlungen zum Schaden des Vermögens des Staates oder des Vermögens von Körperschaften mit staatlicher Beteiligung, der Moral in der Verwaltung, der Umwelt und des geschichtlichen und kulturellen Erbes. Das Verfahren ist gerichts- und unterliegenskostenfrei, soweit keine unlautere Absicht nachweislich ist;

LXXIV - der Staat gewährt umfassende und, bei Nachweis der Bedürftigkeit, kostenlose Rechtshilfe;

LXXV - der Staat leistet Entschädigung für rechtsirrtümliche Verurteilung sowie für Strafvollzug über die im Urteil festgelegte Dauer hinaus;

LXXVI - für anerkanntermaßen arme Bürger sind nach Maßgabe des Gesetzes kostenlos:

a) die Eintragung in das Geburtenregister;

b) die Ausstellung der Sterbeurkunde;

LXXVII - habeas-corpus-Verfahren und habeas-data-Verfahren sowie die Wahrnehmung der staatsbürgerlichen Rechte sind kostenlos.

§ 1 Die definitorischen Grundrechtsnormen und -garantien werden unmittelbar angewandt.

§ 2 Die in dieser Verfassung ausgedrückten Rechte und Garantien schließen das Bestehen weiterer Rechte nicht aus, die aus der verfassungsmäßigen Ordnung und deren Prinzipien sowie aus internationalen Verträgen mit der Föderativen Republik Brasilien folgen.

KAPITEL II

Die sozialen Rechte

Art. 6 Soziale Rechte nach dieser Verfassung sind die Rechte auf Bildung, Gesundheit, Arbeit, Freiheit, Sicherheit, soziale Fürsorge, Schutz von Mutterschaft und Kindheit, Obdachlosenhilfe.

Art. 7 Rechte der Arbeiter in der Stadt und auf dem Lande sind, außer den Rechten zur Verbesserung ihrer sozialen Lage, die folgenden:

I - ein Beschäftigungsverhältnis, das nach Maßgabe des Ergänzungsgesetzes gegen willkürliche und grundlose Kündigung unter anderem durch Vorsehung einer Abfindungsverpflichtung geschützt ist;

II - die Arbeitslosenversicherung für den Fall unverschuldeter Arbeitslosigkeit;

III - Sicherheitsfond für zurückgelegte Arbeitszeit;

IV - gesetzlich festgelegter, national einheitlicher Mindestlohn, ausreichend zur Deckung der Grundbedürfnisse einschließlich der der Familie wie Wohnung, Nahrung, Erziehung, Gesundheit, Freizeit, Kleidung, Hygiene, Transport und Sozialversicherung, mit periodischen Angleichungen zur Sicherung der Kaufkraft. Verbindlichkeiten hinsichtlich des Mindestlohns sind nichtig;

V - Entlohnung nach Umfang und Komplexität der Arbeit;

VI - Nichtminderbarkeit des Lohns, außer aufgrund von Abrede oder kollektiver Vereinbarung;

VII - Lohngarantie auf einer Höhe nie unter dem Mindestlohn bei variabler Entlohnung;

VIII - dreizehnter Lohn auf der Grundlage des Durchschnittslohns oder der Höhe des Rentenanspruchs;

IX - Lohnzuschlag für Nachtarbeit;

X - gesetzlicher Schutz des Lohnanspruchs, wonach die arglistige Zurückbehaltung des Lohns strafbar ist;

XI - lohnunabhängige Gewinn- und Ergebnisbeteiligung und, in Ausnahmefällen, Mitwirkung an der Unternehmensleistung nach Maßgabe der gesetzlichen Bestimmungen;

XII - Familienlohn für unselbständige Familienangehörige;

XIII - reguläre Arbeitszeit von 8 Stunden täglich und 44 Stunden wöchentlich, wahlweise Kompensation von Arbeitszeiten und Verkürzung des Arbeitstages aufgrund von Absprache oder kollektiver Arbeitsvereinbarung;

XIV - Sechs-Stunden-Tag bei ununterbrochener Schichtarbeit, vorbehaltlich anderer kollektiver Vereinbarung;

XV - bezahlter wöchentlicher Ruhetag, vornehmlich der Sonntag;

XVI - Überstundenvergütung von mindestens 50 % über Normallohn;

XVII - bezahlter Jahresurlaub mit den Bezügen von mindestens einem Drittel über Normallohn;

XVIII - Mutterschaftsurlaub für die Dauer von 120 Tagen ohne Nachteile für Arbeitsplatz und Lohn;

XIX - Vaterschaftsurlaub gemäß den gesetzlichen Bestimmungen;

XX - Schutz des Arbeitsmarktes für Frauen durch spezifische gesetzliche Anreize;

XXI - rechtzeitige und angemessene Entlassungsankündigung, unter Einhaltung eines gesetzlich vorgeschriebenen Minimums von 30 Tagen;

XXII - Verminderung der Risiken am Arbeitsplatz durch Gesundheits-, Hygiene- und Sicherheitsvorschriften;

XXIII - gesetzlicher Mehrlohn für schwere, ungesunde und gefährliche Arbeit;

XXIV - Rente;

XXV - kostenlose Versorgung von Kindern und Abhängigen von Geburt an bis zum Alter von 6 Jahren in Kinderkrippen und Vorschulen;

XXVI - Anerkennung kollektiver Arbeitsabkommen und -verträge;

XXVII - gesetzlicher Schutz gegenüber der Automatisierung;

XXVIII - Unfallversicherung durch den Unternehmer ohne Ausschluß seiner persönlichen Haftpflicht bei Arglist oder Verschulden;

XXIX - die Klage hinsichtlich Forderungen aus dem Arbeitsverhältnis mit einer Verjährungsfrist von:

a) fünf Jahren für den städtischen Arbeiter, bei Klageerhebung innerhalb von zwei Jahren nach Erlöschen des Arbeitsvertrages;

b) bis zu zwei Jahren nach Erlöschen des Arbeitsvertrages für den Landarbeiter;

XXX - Verbot unterschiedlicher Bezahlung, Tätigkeit und Einstellungskriterien je nach Geschlecht, Alter, Hautfarbe oder Familienstand;

XXXI - Verbot jedweder Lohn- und Einstellungsdiskriminierung von behinderten Arbeitern;

XXXII - Verbot der Unterscheidung zwischen manueller, technischer und geistiger Arbeit oder zwischen den betreffenden Berufen;

XXXIII - Verbot von Nacht- und Gefahrenarbeit sowie von gesundheitsschädlicher Arbeit für Jugendliche unter 18 Jahren und generelles Arbeitsverbot für Jugendliche unter 14 Jahren, mit Ausnahme der Arbeit im Ausbildungsverhältnis;

XXXIV - Gleichberechtigung von fest angestellten und Gelegenheitsarbeitern.

Einziger Paragraph. Den hausangestellten Arbeitern stehen die in den Absätzen IV, VI, VIII, XV, XVII, XVIII, XIX, XXI und XXIV aufgeführten Rechte zu sowie die Aufnahme in die Sozialversicherung.

Art. 8 Die Bildung von berufsständischen Vereinigungen oder Gewerkschaften ist frei, nach Maßgabe des Folgenden:

I - die Gründung der Gewerkschaft bedarf nach dem Gesetz, vorbehaltlich ihres Registereintrags, nicht der staatlichen Genehmigung; der öffentlichen Gewalt ist Einmischung und Eingriff in die gewerkschaftliche Organisation untersagt;

II - in ein und demselben Bezirk, der von den interessierten Arbeitern oder Arbeitgebern bestimmt wird und nicht kleiner als ein Gemeindebezirk sein darf, ist die Gründung von mehr als einer Gewerkschaft, die auf irgendeiner Ebene eine Berufs- oder Wirtschaftsgruppe vertritt, unstatthaft;

III - der Gewerkschaft obliegt die Wahrung der kollektiven oder individuellen Rechte und Interessen der von ihr vertretenen Gruppe einschließlich ihrer gerichtlichen und behördlichen Belange;

IV - die Generalversammlung legt, unabhängig von dem gesetzlich vorgesehenen Beitrag, den Beitrag fest, der im Rahmen der Berufsgruppe zur Finanzierung der gewerkschaftlichen Vertretung auf Bundesebene vom Lohn einzuhalten ist;

V - niemand darf gezwungen werden, einer Gewerkschaft beizutreten oder in ihr zu verbleiben;

VI - die Gewerkschaften sind verpflichtet, sich an kollektiven Arbeitsverhandlungen zu beteiligen;

VII - im Ruhestand befindliche Mitglieder haben das Recht zu wählen und in die gewerkschaftliche Organisation gewählt zu werden;

VIII - die Entlassung eines gewerkschaftlich organisierten Arbeitnehmers ist vom Augenblick seiner Bewerbung um eine Position in der Gewerkschaftsführung oder -vertretung an unstatthaft, ebenso im Fall seiner Wahl, auch in der Position eines Vertreters des Amtsinhabers, für die Dauer eines Jahres über die Amtszeit hinaus, außer er begeht eine schwerwiegende Pflichtverletzung im Sinne des Gesetzes.

Einziger Paragraph. Die Bestimmungen dieses Artikels sind unter den gesetzlich festgelegten Voraussetzungen auf die Bildung von Landarbeiter- und Fischergewerkschaften anwendbar.

Art. 9 Das Streikrecht wird gewährleistet. Den Arbeitern steht die Entscheidung zu, wann und zu welchem Zweck sie von ihm Gebrauch machen wollen.

§ 1 Das Gesetz bestimmt, welche Aufgaben und Tätigkeiten wesentlich sind,und legt fest, welche Maßnahmen zur Befriedigung der Grundbedürfnisse der Gemeinschaft zu ergreifen sind.

§ 2 Der Mißbrauch der Rechte ist nach dem Gesetz strafbar.

Art. 10 Die Beteiligung von Arbeitern und Angestellten an Gremien öffentlicher Organe, in denen ihre Berufs- und Versorgungsinteressen beraten und verhandelt werden, ist zu gewährleisten.

Art. 11 In Unternehmen mit mehr als zweihundert Arbeitnehmern ist die Wahl eines Vertreters vorzusehen, dessen ausschließliche Aufgabe in der direkten Kontaktaufnahme zu den Arbeitgebern besteht.

(...)

KAPITEL IV

Die staatsbürgerlichen Rechte

Art. 14 Die Volkssouveränität wird durch das allgemeine Stimmrecht und durch unmittelbare und geheime Wahl, mit gleicher Bedeutung für alle, ausgeübt, und zwar, nach Maßgabe des Gesetzes, in der Form

I - des Pebiszits;

II - des Referendums;

III - der Popularinitiative.

§ 1 Der Eintrag in das Wählerverzeichnis und die Stimmabgabe sind

I - obligatorisch für alle Personen über 18 Jahre;

II - fakultativ für:

a) die Analphabeten;

b) Personen über 70 Jahre;

c) Personen über 16 und unter 18 Jahre.

§ 2 Nicht wahlberechtigt sind Ausländer und Wehrpflichtige während der Dauer des Wehrdienstes.

§ 3 Wählbar ist, wer nach Maßgabe des Gesetzes:

I - brasilianischer Staatsangehöriger ist;

II - im vollen Besitz der staatsbürgerlichen Rechte ist;

III - in das Wahlverzeichnis eingetragen ist;

IV - seinen Wohnsitz im Wahlbezirk hat;

V - Mitglied einer politischen Partei ist;

VI - ein Mindestalter hat von:

a) 35 Jahren für die Bewerbung um das Amt des Präsidenten und Vizepräsidenten der Republik und um einen Sitz im Senat;

b) von 30 Jahren für die Bewerbung um das Amt des Gouverneurs und Vize-Gouverneurs eines Staates und des Bundesdistrikts;

c) von 21 Jahren für die Bewerbung als Abgeordneter des Bundes, des Staates oder Distrikts sowie als Präfekt, Vizepräfekt und Friedensrichter;

d) von 18 Jahren für die Bewerbung als Stadtverordneter (vereador).

§ 4 Nicht wählbar sind Personen, die die Voraussetzungen für den Eintrag in das Wahlverzeichnis nicht erfüllen, und die Analphabeten.

§ 5 Nicht wiederwählbar in ihre Ämter sind, für die nachfolgende Periode, der Präsident der Republik, die Gouverneure der Staaten und des Bundesdistrikts, die Präfekten und diejenigen, die ihnen in den sechs Monaten vor der Wahl im Amt gefolgt sind oder sie ersetzt haben.

§ 6 Der Präsident der Republik, die Gouverneure der Staaten und des Bundesdistrikts sind gehalten, auf ihre Ämter vor Ablauf von sechs Monaten bis zur Wahl zu verzichten, wenn sie sich um andere Ämter bewerben.

§ 7 Nicht wählbar innerhalb der Amtsbereiche des jeweiligen Amtsinhabers sind der Ehegatte, die Blutsverwandten und Verschwägerten, bis zu den Angehörigen zweiten Grades oder kraft Adoption, des Präsidenten der Republik, des Gouverneurs eines Staates oder Territoriums und des Bundesdistrikts, des Präfekten und derjenigen, die sie in den sechs Monaten vor der Wahl im Amt ersetzt haben, es sei denn, sie sind bereits Inhaber des Wahlmandats und Bewerber für die Wiederwahl.

§ 8 Militärangehörige, die die Voraussetzung für die Eintragung in das Wahlverzeichnis erfüllen, sind wählbar, wenn:

I - sie weniger als zehn Jahre gedient haben und den aktiven Dienst quittieren;

II - sie länger als zehn Jahre gedient haben und von der vorgesetzten Stelle vom Dienst entbunden werden, und, falls gewählt, durch den Ernennungsakt automatisch in den Ruhestand versetzt werden.

§ 9 Das Ergänzungsgesetz regelt die übrigen Fälle von Unwählbarkeit und die Fristen, innerhalb derer sie aufzuheben ist, mit dem Ziel, den normalen und ordnungsgemäßen Ablauf der Wahlen vor Einflußnahme durch Wirtschaftsmächte oder Amts- und Aufgabenmißbrauch in der direkten oder indirekten Verwaltung zu schützen.

§ 10 Die Ausübung des Wahlmandats kann vor dem Wahlgericht innerhalb von 14 Tagen nach der Erteilung durch Nachweis des Mißbrauchs wirtschaftlicher Macht, Korruption oder Betrug angefochten werden.

§ 11 Über die Anfechtungsklage entscheidet das Gericht nach nicht-öffentlicher Verhandlung. Der Antragsteller hat sich nach Maßgabe des Gesetzes für übertriebene und böswillige Anschuldigungen zu verantworten.

(...)

TITEL III

Die staatliche Ordnung

KAPITEL I

Die politisch-administrative Ordnung

Art. 18 Die politisch-administrative Ordnung der Föderativen Republik Brasilien umfaßt die Union, die Staaten, den Bundesdistrikt und die Gemeinden. Alle sind, nach Maßgabe dieser Verfassung, autonom.

§ 1 Brasilia ist die Bundeshauptstadt.

§ 2 Die Bundesterritorien sind Bestandteile der Union. Ihre Errichtung, Umwandlung in einen Staat oder Wiedereingliederung in den Ursprungsstaat werden durch Ergänzungsgesetz geregelt.

§ 3 Einzelne Staaten können sich zusammenschließen, sich untergliedern oder Teile zwecks Anschluß an andere Staaten oder Bildung neuer Staaten oder Bundesterritorien ausgliedern. Erforderlich ist die Zustimmung der unmittelbar betroffenen Bevölkerung im Wege des Plebiszits und die des Nationalkongresses im Wege des Ergänzungsgesetzes.

§ 4 Die Errichtung, Eingliederung, Fusion oder Ausgliederung von Gemeinden sollen der Bewahrung der Kontinuität und geschichtlich kulturellen Einheit der Stadtentwicklung (ambiente) dienen, auf der Grundlage einzelstaatlichen Gesetzes unter Einhaltung ergänzungsgesetzlich vorgesehener Anforderungen sowie auf der Grundlage vorheriger Anhörung der direkt betroffenen Bevölkerungen im Wege des Plebiszits.

Art. 19 Der Union, den Staaten, dem Bundesdistrikt und den Gemeinden ist es verwehrt:

I - religiöse Kulte oder Kirchen zu begründen, zu subventionieren, in der Ausübung zu behindern oder mit ihnen oder ihren Repräsentanten Abhängigkeits- oder Bündnisbeziehungen zu unterhalten. In Form des Gesetzes wird die Zusammenarbeit im öffentlichen Interesse vorbehalten;

II - Vertrauen in öffentliche Urkunden zu verweigern;

III - zwischen Brasilianern Unterscheidungen zu machen oder unter ihnen Präferenzen zu schaffen.

KAPITEL II

Die Union

Art. 20 In das Vermögen der Union fallen:

I - alle augenblicklich im Eigentum der Union stehenden und in es einzubringenden Werte;

II - das herrenlose Land, das zur Verteidigung der Grenzen, zur Anlage militärischer Befestigungen und Bauten, für Fernmeldeeinrichtungen des Bundes und zum Schutz der Umwelt unerläßlich ist;

III - die Seen, Flüsse und alle Wasserläufe in unionseigenen Gebieten oder deren Wasser sich über mehr als einen Staat erstrecken, die Grenzen zu anderen Ländern bilden, in ausländisches Territorium hineinreichen oder von dort hereinfließen ebenso wie deren Randzonen und die Flußstrände;

IV - die Flußinseln und Seen in den Grenzgebieten zu anderen Ländern; die Meeresstrände; die Inseln des Ozeans und der Küstenzonen, mit Ausnahme der in Art. 26 II bezeichneten;

V - die natürlichen Ressourcen des Festlandsockels und des bewirtschafteten Raumes (Zona Econômica Exclusiva);

VI - die Hoheitsgewässer;

VII - die Landgebiete der Marine und dessen Zuwächse;

VIII - die Wasserkraftpotentiale;

IX - die Erzvorkommen einschließlich der unterirdischen;

X - die unterirdischen Naturhöhlen und die archäologischen und prähistorischen Stätten;

XI - die traditionell von Indianern besetzten Gebiete.

§ 1 Allen Staaten, dem Bundesdistrikt und den Gemeinden ebenso wie den Organen der unionsunmittelbaren Verwaltung wird, nach Maßgabe des Gesetzes, die Ergebnisbeteiligung an der Erdöl- und Erdgasförderung, an der Nutzung der Wasserkraftressourcen zur Gewinnung elektrischer Energie sowie am Abbau von Erzvorkommen in ihrem Gebiet, auf dem Festlandsockel, in Hoheitsgewässern oder der Zona Econômica Exclusiva, oder aber ein Finanzausgleich gewährleistet.

§ 2 Ein Streifen von bis zu 150 km Breite entlang der landseitigen Grenzen, Grenzstreifen genannt, wird als Grundlage der Landesverteidigung erachtet. Inbesitznahme und Nutzung regelt das Gesetz.

Art. 21 In die Zuständigkeit der Union fallen:

I - die Beziehungen zu ausländischen Staaten und der Beitritt zu internationalen Organisationen;

II - Kriegserklärung und Friedensschluß;

III - die Landesverteidigung;

IV - Transit- und Verweilerlaubnis auf dem Hoheitsgebiet für ausländische Streitkräfte in den vom Ergänzungsgesetz vorgesehenen Fällen;

V - Erklärung des äußeren Notstands, des Verteidigungsfalles und der Bundesintervention;

VI - Genehmigung und Kontrolle von Kriegswaffenproduktion und -handel;

VII - Geldemission;

VIII - Verwaltung der Wechselkursreserven des Landes und Kontrolle von Finanztransaktionen, besonders auf den Gebieten der Kreditvergabe, des Devisenhandels und der Kapitalisierung sowie der Versicherung und der privaten Vorsorge;

IX - Erstellung und Vollzug von nationalen und regionalen Plänen zur Landesordnung und Wirtschafts- und Sozialentwicklung;

X - die nationalen Post- und Luftpostdienste;

XI - die Telefon- und Telegrafendienste, die Datenübertragungs- und sonstigen öffentlichen Fernmeldedienste in Eigenbetrieb oder konzessioniertem Fremdbetrieb unter Staatsaufsicht, unter Gewährleistung des Betriebes von Informationsdiensten durch Körperschaften des privaten Rechts über das öffentliche Fernmeldenetz;

XII - Dienste im Eigenbetrieb oder Fremdbetrieb auf der Grundlage von Genehmigung, Konzession oder Erlaubnissen in folgenden Bereichen:

a) Rundfunk, Ton- und Bildübertragung und sonstige Fernmeldedienste;

b) Energieversorgung und ihre Einrichtung sowie die Energieerzeugung durch Wasserkraft im Einvernehmen mit den Staaten, in denen die Wasserkraftpotentiale sich befinden;

c) Luftfahrt. Raumfahrt und Flughafenanlagen;

d) Eisenbahn- und Schiffsverkehr zwischen brasilianischen Häfen und Landesgrenzen in ihrem Verlauf als Staats- oder Territorialgrenze;

e) zwischenstaatlicher und internationaler Personenverkehr auf der Straße;

f) See-, Fluß- und Binnenseehäfen.

XIII - die Einrichtung und Unterhaltung der rechtsprechenden Gewalt, des Ministério Público ("Staatsanwaltschaft"), der Defensoria Pública (Amt für öffentliche Verteidigung) des Bundesdistrikts und der Territorien;

XIV - die Einrichtung und Unterhaltung der Bundespolizei, der Fernstraßen- und Eisenbahnpolizei des Bundes, sowie der Zivilpolizei, der Militärpolizei und der Militärfeuerwehr des

Bundesdistrikts und der Territorien;
XV - die Einrichtung und Unterhaltung offizieller statistischer, geographischer, geologischer und kartographischer Dienste mit nationaler Ausrichtung;
XVI - die Klassifizierung von Volksfesten und Radio- und Fernsehprogrammen zu Indikationszwecken;
XVII - die Amnestiegewährung;
XVIII - Planung und beständiger Ausbau des Katastrophenschutzes, insbesondere von Maßnahmen gegen Dürre und Überschwemmung;
XIX - die Einrichtung eines nationalen Systems der Verwaltung der Wasserkraftressourcen und die Definition von Vergabekriterien für Nutzungsrechte;
XX - die Aufstellung von Leitlinien für die Stadtentwicklung einschließlich Wohnungsbau, Basissanierung und Verkehrserschließung;
XXI - die Aufstellung von Prinzipien und Leitlinien für die nationale Fernstraßenverkehrsordnung;
XXII - die Dienste von See, Luft- und Grenzpolizeien;
XXIII - der Betrieb von Nukleardiensten und -anlagen aller Art sowie die Ausübung des staatlichen Monopols über Forschung, Gewinnung, Anreicherung und Wiederaufarbeitung, die industrielle und kommerzielle Nutzung von Uranerzen, unter Beachtung folgender Prinzipien und Bedingungen:
a) innerhalb des Hoheitsgebiets werden Tätigkeiten im nuklearen Bereich nur erlaubt, wenn sie friedlichen Zwecken dienen und vom Nationalkongreß genehmigt werden;
b) im Rahmen von Konzession und Erlaubnis ist die Verwendung von Radioisotopen für Forschung und Gebrauch in der Medizin, Landwirtschaft, Industrie und verwandten Tätigkeitsbereichen gestattet;
c) die Haftung für Strahlenschäden setzt kein Verschulden voraus.
XXIV - die Organisation, Unterhaltung und Durchführung der Arbeitsinspektion;
XXV - die Festlegung der Bereiche und der Bedingungen für die Ausübung der Goldgräbertätigkeit in assoziativer Form.
Art. 22 Die Union hat die ausschließliche Gesetzgebung über:
I - Zivil-, Handels-, Straf-, Prozeß-, Wahl-, Agrar-, See-, Luftfahrt-, Raumfahrt- und Arbeitsrecht;
II - Enteignung;
III - zivile und militärische Erfordernisse im akuten Gefahrenfall und in Kriegszeiten;
IV - die Bereiche Wasser, Energie, Information, Fernmeldewesen und Rundfunk;
V - die Post;
VI - das Geldwesen und Münz-, Maße-Feingehalt und Garantien;
VII - Kreditpolitik, Wechselkurse, Versicherungen und Wertpapiertransfer;
VIII - Außenhandel und innerstaatlichen Handel;
IX - Leitlinien der nationalen Politik des Transportwesens;
X - Hafen- und Verkehrsordnung für die Bereiche Binnensee- und Flußfahrt, Seefahrt, Luftfahrt, Raumfahrt;

XI - Verkehr und Transport;

XII - Fundstätten, Minen, sonstige Erzlager und das Hüttenwesen;

XIII - Staatsangehörigkeit, Bürgerrecht und Naturalisierung;

XIV - indigene Bevölkerungen;

XV - Aus- und Einwanderung, Einreise, Auslieferung und Ausweisung von Ausländern;

XVI - Aufbau der nationalen Beschäftigungsordnung und Voraussetzungen der Berufsausübung;

XVII - Gerichts- und Verwaltungsaufbau des Ministério Público und der Defensoria Pública des Bundesdistrikts und der Territorien;

XVIII - System der nationalen Statistik, Kartographie und Geologie;

XIX - Sparsystem, Kreditbeschaffung, Garantien des Volkssparens;

XX - Konsortien- und Lotteriesystem;

XXI - allgemeine Organisationsnormen, Effektivbestände, Ausrüstung, Sicherheiten, Einberufung und Mobilisierung der Militärpolizei und Militärfeuerwehren;

XXII - Zuständigkeit der Bundespolizei,der Bundesfernstrassen- und Eisenbahnpolizei;

XXIII - soziale Sicherheit;

XXIV - Leitlinien und Grundlagen der Volksbildung;

XXV - öffentliche Register;

XXVI - Tätigkeiten jeder Art im Nuklearbereich;

XXVII - allgemeine Vorschriften über Ausschreibungen und Ausstellungen mit allen Modalitäten für die direkte und indirekte öffentliche Verwaltung, einschließlich der von der Öffentlichen Hand in den jeweiligen Amtsbereichen eingerichteten und unterhaltenen Stiftungen sowie der unter ihrer Kontrolle befindlichen Unternehmen;

XXVIII - Land-, Luft-, Seeverteidigung, Zivilverteidigung und allgemeine Mobilmachung;

XXIX - kommerzielle Werbung.

Einziger Paragraph. Durch Ergänzungsgesetz können die Staaten autorisiert werden, spezielle Fragen der in diesem Artikel aufgeführten Materien durch eigene Gesetzgebung zu regeln.

Art. 23 In die gemeinsame Zuständigkeit von Union, Staaten, Bundesdistrikt und Gemeinden fallen:

I - Schutz der Verfassung, der Gesetze und der demokratischen Institutionen sowie der Erhalt des Staatsvermögens;

II - Gesundheitsvorsorge und öffentliche Fürsorge, Schutz und Sicherheit von Behinderten;

III - Schutz von Dokumenten, Werken und anderen Gegenständen von historischem, künstlerischem und kulturellem Wert, Schutz bedeutender Naturdenkmäler, Naturlandschaften und archäologischer Stätten;

IV - Schutz von Kunstwerken und anderen Gegenständen von historischem, künstlerischem und kulturellem Wert vor Schwund, Zerstörung und Denaturierung;

V - Bereitstellung von Mitteln für den Zugang zu Kultur, Bildung und Wissenschaft;

VI - Schutz der Umwelt und Maßnahmen gegen alle Art von Verschmutzung;

VII - Bestandsschutz von Wald, Flora und Fauna;

VIII - Förderung der Land- und Viehwirtschaft und der Nahrungsmittelversorgung;

IX - Förderung von Wohnungsbauprogrammen und die Verbesserung von Wohnverhältnissen und sanitärer Grundversorgung;

X - Bekämpfung der Ursachen der Armut und der Faktoren der Marginalisierung durch Förderung der benachteiligten Sektoren;

XI - Registrierung, Begleitung und Überwachung der Konzessionen von Erforschungs- und Nutzungsrechten für Wasser- und Erzressourcen in ihren Landesgebieten;

XII - Grundlegung und Einführung der Verkehrserziehung.

Einziger Paragraph. Ein Ergänzungsgesetz bestimmt die Normen für die Zusammenarbeit von Union und Staat, Bundesdistrikt und Gemeinden mit Blick auf die gleichgewichtige Entwicklung und Wohlfahrt im nationalen Zusammenhang.

Art. 24 Die Union, die Staaten und der Bundesdistrikt haben die konkurrierende Gesetzgebungsbefugnis über:

I - Steuer-, Finanz-, Strafvollzugs-, Wirtschafts- und Stadtrecht;

II - Haushaltsplanung;

III - Handelsregister;

IV - Gerichtskosten;

V - Produktion und Konsum;

VI - Wald, Jagd, Fischfang, Fauna, Naturschutz, Schutz des Bodens und der natürlichen Ressourcen, Umweltschutz und Kontrolle der Umweltbelastung;

VII - Denkmalschutz, Schutz von Kultur- und Kunstbesitz, von Fremdenverkehr und Landschaftsräumen;

VIII - Haftung für Umweltschäden, Produzentenhaftung, Haftung bei Schäden an Gütern und Verletzungen von Rechten von künstlerischem, ästhetischem, historischem, touristischem und landschaftlichem Wert;

IX - Bildung, Kultur, Unterricht, Sport;

X - Einrichtung, Unterhaltung und Verfahren der Gerichtsbarkeit für Bagatellsachen (juizado de pequenas causas);

XI - prozessuale Verfahrensformen;

XII - Sozialfürsorge, Gesundheitswesen;

XIII - Rechtshilfe und staatliche Verteidigung (defensoria pública);

XIV - Schutz und soziale Integration von Behinderten;

XV - Kindes- und Jugendschutz;

XVI - Organisation, Garantien, Rechte und Pflichten der Zivilpolizeien.

§ 1 Im Bereich der konkurrierenden Gesetzgebung beschränkt sich die Befugnis der Union auf den Erlaß von allgemeinen Normen.

§ 2 Die Befugnis der Union zum Erlaß allgemeiner Normen schließt die ergänzende Gesetzgebungsbefugnis der Staaten nicht aus.

§ 3 Bei Fehlen einer allgemeinen Normengesetzgebung der Union haben die Staaten die volle Gesetzgebungsbefugnis zur Regelung ihrer Angelegenheiten.

§ 4 Eine später erfolgende allgemeine Normengesetzgebung der Union suspendiert das ihr entgegenstehende einzelstaatliche Gesetz.

KAPITEL III

Die Bundesstaaten

Art. 25 Die Staaten organisieren und regieren sich durch Verfahren und Gesetze, die sie sich unter Wahrung der Prinzipien dieser Verfassung geben.

§ 1 Den Staaten sind die Befugnisse vorbehalten, die ihnen durch diese Verfassung nicht verwehrt werden.

§ 2 Den Staaten obliegt es, direkt oder mittels Konzessionen an ein staatliches Unternehmen, die örtlichen Gasversorgungsdienste in Ausübung ihrer Monopolstellung zu betreiben.

§ 3 Die Staaten können mittels Ergänzungsgesetz Großstadtgebiete, städtische Ballungsräume und Kleingebiete ausweisen, die aus Gruppierungen von angrenzenden Gemeinden bestehen, mit dem Ziel, Organisation, Planung und Vollzug öffentlicher Aufgaben von allgemeinem Interesse zu integrieren.

Art. 26 Zum Besitz des Staates zählen:

I - die oberflächlichen und unterirdischen Gewässer, die fließenden, quellenden und gestauten Gewässer; für letztere gilt ein gesetzlicher Vorbehalt, wenn sie aus Bauwerken der Union stammen;

II - die in ihrem Eigentum befindlichen Gebiete der See- und Küsteninseln, soweit sie nicht Eigentum von Union, Gemeinden oder Dritten sind;

III - die Flußinseln und Seen, die nicht der Union gehören;

IV - die herrenlosen Landgebiete, soweit sie nicht als solche der Union ausgewiesen sind.

Art. 27 Die Anzahl der Abgeordneten in der gesetzgebenden Versammlung entspricht einem Dreifachen der Vertretung des Staates im Abgeordnetenhaus. Sie wird bei Erreichen der Anzahl von 36 um so viele Abgeordnete vermehrt wie die Anzahl der Bundesabgeordneten die Zahl 12 übersteigt.

§ 1 Das Mandat der Abgeordneten der Staaten beläuft sich auf vier Jahre. Die Vorschriften dieser Verfassung über Wahlsystem, Unverletzbarkeit, Immunität, Bezüge, Mandatsverlust, Beurlaubung, Verhinderung und Eintritt in die Streitkräfte finden entsprechende Anwendung.

§ 2 Die Diäten der Abgeordneten der Staaten werden in jeder Legislaturperiode für die folgende von der gesetzgebenden Versammlung festgelegt, unter Beachtung der Art. 150 II, 153 III und 153 § 2 I.

§ 3 Die gesetzgebenden Versammlungen haben die Befugnis, ihren Geschäftsgang, Polizei und Verwaltung zu regeln und die entsprechenden Stellen zu besetzen.

§ 4 Ein Gesetz regelt die Popularinitiative für das staatliche Gesetzgebungsverfahren.

Art. 28 Die Wahlen zum Gouverneur und Vizegouverneur des Staates mit einem Mandat von vier Jahren finden 90 Tage vor Ablauf des Mandats ihrer Vorgänger statt, die Amtsübernahme erfolgt am 1. Januar des folgenden Jahres, unter entsprechender Einhaltung der Bestimmungen in Art. 77.

Einziger Paragraph. Der Gouverneur verliert sein Mandat, sobald er ein anderes Amt oder eine andere Aufgabe in der direkten oder indirekten öffentlichen Verwaltung übernimmt. Vorbehalten bleibt die Amtsübernahme im Wege des öffentlichen Konkurses und unter Einhaltung der Bestimmung in Art. 38 I, IV und V.

(...)

TITEL IV

Ordnung der Gewalten

KAPITEL I

Gesetzgebende Gewalt

ABSCHNITT I

Nationalkongreß

Art. 44 Die gesetzgebende Gewalt wird vom Nationalkongreß ausgeübt, der sich aus Abgeordnetenhaus (Câmara dos Deputados) und Senat (Senado Federal) zusammensetzt.

Einziger Paragraph. Eine Legislaturperiode hat die Dauer von vier Jahren.

Art. 45 Das Abgeordnetenhaus setzt sich aus Volksvertretern zusammen, die in jedem Staat, Territorium und dem Bundesdistrikt nach dem Verhältnissystem gewählt werden.

§ 1 Die Gesamtzahl der Abgeordneten ebenso wie deren Anteil pro Staat und Bundesdistrikt wird durch Zusatzgesetz proportional zur Bevölkerungszahl festgelegt. Die notwendigen Anpassungen werden im Jahr vor den Wahlen durchgeführt, so daß keine der bundesstaatlichen Einheiten weniger als acht oder mehr als siebzig Abgeordnete stellt.

§ 2 Jedes Territorium wählt vier Abgeordnete.

Art. 46 Der Senat setzt sich aus Vertretern der Staaten und des Bundesdistrikts zusammen, die nach dem Mehrheitsprinzip gewählt werden.

§ 1 Jeder Staat und der Bundesdistrikt wählen jeweils drei Senatoren mit einem Mandat von acht Jahren.

§ 2 Die Vertretung jedes Staates und des Bundesdistrikts wird alle vier Jahre alternierend um ein Drittel ihrer Mitglieder erneuert.

§ 3 Jeder Senator wird zusammen mit zwei Stellvertretern gewählt.

Art. 47 Außer in den von der Verfassung anders geregelten Fällen werden die Beschlüsse jedes Hauses und seiner Ausschüsse mit einfacher Mehrheit der Stimmen bei Anwesenheit der absoluten Mehrheit ihrer Mitglieder gefaßt.

ABSCHNITT II

Befugnisse des Nationalkongresses

Art. 48 Dem Nationalkongreß obliegt es - außer in den Fällen der Art. 49, 51 und 52 mit der Sanktion durch den Präsidenten der Republik - über alle Angelegenheiten zu befinden, die in die Zuständigkeit der Union fallen, insbesondere über:

I - Steuersystem, Mittelaufbringung und Mittelverwendung;

II - Mehrjahresplan, Haushaltsrichtlinien, Jahreshaushalt, Kreditaufnahme, Verschuldung der öffentlichen Hand, Zwangskursausgaben;

III - Festlegung und Änderung des Istbestandes der Streitkräfte;

IV - nationale, regionale und sektorale Entwicklungspläne und -programme;

V - Grenzen des Staatsgebiets, des Luftraums, der Hoheitsgewässer und Vermögensgegenstände des Bundes;

VI - Eingliederung, Unterteilung oder Ausgliederung von Territoriums- oder Staatsgebieten nach Anhörung der jeweiligen Gesetzgebungsorgane;

VII - zeitweilige Verlegung des Sitzes der Bundesregierung;

VIII - Amnestiegewährung;

IX - gerichtsförmige Organisation von Ministerio Público und Defensoria Pública und der Territorien und die gerichtsförmige Organisation von Ministerio Público und Defensoria Pública des Bundesdistrikts;

X - Schaffung, Änderung und Streichung von öffentlichen Ämtern, Stellen und Funktionen;

XI - Einrichtung, Aufbau und Aufgabenbereiche von Ministerien und Organen der öffentlichen Verwaltung;

XII - Telekommunikation und Rundfunk;

XIII - Finanz-, Wechselkurs- und Geldangelegenheiten, Finanzierungsinstitutionen und deren Tätigkeiten;

XIV - Währung, Ausgabelimits für Zahlungsmittel und Höhe der durch das Mobiliarvermögen gesicherten Verschuldung.

Art. 49 Der Nationalkongreß hat die ausschließliche Zuständigkeit für:

I - die endgültige Beschlußfassung über internationale Verträge, Vereinbarungen oder Akte, die Verbindlichkeiten oder Verpflichtungen schwerwiegender Art für das Staatsvermögen einschließen;

II - die Ermächtigung des Präsidenten der Republik zu Kriegserklärung, Friedensschluß. Transit- und Aufenthaltsgenehmigung für ausländische Streitkräfte im Hoheitsgebiet;

III - die Ermächtigung des Präsidenten und Vizepräsidenten der Republik zum Aufenthalt außerhalb des Landes für die Dauer von mehr als 14 Tagen;

IV - die Zustimmung zur Feststellung des Verteidigungsfalles und der Bundesintervention, die Ermächtigung zur Ausrufung des äußeren Notstandes oder zur Aufhebung aller dieser Maßnahmen;

V - das Anhalten von Normativakten der Exekutive, die den Umfang der ihr übertragenen legislativen Befugnisse überschreitet;

VI - die zeitweilige Verlegung des Parlamentssitzes;

VII - die Festlegung der Bezüge der Abgeordneten und der Senatoren in jeder Legislaturperiode für die folgende, im Rahmen der Artikel 150 II, 153 III, 153 § 2 I;

VIII - die Festlegung der Bezüge des Präsidenten und des Vizepräsidenten der Republik und der Staatsminister für jedes Haushaltsjahr, im Rahmen der Art. 150 II, 153 III, 153 § 2 I;

IX - die jährliche Prüfung der Rechnungslegung des Präsidenten der Republik und die Stellungnahme zum Tätigkeitsbericht der Regierung;

X - die Tätigkeitsaufsicht und Kontrolle der vollziehenden Gewalt einschließlich der indirekten Verwaltung, unmittelbar oder durch eines der beiden Häuser des Parlaments;

XI - die Wahrung der Befugnis zur Gesetzgebung in Abgrenzung zu den normativen Befugnissen der anderen Gewalten;

XII - die Stellungnahme zur Vergabe und Neuvergabe von Sendekonzessionen für Rundfunk und Fernsehen;

XIII - die Wahl von zwei Drittel der Mitglieder des Rechnungshofes der Union;

XIV - die Zustimmung zu Initiativen der Exekutive im Nuklearbereich;

XV - die Ermächtigung zum Referendum und der Aufruf zum Plebiszit;

XVI - die Ermächtigung zur Nutzung und Verwertung von Wasserressourcen sowie zur Erforschung und zum Abbau von Erzlagern in Indianergebieten;

XVII - die Zustimmung zu Veräußerung oder Nutzung von staatlichem Grundeigentum von mehr als 2500 Hektar.

Art. 50 Abgeordnetenhaus und Senat können ebenso wie jeder ihrer Ausschüsse Staatsminister persönlich zur Berichterstattung in vorher festgelegten Fragen herbeirufen. Ein Fernbleiben derselben ohne zureichende Begründung gilt als Amtspflichtverletzung.

§ 1 Die Staatsminister können auf eigene Initiative hin und im Einvernehmen mit dem betreffenden Präsidium vor dem Senat, dem Abgeordnetenhaus oder vor einer ihrer Kommissionen auftreten, um Fragen von Bedeutung für ihr Ministerium zu Gehör zu bringen.

§ 2 Das Präsidium von Abgeordnetenhaus und Senat kann schriftliche Auskunftsbegehren an die Staatsminister richten. Die Verweigerung oder die Nichtbeantwortung derselben innerhalb von 30 Tagen gelten ebenso wie die Falschauskunft als Amtspflichtverletzung.

ABSCHNITT III

Abgeordnetenhaus

Art. 51 Das Abgeordnetenhaus ist alleinzuständig für:

I - die Erhebung der Anklage gegen den Präsidenten oder den Vizepräsidenten der Republik sowie gegen die Staatsminister;

II - das Verlangen nach Rechnungslegung des Präsidenten der Republik, wenn diese nicht innerhalb von 60 Tagen nach Beginn der Sitzungsperiode erfolgt ist;

III - Schaffung der eigenen Geschäftsordnung;

IV - die Disposition über die Organisation des Hauses, Abläufe, Sitzungspolizei, Schaffung, Änderung und Streichung von Ämtern, Stellen und Funktionen für Bedienstete sowie die Festsetzung über jeweilige Bezüge im Rahmen der Kategorien des Haushaltsrichtliniengesetzes;

V - die Wahl der Mitglieder des Rates der Republik, nach Maßgabe von Art. 89 VII.

ABSCHNITT IV

Bundessenat

Art. 52 Der Bundessenat ist alleinzuständig für:

I - das Verfahren gegen den Präsidenten und Vizepräsidenten der Republik wegen Amtspflichtverletzung und gegen die Staatsminister wegen damit zusammenhängender Vergehen der gleichen Art;

II - das Verfahren gegen die Richter des Obersten Bundesgerichts, gegen den Generalstaatsanwalt der Republik und gegen den Generalanwalt der Union wegen Amtspflichtverletzung;

III - die Zustimmung, in geheimer Abstimmung nach öffentlicher Beratung, zur Wahl von:

a) Richtern (magistrados) in den von dieser Verfassung bestimmten Fällen;

b) Richtern des Rechnungshofes der Union auf Vorschlag des Präsidenten der Republik;

c) Gouverneuren der Territorien;

d) Präsident und Direktoren der Zentralbank;

e) Generalstaatsanwalt der Republik;

f) Inhaber anderer gesetzlich vorgesehener Ämter;

IV - die Zustimmung, in geheimer Abstimmung nach Beratung in geheimer Sitzung, zur Wahl des Chefs der permanenten diplomatischen Missionen;

V - die Genehmigung von externen Finanzgeschäften im Interesse von Union, Staaten, Bundesdistrikt, Territorien und Gemeinden;

VI - die Festlegung, auf Vorschlag des Präsidenten der Republik, von allgemeinen Limits für die Höhe der konsolidierten Verschuldung der Union, Staaten, Bundesdistrikten und Gemeinden;

VII - die Disposition über das allgemeine Limit und die Konditionen für die externe und interne Kreditaufnahme von Union, Staaten, Bundesdistrikten und Gemeinden, ihrer Verbände und sonstiger vom Bundesstaat kontrollierten Körperschaften;

VIII - die Disposition über Limit und Konditionen für Bürgschaften der Union bei externer oder interner Kreditaufnahme;

IX - die Festlegung von allgemeinen Limits und Konditionen für die Höhe der durch Mobiliarvermögen gesicherten Verschuldung des Staates, des Bundesdistrikts und der Gemeinden;

X - die vollständige und teilweise Aussetzung des Vollzuges von Gesetzen, die aufgrund rechtskräftiger Entscheidung des Obersten Bundesgerichts für verfassungswidrig erklärt worden sind;

XI - die Befürwortung, mit absoluter Mehrheit der Stimmen und nach geheimer Abstimmung, der Amtsenthebung des Generalstaatsanwalts der Republik vor Ablauf seines Mandats;

XII - die Schaffung der allgemeinen Geschäftsordnung;

XIII - die Disposition über die Organisation des Hauses, Abläufe, Sitzungspolizei, Schaffung, Änderung und Streichung von Ämtern, Stellen und Funktionen für Bedienstete sowie die Festsetzung der jeweiligen Bezüge im Rahmen der Kategorien des Haushaltsrichtliniengesetzes;

XIV - die Wahl der Mitglieder des Rates der Republik nach Maßgabe von Art. 89 VII.

Einziger Paragraph. In den unter I und II bezeichneten Fällen amtiert als Präsident der Präsident des Obersten Bundesgerichts. Das Verfahren beschränkt sich, unter der Voraussetzung der Zustimmung von zwei Drittel der Mitglieder des Senats, auf die Verurteilung zu Amtsverlust und Verbot der Ausübung eines öffentlichen Amtes für 8 Jahre, unbeschadet möglicher weiterer gerichtlicher Verurteilungen.

(...)

KAPITEL II

Die vollziehende Gewalt

ABSCHNITT I

Präsident und Vizepräsident der Republik

Art. 76 Die vollziehende Gewalt wird vom Präsidenten der Republik und seinen Staatsministern ausgeübt.

Art. 77 Die Wahl des Präsidenten und des Vizepräsidenten der Republik soll zum gleichen Zeitpunkt, 90 Tage vor Ende der Mandatszeit des amtierenden Präsidenten, erfolgen.

§ 1 Mit der Wahl des Präsidenten der Republik soll die Wahl des mit ihm nominierten Vizepräsidenten verbunden sein.

§ 2 Als Präsident ist gewählt, wer, von einer politischen Partei nominiert, die absolute Mehrheit der Stimmen auf sich vereinigt. Weiße und ungültige Stimmzettel bleiben außer Betracht.

§ 3 Erreicht kein Bewerber die absolute Mehrheit der Stimmen im ersten Wahlgang, so soll innerhalb von 20 Tagen nach Verkündung des Ergebnisses für die beiden Bewerber mit den meisten Stimmen ein weiterer Wahlgang durchgeführt werden. Gewählt ist, wer die Mehrheit der gültigen Stimmen auf sich vereinigt.

§ 4 Für den Fall, daß vor Beendigung des zweiten Wahlganges ein Bewerber stirbt, verzichtet oder legal verhindert ist, wird aus dem Kreis der verbleibenden Bewerber derjenige nominiert, der über die meisten Stimmen verfügt.

§ 5 Tritt, unter den Voraussetzungen der vorherigen Paragraphen, der Fall ein, daß an zweiter Stelle mehrere Bewerber mit gleich hoher Stimmenzahl stehen, so wird der älteste Bewerber nominiert.

Art. 78 Der Präsident und der Vizepräsident der Republik üben ihr Amt in der Wahlperiode des Nationalkongresses aus. Sie verpflichten sich, die Verfassung zu wahren, zu verteidigen und auszuführen, die Gesetze zu achten, das Gemeinwohl des brasilianischen Volkes zu mehren, jederzeit für den Bestand der Union, für die Integrität und die Unabhängigkeit Brasiliens einzutreten.

Einziger Paragraph. Für den Fall, daß 10 Tage nach dem gesetzlich dafür bestimmten Zeitpunkt der Präsident oder der Vizepräsident ihr Amt nicht antreten, wird dieses, wenn nicht Gründe höherer Gewalt vorliegen, für vakant erklärt.

Art. 79 Der Vizepräsident vertritt den Präsidenten, wenn dieser verhindert ist, und tritt seine Nachfolge an, wenn das Amt des Präsidenten vakant ist.

Einziger Paragraph. Außer den ihm durch Ergänzungsgesetz zugewiesenen Aufgaben soll der Vizepräsident der Republik dem Präsidenten zur Verfügung stehen, wenn dieser ihn mit Sonderaufgaben betraut.

Art. 80 Für den Fall der Verhinderung des Präsidenten und des Vizepräsidenten oder der Vakanz beider Ämter sollen zur Ausübung der Präsidentschaft nacheinander der Präsident des Abgeordnetenhauses, der Präsident des Bundessenats und des Obersten Bundesgerichts aufgefordert werden.

Art. 81 Bei Vakantwerden der Ämter des Präsidenten und des Vizepräsidenten der Republik soll die Neuwahl 90 Tage nach Eintritt der letzten Vakanz stattfinden.

§ 1 Tritt die Vakanz im Laufe der letzten zwei Jahre der Amtszeit des Präsidenten ein, soll der Nationalkongreß in der gesetzlich vorgeschriebenen Form 30 Tage danach für beide Ämter die Neuwahl durchführen.

§ 2 In jedem der Fälle sollen die Gewählten die Amtszeit ihrer Vorgänger zu Ende führen.

Art. 82 Der Präsident der Republik wird auf fünf Jahre gewählt, beginnend mit dem 1. Januar des auf seine Wahl folgenden Jahres. Eine Wiederwahl für die anschließende Amtszeit ist nicht möglich.

Art. 83 Ohne Genehmigung des Kongresses dürfen sich der Präsident und der Vizepräsident der Republik nicht länger als 15 Tage außerhalb des Landes aufhalten. Anderenfalls droht Verlust des Amtes.

ABSCHNITT II

Befugnisse des Präsidenten der Republik

Art. 84 In die Alleinzuständigkeit des Präsidenten der Republik fallen:

I - die Ernennung und Entlassung der Staatsminister;

II - die Ausübung der Leitung an der Spitze der Bundesverwaltung im Verein mit seinen Staatsministern;

III - die Einleitung von Gesetzgebungsverfahren in den von dieser Verfassung vorgesehenen Formen und Fällen;

IV - die Billigung, Verkündung und Veröffentlichung der Gesetze sowie die Ausfertigung von Verordnungen und Ausführungsbestimmungen zwecks genauer Anwendung;

V - der Einspruch gegen Gesetzesvorlagen, in vollem Umfang oder teilweise;

VI - die Maßnahmen zur Organisation und Durchführung der Bundesverwaltung;

VII - die Unterhaltung von Beziehungen mit auswärtigen Staaten und die Akkreditierung ihrer diplomatischen Vertreter;

VIII - die Schließung internationaler Verträge, Abkommen und Akten, ad referendum des Nationalkongresses;

IX - Ausrufung des Verteidigungsfalles und des Notstandes;

X - die Ausrufung und der Vollzug der Intervention des Bundes;

XI - die Abgabe einer Regierungserklärung vor dem Nationalkongreß, aus Anlaß der Eröffnung der Sitzungsperiode, über die Lage des Landes sowie über die zu treffenden und für notwendig erachteten Vorkehrungen;

XII - die Begnadigung und Umwandlung von Strafen, erforderlichenfalls nach Anhörung der gesetzlichen Organe;

XIII - die Ausübung der obersten Befehlsgewalt über die Streitkräfte, die Beförderung ihrer Generäle und deren Ernennung für die für sie vorgesehenen Aufgaben;

XIV - die Ernennung, nach Zustimmung durch den Bundessenat, der Richter des Obersten Bundesgerichts und der oberen Gerichte, der Gouverneure der Territorien, des Generalstaatsanwalts der Republik, des Präsidenten und der Direktoren der Zentralbank und anderer Beamter, soweit es das Gesetz vorsieht;

XV - die Ernennung der Richter des Bundesrechungshofes gemäß Art. 73;

XVI - die Ernennung der Richter in den von dieser Verfassung vorgesehenen Fällen sowie des Generalanwalts der Union;

XVII - die Ernennung der Mitglieder des Rates der Republik, nach Maßgabe von Art. 89 VII;

XVIII - Einberufung und Vorsitz des Rates der Republik und des Rates für nationale Verteidigung;

XIX - die Erklärung des Krieges im Falle des auswärtigen Angriffs, mit Genehmigung des Kongresses oder ad referendum desselben, während der sitzungsfreien Zeit, und, unter denselben Voraussetzungen, die Anordnung der totalen oder teilweisen nationalen Mobilmachung;

XX - der Friedensschluß mit Genehmigung oder ad referendum des Nationalkongresses;

XXI - die Verteilung von Orden und Ehrenzeichen;

XXII - die Erlaubniserteilung für den Transit auswärtiger Truppen oder ihren zeitweiligen Aufenthalt auf nationalem Boden;

XXIII - die Vorlage des Mehrjahresplans, des Entwurfs des Haushaltsrichtliniengesetzes und der auf der Grundlage dieser Verfassung erstellten Haushaltsanträge beim Nationalkongreß;

XXIV - der jährliche Rechenschaftsbericht vor dem Nationalkongreß innerhalb von 60 Tagen nach Eröffnung der Sitzungsperiode;

XXV - Die Schaffung und Streichung von Stellen im öffentlichen Dienst des Bundes nach Maßgabe des Gesetzes;

XXVI - das Erlassen von vorläufigen Maßnahmen mit Gesetzeskraft gemäß Art. 62;

XXVII - die Ausübung der weiteren von dieser Verfassung vorgesehenen Befugnisse.

Einziger Paragraph. Der Präsident kann die in den Absätzen VI, XII und XXV, erster Teil, aufgeführten Befugnisse an die Staatsminister, den Generalstaatsanwalt der Republik oder den Generalanwalt der Union delegieren. Diese werden ausschließlich im Rahmen ihrer Delegationsbefugnis tätig.

(...)

KAPITEL III

Die Rechtsprechende Gewalt

ABSCHNITT I

Allgemeine Bestimmungen

Art. 92 Organe der Rechtsprechenden Gewalt sind:

I - der Oberste Bundesgerichtshof (Supremo Tribunal Federal);

II - der Obergerichtshof der Justiz (Superior Tribunal de Justiça);

III - die Regionalen Bundesgerichtshöfe und Bundesrichter;

IV - die Arbeitsgerichtshöfe und Arbeitsrichter;

V - die Wahlgerichtshöfe und Wahlrichter;

VI - die Militärgerichtshöfe und Militärrichter;

VII - die Gerichtshöfe und Richter der Staaten, des Bundesdistrikts und der Territorien.

Einziger Paragraph. Der Oberste Bundesgerichtshof und die Obergerichtshöfe haben Sitz in der Bundeshauptstadt und Gerichtshoheit für das gesamte Staatsgebiet.

Art. 93 Die Verfassung der Richterschaft (Estatudo da Magistratura) wird durch Ergänzungsgesetz auf Vorschlag des Obersten Gerichtshofs nach folgenden Grundsätzen geregelt:

I - über die Zulassung zur Laufbahn mit der Eingangsstellung als Ersatzrichter entscheidet ein öffentliches Auswahlverfahren (concurso) auf der Grundlage von Befähigungsnachweisen (títulos) und Prüfungen unter Beteiligung der Brasilianischen Anwaltskammer an allen Phasen des Verfahrens; die Ernennungen erfolgen in der Rangfolge der Prüfergebnisse;

II - die Beförderung von Dienststufe (entrância) zu Dienststufe ist unter abwechselnder Berücksichtigung von Dienstalter und Leistung nach Maßgabe der folgenden Bestimmungen vorzunehmen:

a) die Beförderung eines Richters, der drei aufeinanderfolgende oder fünf nicht aufeinanderfolgende Male auf der Vorschlagsliste für Beförderung aufgrund von Leistung genannt war, ist zwingend;

b) die Beförderung wegen Leistung setzt zwei Jahre Dienstausübung in der entsprechenden Dienststufe (entrância) voraus und nimmt den Richter in das erste Fünftel der Dienstaltersliste derselben auf, es sei denn, jemand, der diese Voraussetzungen erfüllt, nimmt die freie Stelle an;

c) die Bewertung der Leistung erfolgt nach den Kriterien von Zügigkeit und Sicherheit in der Ausübung des Richteramts sowie der Häufigkeit der Teilnahme an und der Umsetzung von anerkannten Fortbildungskursen;

d) bei der Auswahl aufgrund des Dienstalters kann der Gerichtshof den jeweils dienstältesten Richter nur durch zwei Drittel der Stimmen seiner Mitglieder zurückweisen, wobei die Abstimmung fortzusetzen ist, bis sich eine Ernennung ergibt;

III - der Zugang zu den Gerichtshöfen zweiter Instanz erfolgt unter abwechselnder Berücksichtigung von Dienstalter und Leistung in der letzten Dienststufe (entrância) beziehungsweise, soweit es um die Beförderung zum Justizgerichtshof (Tribunal de Justiça) geht, unter abwechselnder Berücksichtigung von Dienstalter und Leistung am Unterberufungsgericht (Tribunal de Alçada), wo ein solches besteht, entsprechend Absatz II und Herkunftsgruppe;

IV - vorzusehen sind amtliche Vorbereitungs- und Fortbildungskurse für Richter als Voraussetzung für die Einstellung und die Beförderung in der Laufbahn;

V - die Bezüge der Richter werden so festgesetzt, daß die Unterschiede von einer Laufbahnstufe zur anderen nicht größer als zehn Prozent sind; in keinem Fall dürfen sie, kraft welchen Amtes auch immer, höher sein als die Bezüge der Richter am Obersten Bundesgerichtshof;

VI - der Ruhestand mit Anspruch auf die vollen Bezüge ist bei Dienstunfähigkeit oder Erreichen der Altersgrenze von siebzig Jahren zwingend; er ist möglich nach dreißig Dienstjahren, von denen fünf tatsächlich in der Rechtspflege abgeleistet sein müssen;

VII - der stelleninhabende Richter (juiz titular) nimmt im jeweiligen Gerichtsbezirk (comarca) seinen Wohnsitz;

VIII - die Entlassung, Beurlaubung und Versetzung in den Ruhestand eines Richters aus öffentlichem Interesse aufgrund Stimmentscheid von zwei Dritteln des jeweiligen Gerichtshofs beruhen; eine umfassende Verteidigung ist zu gewährleisten;

IX - alle Urteile der Organe der Rechtsprechenden Gewalt sind öffentlich, und alle Entscheidungen sind zu begründen, bei Verstoß sind sie nichtig; das Gesetz kann, wenn das öffentliche Interesse es verlangt, in bestimmten Fällen die Öffentlichkeit auf die Anwesenheit der Parteien und ihrer Anwälte oder allein auf letztere beschränken;

X - administrative Entscheidungen der Gerichtshöfe sind zu begründen, Disziplinarentscheidungen sind durch die Stimmen der absoluten Mehrheit ihrer Mitglieder zu treffen;

XI - an Gerichtshöfen mit mehr als fünfundzwanzig Richtern kann ein besonderes Organ, bestehend aus mindestens elf und höchstens fünfundzwanzig Mitgliedern, gebildet werden, um die dem Plenum des Gerichtshofs übertragenen administrativen und justiziellen Aufgaben wahrzunehmen.

Art. 94 Ein Fünftel der Sitze der Regionalen Bundesgerichtshöfe, der Justizgerichtshöfe der Bundesländer und des Bundesdistrikts und der Territorien wird mit Mitgliedern der Staatsanwaltschaft mit über zehn Laufbahnjahren und mit Rechtsanwälten anerkannter Fachkompetenz, untadeligen Rufs und zehnjähriger tatsächlicher Berufspraxis besetzt, die von den Organen der jeweiligen Berufsgruppe auf einer sechs Personen umfassenden Liste vorgeschlagen werden.

Einziger Paragraph. Nach Eingang der Vorschläge bildet der Gerichtshof eine Dreierliste und übersendet diese an die Exekutive, welche in den folgenden zwanzig Tagen einen der Vorgeschlagenen zur Ernennung auswählt.

Art. 95 Die Richter genießen folgende Garantien:

I - Stellung auf Lebenszeit, die in erster Instanz erst nach zweijähriger Amtsausübung erworben wird, wohingegen die Versagung des Amts während dieser Zeit von einer Entscheidung des Gerichtshofs, dem der Richter zugeordnet ist, abhängt, in den übrigen Fällen aufgrund eines rechtskräftigen gerichtlichen Urteils erfolgt;

II - Unversetzbarkeit, ausgenommen die Versetzung aufgrund öffentlichen Interesses gemäß Art. 93 VII;

III - Unverringerbarkeit der Dienstbezüge, wobei bezüglich der Besoldung die Vorschriften der Art. 37 XI, 150 II, 153 III und 153 § 2, I zu beachten sind.

Einziger Paragraph. Den Richtern ist es untersagt:

I - ein anderes Amt oder eine andere Tätigkeit auszuüben, auch dann nicht, wenn sie beurlaubt sind; hiervon ausgenommen ist die Lehrtätigkeit;

II - aufgrund irgendeines Anspruchs oder unter irgendeinem Vorwand Verfahrensgebühren oder -kostenanteile entgegenzunehmen;

III - parteipolitische Tätigkeiten auszuüben.

Art. 96 Ausschließlich Befugnis haben:

I - die Gerichtshöfe dahingehend:

a) ihre leitenden Organe zu wählen und unter Beachtung der prozessualen Vorschriften und der Verfahrensgarantien der Parteien ihre Geschäftsordnungen (regimentos internos) im Sinne der Regelung von Zuständigkeit und Geschäftsgang der jeweiligen rechtsprechenden und verwaltenden Organe zu erlassen;

b) ihre Geschäftsstellen und Hilfsdienste sowie diejenigen der ihnen zugeordneten Richter einzurichten und dabei für die Ausübung der Dienstaufsicht zu sorgen;

c) in der in dieser Verfassung vorgesehenen Form die Berufsrichterstellen des jeweiligen Zuständigkeitsbereichs zu besetzen;

d) die Schaffung neuer Kammern der erstinstanzlichen Gerichtsbarkeit vorzuschlagen;

e) mittels öffentlicher Prüfauswahlverfahren (concurso de provas) oder auf der Grundlage von Befähigungsnachweisen (títulos) und Prüfungen unter Beachtung von Art. 169, einziger Paragraph, die für die Justizverwaltung nötigen Stellen zu besetzen mit Ausnahme der gesetzlich als solche ausgewiesenen Vertrauensstellungen;

f) ihren Mitgliedern und den ihnen unmittelbar zugeordneten Richtern und Bediensteten Dienstbefreiungen, Urlaub oder andere Freistellungen zu gewähren;

II - der Oberste Bundesgerichtshof, die Obergerichtshöfe und die Justizgerichtshöfe dahingehend, unter Beachtung der Vorschriften des Art. 169 dem jeweiligen gesetzgebenden Organ vorzuschlagen:

a) die Änderung der Zahl der Mitglieder der niedrigeren Gerichtshöfe;

b) die Einrichtung und Aufhebung von Stellen und die Festlegung der Bezüge ihrer Mitglieder, der Richter einschließlich der Richter der Untergerichte, falls solche bestehen, der

Hilfsdienste und der ihnen zugeordneten Einzelgerichte;

c) die Einrichtung und Auflösung von Untergerichten;

d) die Änderung von Aufbau und Geschäftsverteilung der Justiz;

III - die Justizgerichtshöfe dahingehend, Verfahren gegen Richter der Bundesstaaten und des Bundesdistrikts und der Territorien sowie gegen Mitglieder der Staatsanwaltschaft wegen gemeiner Straftaten und Amtsvergehen durchzuführen, mit Ausnahme der Fälle, für die die Zuständigkeit der Wahlgerichtsbarkeit gegeben ist.

Art. 97 Die Verfassungswidrigkeit eines Gesetzes oder Regelungsakts der öffentlichen Gewalt kann von den Gerichtshöfen nur durch absolute Mehrheit der Stimmen ihrer Mitglieder oder der Mitglieder des jeweiligen Sonderorgans festgestellt werden.

Art. 98 Durch die Union für den Bundesdistrikt und die Territorien und durch die Länder sind zu errichten:

I - Spezialgerichte, besetzt mit Berufsrichtern oder Berufs- und Laienrichtern und mit Zuständigkeit für Schlichtung, Entscheidung und Vollstreckung von Zivilverfahren geringerer Komplexität und von Strafsachen minderer Schwere in mündlichen und vereinfachten Verfahren, wobei in den gesetzlich vorgesehenen Fällen der Vergleich und die Entscheidung von Rechtsmitteln durch Besetzungen (turma) mit erstinstanzlichen Richtern zulässig sind;

II - eine Friedensgerichtsbarkeit, vergütet und gebildet aus in direkter, allgemeiner und geheimer Wahl gewählten Bürgern, mit vierjähriger Amtszeit und Zuständigkeit für förmliche Eheschließungen, für die Überprüfung von Eignungsverfahren (processo de habilitação) - von Amts wegen oder aufgrund vorliegender Anfechtungen und für die Ausübung von Schlichtungs- und anderen gesetzlich vorgesehenen Befugnissen ohne Rechtsprechungscharakter.

Art. 99 Die verwaltungsmäßige und haushaltsmäßige Selbständigkeit der Rechtsprechenden Gewalt ist gewährleistet.

§ 1 Die Gerichtshöfe arbeiten ihre Haushaltsvorlagen im Rahmen der gemeinsam für alle Gewalten im Haushaltsrichtliniengesetz festgelegten Bestimmungen aus.

§ 2 Für die Einbringung der Vorlagen sind, nach Anhörung aller von ihr betroffenen Gerichte, zuständig:

I - im Bereich des Bundes die Präsidenten des Obersten Bundesgerichtshofs und der Obergerichtshöfe im Einvernehmen mit den jeweiligen Gerichten;

II - im Bereich der Bundesstaaten und des Bundesdistrikts und der Territorien die Präsidenten der Justizgerichtshöfe im Einvernehmen mit den jeweiligen Gerichten.

Art. 100 Mit Ausnahme der Forderungen mit Unterhaltscharakter erfolgen die aufgrund gerichtlicher Urteile von den Finanzverwaltungen des Bundes, der Länder oder der Gemeinden geschuldeten Zahlungen ausschließlich in der zeitlichen Reihenfolge der Vorlage der gerichtlichen Zahlungsersuche (precatórios) und a conto der jeweiligen Forderungen, wobei die Namhaftmachung von Fällen oder Personen in den Haushaltsansätzen und für diese Zwecke eröffneten Zusatztitel verboten ist.

§ 1 Es ist vorgeschrieben, in den Haushalten der Körperschaften des Öffentlichen Rechts die notwendigen Mittel zur Deckung konstanter Ausgaben auszuweisen, die sich aus gerichtlichen Zahlungsersuchen (precatórios) ergeben, welche bis zum 1. Juli vorgelegt werden; zu diesem Datum werden sie geldwertberichtigt, die Zahlung erfolgt bis zum Ende des folgenden Haushaltsjahres.

§ 2 Die Haushaltsmittel und Zusatzmittel werden bei der Rechtsprechenden Gewalt hinterlegt, wobei die jeweiligen Beträge der zuständigen Verteilungsstelle übersandt werden; dem Präsidenten des Gerichtshofs, der die zu vollstreckende Entscheidung erlassen hat, obliegt es, im Rahmen der Möglichkeiten des Hinterlegten die Auszahlung festzusetzen und auf Antrag des Gläubigers und, ausschließlich, falls dessen Vortrittsrecht übergangen wird, die Beschlagnahme der zur Befriedigung der Schuld erforderlichen Summe zu genehmigen.

ABSCHNITT II

Der Oberste Bundesgerichtshof

Art. 101 Der Oberste Bundesgerichtshof besteht aus elf Richtern (ministros); sie werden aus einem Kreis von Bürgern ausgewählt, die älter als 35 und jünger als 65 Jahre sind, über herausragende Rechtskenntnisse verfügen und untadeligen Ruf genießen.

Einziger Paragraph. Die Richter des Obersten Bundesgerichtshofs werden vom Präsidenten der Republik ernannt, nachdem ihre Auswahl von der absoluten Mehrheit des Bundessenats bestätigt worden ist.

Art. 102 Der Oberste Bundesgerichtshof ist in erster Linie zur Wahrung der Verfassung berufen; ihm obliegt:

I - in originärer Zuständigkeit die Verhandlung und Entscheidung:

a) über die Direktklage wegen Verfassungswidrigkeit eines Gesetzes oder eines normativen Akts des Bundes oder eines Staates;

b) bei gemeinen Straftaten des Präsidenten der Republik, des stellvertretenden Präsidenten, der Mitglieder des Nationalkongresses, seiner eigenen Richter und des Generalstaatsanwalts der Republik;

c) bei gemeinen Straftaten und Amtsvergehen der Staatsminister, vorbehaltlich der Regelung in Art. 52 I, der Mitglieder der Obergerichtshöfe, des Rechnungshofes der Union und der Leiter der ständigen diplomatischen Vertretungen;

d) über "habeas-corpus", soweit Betroffener eine der in den vorangegangenen Bestimmungen bezeichneten Personen ist; über Sicherungsverfügungen (mandado de segurança) und "habeas-data" gegen Akte des Präsidenten der Republik, des Präsidiums (mesa) des Abgeordnetenhauses und des Bundessenats, des Rechnungshofs der Union, des Generalstaatsanwalts der Republik und des Obersten Bundesgerichtshofs selbst;

e) über Rechtsstreitigkeiten zwischen einem ausländischen

Staat oder einer internationalen Organisation und der Union, einem Bundesstaat, dem Bundesdistrikt oder einem Territorium;

f) über Streitigkeiten und Konflikte zwischen der Union und den Bundesstaaten, der Union und dem Bundesdistrikt, oder zwischen diesen, einschließlich über Streitigkeiten unter den jeweiligen Organen der indirekten Verwaltung;

g) über einen von einem ausländischen Staat gestellten Auslieferungsantrag;

h) über die Anerkennung (homologação) ausländischer Urteile und die Gewährung des "Exequatur" für Rechtshilfeersuchen; diese Aufgabe kann durch die Geschäftsordnung (regimento interno) seinem Präsidenten übertragen werden;

i) über "habeas-corpus", falls Handelnder oder Betroffener ein Gerichtshof, eine Behörde oder ein Beamter ist, deren Handlungen unmittelbar der Zuständigkeit des Obersten Bundesgerichtshofs unterliegen, oder wenn es sich um eine Straftat handelt, die derselben Zuständigkeit in einziger Instanz unterliegt;

j) über das außerordentliche Rechtsmittel der Überprüfung (revisão criminal) und das Wiederaufnahmeverfahren von eigenen Strafurteilen;

l) über das Begehren nach Einhaltung von Zuständigkeit und Sicherstellung der Autorität seiner Entscheidungen;

m) über die Vollstreckung von Urteilen in Fällen, die seiner originären Zuständigkeit unterliegen, wobei die Delegierung von Befugnissen zur Vornahme von Verfahrenshandlungen freigestellt ist;

n) über Verfahren, die alle Angehörigen der Richterschaft unmittelbar oder mittelbar betreffen, und über solche, in denen mehr als die Hälfte der Mitglieder des an sich zuständigen Gerichtshofs ausgeschlossen oder unmittelbar oder mittelbar betroffen sind;

o) über Kompetenzstreitigkeiten zwischen dem Obergerichtshof der Justiz und anderen Gerichten, zwischen Obergerichtshöfen oder zwischen diesen und anderen Gerichten;

p) über Anträge auf Einstweiligen Rechtsschutz in Direktklagen wegen Verfassungswidrigkeit;

q) über Anträge auf gerichtliche Injunktionsanordnung (mandados de injunção), falls der Erlaß der Ausführungsnorm dem Präsidenten der Republik, dem Nationalkongreß, der Abgeordnetenkammer, dem Bundessenat, den Präsidien (mesas) dieser Gesetzgebenden Häuser, dem Rechnungshof der Union, einem der Obergerichtshöfe oder dem Obersten Bundesgericht selbst obliegt;

II - die Entscheidung im ordentlichen Rechtsmittelverfahren:

a) über "habeas-corpus", Sicherungsverfügungen (mandado de segurança), "habeas-data" und "mandado de injunção", über die in einziger Instanz von den Obergerichtshöfen entschieden wurde, falls deren Entscheidung ablehnend war;

b) über politische Straftaten;

III - die Entscheidung im außerordentlichen Rechtsmittelverfahren gegen in einziger oder letzter Instanz ergangene Urteile, falls diese:

a) eine Vorschrift dieser Verfassung verletzen;
b) ein Abkommen oder ein Gesetz des Bundes für verfassungswidrig erklären;
c) ein Gesetz oder den Akt einer örtlichen Regierung für gültig erklären, deren Gültigkeit unter Berufung auf diese Verfassung angefochten wurde.

Einziger Paragraph. Die Behauptung der Nichteinhaltung einer grundlegenden, sich aus dieser Verfassung ergebenden Vorschrift unterliegt der förmlichen Beurteilung durch den Obersten Bundesgerichtshof.

Art. 103 Klage wegen Verfassungswidrigkeit können erheben:
I - der Präsident der Republik;
II - das Präsidium (mesa) des Bundessenats;
III - das Präsidium des Abgeordnetenhauses;
IV - das Präsidium der Gesetzgebenden Versammlung;
V - die Gouverneure der Staaten;
VI - der Generalstaatsanwalt der Republik;
VII - der Bundesrat der Brasilianischen Anwaltskammer;
VIII - jede politische Partei mit Vertretung im Nationalkongreß.

§ 1 Der Generalstaatsanwalt der Republik ist bei Klagen wegen Verfassungswidrigkeit und in allen Verfahren der Zuständigkeit des Obersten Bundesgerichts vorab zu hören.

§ 2 Wird das Unterlassen einer Maßnahme, die einer Verfassungsnorm Wirksamkeit verleiht, für verfassungswidrig erklärt, so ist davon die für die Vornahme notwendiger Maßnahmen zuständige Gewalt in Kenntnis zu setzen und, falls es sich um ein Verwaltungsorgan handelt, die Durchführung der Maßnahme in 30 Tagen zu besorgen.

§ 3 Falls das Oberste Bundesgericht die Verfassungswidrigkeit einer gesetzlichen Norm oder eines normativen Akts allgemein zu beurteilen hat, lädt es zuvor den Generalanwalt des Bundes, der den angegriffenen Akt oder Text verteidigt.

ABSCHNITT III

Der Obergerichtshof der Justiz

Art. 104 Der Obergerichtshof der Justiz besteht aus wenigstens dreiunddreißig Richtern (ministros).

Einziger Paragraph. Die Richter des Obergerichtshofs der Justiz werden vom Präsidenten der Republik ernannt; sie werden unter Brasilianern ausgewählt, die über herausragende Rechtskenntnisse verfügen, einen untadeligen Ruf genießen, älter als 35 und jünger als 65 Jahre sind. Ihre Auswahl muß vom Bundessenat bestätigt sein. Auszuwählen sind:
I - ein Drittel aus dem Kreis der Richter der Regionalen Bundesgerichte und ein Drittel aus dem Kreis der Richter (Desembargadores) der Justizgerichtshöfe, nach Benennung in einer vom Gerichtshof selbst erstellten Dreierliste;
II - ein Drittel, und zwar zu gleichen Teilen, aus dem Kreis der Rechtsanwälte und der Angehörigen der Staatsanwaltschaften des Bundes, der Staaten, des Bundesdistrikts und der

Territorien, in wechselnder Reihenfolge und durch Benennung gemäß Art. 94.

Art. 105 Dem Obergerichtshof der Justiz obliegt:

I - in originärer Zuständigkeit die Verhandlung und Entscheidung:

a) bei gemeinen Straftaten der Gouverneure der Länder und des Bundesdistrikts, und bei gemeinen Straftaten und Amtsvergehen der Richter der Justizgerichtshöfe der Staaten und des Bundesdistrikts, der Mitglieder der Rechnungshöfe der Staaten und des Bundesdistrikts, der Regionalen Bundesgerichtshöfe, der Regionalen Wahl- und Arbeitsgerichtshöfe, der Mitglieder der Rechnungshöfe oder -räte der Munizipien und der Staatsanwaltschaft der Union, die Aufgaben bei Gerichtshöfen wahrnehmen;

b) über Sicherungsverfügungen (mandados de segurança) und "habeas-data" gegen Akte von Staatsministern oder des Gerichtshofs selbst;

c) über "habeas-corpus", falls Handelnder oder Betroffener eine unter Buchstabe a) bezeichnete Person ist oder falls der Handelnde ein Staatsminister ist, unter Vorbehalt der Zuständigkeit der Wahlgerichtsbarkeit;

d) über Kompetenzstreitigkeiten unter den Gerichtshöfen, mit Ausnahme der im Art. 102 I, Buchstabe o) geregelten Fälle, sowie zwischen einem Gerichtshof und ihm nicht zugeordneten Einzelrichtern und zwischen Einzelrichtern, die verschiedenen Gerichtshöfen zugeordnet sind;

e) über das außerordentliche Rechtsmittel der Überprüfung (revisão criminal) und das Wiederaufnahmeverfahren von eigenen Strafurteilen;

f) über das Begehren nach Einhaltung seiner Zuständigkeit und Sicherstellung der Autorität seiner Entscheidungen;

g) über Kompetenzstreitigkeiten zwischen Verwaltungs- und Gerichtsbehörden der Union, oder zwischen Gerichtsbehörden eines Bundesstaates und Verwaltungsbehörden eines anderen oder des Bundesdistrikts, oder zwischen denen des letzteren und der Union;

h) über Anträge auf Injunktionsanordnung (mandados de injunção), falls der Erlaß der Ausführungsnorm einem Organ, einer Körperschaft oder einer Behörde des Bundes in der direkten oder indirekten Verwaltung obliegt, mit Ausnahme der Fälle, in denen die Zuständigkeit des Obersten Bundesgerichtshofs und der Organe der Militärgerichtsbarkeit, der Wahlgerichtsbarkeit, der Arbeitsgerichtsbarkeit und der Bundesgerichtsbarkeit gegeben ist;

II - die Entscheidung im ordentlichen Rechtsmittelverfahren:

a) über "habeas-corpus"-Anträge, die in einziger oder letzter Instanz von den Regionalen Bundesgerichten oder den Gerichtshöfen der Staaten, des Bundesdistrikts und der Territorien entschieden wurden, falls deren Entscheidung ablehnend war;

b) über Sicherungsverfügungen (mandados de segurança), die in einziger Instanz von den Regionalen Bundesgerichten oder den Gerichtshöfen der Staaten, des Bundesdistrikts und der Territorien entschieden wurden, falls deren Entscheidung ablehnend war;

c) über Rechtsstreitigkeiten, in denen ein ausländischer Staat oder eine internationale Organisation auf der einen Seite und ein Munizip oder eine Person mit Aufenthalt oder Wohnsitz im Inland auf der anderen Seite Parteien sind;

III - die Entscheidung im besonderen Rechtsmittelverfahren über Rechtsstreitigkeiten, die in einziger oder letzter Instanz von den Regionalen Bundesgerichtshöfen oder den Gerichtshöfen der Staaten, des Bundesdistrikts und der Territorien entschieden wurden, falls die angegriffene Entscheidung:

a) einem Abkommen oder Gesetz des Bundes widerspricht oder deren Gültigkeit verneint;

b) ein Gesetz oder einen Akt einer örtlichen Regierung für gültig erklärt, deren Gültigkeit aufgrund eines Bundesgesetzes angefochten wurde;

c) einem Bundesgesetz eine Auslegung gibt, die von der abweicht, die ihm von einem anderen Gericht gegeben wurde.

Einziger Paragraph. Bei dem Obergerichtshof der Justiz arbeitet der Bundesjustizrat (Conselho de Justiça Federal), dem es obliegt, gemäß den gesetzlichen Vorschriften die Verwaltungs- und Finanzaufsicht über die Bundesgerichtsbarkeit erster und zweiter Instanz auszuüben.

ABSCHNITT IV

Die Regionalen Bundesgerichtshöfe und die Bundesrichter

Art. 106 Organe der Bundesgerichtsbarkeit sind`

I - die Regionalen Bundesgerichtshöfe;

II - die Bundesrichter.

Art. 107 Die Regionalen Bundesgerichtshöfe bestehen aus wenigstens sieben Richtern, die, falls möglich, aus der jeweiligen Region berufen werden; sie werden vom Präsidenten der Republik unter Brasilianern im Alter von mehr als dreißig und weniger als fünfundsechzig Jahren ernannt, darunter:

I - ein Fünftel Rechtsanwälte mit über zehnjähriger tatsächlicher Berufsausübung und Mitglieder der Bundesstaatsanwaltschaft mit über zehn Laufbahnjahren;

II - die übrigen mittels Beförderung von Bundesrichtern mit mehr als fünf Dienstjahren unter abwechselnder Berücksichtigung von Dienstalter und Leistung.

Einziger Paragraph. Das Gesetz regelt die Versetzung oder den Austausch von Richtern der Regionalen Bundesgerichtshöfe und legt deren örtliche Zuständigkeit und Sitz fest.

Art. 108 Den Regionalen Bundesgerichtshöfen obliegt:

I - in originärer Zuständigkeit die Verhandlung und Entscheidung:

a) im Verfahren gegen Bundesrichter aus ihrem Zuständigkeitsbereich, einschließlich der Richter der Militärgerichtsbarkeit und der Arbeitsgerichtsbarkeit, wegen gemeiner und Amtsstraftaten, sowie gegen Mitglieder der Staatsanwaltschaft der Union, unter Vorbehalt der Zuständigkeit der Wahlgerichtsbarkeit;

b) über das außerordentliche Rechtsmittel der Überprüfung (revisão criminal) und das Wiederaufnahmeverfahren von eigenen Strafurteilen oder solchen der Bundesrichter der Region;

c) über Sicherungsverfügungen (mandados de segurança) und "habeas-data" gegen Akte des Gerichtshofs selbst oder eines Bundesrichters;

d) über "habeas-corpus", falls die handelnde Behörde ein Bundesrichter ist;

e) über Kompetenzstreitigkeiten unter den dem Gerichtshof zugeordneten Bundesrichtern;

II - die Entscheidung im Rechtsmittelverfahren gegen Urteile, die durch Bundesrichter oder durch staatliche Richter in Ausübung der Bundeskompetenz in ihrem Zuständigkeitsbereich ergangen sind.

Art. 109 Den Bundesrichtern obliegt die Verhandlung und Entscheidung:

I - über Rechtsstreitigkeiten, von denen die Union, eine unabhängige Körperschaft (entidade autárquica) oder ein öffentliches Bundesunternehmen als Kläger, Beklagte, Streithelfer oder Hauptintervenient betroffen sind, mit Ausnahme von Konkursverfahren, Verfahren wegen Arbeitsunfällen und Verfahren, die der Wahl- und der Arbeitsgerichtsbarkeit zugewiesen sind;

II - über Rechtsstreitigkeiten zwischen einem ausländischen Staat oder einer internationalen Organisation und einem Munizip oder einer Person mit Wohnsitz oder Aufenthalt im Inland;

III - über Rechtsstreitigkeiten, die auf Abkommen oder Verträgen der Union mit einem ausländischen Staat oder einer internationalen Organisation beruhen;

IV - über politische Straftaten und Straftaten, die zum Schaden von Gütern, Diensten oder Interessen der Union oder ihrer selbständigen Körperschaften (entitades autárquicas) oder von öffentlichen Unternehmen begangen werden, mit Ausnahme von Übertretungen und unter Vorbehalt der Zuständigkeit der Militär- und Wahlgerichtsbarkeit;

V - über Straftaten aufgrund internationaler Abkommen oder Konventionen, falls nach Beginn der Ausführung im Inland der Erfolg im Ausland eingetreten ist oder hätte eintreten müssen, sowie im umgekehrten Fall;

VI - über Straftaten gegen die Arbeitsordnung und, in den gesetzlich vorgesehenen Fällen, gegen das Finanzsystem und die Wirtschafts- und Finanzordnung;

VII - über "habeas-corpus"-Sachen in ihrem strafrechtlichen Zuständigkeitsbereich oder bei Übergriffen einer Behörde, soweit für diese nicht unmittelbar eine andere Zuständigkeit gegeben ist;

VIII - über Sicherungsverfügungen (mandados de segurança) und über "habeas-data" gegen Akte von Bundesbehörden, ausgenommen in den Fällen, in denen die Zuständigkeit der Bundesgerichtshöfe begründet ist;

IX - über an Bord von Schiffen und Luftfahrzeugen begangene Straftaten, unter Vorbehalt der Zuständigkeit der Militärgerichtsbarkeit;

X - über Straftaten wegen unrechtmäßiger Einreise oder unrechtmäßigen Aufenthalts von Ausländern, über die Vollstreckung von Rechtshilfeersuchen nach Erteilung des "Exequatur" und von ausländischen Urteilen nach der Homologisierung, über Rechtsstreitigkeiten in Fragen der Staatsangehörigkeit, einschließlich diesbezüglicher Wahlrechte, und die Einbürgerung;

XI - Streitigkeiten über Eingeborenenrechte (direitos indigenas).

§ 1 Rechtsstreitigkeiten, in denen die Union Kläger ist, werden in dem Gerichtsbezirk anhängig gemacht, in dem die andere Partei ihren Sitz hat.

§ 2 Gegen die Union gerichtete Rechtsstreitigkeiten können in dem Gerichtsbezirk anhängig gemacht werden, in dem der Kläger seinen Sitz hat, oder in demjenigen, in dem die für die Klage ursächliche Handlung oder Tatsache vorgefallen ist, oder in demjenigen, in dem die Sache belegen ist, oder auch im Bundesdistrikt.

§ 3 Rechtsstreitigkeiten, in denen eine Einrichtung der Sozialversicherung und Versicherte Partei sind, werden in der Ländergerichtsbarkeit am Gerichtsstand des Sitzes des Versicherten oder des Begünstigten immer dann verhandelt und entschieden, wenn der Gerichtsbezirk (comarca) nicht gleichzeitig Sitz eines Spruchkörpers (vara) eines erstinstanzlichen Bundesgerichts ist; ist diese Voraussetzung gegeben, so kann gesetzlich zugelassen werden, daß auch andere Rechtsstreitigkeiten von der Ländergerichtsbarkeit verhandelt und entschieden werden.

§ 4 Im Fall des vorangegangenen Paragraphs führt der Rechtszug immer zum Regionalen Bundesgerichtshof im Zuständigkeitsbereich des erstinstanzlichen Richters.

Art. 110 Jedes Bundesland und der Bundesdistrikt errichten Gerichtsbarkeiten mit Sitz in der jeweiligen Landeshauptstadt und Spruchkörpern (varas) an den gesetzlich vorgesehenen Orten.

Einziger Paragraph. In den Bundesterritorien übernehmen im Rahmen der gesetzlichen Regelungen die Richter der örtlichen Gerichtsbarkeit die Aufgaben und Befugnisse der Bundesrichter.

ABSCHNITT V

Die Arbeitsgerichtshöfe und Arbeitsrichter

Art. 111 Organe der Arbeitsgerichtsbarkeit sind:

I - der Obergerichtshof für Arbeit;

II - die Regionalen Gerichtshöfe für Arbeit;

III - die Arbeitsgerichte (Juntas de Conciliação e Julgamento = Schlichtungs- und Entscheidungskommissionen)

§ 1 Der Obergerichtshof für Arbeit besteht aus siebenundzwanzig unter Brasilianern im Alter von mehr als fünfunddreissig und weniger als fünfundsechzig Jahren ausgewählten Richtern (ministros), die vom Präsidenten der Republik nach Bestätigung durch den Bundessenat ernannt werden, darunter:

I - siebzehn Berufsrichter (togados) auf Lebenszeit, von denen elf unter Berufsrichtern der Arbeitsgerichtsbarkeit, drei unter den Rechtsanwälten und drei unter den Mitgliedern der Staatsanwaltschaft für Arbeit auszuwählen sind;

II - zehn Klassenrichter (juizes classistas - im Sinne von gruppenvertretenden Richtern) auf Zeit mit Vertretung zur Hälfte von Arbeitnehmern und Arbeitgebern.

§ 2 Der Gerichtshof leitet dem Präsidenten der Republik Listen mit drei Namen zu; bei für Rechtsanwälte und Mitglieder der Staatsanwaltschaft bestimmten Stellen sind die Vorschriften des Art. 94 zu beachten, bei für Klassenrichter vorgesehenen Stellen die Benennung durch das Wahlkollegium, das je nach Fall durch die Leitungen der nationalen Arbeitnehmer- oder Arbeitgeberverbandsorganisationen gebildet wird; die drei Vorschläge enthaltenden Listen für die Besetzung der für Berufsrichter der Arbeitsgerichtsbarkeit vorgesehenen Stellen werden von Richtern aufgestellt, die Berufsrichter (ministros togados) auf Lebenszeit sind.

§ 3 Die Zuständigkeit des Obergerichtshofs für Arbeit wird gesetzlich geregelt.

Art. 112 In jedem Bundesstaat und im Bundesdistrikt soll wenigstens ein Regionaler Arbeitsgerichtshof errichtet werden; die Arbeitsgerichte (Juntas de Conciliação e Julgamento) werden durch Gesetz errichtet, mit der Möglichkeit der Übertragung ihrer Aufgaben auf den Amtsrichter (juiz do direito) eines Bezirks, in welchem kein Arbeitsgericht besteht.

Art. 113 Das Gesetz regelt Errichtung, Geschäftsgang, Aufgaben, Garantien und Bedingungen der Amtsausübung der Organe der Arbeitsgerichtsbarkeit unter Wahrung der Parität von Arbeitnehmer- und Arbeitgebervertretern.

Art. 114 Die Arbeitsgerichtsbarkeit ist zuständig für die Schlichtung und Entscheidung von Individual- oder Kollektivstreitigkeiten zwischen Arbeitnehmern und Arbeitgebern, einschließlich der Körperschaften des internationalen öffentlichen Rechts (entes de direito público externo) und der direkten und indirekten öffentlichen Verwaltung der Munizipien, des Bundesdistrikts, der Staaten und der Union, außerdem für die förmliche Schlichtung und Entscheidung sonstiger Streitigkeiten, die sich aus Arbeitsbeziehungen ergeben, sowie solcher Rechtsstreitigkeiten, die sich aufgrund des Vollzugs ihrer eigenen Urteile einschließlich der Kollektiventscheide ergeben.

§ 1 Bei Scheitern der kollektiven Verhandlung können die Parteien Schiedsrichter wählen.

§ 2 Verweigert eine der Parteien die Verhandlung oder das Schiedsverfahren, so steht es den jeweiligen Arbeitsverbänden frei, einen Kollektivrechtsstreit anhängig zu machen; die Arbeitsgerichtsbarkeit kann hierfür Regeln und Bedingungen festsetzen, wobei die tariflichen und gesetzlichen Mindestregelungen für Arbeitsschutz zu wahren sind.

Art. 115 Die Regionalen Arbeitsgerichtshöfe bestehen aus vom Präsidenten der Republik ernannten Richtern, die zu zwei Dritteln Berufsrichter (juizes togados) auf Lebenszeit und zu einem Drittel Klassenrichter (juizes classistas) sind, wobei unter den Berufsrichtern das in Art. 111 § 1, I festgelegte

Verhältnis zu wahren ist.

Einziger Paragraph. Die Richter (magistrados) der Regionalen Arbeitsgerichtshöfe sind:

I - Arbeitsrichter, ausgewählt durch Beförderung nach Maßgabe von Dienstalter oder Leistung;

II - Rechtsanwälte und Mitglieder der Staatsanwaltschaft für Arbeit gemäß der Regelung in Art. 94;

III - Gruppenvertreter (classistas) durch Benennung auf einer Dreiervorschlagsliste der Verbands- und Gewerkschaftsleistungen mit gebietsmäßiger Basis in der Region.

Art. 116 Die Arbeitsgerichte (Juntas de Conciliação e Julgamento) bestehen aus einem Arbeitsrichter als Vorsitzendem und zwei Klassenrichtern (juizes classistas) auf Zeit als Vertretern der Arbeitnehmer und der Arbeitgeber.

Einziger Paragraph. Die Klassenrichter (juizes classistas) bei den Arbeitsgerichten werden vom Präsidenten des Regionalen Arbeitsgerichtshofs im Rahmen der gesetzlichen Vorschriften ernannt, eine wiederholte Ernennung ist zulässig.

Art. 117 Die Amtszeit der Gruppenvertreter beträgt in allen Instanzen drei Jahre.

Einziger Paragraph. Die Gruppenvertreter haben Stellvertreter.

ABSCHNITT VI

Die Wahlgerichte und die Wahlrichter

Art. 118 Organe der Wahlgerichtsbarkeit sind:

I - der Wahlobergerichtshof;

II - die Regionalen Wahlgerichte;

III - die Wahlrichter;

IV - die Wahlausschüsse (juntas eleitorais).

(...)

ABSCHNITT VII

Die Militärgerichtshöfe und die Militärrichter

Art. 122 Organe der Militärgerichtsbarkeit sind:

I - der Militärobergerichtshof;

II - die durch Gesetz errichteten Militärgerichtshöfe und die Militärrichter,

(...)

ABSCHNITT VIII

Die Gerichtshöfe und die Richter der Staaten

Art. 125 Die Staaten richten ihre Gerichtsbarkeit unter Beachtung der in dieser Verfassung festgelegten Grundsätze ein.

§ 1 Die Zuständigkeit der Gerichtshöfe regelt die Staatsverfassung, für das Gerichtsverfassungsgesetz liegt die Initiative beim Justizgerichtshof (Tribunal de Justiça).

§ 2 Den Staaten obliegt es, eine Klagebefugnis zur Feststellung der Verfassungswidrigkeit von Gesetzen oder Normativakten des Staates oder der Gemeinden auf der Grundlage der Staatsverfassung zu schaffen, wobei die Aktivlegitimierung nur eines einzigen Organs unstatthaft ist.

§ 3 Durch Staatsgesetz kann auf Vorschlag des Justizgerichtshofs eine Militärgerichtsbarkeit des Staates errichtet werden, die in erster Instanz aus Justizräten (Conselhos de Justiça) und in zweiter aus dem Justizgerichtshof selbst besteht, oder aus einem Landesmilitärgerichtshof in Staaten, in denen die Truppenstärke der Militärpolizei mehr als zwanzigtausend Mitglieder beträgt.

§ 4 Die Militärgerichtsbarkeit des Staates ist zuständig für die Verhandlung und Entscheidung bei gesetzlich bestimmten Militärstraftaten der Militärpolizisten und Militärfeuerwehrleute; dem zuständigen Gerichtshof obliegt es, über den Stellen- und Patentverlust der Offiziere und der soldatischen Dienstränge zu entscheiden.

Art. 126 Für die Behandlung von bodenrechtlichen Streitigkeiten benennt der Justizgerichtshof Richter einer besonderen Dienststufe mit ausschließlicher Zuständigkeit für Agrarsachen.

Einziger Paragraph. Immer, wenn es das Interesse einer effektiven Rechtspflege erfordert, begibt sich der Richter zum Ort der Auseinandersetzung.

KAPITEL IV

Die Hauptaufgaben der Rechtspflege

ABSCHNITT I

Die Staatsanwaltschaft

Art. 127 Die Staatsanwaltschaft ist eine Einrichtung auf Dauer und für die Rechtsprechungsaufgabe des Staates wesentlich; ihr obliegt die Verteidigung der Rechtsordnung, der demokratischen Ordnung und der unveräußerlichen sozialen und individuellen Interessen.

§ 1 Institutionelle Prinzipien der Staatsanwaltschaft sind Einheit, Unteilbarkeit und funktionale Unabhängigkeit.

§ 2 Die funktionale und administrative Unabhängigkeit der Staatsanwaltschaft ist gewährleistet, sie kann unter Beachtung der Regelung in Art. 169 der Gesetzgebenden Gewalt die Einrichtung und Auflösung ihrer Stellen und Hilfsdienste vorschlagen und diese durch öffentliche Auswahlverfahren (concurso) auf der Grundlage von Prüfungen oder von Prüfungen und Befähigungsnachweisen (títulos) besetzen; Aufbau und Geschäftsgang regelt das Gesetz.

§ 3 Die Staatsanwaltschaft erstellt ihren Haushaltsplan in dem durch durch das Haushaltsrichtliniengesetz festgelegten Rahmen.

Art. 128 Die Staatsanwaltschaft umfaßt:

I - die Staatsanwaltschaft der Union, zu der gehören:

a) die Bundesanwaltschaft;
b) die Staatsanwaltschaft für Arbeit;
c) die Militärstaatsanwaltschaft;
d) die Staatsanwaltschaft des Bundesdistrikts und der Territorien;
II - die Staatsanwaltschaften der Staaten.

§ 1 Der Staatsanwaltschaft der Union steht als Leiter der Generalstaatsanwalt der Republik vor, der durch den Präsidenten der Republik aus dem Kreis der Angehörigen der Laufbahn, die das fünfunddreißigste Lebensjahr vollendet haben, ernannt wird, nachdem sein Name durch die absolute Mehrheit des Bundessenats bestätigt wurde; die Amtszeit beträgt zwei Jahre, erneute Ernennung ist möglich.

§ 2 Die Entlassung des Generalstaatsanwalts der Republik auf Veranlassung des Präsidenten der Republik bedarf der vorherigen Genehmigung durch die absolute Mehrheit des Bundessenats.

§ 3 Die Staatsanwaltschaften der Staaten und des Bundesdistrikts und der Territorien erstellen für die Wahl ihres Generalstaatsanwalts eine Vorschlagsliste mit drei Namen von Laufbahnangehörigen in der vom Gesetz bestimmten Form; dieser wird vom Leiter der Ausführenden Gewalt für eine Amtszeit von zwei Jahren ernannt, erneute Ernennung ist möglich.

§ 4 Die Generalstaatsanwälte der Staaten und des Bundesdistrikts und der Territorien können durch Entscheidung der absoluten Mehrheit der Gesetzgebenden Gewalt gemäß den Bestimmungen des Ergänzungsgesetzes entlassen werden.

§ 5 Ergänzungsgesetze der Union und der Staaten, die von den jeweiligen Generalstaatsanwälten eingebracht werden können, legen Aufbau, Zuständigkeiten und Satzung jeder Staatsanwaltschaft fest, wobei für ihre Mitglieder zu beachten sind:
I - die folgenden Garantien:
a) Stellung auf Lebenszeit nach zweijähriger Amtsausübung; die Stellung kann nur durch rechtskräftiges gerichtliches Urteil für verlustig erklärt werden;
b) Unversetzbarkeit, ausgenommen im öffentlichen Interesse aufgrund einer Entscheidung des zuständigen Kollegialorgans der Staatsanwaltschaft mit den Stimmen von zwei Dritteln seiner Mitglieder unter Gewährleistung einer umfassenden Verteidigung;
c) Unverringerbarkeit der Bezüge, wobei für die Besoldung die Vorschriften der Art. 37 XI, 150 II, 153 III, 153 § 2, I zu beachten sind;
II - die folgenden Verbote:
a) aus irgendeinem Grund oder unter irgendeinem Vorwand Vergütungen, Kostenanteile oder Verfahrensgebühren entgegenzunehmen;
b) den Anwaltsberuf auszuüben;
c) Teilhaber einer Handelsgesellschaft im Sinne des Gesetzes zu sein;
d) ein anderes öffentliches Amt auszuüben, auch nicht im Fall der Beurlaubung; ausgenommen ist die Lehrtätigkeit;

e) parteipolitische Tätigkeiten auszuüben, vorbehaltlich gesetzlich bestimmter Ausnahmen.

Art 129 Institutionelle Aufgaben der Staatsanwaltschaft sind:

I - in Wahrnehmung ihrer ausschließlichen Befugnis die öffentliche Klage (ação penal pública) in der gesetzlich vorgeschriebenen Form zu erheben;

II - die wirksame Achtung vor den Öffentlichen Gewalten und vor Diensten von öffentlicher Bedeutung für die Gewährleistung der verfassungsmäßigen Rechte herzustellen und die notwendigen Maßnahmen für ihren Schutz zu treffen;

III - das zivile Untersuchungsverfahren (inquérito civil) und die Öffentliche Zivilklage (ação civil pública) zum Schutz des staatlichen und gesellschaftlichen Vermögens, der Umwelt und anderer diffuser und kollektiver Interessen zu betreiben;

IV - die Klage auf Feststellung der Verfassungswidrigkeit (ação de inconstitucionalidade) oder die Beschwerde mit dem Ziel der Intervention der Union und der Staaten in den in dieser Verfassung vorgesehenen Fällen zu erheben;

V - vor Gericht die Rechte und Interessen der eingeborenen Bevölkerungen (populações indígenas) zu verteidigen;

VI - in Verwaltungsverfahren, die ihrer Zuständigkeit unterliegen, amtliche Notifikationen über das Erfordernis von Auskünften und Urkunden zu Instruktionszwecken nach Maßgabe des entsprechenden Ergänzungsgesetzes auszustellen;

VII - die äußere Kontrolle über die Tätigkeit der Polizei auszuüben, entsprechend den Bestimmungen des im vorangegangenen Artikel erwähnten Ergänzungsgesetzes;

VIII - Fahndungsmaßnahmen und die Vornahme polizeilicher Ermittlungstätigkeit zu beantragen, sobald die rechtlichen Voraussetzungen im prozessualen Rahmen gegeben sind;

IX - andere ihr übertragene Aufgaben auszuüben, soweit diese mit ihrem gesetzlichen Auftrag vereinbar sind; die gerichtliche Vertretung und die rechtliche Beratung öffentlicher Einrichtungen ist ihr untersagt.

§ 1 Die Prozeßführungsbefugnis der Staatsanwaltschaft für in diesem Artikel vorgesehene Zivilklagen schließt die Prozeßführungsbefugnis Dritter in denselben Fällen entsprechend den Bestimmungen dieser Verfassung und des Gesetzes nicht aus.

§ 2 Die Aufgaben der Staatsanwaltschaft können nur durch Laufbahnangehörige wahrgenommen werden; diese müssen im Gerichtsbezirk (comarca) der jeweiligen Abteilung ihren Wohnsitz haben.

§ 3 Über die Zulassung zur Laufbahn entscheidet ein öffentliches Auswahlverfahren (concurso) aufgrund von Befähigungsnachweisen (títulos) und Prüfungen unter Beteiligung der Brasilianischen Anwaltskammer an seiner Durchführung, wobei die Ernennungen in der Rangfolge der Ergebnisse erfolgen.

§ 4 Auf die Staatsanwaltschaft finden, soweit einschlägig, die Vorschriften in Art. 93 II und VI Anwendung.

Art. 130 Auf die Mitglieder der Staatsanwaltschaft bei den Rechnungshöfen finden die Regelungen dieses Abschnitts über Rechte, Verbote und Amtseinsetzung Anwendung.

ABSCHNITT II

Die Generalanwaltschaft der Union

Art. 131 Die Generalanwaltschaft der Union ist die Einrichtung, die direkt oder durch verbundene Organe die Union gerichtlich und außergerichtlich vertritt; ihr obliegen, gemäß den Vorschriften des verfassungsergänzenden Gesetzes, welches ihren Aufbau und ihren Geschäftsgang regelt, die Aufgaben der rechtlichen Beratung und des juristischen Beistands der Ausführenden Gewalt.

§ 1 Der Generalanwaltschaft der Union steht als Leiter der Generalanwalt der Republik vor, der in freier Auswahl durch den Präsidenten der Republik aus dem Kreise von Bürgern über fünfunddreißig Jahren mit herausragenden Rechtskenntnissen und untadeligem Ruf ernannt wird.

§ 2 Über die Zulassung zu den Eingangsstufen der Laufbahnen in der in diesem Artikel geregelten Einrichtung entscheidet ein öffentliches Auswahlverfahren (concurso) aufgrund von Prüfungen und Befähigungsnachweisen (títulos).

§ 3 Bei der Vollstreckung vollstreckbarer Forderungen (dívida ativa) steuerlicher Art obliegt die Vertretung der Union der Generalprokuratur der Nationalen Finanzverwaltung (Procuradoria-Geral da Fazenda Nacional) entsprechend den gesetzlichen Regelungen.

Art. 132 Die Prokuratoren (procuradores) der Staaten und des Bundesdistrikts üben die gerichtliche Vertretung und den rechtlichen Beistand der jeweiligen Körperschaften des Bundes aus; sie sind im Rahmen von Laufbahnen organisiert; über die Zulassung zu diesen Laufbahnen entscheidet ein öffentliches Auswahlverfahren (concurso) aufgrund von Prüfungen und Befähigungsnachweisen (títulos); die Regelung in Art. 135 ist zu beachten.

ABSCHNITT III

Die Anwaltschaft und die Öffentliche Verteidigungsbehörde

Art. 133 Der Rechtsanwalt ist für die Rechtspflege unerläßlich; für Handlungen und Äußerungen in Ausübung seines Berufs, die sich im Rahmen der Gesetze halten, darf er nicht zur Verantwortung gezogen werden (inviolável).

Art. 134 Die Öffentliche Verteidigungsbehörde (Defensoria Pública) ist eine für die Rechtsprechungsaufgabe des Staates wesentliche Einrichtung, der die juristische Beratung und Verteidigung der Bedürftigen gemäß Art. 5 LXXIV in allen Instanzen obliegt.

Einziger Paragraph. Ein verfassungsergänzendes Gesetz ordnet die Öffentliche Verteidigungsbehörde der Union und des Bundesdistrikts und der Territorien und schreibt allgemeine Regelungen für ihren Aufbau in den Staaten vor, mit Laufbahnstellen, die in der Eingangsstufe durch öffentliches Auswahlverfahren (concurso) aufgrund von Prüfungen und Befähigungsnachweisen (títulos) besetzt werden, wobei ihren Mitgliedern die Unversetzbarkeit zugesichert und die Ausübung des Anwaltsberufs außerhalb der Aufgaben der Einrichtung untersagt ist.

Art. 135 Auf die in diesem Titel geregelten Laufbahnen findet der Grundsatz der Art. 37 XII und Art. 39 § 1 Anwendung.

(...)

TITEL VII

Die Wirtschafts- und Finanzordnung

KAPITEL I

Allgemeine Grundsätze des Wirtschaftslebens

Art. 170 Die Wirtschaftsordnung beruht auf der Förderung der menschlichen Arbeit und der freien Initiative. Sie dient der Aufgabe, jedem, entsprechend den Grundnormen der sozialen Gerechtigkeit und unter Berücksichtigung der folgenden Prinzipien, ein würdiges Dasein zu gewährleisten.

I - nationale Souveränität;

II - Privateigentum;

III - soziale Funktion des Eigentums;

IV - freier Wettbewerb;

V - Schutz des Konsumenten;

VI - Umweltschutz;

VII - Verringerung der regionalen und sozialen Ungleichheiten;

VIII - Anstreben der Vollbeschäftigung;

IX - bevorzugte Behandlung der kleinen brasilianischen Unternehmen mit brasilianischem Kapital.

Einziger Paragraph. Jedem ist die freie Ausübung jedweder wirtschaftlichen Betätigung gewährleistet. Eine behördliche Genehmigung ist, außer in den durch Gesetz vorgesehenen Fällen, nicht erforderlich.

Art. 171 Ein Unternehmen ist

I - brasilianisch, wenn es nach Maßgabe der brasilianischen Gesetze gegründet wurde und sein Geschäftssitz und seine Leitung sich im Lande befinden;

II - brasilianisch mit brasilianischem Kapital, wenn seine tatsächliche Kontrolle in dauernder Form direkt oder indirekt im Land gemeldeten und wohnenden natürlichen Personen oder Körperschaften des inländischen öffentlichen Rechts obliegt. Die tatsächliche Kontrolle eines Unternehmens wird verstanden als der Besitz der Mehrheit des stimmberechtigten Kapitals und die rechtliche und tatsächliche Ausübung der Entscheidungsgewalt bei der Unternehmensführung.

§ 1 Bezüglich der brasilianischen Unternehmen mit brasilianischem Kapital können durch Gesetz

I - vorübergehender besonderer Schutz und vorübergehende besondere Vorteile zur Förderung von als strategisch für die nationale Verteidigung und unentbehrlich zur Entwicklung des Landes erachteten Tätigkeiten gewährt werden;

II - neben anderen Bedingungen Anforderungen festgesetzt werden, falls ein Bereich als unentbehrlich für die nationale technologische Entwicklung betrachtet wird:

a) die Forderung, daß die in Abs. II des "caput" referierte Kontrolle sich auf die technologischen Tätigkeiten des Unternehmens erstreckt, wobei unter Kontrolle die rechtliche und tatsächliche Ausübung der Entscheidungsgewalt bei der Entwicklung oder Übernahme von Technologie verstanden wird;

b) Festlegung der Höhe der prozentualen Beteiligung der im Lande gemeldeten und wohnenden juristischen Personen oder Körperschaften des inländischen öffentlichen Rechts am Kapital dieser Unternehmen.

§ 2 Beim Erwerb von Gütern und Dienstleistungen wird der Staat das brasilianische Unternehmen mit brasilianischem Kapital nach Maßgabe des Gesetzes bevorzugt behandeln.

Art. 172 Durch Gesetz werden die Investitionen ausländischen Kapitals auf der Grundlage des nationalen Interesses geregelt, die Reinvestitionen gefördert und die Bedingungen des Gewinntransfers festgelegt.

Art. 173 Mit Ausnahme der in dieser Verfassung vorgesehenen Fälle ist die direkte Ausübung wirtschaftlicher Tätigkeit durch den Staat nur erlaubt, wenn die Belange der nationalen Sicherheit oder ein relevantes kollektives Interesse, so wie sie im Gesetz festgelegt sind, dies erfordern.

§ 1 Das staatliche Unternehmen, die Gesellschaft mit staatlichen und privaten Kapitalanteilen und andere Körperschaften, die wirtschaftliche Tätigkeiten ausüben, unterliegen den rechtlichen Bestimmungen, die für die privaten Unternehmen gelten, einschließlich der sich daraus ergebenden arbeits- und steuerrechtlichen Verpflichtungen.

§ 2 Eine Gewährung steuerrechtlicher Vorteile für staatliche Unternehmen und Gesellschaften mit staatlicher und privater Kapitalbeteiligung, die sich nicht auch auf den privaten Bereich der Wirtschaft erstrecken, findet nicht statt.

§ 3 Die Beziehungen zwischen den staatlichen Unternehmen, dem Staat und der Gesellschaft werden durch Gesetz geregelt.

§ 4 Durch Gesetz wird der Mißbrauch wirtschaftlicher Macht der auf die Beherrschung der Märkte, die Ausschaltung des Wettbewerbs und die willkürliche Erhöhung der Gewinne zielt, untersagt.

§ 5 Die Haftung der juristischen Person wird durch Gesetz, unabhängig von der persönlichen Haftung ihrer Leiter, bei Verstößen gegen die Wirtschafts- und Finanzordnung und das wirtschaftliche Gemeinwohl durch Strafen, die mit ihrem Wesen als juristische Person vereinbar sind, festgelegt.

Art. 174 Innerhalb seines Aufgabenbereichs der Normierung und Regulierung des Wirtschaftslebens übernimmt der Staat Aufsichts-, Anreiz- und Planungsfunktionen, die die Entwicklung des staatlichen Wirtschaftssektors bestimmen und dem privaten Sektor als Orientierung dienen.

§ 1 Die Richtlinien und Grundlagen der Planung der ausgewogenen nationalen Entwicklung, in der nationale und regionale Entwicklungspläne zusammengeführt werden, werden durch Gesetz bestimmt.

§ 2 Die Bildung von Kooperativen und anderen Formen des Zusammenschlusses wird durch Gesetz unterstützt und gefördert.

§ 3 Die Organisation der Diamantensucher wird unter den Gesichtspunkten des Umweltschutzes und der wirtschaftlich-sozialen Absicherung dieses Berufszweigs staatlich gefördert.

§ 4 Die im vorstehenden Paragraphen erwähnten Kooperativen werden bei der Erteilung von Genehmigungen oder Konzessionen für die Erforschung und Ausbeutung des Bestands und der Fundstellen von Edelsteinen, in den Gebieten, in denen sie tätig sind und in den in Art. 21 XXV dieser Verfassung festgelegten, in der im Gesetz vorgeschriebenen Form bevorzugt.

Art. 175 Dem Staat obliegt in der im Gesetz vorgeschriebenen Form, direkt oder durch Konzession oder Erlaubnis, die nur auf dem Weg öffentlicher Ausschreibung vergeben werden, die Bereitstellung der öffentlichen Dienstleistungen.

Einziger Paragraph. Durch Gesetz werden festgelegt:

I - die rechtliche Ausgestaltung der aufgrund einer staatlichen Konzession oder Erlaubnis im öffentlichen Dienstleistungssektor arbeitenden privaten Unternehmen, der besondere Charakter ihres Vertrages und seiner Verlängerung sowie die Bedingungen des Verfalls, der Überwachung und der Kündigung der Konzession oder der Erlaubnis;

II - die Rechte der Benutzer;

III - die Gebührenpolitik;

IV - die Pflicht, ein angemessenes Niveau der Dienstleistungen aufrechtzuerhalten.

Art. 176 Die Fundstellen von Mineralien, unabhängig davon, ob sie ausgebeutet werden oder nicht, die weiteren mineralischen Ressourcen und das Potential an hydraulischer Energie bilden, zum Zweck ihrer Ausbeutung oder Nutzbarmachung, ein vom Grundeigentum verschiedenes Eigentum und gehören dem Bund. Dem Konzessionär wird das Eigentum an dem Produkt der Ausbeutung oder Nutzbarmachung gewährleistet.

§ 1 Die Erforschung und Ausbeutung mineraler Bodenschätze und die Nutzbarmachung der Potentiale, die in diesem Artikel erwähnt werden, können aus Gründen des nationalen Interesses nur durch Brasilianer oder brasilianische Unternehmen mit brasilianischem Kapital mittels einer Genehmigung oder Konzession des Bundes und in der gesetzlich vorgeschriebenen Form erfolgen. Das Gesetz bestimmt die besonderen Bedingungen, wenn diese Tätigkeiten auf dem Grenzstreifen oder auf indianischem Boden verrichtet werden.

§ 2 Dem Eigentümer des Bodens wird in der gesetzlich vorgeschriebenen Form und Höhe eine Beteiligung am Gewinn aus dem Abbau gewährleistet.

§ 3 Die Genehmigung zur Erforschung wird nur befristet erteilt, und die in diesem Artikel vorgesehenen Genehmigungen und Konzessionen können nicht ohne die Genehmigung der Behörde, durch die sie erteilt wurden, abgetreten oder übertragen werden.

§ 4 Die Nutzbarmachung erneuerbarer Energie geringen Umfangs erfordert keine Genehmigung oder Konzession.

Art. 177 Es sind Bundesmonopol:

I - die Erforschung und Ausbeutung der Vorkommen von Erdöl, Naturgas und anderen flüssigen Wasserstoffkarbiden;

II - die Raffinerie brasilianischen und ausländischen Erdöls;

III - die Ein- und Ausfuhr der Produkte der in den vorhergehenden Absätzen vorgesehenen Tätigkeiten sowie der Grundderivate dieser Produkte;

IV - die Beförderung von Rohöl brasilianischen Ursprungs und der im Land produzierten Grundderivate des Erdöls auf dem Seeweg sowie die Beförderung des Rohöls und seiner Derivate und von Naturgas jedweden Ursprungs mittels Leitungen;

V - die Erforschung, Ausbeutung, Anreicherung und Weiterverarbeitung, die Industrialisierung von und der Handel mit radioaktiven Erzen und Mineralien und ihren Derivaten.

§ 1 Das in diesem Artikel vorgesehene Monopol umfaßt die Risiken und Ergebnisse, die aus den genannten Tätigkeiten resultieren. Eine Beteiligung an der Ausbeutung der Eröl- oder Naturgasvorkommen kann der Bund, mit Ausnahme der Regelung des Art. 20 § 1 dieser Verfassung, in keiner Form, weder in Naturalien noch als Wertbeteiligung, einräumen.

§ 2 Die Beförderung und Benutzung radioaktiven Materials auf brasilianischem Gebiet wird durch Gesetz geregelt.

Art. 178 Ein Gesetz regelt

I - die Beförderungsordnungen in der Luft, zu Lande und zu Wasser;

II - die Vorherrschaft der brasilianischen Reeder und der in Brasilien eingetragenen Schiffe unter brasilianischer Flagge und der Schiffe aus dem Ein- und Ausfuhrland;

III - die lose Warenbeförderung auf dem Wasserweg;

IV - die Benutzung von Fischerei- und anderen Wasserfahrzeugen.

§ 1 Die rechtliche Ausgestaltung des Bereichs des internationalen Beförderungswesens ist, unter Beachtung des Prinzips der Gegenseitigkeit, an die vom Bund geschlossenen Abkommen gebunden.

§ 2 Die Küstenschiffahrt und die Binnenschiffahrt sind, außer in dem gesetzlich geregelten Fall des öffentlichen Bedarfs, brasilianischen Wasserfahrzeugen vorbehalten.

Art. 179 Die Mikro- und die kleinen Unternehmen sind in ihrer gesetzlich definierten Form Gegenstand differenzierter rechtlicher Behandlung durch Bund, Länder, Bundesdistrikt und Gemeinden. Ziel dieses besonderen rechtlichen Status ist die Förderung dieser Unternehmen durch die Vereinfachung ihrer gesellschaftsrechtlichen, steuerlichen, sozialrechtlichen und kreditrechtlichen Verpflichtungen im Wege der gesetzlichen Abschaffung oder Verringerung dieser Verpflichtungen.

Art. 180 Bund, Länder und Gemeinden fördern und unterstützen den Tourismus als Faktor sozialer und wirtschaftlicher Entwicklung.

Art. 181 Wird eine natürliche oder juristische Person mit Wohn- oder Geschäftssitz im Land von einer ausländischen Verwaltungs- oder Justizbehörde zur Heraus- oder Weitergabe einer Urkunde oder einer anderen Information aus dem Geschäftsleben aufgefordert, bedarf diese Heraus- oder Weitergabe der Genehmigung der zuständigen Behörde.

KAPITEL II

Stadtpolitik

Art. 182 Die Stadtentwicklungspolitik, die von den Gemeinden im Rahmen der allgemeinen, im Gesetz festgelegten Richtlinien ausgeführt wird, soll die vollständige Entfaltung der sozialen Funktionen der Stadt vorantreiben und das Wohl ihrer Bürger gewährleisten.

§ 1 Der von der Gemeindekammer verabschiedete umfassende Stadtentwicklungsplan*ist in den Städten mit mehr als 20.000 Einwohnern obligatorisch und stellt das grundlegende Instrument städtischer Entwicklung und städtischen Wachstums dar.

§ 2 Städtisches Eigentum erfüllt seine soziale Funktion, wenn es den im Stadtentwicklungsplan enthaltenen grundlegenden Anforderungen an die Stadtentwicklung entspricht.

§ 3 Die Enteignung städtischer Immobilien erfolgt nur gegen vorherige und gerechte Entschädigung in Geld.

§ 4 Der kommunale Hoheitsträger kann durch ein besonderes Gesetz für ein im kommunalen Entwicklungsplan enthaltenes Gebiet von dem Eigentümer unbebauten, nicht genutzten oder nicht genügend genutzten städtischen Bodens entsprechend der Bestimmungen des Bundesgesetzes verlangen, daß er den Boden in angemessener Weise nutzbar macht. Andernfalls können nacheinander folgende Maßnahmen eingeleitet werden:

I - zwangsweise Parzellierung des Grundstücks und Bebauung;

II - Festsetzung einer zeitlich progressiven Steuer**auf das städtische Gebäude- und Grundstückseigentum;

III - die Enteignung gegen Titel der staatlichen Schuldverschreibung, deren Emission vorher vom Bundessenat genehmigt wurde und die in einem Zeitraum von bis zu zehn Jahren in gleichen und nacheinander erfolgenden jährlichen Raten eingelöst werden können, wobei der Realwert der Entschädigung und die gesetzlichen Zinsen gewährleistet sind.

Art. 183 Derjenige, der ein städtisches Grundstück von bis zu 250 qm ununterbrochen und unangefochten als sein eigenes besitzt und dort seinen oder seiner Familie Wohnsitz aufgeschlagen hat, erwirbt, wenn er nicht gleichzeitig Eigentümer einer anderen Immobilie in der Stadt oder auf dem Land ist,

---

Anmerkung des Übersetzers:

* Dieser Entwicklungsplan ist nicht mit dem Bauleitplan oder dessen erster Stufe, dem Flächennutzungsplan des bundesdeutschen Kommunalrechts, zu verwechseln. Zwar enthält auch der umfassende Stadtentwicklungsplan das Element der beabsichtigten Art der Bodennutzung und Bebauung. Über dieses physisch-territoriale Element hinaus umfaßt er aber auch die Leitplanung für die wirtschaftliche, soziale und institutionelle Entwicklung des Munizips. Vgl. José Afonso da Silva, Direito Urbanístico Brasileiro, São Paulo 1981, S. 173 ff.

**also eine proportional zum Zeitraum der Nicht-Nutzung oder nicht ausreichenden Nutzung ansteigende Steuer das Eigentum an diesem Grundstück.

§ 1 Der Eigentumstitel und die Zession des Nutzungsrechts werden auf die Mann oder die Frau oder beide, unabhängig von ihrem Familienstand, übertragen.

§ 2 Dieses Recht kann demselben Besitzer nicht mehr als einmal zuerkannt werden.

§ 3 Staatliche Immobilien können nicht ersessen werden.

KAPITEL III

Landwirtschafts- und Bodenpolitik und Agrarreform

Art. 184 Es ist Aufgabe des Bundes, landwirtschaftliche Immobilien, die ihre soziale Funktion nicht erfüllen gegen vorherige und gerechte Entschädigung in Titeln der staatlichen Agrarschuldverschreibung mit Realwertgarantieklausel, die ab dem zweiten Jahr nach ihrer Ausstellung einlösbar sind und über deren Benutzung ein Gesetz befindet, zu enteignen.

§ 1 Nützliche und notwendige Verwendungen werden in Geld entschädigt.

§ 2 Das Dekret, welches das soziale Interesse an der Immobilie zum Zweck der Agrarreform erklärt, ermächtigt den Bund zur Einleitung des gerichtlichen Enteignungsverfahrens.

§ 3 Durch ein Ergänzungsgesetz* wird ein besonderes Streitverfahren mit beschleunigtem Verfahrensablauf für den gerichtlichen Enteignungsprozeß eingerichtet.

§ 4 Der Haushaltsplan legt jährlich die Gesamtsumme der staatlichen Agrarschuldverschreibungen sowie den Betrag der für die Agrarreform zur Verfügung stehenden Mittel fest.

§ 5 Auf die Übereignung von zu Zwecken der Agrarreform enteigneten Immobilien sind weder Bundes-, Landes- noch Kommunalsteuern zu entrichten.

Art. 185 Von der Enteignung zu Zwecken der Agrarreform können nicht betroffen werden:

I - der kleine und mittlere landwirtschaftliche Besitz in seiner gesetzlich definierten Form, wenn er den einzigen landwirtschaftlichen Immobilienbesitz des Eigentümers darstellt.

II - produktives Eigentum.

Einziger Paragraph. Durch Gesetz wird dem produktiven Eigentum eine Sonderbehandlung gewährleistet und festgelegt, wie es den Anforderungen bezüglich seiner sozialen Funktion zu entsprechen hat.

Anmerkung des Übersetzers:

* Das Ergänzungsgesetz ist eine besondere Form des Gesetzes, welches nur in den Bereichen erlassen wird, in denen dies ausdrücklich von der Verfassung vorgesehen ist. Nach h.M. steht es hierarchisch über dem einfachen Gesetz. Vgl. Celso Ribeiro Bastos, Curso de Direito Constitucional, São Paulo 1988, S. 163

Art. 186 Der sozialen Funktion ist entsprochen, wenn das landwirtschaftliche Eigentum gleichzeitig, nach gesetzlich festgelegten Kriterien und Anforderungsstufen, den folgenden Erfordernissen genügt:

I - rationale und angemessene Bewirtschaftung;

II - angemessene Benutzung der zur Verfügung stehenden natürlichen Ressourcen und Erhaltung der Umwelt;

III - Beachtung der arbeitsrechtlichen Vorschriften;

IV - wirtschaftliche Nutzung, die dem Wohl von Eigentümern und Arbeitnehmern zuträglich ist.

Art. 187 Die Landwirtschaftspolitik wird in der gesetzlich vorgeschriebenen Form, unter wesentlicher Beteiligung des produktiven Sektors, landwirtschaftliche Produzenten und Arbeitnehmer einbeziehend, des Handels-, des Lagerungs- und des Beförderungssektors geplant und ausgeführt, wobei besondere Beachtung finden:

I - die kredit- und steuerpolitischen Instrumente;

II - die mit den Produktionskosten zu vereinbarenden Preise und die Gewährleistung des Verkaufs der Produkte;

III - die Förderung von Forschung und Technologie;

IV - der Beistand in technischen Fragen und die Ausweitung der landwirtschaftlichen Nutzung (extensão rural);

V - die Landwirtschaftsversicherung;

VI - das Kooperativenwesen;

VII - die Elektrifizierung der Landwirtschaft und die Bewässerung;

VIII - Wohnraum für den Arbeitnehmer in der Landwirtschaft.

§ 1 Die landwirtschaftliche Planung umfaßt die Agroindustrie, den Ackerbau, die Viehzucht, die Fischerei und die Forstwirtschaft.

§ 2 Die Maßnahmen der Landwirtschaftspolitik und der Agrarreform werden aufeinander abgestimmt.

Art. 188 Die Verwendung des staatlichen Grundstückseigentums und der ungenutzten staatlichen Grundstücke* wird auf die Landwirtschaftspolitik und den nationalen Plan der Agrarreform abgestimmt.

§ 1 Die Veräußerung oder wie auch immer geartete Abtretung staatlichen Grundbesitzes mit einer Fläche von mehr als 2500 ha an eine natürliche oder juristische Person bedarf der vorherigen Genehmigung des Nationalkongresses, auch wenn die Abwicklung durch eine zwischengeschaltete Person erfolgt.

§ 2 Die Regelung des vorstehenden Paragraphen ist auf die Abtretung staatlichen Grundbesitzes zu Zwecken der Agrarreform nicht anzuwenden.

Anmerkung des Übersetzers:

* Der im Original enthaltene Begriff der "Terras Devolutas" wurde hier mit "ungenutzte staatliche Grundstücke" übersetzt. Das Institut der Terras Devolutas stellt ein typisch brasilianisches Institut des Immobilienrechts dar. Es stammt aus der Kolonialzeit, bezeichnete ursprünglich die an die portugiesische Krone zurückfallenden, da nicht wirtschaftlich genutzten Grundstücke der portugiesischen Kolonisatoren. Diese Grundstücke waren ihnen vorher, unter anderem mit der Aufla-

Art. 189 Die im Rahmen der Agrarreform von der Landverteilung Begünstigten erhalten Eigentumstitel oder Titel über ihr Nutzungsrecht, die für einen Zeitraum von 10 Jahren unveräusserlich bleiben.

Einziger Paragraph. Der Eigentumstitel oder der Titel über das Benutzungsrecht werden dem Mann oder der Frau oder beiden in der gesetzlich vorgeschriebenen Form und unabhängig von ihrem Familienstand übertragen.

Art. 190 Ein Gesetz regelt und begrenzt den Erwerb oder die Pacht landwirtschaftlichen Eigentums durch eine natürliche oder juristische ausländische Person und legt die Fälle fest, die von einer Genehmigung des Nationalkongresses abhängen.

Art. 191 Derjenige, der, ohne Eigentümer einer Immobilie auf dem Land oder in der Stadt zu sein, für fünf Jahre ununterbrochen und unangefochten auf dem Land ein Grundstück von nicht mehr als 50 ha als sein eigenes besessen, dieses mit seiner eigenen oder seiner Familie Hände Arbeit bewirtschaftet und darauf seinen Wohnsitz eingerichtet hat, erwirbt das Eigentum an diesem Grundstück.

Einziger Paragraph. Staatliche Immobilien können nicht ersessen werden.

KAPITEL IV

Das nationale Finanzsystem

Art. 192 Das nationale Finanzsystem ist in einer die ausgewogene Entwicklung des Landes fördernden und dem Interesse der Allgemeinheit dienenden Weise gegliedert. Das darüber befindende Ergänzungsgesetz regelt unter anderem:

I - die Genehmigung für die Tätigkeit der Finanzinstitute, wobei den staatlichen und privaten Finanzinstituten der Zugang zu allen Instrumenten des Finanzmarktes gewährleistet, ihnen aber die Beteiligung an Tätigkeiten, die in der in diesem Absatz behandelten Genehmigung nicht vorgesehen sind, untersagt ist;

. . . .

(*) ge der baldigen landwirtschaftlichen Nutzung, vom König übereignet worden. Geregelt ist das Institut zuletzt im Gesetz 9760 vom 1946. Im Rahmen der üblichen Dreiteilung der Güter in staatlichem Eigentum in staatliche Güter in Gemeinnutzung, staatliche Güter mit besonderer Nutzung und staatliche Vermögensgüter werden die terras devolutas der letzten Gruppe zugeordnet, unterscheiden sich aber von den anderen Gütern dieser Gruppe dadurch, daß sie von staatlicher Seite völlig ungenutzt sind, also auch nicht verpachtet wurden o.ä. Vgl. z.B. Tupinamba M.C. do Nascimento, Introdução ao Direito Fundiário, Porto Alegre 1985, S. 34. In einem anderen Gesetz, dem Bodenstatut von 1964, wird als die vorrangige Verwendung dieser terras devolutas, die einen guten Teil des brasilianischen Bodens darstellen, ihre Nutzung zur Durchführung der Agrarreform genannt. Gesetz 4504 von 1964, Art. 9 III

II - die Genehmigung und Tätigkeit der Versicherungs-, Vorsorge- und Kapitalisierungsunternehmen sowie die offizielle Aufsichtsbehörde und die die Versicherung dieser Unternehmen übernehmende Behörde;

III - die Bedingungen, unter denen eine ausländische Kapitalbeteiligung an den in den vorstehenden Absätzen behandelten Unternehmen möglich ist. Dabei sind insbesondere zu beachten:

a) die nationalen Interessen;

b) die internationalen Abkommen;

IV - die Organisation, die Tätigkeit und die Aufgaben der Zentralbank und der übrigen staatlichen und privaten Finanzinstitute;

V - die Voraussetzungen für die Ernennung eines Vorstandsmitglieds der Zentralbank und der übrigen Finanzinstitute sowie die Inkompatibilitäten, denen sie nach Ablauf ihrer Amtszeit unterliegen;

VI - die Schaffung eines Fonds oder einer Versicherung zum Schutze des wirtschaftlichen Allgemeinwohls. Durch diesen Fond oder diese Versicherung, an dem oder an der eine Beteiligung mit Bundesmitteln nicht zulässig ist, werden Darlehen, Anlagen und Bankeinlagen bis zu einer bestimmten Höhe gewährleistet;

VII - Regelungen, die die Möglichkeiten der Transferenz von Spareinlagen aus Gebieten mit einem unter dem Bundesdurchschnitt liegenden Einkommen in andere entwickeltere Gebiete einschränken;

VIII - die Tätigkeit von Kreditkooperativen und die Voraussetzungen, unter denen diese die den Finanzinstituten eigenen Arbeits- und Organisationsbedingungen übernehmen können.

§ 1 Die Genehmigung, auf die sich die Absätze I und II beziehen, kann nicht gehandelt werden und ist nicht übertragbar. Die Übertragung der Kontrolle der juristischen Person, der die Genehmigung erteilt wurde, ist zulässig. Die Genehmigung wird unentgeltlich in der Form des Gesetzes über das nationale Finanzsystem an eine juristische Person erteilt, deren Direktoren über technische Befähigung und einen einwandfreien Leumund verfügen müssen und die eine dem Unterfangen entsprechende wirtschaftliche Leistungsfähigkeit nachweist.

§ 2 Die finanziellen Mittel für die unter Bundesverantwortung laufenden regionalen Programme und Projekte werden bei den regionalen Bundesinstituten eingezahlt und von diesen angelegt.

§ 3 Die realen Zinssätze dürfen, unter Einschluß von Kommissionen und allen anderen für die Gewährung eines Darlehens zu zahlenden Vergütungen 12 % im Jahr nicht übersteigen. Die Berechnung von Zinsen oberhalb dieser Grenze wird als Wucher betrachtet und allen seinen Formen nach Maßgabe des Gesetzes bestraft.

TITEL VIII

Die Sozialordnung

KAPITEL I

Allgemeiner Grundsatz

Art. 193 Die soziale Ordnung beruht auf dem Primat der Arbeit. Ihr Ziel sind der soziale Wohlstand und die soziale Gerechtigkeit.

KAPITEL II

Die Sozialfürsorge

ABSCHNITT I

Allgemeine Bestimmungen

Art. 194 Die Sozialfürsorge umfaßt ein zusammenhängendes Ensemble von Maßnahmen des Staats und der Gesellschaft, die darauf zielen, die sich auf Gesundheit, die Sozialversicherung und die Sozialhilfe beziehenden Rechte zu gewährleisten.

Einziger Paragraph. Dem Staat obliegt es, die Sozialfürsorge nach Maßgabe des Gesetzes zu organisieren und an den folgenden Zielsetzungen auszurichten:

I - umfassende Absicherung aller Bürger;

II - Einheitlichkeit und Gleichwertigkeit der Leistungen und Dienstleistungen für die Stadt- und Landbevölkerung;

III - spezialisiertes und umfassendes Angebot an Leistungen und Dienstleistungen;

IV - Verbot der Verringerung des Werts der Leistungen;

V - Gleichheit bezüglich der Art der Kostenbeteiligung;

VI - Diversität der Finanzierungsgrundlagen;

VII - demokratischer und dezentralisierter Charakter der Verwaltung unter Beteiligung der Gemeinschaft, besonders der Arbeitnehmer, Unternehmer und Rentner.

Art. 195 Die Sozialfürsorge wird direkt und indirekt von der gesamten Gesellschaft nach Maßgabe der Gesetze durch Mittel aus den Bundes-, Landes-, Bundesdistrikts- und Gemeindehaushalten und durch folgende Sozialbeiträge finanziert:

I - Beiträge der Arbeitgeber, die auf die Lohn- und Gehaltskosten, den Umsatz und den Gewinn entfallen;

II - Beiträge der Arbeitnehmer;

III - Beiträge auf die Einnahmen aus Glücksspielen.

§ 1 Die für die Sozialfürsorge bestimmten Mittel der Länder, des Bundesdistrikts und der Gemeinden sind Teil der jeweiligen Haushaltspläne, ohne in den Bundeshaushalt überführt zu werden.

§ 2 Der Vorschlag des Budgets der Sozialfürsorge wird von den für Gesundheit, Sozialversicherung und Sozialhilfe zuständigen Organen in gegenseitiger Zusammenarbeit und unter Berücksichtigung der im Haushaltsrahmengesetz enthaltenen Zielsetzungen und Prioritäten ausgearbeitet. Jedem der drei Bereiche ist die Verwaltung seiner Mittel gewährleistet.

§ 3 Die juristische Person, die bezüglich ihrer gesetzlichen Beitragsverpflichtung gegenüber dem System der Sozialfürsorge im Rückstand ist, kann mit dem Staat weder in ein Vertragsverhältnis eintreten noch Steueranreize oder Darlehen erhalten.

§ 4 Durch Gesetz können, unter Beachtung der Regelung in Art. 154 I, andere Finanzierungsquellen mit dem Ziel eingerichtet werden, die Tätigkeiten der Sozialfürsorge aufrechtzuerhalten oder zu erweitern.

§ 5 Keine Leistung oder Dienstleistung der Sozialfürsorge kann ohne die entsprechende Finanzierungsquelle eingerichtet, vergrößert oder ausgedehnt werden.

§ 6 Die in diesem Artikel behandelten Sozialbeiträge können erst nach Ablauf von 90 Tagen nach der Verkündung der sie schaffenden oder modifizierenden Gesetze eingefordert werden. Die Regelung des Art. 150 III findet keine Anwendung.

§ 7 Die im Bereich der Sozialhilfe arbeitenden wohltätigen Vereinigungen sind, soweit sie den gesetzlichen Anforderungen entsprechen, von der Beitragspflicht zur Sozialfürsorge befreit.

§ 8 Landwirtschaftliche Produzenten, "parceiros", "meeiros"* und Pächter sowie Edelsteinsucher und handwerkliche Fischer und ihre jewieligen Ehepartner, die ihren Tätigkeiten ohne ständige Angestellte unter Ausnutzung von in der Familie vorhandenen Arbeitskräften nachgehen, entrichten ihren Beitrag zur Sozialfürsorge in Form eines prozentualen Anteils an dem von ihnen erzielten Umsatz und nehmen die Leistungen nach Maßgabe des Gesetzes in Anspruch.

Anmerkung des Übersetzers:

* "Parceiro", in der wörtlichen Übersetzung "Partner", ist derjenige, der vom Eigentümer des Bodens oder des Viehs diesen zur Bearbeitung bzw. dieses zur Aufzucht und Pflege zur Verfügung gestellt bekommt und als Gegenleistung dem Eigentümer einen festgesetzten Teil des Gewinns abtritt. Die noch stark von der kolonial-feudalen Vergangenheit Brasiliens geprägten "parcerias" sind besonders im Nordosten Brasiliens verbreitet. Sie beschreiben häufig das rechtliche Verhältnis zwischen dem kleinen, landlosen Bauern und dem Großgrundbesitzer. Der "meeiro" ist eine Art "parceiro".)

ABSCHNITT II

Die Gesundheit

Art. 196 Die Gesundheit stellt ein Recht aller und eine Verpflichtung des Staats dar. Sie wird durch eine Sozial- und Wirtschaftspolitik gewährleistet, die darauf abzielt, das Krankheitsrisiko und andere Schadensrisiken zu vermindern und den allgemeinen und gleichen Zugang zu den ihrer Förderung, ihrem Schutz und ihrer Wiederherstellung dienenden Maßnahmen und Dienstleistungen zu ermöglichen.

Art. 197 Die Maßnahmen und Dienstleistungen im Gesundheitsbereich sind von öffentlichem Interesse. Der Staat verfügt nach Maßgabe des Gesetzes über ihre rechtliche Ausgestaltung, Beaufsichtigung und Kontrolle. Sie können direkt vom Staat ausgeführt oder erbracht werden oder von Dritten, auch von natürlichen und juristischen Personen des Privatrechts.

Art. 198 Die Maßnahmen und Dienstleistungen im Gesundheitsbereich sind einander in einem regionalen und hierarchischen Netzsystem zugeordnet und stellen ein einheitliches Ganzes dar, welches nach den folgenden Richtlinien aufgebaut ist:

I - Dezentralisierung, mit einer einzigen Leitung auf jeder Regierungsebene;

II - umfassendes Leistungs- und Dienstleistungsangebot, mit Vorrang für vorbeugende Maßnahmen ohne Vernachlässigung des Bereichs der medizinischen Hilfeleistung;

III - Beteiligung der Gemeinschaft.

Einziger Paragraph. Das einheitliche Gesundheitssystem wird nach Maßgabe des Art. 195 unter anderem mit Sozialfürsorgemitteln des Bundes, der Länder, des Bundesdistrikts und der Gemeinden finanziert.

Art. 199 Der Bereich der gesundheitlichen Hilfeleistungen steht der Privatinitiative offen.

§ 1 Private Institutionen können sich in ergänzender Form am einheitlichen Gesundheitssystem beteiligen. Dessen Richtlinien sind von ihnen zu beachten. Die Beteiligung erfolgt mittels eines öffentlich-rechtlichen Vertrags oder einer Übereinkunft. Philanthropische und andere nicht gewinnorientierte Vereinigungen genießen Vorrang.

§ 2 Die Verwendung öffentlicher Mittel zur Unterstützung oder Subventionierung privater gewinnorientierter Unternehmen ist nicht zulässig.

§ 3 Die direkte oder indirekte Beteiligung von ausländischen Unternehmen oder ausländischem Kapital an gesundheitlichen Hilfeleistungen ist außer in den gesetzlich bestimmten Fällen untersagt.

§ 4 Ein Gesetz bestimmt über die Bedingungen und Voraussetzungen, die die Entnahme von Organen, Stoffen und menschlichen Substanzen zum Zweck der Transplantation sowie das Sammeln, die Verarbeitung und die Transfusion von Blut und seiner Derivate erleichtern. Jede Art des Handels ist verboten.

Art. 200 Aufgabe des einheitlichen Gesundheitssystems ist nach Maßgabe des Gesetzes unter anderem:

I - gesundheitsrelevante Verfahren, Produkte und Substanzen zu kontrollieren und zu beaufsichtigen und an der Herstellung von Medikamenten, Ausrüstungen, immunobiologischen Wirkstoffen und anderen Komponenten teilzunehmen;

II - Maßnahmen zur Wahrung der Volksgesundheit und zur Verhütung und Bekämpfung von Seuchen und zur Fürsorge für die Gesundheit des Arbeitnehmers einzuleiten;

III - über die Ausbildungsbedingungen im Gesundheitsbereich zu verfügen;

IV - an der Formulierung einer Politik der Kanalisierung von Wasser und Abwasser sowie an der Durchführung daraus abgeleiteter Maßnahmen teilzunehmen;

V - in seinem Handlungsbereich die wissenschaftliche und technologische Entwicklung voranzutreiben;

VI - Lebensmittel einschließlich ihres Nährwerts sowie Getränke und Wasser für den menschlichen Verbrauch zu beaufsichtigen und zu überprüfen;

VII - an der Beaufsichtigung und Überprüfung der Produktion, des Transports, der Bewachung und der Benutzung von psychoaktiven, giftigen und radioaktiven Substanzen und Produkten teilzunehmen;

VIII - am Schutz der Umwelt einschließlich der Umwelt am Arbeitsplatz mitzuwirken.

ABSCHNITT III

Die Sozialversicherung

Art. 201 Die Programme der Sozialversicherung erstrecken sich im Wege der Beitragszahlung und nach Maßgabe des Gesetzes auf:

I - Versicherung von Krankheits-, Invaliditäts- und Todesfällen einschließlich der durch Arbeitsunfälle, Alter oder Haft verursachten;

II - Beihilfe zum Unterhalt für abhängige Angehörige des Versicherten mit geringem Einkommen;

III - Schutz der Mutterschaft, besonders der schwangeren Frau;

IV - Schutz des unfreiwillig arbeitslosen Arbeitnehmers;

V - Zahlung einer Pension an den Ehegatten des oder der verstorbenen Versicherten unter Berücksichtigung der Regelungen in § 5 und in Art. 202.

§ 1 Jeder kann durch Beitragszahlungen in der dem Versicherungsprogramm entsprechenden Form an den Leistungen teilzunehmen.

§ 2 Um den realen Wert der Leistungen dauerhaft zu erhalten, ist deren Inflationsangleichung nach Maßgabe der gesetzlich festgelegten Kriterien zu gewährleisten.

§ 3 Alle Löhne und Gehälter, auf die Beitrag gezahlt wurde und die in die Berechnung der Leistung eingehen, werden geldwertberichtigt.

§ 4 Die gewöhnlichen Zahlungen an den Arbeitnehmer sind, unabhängig von ihrem jeweiligen Charakter, in den gesetzlichen Fällen nach Maßgabe des Gesetzes in das dem Beitrag zugrundeliegende Einkommen und damit in den erworbenen Leistungsanspruch einzubeziehen.

§ 5 Keine Leistung, die das der Beitragszahlung zugrundeliegende Einkommen oder das Arbeitseinkommen des Versicherten ersetzt, kann monatlich unter dem gesetzlichen monatlichen Mindestlohn liegen.

§ 6 Die Weihnachtsgratifikation der Rentner und Pensionäre wird auf der Grundlage des Werts der jeweiligen Bezüge im Dezember eines jeden Jahres berechnet.

§ 7 Die Sozialversicherung richtet eine kollektive Versicherung komplementären und freiwilligen Charakters ein, die sich aus zusätzlichen Beitragszahlungen finanzieren wird.

§ 8 Staatliche Unterstützung oder Beihilfe für gewinnorientierte private Sozialversicherungsunternehmen wird nicht gewährleistet.

Art. 202 Die Rente ist im Rahmen des Gesetzes gewährleistet. Wenn die regelmäßige Inflationsangleichung der den Versicherungsbeiträgen zugrundeliegenden Monatsverdienste im Sinne der Erhaltung ihres Realwerts nachgewiesen ist, errechnet sich die Rente aus den letzten 36 für die Beitragszahlung veranschlagten und jeweils monatlich geldwertberichtigten Monatsverdiensten. Der Rentenanspruch besteht unter folgenden Bedingungen:

I - im Alter von 65 Jahren für den Mann und im Alter von 60 Jahren für die Frau, wobei sich die Altersgrenze für Arbeitnehmer beiderlei Geschlechts in der Landwirtschaft und für diejenigen, die ihre berufliche Tätigkeit unter Einbezug der Arbeitskraft anderer Familienmitglieder verrichten, einschließlich der landwirtschaftlichen Produzenten, der Edelsteinsucher und der handwerklichen Fischer, um fünf Jahre reduziert;

II - nach Erreichung von 35 Arbeitsjahren für den Mann und 30 Arbeitsjahren für die Frau oder nach einer geringeren Lebensarbeitszeit, in den gesetzlich bestimmten Fällen einer Arbeit unter besonderen, die Gesundheit oder körperliche Integrität beeinträchtigenden Bedingungen;

III - nach 30 Jahren tatsächlich ausgeübten Lehramts für den Lehrer und nach 25 Jahren für die Lehrerin.

§ 1 Die Möglichkeit einer proportionalen Rente nach 30 Arbeitsjahren für den Mann und 25 Arbeitsjahren für die Frau ist gewährleistet.

§ 2 Zum Erwerb des Rentenanspruchs ist die gegenseitige Anrechnung des Zeitraums der Beitragszahlung in der öffentlichen Verwaltung und in der Privatwirtschaft, auf dem Land und in der Stadt, gewährleistet. In diesem Fall leisten sich die verschiedenen Sozialversicherungssysteme in der gesetzlich bestimmten Weise untereinander Ausgleichszahlungen.

ABSCHNITT IV

Die Sozialhilfe

Art. 203 Die Sozialhilfe wird dem Bedürftigen unabhängig von seiner Beitragszahlung zur Sozialversicherung gewährt. Ihre Aufgaben sind:

I - der Schutz der Familie, der Mutterschaft, der Kindheit, der Jugend und des Alters;

II - der Beistand für bedürftige Kinder und Jugendliche;

III - die Förderung der Integration in den Arbeitsmarkt;

IV - die die Entwicklung oder Neuentwicklung ihrer persönlichen Fähigkeiten unterstützende Arbeit mit Behinderten und ihre Integration in das Gemeinschaftsleben;

V - die Gewährleistung eines monatlichen Mindestbetrags an Behinderte und Alte, die nachweislich für den eigenen Unterhalt nicht aufkommen können und dieser auch durch die Familie nicht gewährleistet werden kann. Die Gewährleistung erfolgt nach Maßgabe des Gesetzes.

Art. 204 Die behördlichen Maßnahmen im Bereich der Sozialhilfe erfolgen unter anderem mit den in Art. 195 vorgesehenen Mitteln aus dem Haushalt der Sozialversicherungen. Das staatliche Handeln in diesem Bereich entspricht folgenden Richtlinien:

I - politisch-administrative Dezentralisierung. Die allgemeine Koordinierung und die Festsetzung allgemeiner Normen ist Aufgabe des Bundes, während die Koordinierung und Ausführung der entsprechenden Programme den Ländern und Gemeinden und den im Bereich Sozialhilfe wirkenden wohltätigen Vereinigungen zufällt;

II - eine auf allen Ebenen erfolgende Beteiligung repräsentativer Organisationen der Bevölkerung an der Ausarbeitung des politischen Rahmens und an der Überwachung des daraus abgeleiteten Handelns.

KAPITEL III

ABSCHNITT II

Kultur

Art. 215 Der Staat garantiert allen die volle Ausübung der kulturellen Rechte sowie den Zugang zu den Quellen der nationalen Kultur; er unterstützt und fördert den Wert der Kultur und die Verbreitung der Kultur in allen ihren Äußerungen.

§ 1 Der Staat schützt die indianischen und afrobrasilianischen Volkskulturen sowie die Kulturen der übrigen Gruppen, die im zivilisatorischen Prozeß der Nation teilhaben.

§ 2 Das Gesetz regelt die Festlegung der Gedenkdaten, die für die einzelnen ethnischen Schichten der Nation von besonders hoher Bedeutung sind.

Art. 216 Der brasilianische Kulturbesitz besteht aus den materiellen und immateriellen Kulturgütern, die im einzelnen oder in ihrem Zusammenhang Eigenart, Leistung und Andenken der verschiedenen Gruppen, die die brasilianische Gesellschaft bilden, verkörpern. Dazu gehören:

I - die Ausdrucksformen;

II - die Schöpfungs-, Werk- und Darstellungsmethoden;

III - die wissenschaftlichen, künstlerischen und technologischen Schöpfungen;

IV - die Werke, Gegenstände, Dokumente, Bauten und sonstige künstlerisch-kulturelle Ausdrucksbereiche;

V - die städtischen Zusammenhänge und Örtlichkeiten von historischem, landschaftlichem, künstlerischem, archäologischem, paläontologischem, ökologischem und wissenschaftlichem Wert.

§ 1 Die Förderung und der Schutz des brasilianischen Kulturbesitzes durch den Staat in Zusammenarbeit mit gesellschaftlichen Einrichtungen erfolgt durch Inventarisierung, Registrierung, Überwachung, Denkmalschutz, Enteignungsmaßnahmen und andere Formen der Erfassung und des Bestandserhalts.

§ 2 Der öffentlichen Verwaltung obliegt laut Gesetz die Leitung der amtlichen Dokumentation und die Einrichtung ihrer Benutzungsmöglichkeiten.

§ 3 Das Gesetz regelt die Fördermöglichkeiten für die Schaffung und Verbreitung von Kulturgütern und -werten.

§ 4 Schädigungen und Gefährdungen des Kulturbesitzes werden nach Maßgabe des Gesetzes bestraft.

§ 5 Unter Denkmalschutz stehen alle Dokumente und Orte der historischen Erinnerung an die alten quilombos (ehemalige Siedlungen von entflohenen Sklaven).

KAPITEL VI

Umwelt

Art. 225 Jeder hat das Recht auf eine ökologisch intakte Umwelt, Gemeingut des Volkes und wesentlich für die gesunde Lebensqualität. Sie für die gegenwärtigen und künftigen Generationen zu schützen und zu erhalten, ist Verpflichtung der öffentlichen Gewalt und der Gemeinschaft.

§ 1 Zur Durchsetzung dieses Rechts obliegt der öffentlichen Gewalt:

I - die Erhaltung und Belebung der wesentlichen ökologischen Kreisläufe sowie der ökologische Umgang mit Arten und Ökosystemen;

II - die Erhaltung der Vielfalt und der Integrität des genetischen Erbgutes des Landes sowie die Kontrolle von Genforschung und -manipulation;

III - die Ausweisung von besonders zu schützenden Territorialräumen und Komponenten in allen Landesteilen zu dem Zweck, alterierende und suprimierende Eingriffe unter Gesetzesvorbehalt zu stellen. Untersagt ist jede Nutzung, die eine den Schutz begründende Eigenart gefährdet;

IV - die gesetzesförmige öffentliche Prüfung der Umweltverträglichkeit für Bauwerke und potentiell erhebliche Umweltbelastungen verursachende Tätigkeit;

V - die Überwachung von Produktion, Kommerzialisierung und Anwendung von das Leben, die Lebensqualität und die Umwelt gefährdenden Techniken, Methoden und Substanzen;

VI - die Förderung von Umwelterziehung auf allen Unterrichtsstufen sowie die öffentliche Bewußtseinsbildung zugunsten des Erhalts der Umwelt;

VII - der Schutz von Flora und Fauna. Gesetzesförmig untersagt sind Praktiken, die ihre ökologische Funktion gefährden, die die Ausrottung von Arten bewirken oder Tiere Qualen aussetzen.

§ 2 Der Abbau von Erzvorkommen verpflichtet zur Sanierung der beschädigten Umwelt in der gesetzlich vorgeschriebenen und von der zuständigen Behörde verlangten technisch sachgemäßen Ausführung.

§ 3 Umweltschädigendes Verhalten von natürlichen oder juristischen Personen wird straf- und ordnungsrechtlich geahndet, unabhängig von der Pflicht zur Sanierung der verursachten Schäden.

§ 4 Der Amazonas-Wald, der Atlantik-Wald, das Küstengebirge, der Pantanal des Mato Grosso und die Küstenzone sind Staatseigentum. Ihre Nutzung erfolgt ebenso wie die Inanspruchnahme der natürlichen Ressourcen in den Formen des Gesetzes unter der Voraussetzung, daß der Umweltschutz gewährleistet ist.

§ 5 Herrenlose oder von den Staaten beanspruchte Gebiete stehen für diskriminierende Maßnahmen zum Schutz natürlicher Ökosysteme nicht zur Verfügung.

§ 6 Der Standort von Kernkraftwerken muß durch Bundesgesetz ausgewiesen werden, andernfalls dürfen sie nicht gebaut werden.

KAPITEL VII

Familie, Kind, Jugend und Alter

Art. 226 Die Familie, Grundlage der Gesellschaft, steht unter dem besonderen Schutz des Staates.

§ 1 Die Ehe ist zivilrechtlicher Natur, die Eheschließung ist unentgeltlich.

§ 2 Die religiöse Ehe hat zivile Wirkung nach Maßgabe des Gesetzes.

§ 3 Mit Wirkung für den Staat und seine Schutzpflicht wird die dauerhafte Verbindung zwischen Mann und Frau als Familieneinheit anerkannt, deren Umwandlung in die Ehe durch Gesetz erleichtert.

§ 4 Als Familieneinheit ist auch die Gemeinschaft eines der Elternteile mit seinen Abkömmlingen anzusehen.

§ 5 Die der ehelichen Gemeinschaft obliegenden Rechte und Pflichten werden von Mann und Frau gemeinsam wahrgenommen.

§ 6 Die zivile Ehe kann durch Scheidung aufgelöst werden. Voraussetzung ist die vorherige förmliche Trennung von länger als einem Jahr in den vom Gesetz bezeichneten Fällen oder die nachgewiesene tatsächliche Trennung von länger als zwei Jahren.

§ 7 Gründend in den Prinzipien der Menschenwürde und der elternschaftlichen Verantwortung steht die Familienplanung in der freien Entscheidung der Eheleute. Dem Staat fällt die Aufgabe zu, zur Wahrnehmung dieses Rechts Mittel der Aufklärung und Wissenschaft bereitzustellen. Unstatthaft ist jede Form der Zwangsausübung von seiten staatlicher oder privater Institutionen.

§ 8 Jedem einzelnen der Familienmitglieder steht die Familienhilfe des Staates in Peron zu. Der Staat trifft Vorkehrungen zum Schutz vor Gewalttätigkeiten im Umkreis der Familie.

Art. 227 Es ist Aufgabe von Familie, Gesellschaft und Staat, dem Kinde und dem Jugendlichen mit absolutem Vorrang das Recht auf Leben, Gesundheit, Ernährung, Erziehung, Freizeit, berufliche Bildung, Kultur, Würde, Achtung, Freiheit, Familien- und Gemeinschaftsleben zu sichern, außerdem sie vor jeder Form von Vernachlässigung, Diskriminierung, Ausbeutung, Gewalt, Grausamkeit und Unterdrückung zu schützen.

§ 1 Der Staat fördert, unter Zulassung der Mitwirkung nichtstaatlicher Einrichtungen, Programme zur umfassenden Gesundheitsfürsorge von Kindern und Jugendlichen nach folgenden Gesichtspunkten:

I - anteilige Verwendung der für die Gesundheitsfürsorge vorgesehenen öffentlichen Mittel für die Mutter-Kind-Hilfe;

II - Einrichtung von Vorsorge- und Spezialbehandlungsprogrammen für körperlich und seelisch-geistig Behinderte sowie von Programmen der sozialen Eingliederung durch Arbeits- und Gemeinschaftstraining für behinderte Jugendliche und erleichterter Zugang zu öffentlichen Mitteln und Dienstleistungen durch psychologische Hilfen und bauliche Maßnahmen.

§ 3 Das Sonderschutzrecht umfaßt folgende Aspekte:

I - Mindestalter von 14 Jahren für die Arbeitserlaubnis unter Beachtung der Bestimmungen in Art. 7 XXXIII;

II - Garantie der Vorsorge- und Arbeitsrechte;

III - Schulbesuchsgarantie für jugendliche Arbeiter;

IV - Garantie der vollständigen und förmlichen Unterrichtung über Eingriffsbefugnisse, der Gleichheit im Prozeß und des technischen Beistands durch beruflich ausgebildetes Personal gemäß den Bestimmungen der Tutelar-Sondergesetzgebung;

V - bei freiheitsentziehenden Maßnahmen die Beachtung der Grundsätze der Kürze und der Exzeptionalität sowie der Achtung vor der besonderen Situation der in der Entwicklung befindlichen Person;

VI - staatliche Anreize zur Förderung der pflegschaftlichen Unterbringung von verwaisten oder verlassenen Kindern und Jugendlichen im Wege von Rechtsberatung, Steuervergünstigungen und Unterstützungszahlungen;

VII - Vorsorge- und spezielle Betreuungsprogramme für rauschmittel- und drogenabhängige Kinder und Jugendliche.

§ 4 Durch Gesetz werden für Mißbrauch, Gewalt und sexuelle Ausbeutung von Kindern und Jugendlichen harte Strafen angedroht.

§ 5 Die Adoption erfolgt durch staatliche Vermittlung nach den Bestimmungen des Gesetzes, welches auch die Fälle und Voraussetzungen der Adoption durch Ausländer regelt.

§ 6 Allen Kindern, ob ehelich oder unehelich geboren oder adoptiert, stehen die gleichen Rechte und Möglichkeiten zu. Jedwede Diskriminierung aufgrund der Herkunft ist unstatthaft.

§ 7 Zur Wahrung der Rechte von Kindern und Jugendlichen findet Art. 204 Anwendung.

Art. 228 Jugendliche bis 18 Jahre sind nicht strafmündig, sie unterstehen den Normen des Sondergesetzes.

Art. 229 Die Eltern sind verpflichtet, minderjährigen Kindern beizustehen und ihre Erziehung zu gewährleisten, sowie es die Verpflichtung der volljährigen Kinder ist, den Eltern im Alter, in Notsituationen oder bei Krankheit zu helfen und Beistand zu leisten.

Art. 230 Die Familie, die Gesellschaft und der Staat sind verpflichtet, den Alten beizustehen, ihnen ihre Teilnahme an der Gemeinschaft zu gewährleisten, ihre Würde und ihr Wohlbefinden zu verteidigen und ihnen das Recht auf Leben zu garantieren.

§ 1 Maßnahmen der Altenhilfe werden vorrangig in deren eigener Wohnstätte durchgeführt.

§ 2 Personen, die das 66. Lebensjahr erreicht oder überschritten haben, ist kostenlose Beförderung in den kollektiven städtischen Transportmitteln gewährleistet.

KAPITEL VIII

Die Indios

Art. 231 Anerkannt werden die soziale Organisation der Indios, ihre Gebräuche, Sprachen, Glauben, Traditionen und die originalen Rechte auf das Land, das sie traditionell in Besitz haben. Der Union (Bund) fällt die Aufgabe zu, die Grenzen der Landbesitze festzulegen (demarcar), alle Güter der Indios zu schützen und ihnen Achtung zu verschaffen.

§ 1 Land in traditionellem Besitz der Indios ist solches, das sie permanent bewohnt haben, das sie zu produktiver Tätiggeit genutzt haben, das notwendig zur Erhaltung der für ihr Wohlergehen unerläßlichen natürlichen Ressourcen ist sowie solches, das nach Maßgabe ihrer Sitten und Gebräuche für ihre physische und kulturelle Reproduktion notwendig ist.

§ 2 Das im traditionellen Besitz der Indios befindliche Land ist zu ihrem dauernden Besitz bestimmt, ihnen ist die ausschließliche Nutznießung der vorhandenen Ressourcen des Bodens, der Flüsse und Seen vorbehalten.

§ 3 Die Nutzung der Wasserressourcen einschließlich der Energiepotentiale, die Erschließung und Ausbeutung der Erzstätten, soweit sie sich auf Indio-Gebiet befinden, dürfen nur mit Genehmigung des Nationalkongresses und nach Anhörung der betroffenen Stämme erfolgen, denen nach Maßgabe des Gesetzes eine Beteiligung an der Schürfausbeute zugesichert wird.

§ 4 Das Land im Sinne dieses Artikels ist unveräußerlich und unverfügbar, und die Rechte an ihm sind unabdingbar.

§ 5 Die Entfernung indigener Gruppen aus ihren Gebieten ist verboten, es sei denn ad referendum des Nationalkongresses im Fall von Katastrophen oder Epidemien, die eine Gefährdung der Bevölkerung darstellen, oder im Hoheitsinteresse des Landes, nach Beratung im Nationalkongreß und unter Zusicherung der Garantie der Rückkehr in die Gebiete, sobald die Gefahrenlage nicht mehr besteht.

§ 6 Nichtig, erloschen und rechtlich wirkungslos sind alle Akte, die Okkupation, Eigentums- und Besitznahme von Land im Sinne dieses Artikels zum Ziel haben oder die Ausbeutung der vorhandenen natürlichen Ressourcen des Bodens, der Flüsse und Seen, vorbehaltlich eines relevanten öffentlichen Interesses der Union (des Bundes) entsprechend den Regelungen eines verfassungsergänzenden Gesetzes, wobei die Nichtigkeit und das Erlöschen kein Entschädigungs- oder Klagerecht gegen die Union (Bund) schafft, ausgenommen im Rahmen des Gesetzes für auf gutgläubigem Besitz beruhende Wertsteigerungen.

Art. 232 Die Indios, ihre Gemeinschaften und Organisationen bilden Einheiten mit Klagerechten zur Verfolgung ihrer Rechte und Interessen bei umfassender Prozeßbeteiligung des Ministerio Público.

CONSTITUIÇÃO

REPÚBLICA FEDERATIVA DO BRASIL

Promulgada em 5 de Outubro de 1988

PREÂMBULO

Nós, representantes do povo brasileiro, reunidos em Assembléia Nacional Constituinte para instituir um Estado Democrático, destinado a assegurar o exercício dos direitos sociais e individuais, a liberdade, a segurança, o bem-estar, o desenvolvimento, a igualdade e a justiça como valores supremos de uma sociedade fraterna, pluralista e sem preconceitos, fundada na harmonia social e comprometida, na ordem internacional, com a solução pacífica das controvérsias, promulgamos, sob a proteção de Deus, a seguinte CONSTITUIÇÃO DA REPÚBLICA FEDERATIVA DO BRASIL.

TÍTULO I

Dos Princípios Fundamentais

Art. 1º A República Federativa do Brasil, formada pela união indissolúvel dos Estados e Municípios e do Distrito Federal, constitui-se em Estado Democrático de Direito e tem como fundamentos:

I – a soberania;

II – a cidadania;

III – a dignidade da pessoa humana;

IV – os valores sociais do trabalho e da livre iniciativa;

V – o pluralismo político.

Parágrafo único. Todo o poder emana do povo, que o exerce por meio de representantes eleitos ou diretamente, nos termos desta Constituição.

Art. 2º São Poderes da União, independentes e harmônicos entre si, o Legislativo, o Executivo e o Judiciário.

Art. 3º Constituem objetivos fundamentais da República Federativa do Brasil:

I – construir uma sociedade livre, justa e solidária;

II – garantir o desenvolvimento nacional;

III – erradicar a pobreza e a marginalização e reduzir as desigualdades sociais e regionais;

IV – promover o bem de todos, sem preconceitos de origem, raça, sexo, cor, idade e quaisquer outras formas de discriminação.

Art. 4º A República Federativa do Brasil rege-se nas suas relações internacionais pelos seguintes princípios:

I – independência nacional;

II – prevalência dos direitos humanos;

III – autodeterminação dos povos;

IV – não-intervenção;

V – igualdade entre os Estados;

VI – defesa da paz;

VII – solução pacífica dos conflitos;

VIII – repúdio ao terrorismo e ao racismo;

IX – cooperação entre os povos para o progresso da humanidade;

X – concessão de asilo político.

Parágrafo único. A República Federativa do Brasil buscará a integração econômica, política, social e cultural dos povos da América Latina, visando à formação de uma comunidade latino-americana de nações.

TÍTULO II

Dos Direitos e Garantias Fundamentais

CAPÍTULO I

DOS DIREITOS E DEVERES INDIVIDUAIS E COLETIVOS

Art. 5º Todos são iguais perante a lei, sem distinção de qualquer natureza, garantindo-se aos brasileiros e aos estrangeiros residentes no País a inviolabilidade do direito à vida, à liberdade, à igualdade, à segurança e à propriedade, nos termos seguintes:

I – homens e mulheres são iguais em direitos e obrigações, nos termos desta Constituição;

II – ninguém será obrigado a fazer ou deixar de fazer alguma coisa senão em virtude de lei;

III – ninguém será submetido a tortura nem a tratamento desumano ou degradante;

IV – é livre a manifestação do pensamento, sendo vedado o anonimato;

V – é assegurado o direito de resposta, proporcional ao agravo, além da indenização por dano material, moral ou à imagem;

VI – é inviolável a liberdade de consciência e de crença, sendo assegurado o livre exercício dos cultos religiosos e garantida, na forma da lei, a proteção aos locais de culto e a suas liturgias;

VII – é assegurada, nos temos da lei, a prestação de assistência religiosa nas entidades civis e militares de internação coletiva;

VIII – ninguém será privado de direitos por motivo de crença religiosa ou de convicção filosófica ou política, salvo se as invocar para eximir-se de obrigação legal a todos imposta e recusar-se a cumprir prestação alternativa, fixada em lei;

IX – é livre a expressão da atividade intelectual, artística, científica e de comunicação, independentemente de censura ou licença;

X – são invioláveis a intimidade, a vida privada, a honra e a imagem das pessoas, assegurado o direito a indenização pelo dano material ou moral decorrente de sua violação;

XI – a casa é asilo inviolável do indivíduo, ninguém nela podendo penetrar sem consentimento do morador, salvo em caso de flagrante delito ou desastre, ou para prestar socorro, ou, durante o dia, por determinação judicial;

XII – é inviolável o sigilo da correspondência e das comunicações telegráficas, de dados e das comunicações telefônicas, salvo, no último caso, por ordem judicial, nas hipóteses e na forma que a lei estabelecer para fins de investigação criminal ou instrução processual penal;

XIII – é livre o exercício de qualquer trabalho, ofício ou profissão, atendidas as qualificações profissionais que a lei estabelecer;

XIV – é assegurado a todos o acesso à informação e resguardado o sigilo da fonte, quando necessário ao exercício profissional;

XV – é livre a locomoção no território nacional em tempo de paz, podendo qualquer pessoa, nos termos da lei, nele entrar, permanecer ou dele sair com seus bens;

XVI – todos podem reunir-se pacificamente, sem armas, em locais abertos ao público, independentemente de autorização, desde que não frustrem outra reunião anteriormente convocada para o mesmo local, sendo apenas exigido prévio aviso à autoridade competente;

XVII – é plena a liberdade de associação para fins lícitos, vedada a de caráter paramilitar;

XVIII – a criação de associações e, na forma da lei, a de cooperativas independem de autorização, sendo vedada a interferência estatal em seu funcionamento;

XIX – as associações só poderão ser compulsoriamente dissolvidas ou ter suas atividades suspensas por decisão judicial, exigindo-se, no primeiro caso, o trânsito em julgado;

XX – ninguém poderá ser compelido a associar-se ou a permanecer associado;

XXI – as entidades associativas, quando expressamente autorizadas, têm legitimidade para representar seus filiados judicial ou extrajudicialmente;

XXII – é garantido o direito de propriedade;

XXIII – a propriedade atenderá a sua função social;

XXIV – a lei estabelecerá o procedimento para desapropriação por necessidade ou utilidade pública, ou por interesse social, mediante justa e prévia indenização em dinheiro, ressalvados os casos previstos nesta Constituição;

XXV – no caso de iminente perigo público, a autoridade competente poderá usar de propriedade particular, assegurada ao proprietário indenização ulterior, se houver dano;

XXVI – a pequena propriedade rural, assim definida em lei. desde que trabalhada pela família, não será objeto de penhora para pagamento de débitos decorrentes de sua atividade produtiva, dispondo a lei sobre os meios de financiar o seu desenvolvimento;

XXVII – aos autores pertence o direito exclusivo de utilização, publicação ou reprodução de suas obras, transmissível aos herdeiros pelo tempo que a lei fixar;

XXVIII – são assegurados, nos temos da lei:

a) a proteção às participações individuais em obras coletivas e à reprodução da imagem e voz humanas, inclusive nas atividades desportivas;

b) o direito de fiscalização do aproveitamento econômico das obras que criarem ou de que participarem aos criadores, aos intérpretes e às respectivas representações sindicais e associativas;

XXIX – a lei assegurará aos autores de inventos industriais privilégio temporário para sua utilização, bem como proteção às criações industriais, à propriedade das marcas, aos nomes de empresas e a outros signos distintivos, tendo em vista o interesse social e o desenvolvimento tecnológico e econômico do País;

XXX – é garantido o direito de herança;

XXXI – a sucessão de bens de estrangeiros situados no País será regulada pela lei brasileira em benefício do cônjuge ou dos filhos brasileiros, sempre que não lhes seja mais favorável a lei pessoal do "de cujus";

XXXII – o Estado promoverá, na forma da lei, a defesa do consumidor;

XXXIII – todos têm direito a receber dos órgãos públicos informações de seu interesse particular, ou de interesse coletivo ou geral, que serão prestadas no prazo da lei, sob pena de responsabilidade, ressalvadas aquelas cujo sigilo seja imprescindível à segurança da sociedade e do Estado;

XXXIV – são a todos assegurados, independentemente do pagamento de taxas:

a) o direito de petição aos Poderes Públicos em defesa de direitos ou contra ilegalidade ou abuso de poder;

b) a obtenção de certidões em repartições públicas, para defesa de direitos e esclarecimento de situações de interesse pessoal;

XXXV – a lei não excluirá da apreciação do Poder Judiciário lesão ou ameaça a direito;

XXXVI – a lei não prejudicará o direito adquirido, o ato jurídico perfeito e a coisa julgada;

XXXVII – não haverá juízo ou tribunal de exceção;

XXXVIII – é reconhecida a instituição do júri, com a organização que lhe der a lei, assegurados:

a) a plenitude de defesa;

b) o sigilo das votações;

c) a soberania dos veredictos;

d) a competência para o julgamento dos crimes dolosos contra a vida;

XXXIX – não há crime sem lei anterior que o defina, nem pena sem prévia cominação legal;

XL – a lei penal não retroagirá, salvo para beneficiar o réu;

XLI – a lei punirá qualquer discriminação atentatória dos direitos e liberdades fundamentais;

XLII – a prática do racismo constitui crime inafiançável e imprescritível, sujeito à pena de reclusão, nos temos da lei;

XLIII – a lei considerará crimes inafiançáveis e insuscetíveis de graça ou anistia a prática da tortura, o tráfico ilícito de entorpecentes e drogas afins, o terrorismo e os definidos como crimes hediondos, por eles respondendo os mandantes, os executores e os que, podendo evitá-los, se omitirem;

XLIV – constitui crime inafiançável e imprescritível a ação de grupos armados, civis ou militares, contra a ordem constitucional e o Estado Democrático;

XLV – nenhuma pena passará da pessoa do condenado, podendo a obrigação de reparar o dano e a decretação do perdimento de bens ser, nos termos da lei, estendidas aos sucessores e contra eles executadas, até o limite do valor do patrimônio transferido;

XLVI – a lei regulará a individualização da pena e adotará, entre outras, as seguintes:

a) privação ou restrição da liberdade;

b) perda de bens;

c) multa;

d) prestação social alternativa;

e) suspensão ou interdição de direitos;

XLVII – não haverá penas:

a) de morte, salvo em caso de guerra declarada, nos termos do art. 84, XIX;

b) de caráter perpétuo;

c) de trabalhos forçados;

d) de banimento;

e) cruéis;

XLVIII – a pena, será cumprida em estabelecimentos distintos, de acordo com a natureza do delito, a idade e o sexo do apenado;

XLIX – é assegurado aos presos o respeito à integridade física e moral;

L – às presidiárias serão asseguradas condições para que possam permanecer com seus filhos durante o período de amamentação;

LI – nenhum brasileiro será extraditado, salvo o naturalizado, em caso de crime comum, praticado antes da naturalização, ou de comprovado envolvimento em tráfico ilícito de entorpecentes e drogas afins, na forma da lei;

LII – não será concedida extradição de estrangeiro por crime político ou de opinião;

LIII – ninguém será processado nem sentenciado senão pela autoridade competente;

LIV – ninguém será privado da liberdade ou de seus bens sem o devido processo legal;

LV – aos litigantes, em processo judicial ou administrativo, e aos acusados em geral são assegurados o contraditório e ampla defesa, com os meios e recursos a ela inerentes;

LVI – são inadmissíveis, no processo, as provas obtidas por meios ilícitos;

LVII – ninguém será considerado culpado até o trânsito em julgado de sentença penal condenatória;

LVIII – o civilmente identificado não será submetido a identificação criminal, salvo nas hipóteses previstas em lei;

LIX – será admitida ação privada nos crimes de ação pública, se esta não for intentada no prazo legal;

LX – a lei só poderá restringir a publicidade dos atos processuais quando a defesa da intimidade ou o interesse social o exigirem;

LXI – ninguém será preso senão em flagrante delito ou por ordem escrita e fundamentada de autoridade judiciária competente, salvo nos casos de transgressão militar ou crime propriamente militar, definidos em lei;

LXII – a prisão de qualquer pessoa e o local onde se encontre serão comunicados imediatamente ao juiz competente e à família do preso ou à pessoa por ele indicada;

LXIII – o preso será informado de seus direitos, entre os quais o de permanecer calado, sendo-lhe assegurada a assistência da família e de advogado;

LXIV – o preso tem direito à identificação dos responsáveis por sua prisão ou por seu interrogatório policial;

LXV – a prisão ilegal será imediatamente relaxada pela autoridade judiciária;

LXVI – ninguém será levado à prisão ou nela mantido, quando a lei admitir a liberdade provisória, com ou sem fiança;

LXVII – não haverá prisão civil por dívida, salvo a do responsável pelo inadimplemento voluntário e inescusável de obrigação alimentícia e a do depositário infiel;

LXVIII – conceder-se-á "habeas-corpus" sempre que alguém sofrer ou se achar ameaçado de sofrer violência ou coação em sua liberdade de locomoção, por ilegalidade ou abuso de poder;

LXIX – conceder-se-á mandado de segurança para proteger direito líquido e certo, não amparado por "habeas-corpus" ou "habeas-data", quando o responsável pela ilegalidade ou abuso de poder for autoridade pública ou agente de pessoa jurídica no exercício de atribuições do Poder Público;

LXX – o mandado de segurança coletivo pode ser impetrado por:

a) partido político com representação no Congresso Nacional;

b) organização sindical, entidade de classe ou associação legalmente constituída e em funcionamento há pelo menos um ano, em defesa dos interesses de seus membros ou associados;

LXXI – conceder-se-á mandado de injunção sempre que a falta de norma regulamentadora torne inviável o exercício dos direitos e liberdades constitucionais e das prerrogativas inerentes à nacionalidade, à soberania e à cidadania;

LXXII – conceder-se-á "habeas-data":

a) para assegurar o conhecimento de informações relativas à pessoa do impetrante, constantes de registros ou bancos de dados de entidades governamentais ou de caráter público;

b) para a retificação de dados, quando não se prefira fazê-lo por processo sigiloso, judicial ou administrativo;

LXXIII – qualquer cidadão é parte legítima para propor ação popular que vise a anular ato lesivo ao patrimônio público ou de entidade de que o Estado participe, à moralidade administrativa, ao meio ambiente e ao patrimônio histórico e cultural, ficando o autor, salvo comprovada má-fé, isento de custas judiciais e do ônus da sucumbência;

LXXIV – o Estado prestará assistência jurídica integral e gratuita aos que comprovarem insuficiência de recursos;

LXXV - o Estado indenizará o condenado por erro judiciário, assim como o que ficar preso além do tempo fixado na sentença;

LXXVI – são gratuitos para os reconhecidamente pobres, na forma da lei:

a) o registro civil de nascimento;

b) a certidão de óbito;

LXXVII – são gratuitas as ações de "habeas-corpus" e "habeas-data", e, na forma da lei, os atos necessários ao exercício da cidadania.

§ 1º As normas definidoras dos direitos e garantias fundamentais têm aplicação imediata.

§ 2º Os direitos e garantias expressos nesta Constituição não excluem outros decorrentes do regime e dos princípios por ela adotados, ou dos tratados internacionais em que a República Federativa do Brasil seja parte.

CAPÍTULO II

DOS DIREITOS SOCIAIS

Art. 6º São direitos sociais a educação, a saúde, o trabalho, o lazer, a segurança, a previdência social, a proteção à maternidade e à infância, a assistência aos desamparados, na forma desta Constituição.

Art. 7º São direitos dos trabalhadores urbanos e rurais, além de outros que visem à melhoria de sua condição social:

I – relação de emprego protegida contra despedida arbitrária ou sem justa causa nos termos de lei complementar, que preverá indenização compensatória, dentre outros direitos;

II – seguro-desemprego, em caso de desemprego involuntário;

III – fundo de garantia do tempo de serviço;

IV – salário mínimo, fixado em lei, nacionalmente unificado, capz de atender a suas necessidades vitais básicas e às de sua família com moradia, alimentação, educação, saúde, lazer, vestuário, higiene, transporte e previdência social, com reajustes periódicos que lhe proeservem o poder aquisitivo, sendo vedada sua vinculação para qualquer fim;

V – piso salarial proporcional à extensão e à complexidade do trabalho;

VI – irredutibilidade do salário, salvo o disposto em convenção ou acordo coletivo;

VII – garantia de salário, nunca inferior ao mínimo, para os que percebem remuneração variável;

VIII – décimo terceiro salário com base na remuneração integral ou no valor da aposentadoria;

IX – remuneração do trabalho noturno superior à do diurno;

X – proteção do salário na forma da lei, constituindo crime sua retenção dolosa;

XI – participação nos lucros, ou resultados, desvinculada da remuneração, e, excepcionalmente, participação na gestão da empresa, conforme definido em lei;

XII – salário-família para os seus dependentes;

XIII – duração do trabalho normal não superior a oito horas diárias e quarenta e quatro semanais, facultada a compensação de horários e a redução da jornada, mediante acordo ou convenção coletiva de trabalho;

XIV – jornada de seis horas para o trabalho realizado em turnos ininterruptos de revezamento, salvo negociação coletiva;

XV – repouso semanal remunerado, preferencialmente aos domingos;

XVI – remuneração do serviço extraordinário superior, no mínimo, em cinqüenta por cento à do normal;

XVII – gozo de férias anuais remuneradas com, pelo menos, um terço a mais do que o salário normal;

XVIII – licença à gestante, sem prejuízo do emprego e do salário, com a duração de cento e vinte dias;

XIX – licença-paternidade, nos termos fixados em lei;

XX – proteção do mercado de trabalho da mulher, mediante incentivos específicos, nos termos da lei;

XXI – aviso prévio proporcional ao tempo de serviço, sendo no mínimo de trinta dias, nos termos da lei;

XXII – redução dos riscos inerentes ao trabalho, por meio de normas de saúde, higiene e segurança;

XXIII – adicional de remuneração para as atividades penosas, insalubres ou perigosas, na forma da lei;

XXIV – aposentadoria;

XXV – assistência gratuita aos filhos e dependentes desde o nascimento até seis anos de idade em creches e pré-escolas;

XXVI – reconhecimento das convenções e acordos coletivos de trabalho;

XXVII – proteção em face da automação, na forma da lei;

XXVIII – seguro contra acidentes de trabalho, a cargo do empregador, sem excluir a indenização a que este está obrigado, quando incorrer em dolo ou culpa;

XXIX – ação, quanto a créditos resultantes das relações de trabalho, com prazo prescricional de:

a) cinco anos para o trabalhador urbano, até o limite de dois anos após a extinção do contrato;

b) até dois anos após a extinção do contrato, para o trabalhador rural;

XXX – proibição de diferença de salários, de exercício de funções e de critério de admissão por motivo de sexo, idade, cor ou estado civil;

XXXI – proibição de qualquer discriminação no tocante a salário e critérios de admissão do trabalhador portador de deficiência;

XXXII – proibição de distinção entre trabalho manual, técnico e intelectual ou entre os profissionais respectivos;

XXXIII – proibição de trabalho noturno, perigoso ou insalubre aos menores de dezoito e de qualquer trabalho a menores de quatorze anos, salvo na condição de aprendiz;

XXXIV – igualdade de direitos entre o trabalhador com vínculo empregatício permanente e o trabalhador avulso.

Parágrafo único. São assegurados à categoria dos trabalhadores domésticos os direitos previstos nos incisos IV, VI, VIII, XV, XVII, XVIII, XIX, XXI e XXIV, bem como a sua integração à previdência social.

Art. 8º É livre a associação profissional ou sindical, observado o seguinte:

I – a lei não poderá exigir autorização do Estado para a fundação de sindicato, ressalvado o registro no órgão competente, vedadas ao Poder Público a interferência e a intervenção na organização sindical;

II – é vedada a criação de mais de uma organização sindical, em qualquer grau, representativa de categoria p ofissional ou econômica, na mesma base territorial, que será definida pelos trabalhadores ou empregadores interessados, não podendo ser inferior à área de um Município;

III – ao sindicato cabe a defesa dos direitos e interesses coletivos ou individuais da categoria, inclusive em questões judiciais ou administrativas;

IV – a assembléia geral fixará a contribuição que, em se tratando de categoria profissional, será descontada em folha, para custeio do sistema confederativo da representação sindical respectiva, independentemente da contribuição prevista em lei;

V – ninguém será obrigado a filiar-se ou a manter-se filiado a sindicato;

VI – é obrigatória a participação dos sindicatos nas negociações coletivas de trabalho;

VII – o aposentado filiado tem direito a votar e ser votado nas organizações sindicais;

VIII – é vedada a dispensa do empregado sindicalizado a partir do registro da candidatura a cargo de direção ou representação sindical e, se eleito, ainda que suplente, até um ano após o final do mandato, salvo se cometer falta grave nos termos da lei.

Parágrafo único. As disposições deste artigo aplicam-se à organização de sindicatos rurais e de colônias de pescadores, atendidas as condições que a lei estabelecer.

Art. 9º É assegurado o direito de greve, competindo aos trabalhadores decidir sobre a oportunidade de exercê-lo e sobre os interesses que devam por meio dele defender.

§ 1º A lei definirá os serviços ou atividades essenciais e disporá sobre o atendimento das necessidades inadiáveis da comunidade.

§ 2º Os abusos cometidos sujeitam os responsáveis às penas da lei.

Art. 10. É assegurada a participação dos trabalhadores e empregadores nos colegiados dos órgãos públicos em que seus interesses profissionais ou previdenciários sejam objeto de discussão e deliberação.

Art. 11. Nas empresas de mais de duzentos empregados, é assegurada a eleição de um representante destes com a finalidade exclusiva de promover-lhes o entendimento direto com os empregadores.

CAPÍTULO III

DA NACIONALIDADE

Art. 12. São brasileiros:

I – natos:

a) os nascidos na República Federativa do Brasil, ainda que de pais estrangeiros, desde que estes não estejam a serviço de seu país;

b) os nascidos no estrangeiro, de pai brasileiro ou mãe brasileira, desde que qualquer deles esteja a serviço da República Federativa do Brasil;

c) os nascidos no estrangeiro, de pai brasileiro ou mãe brasileira, desde que sejam registrados em repartição brasileira competente, ou venham a residir na República Federativa do Brasil antes da maioridade e, alcançada esta, optem em qualquer tempo pela nacionalidade brasileira;

II – naturalizados:

a) os que, na forma da lei, adquiram a nacionalidade brasileira, exigidas aos originários de países de língua portuguesa apenas residência por um ano ininterrupto e idoneidade moral;

b) os estrangeiros de qualquer nacionalidade, residentes na República Federativa do Brasil há mais de trinta anos ininterruptos e sem condenação penal, desde que requeiram a nacionalidade brasileira.

§ 1º Aos portugueses com residência permanente no País, se houver reciprocidade em favor dos brasileiros, serão atribuídos os direitos inerentes ao brasileiro nato, salvo os casos previstos nesta Constituição.

§ 2º A lei não poderá estabelecer distinção entre brasileiros natos e naturalizados, salvo nos casos previstos nesta Constituição.

§ 3º São privativos de brasileiro nato os cargos:

I – de Presidente e Vice-Presidente da República;

II – de Presidente da Câmara dos Deputados;

III – de Presidente do Senado Federal;

IV – de Ministro do Supremo Tribunal Federal;

V – da carreira diplomática;

VI – de oficial das Forças Armadas.

§ 4º Será declarada a perda da nacionalidade do brasileiro que:

I – tiver cancelada sua naturalização, por sentença judicial, em virtude de atividade nociva ao interesse nacional;

II – adquirir outra nacionalidade por naturalização voluntária.

Art. 13. A língua portuguesa é o idioma oficial da República Federativa do Brasil.

§ 1º São símbolos da República Federativa do Brasil a bandeira, o hino, as armas e o selo nacionais.

§ 2º Os Estados, o Distrito Federal e os Municípios poderão ter símbolos próprios.

CAPÍTULO IV
DOS DIREITOS POLÍTICOS

Art. 14. A soberania popular será exercida pelo sufrágio universal e pelo voto direto e secreto, com valor igual para todos, e, nos termos da lei, mediante:

I – plebiscito;
II – referendo;
III – iniciativa popular.

§ 1º O alistamento eleitoral e o voto são:
I – obrigatórios para os maiores de dezoito anos;
II – facultativos para:
a) os analfabetos;
b) os maiores de setenta anos;
c) os maiores de dezesseis e menores de dezoito anos.

§ 2º Não podem alistar-se como eleitores os estrangeiros e, durante o período do serviço militar obrigatório, os conscritos.

§ 3º São condições de elegibilidade, na forma da lei:
I – a nacionalidade brasileira;
II – o pleno exercício dos direitos políticos;
III – o alistamento eleitoral;
IV – o domicílio eleitoral na circunscrição;
V – a filiação partidária;
VI – a idade mínima de:
a) trinta e cinco anos para Presidente e Vice-Presidente da República e Senador;
b) trinta anos para Governador e Vice-Governador de Estado e do Distrito Federal;
c) Vinte e ùm anos para Deputado Federal, Deputado Estadual ou Distrital, Prefeito, Vice-Prefeito e juiz de paz;
d) dezoito anos para Vereador.

§ 4º São inelegíveis os inalistáveis e os analfabetos.

§ 5º São inelegíveis para os mesmos cargos, no período subseqüente, o Presidente da República, os Governadores de Estado e do Distrito Federal, os Prefeitos e quem os houver sucedido, ou substituído nos seis meses anteriores ao pleito.

§ 6º Para concorrerem a outros cargos, o Presidente da República, os Governadores de Estado e do Distrito Federal e os Prefeitos devem renunciar aos respectivos mandatos até seis meses antes do pleito.

§ 7º São inelegíveis, no território de jurisdição do titular, o cônjuge e os parentes consangüíneos ou afins, até o segundo grau ou por adoção, do Presidente da República, de Governador de Estado ou Território, do Distrito Federal, de Prefeito ou de quem os haja substituído dentro dos seis meses anteriores ao pleito, salvo se já titular de mandato eletivo e candidato à reeleição.

§ 8º O militar alistável é elegível, atendidas as seguintes condições:
I – se contar menos de dez anos de serviço, deverá afastar-se da atividade;
II – se contar mais de dez anos de serviço, será agregado pela autoridade superior e, se eleito, passará automaticamente, no ato da diplomação, para a inatividade.

§ 9º Lei complementar estabelecerá outros casos de inelegibilidade e os prazos de sua cessação, a fim de proteger a normalidade e legitimidade das eleições contra a influência do poder econômico ou o abuso do exercício de função, cargo ou emprego na administração direta ou indireta.

§ 10º O mandato eletivo poderá ser impugnado ante a Justiça Eleitoral no prazo de quinze dias contados da diplomação, instruída a ação com provas de abuso do poder econômico, corrupção ou fraude.

§ 11. A ação de impugnação de mandato tramitará em segredo de justiça, respondendo o autor, na forma da lei, se temerária ou de manifesta má-fé.

Art. 15. É vedada a cassação de direitos políticos, cuja perda ou suspensão só se dará nos casos de:
I – cancelamento da naturalização por sentença transitada em julgado;
II – incapacidade civil absoluta;
III – condenação criminal transitada em julgado, enquanto durarem seus efeitos;
IV – recusa de cumprir obrigação a todos imposta ou prestação alternativa, nos termos do art. 5º, VIII;
V – improbidade administrativa, nos termos do art. 37, § 4º.

Art. 16. A lei que alterar o processo eleitoral só entrará em vigor um ano após sua promulgação.

CAPÍTULO V
DOS PARTIDOS POLÍTICOS

Art. 17. É livre a criação, fusão, incorporação e extinção de partidos políticos, resguardados a soberania nacional, o regime democrático, o pluripartidarismo, os direitos fundamentais da pessoa humana e observados os seguintes preceitos:
I – caráter nacional;
II– proibição de recebimento de recursos financeiros de entidade ou governo estrangeiros ou de subordinação a estes;
III – prestação de contas à Justiça Eleitoral;
IV – funcionamento parlamentar de acordo com a lei.

§ 1º É assegurada aos partidos políticos autonomia para definir sua estrutura interna, organização e funcionamento, devendo seus estatutos estabelecer normas de fidelidade e disciplina partidárias.

§ 2º Os partidos políticos, após adquirirem personalidade jurídica, na forma da lei civil, registrarão seus estatutos no Tribunal Superior Eleitoral.

§ 3º Os partidos políticos têm direito a recursos do fundo partidário e acesso gratuito ao rádio e à televisão, na forma da lei.

§ 4º É vedada a utilização pelos partidos políticos de organização paramilitar.

TÍTULO III
Da Organização do Estado

CAPÍTULO I
DA ORGANIZAÇÃO POLÍTICO-ADMINISTRATIVA

Art. 18. A organização político-administrativa da República Federativa do Brasil compreende a União, os Estados, o Distrito Federal e os Municípios, todos autônomos, nos termos desta Constituição.

§ 1º Brasília é a Capital Federal.

§ 2º Os Territórios Federais integram a União, e sua criação, transformação em Estado ou reintegração ao Estado de origem serão reguladas em lei complementar.

§ 3º Os Estados podem incorporar-se entre si, subdividir-se ou desmembrar-se para se anexarem a outros, ou formarem novos Estados ou Territórios Federais, mediante aprovação da população diretamente interessada, através de plebiscito, e do Congresso Nacional, por lei complementar.

§ 4º A criação, a incorporação, a fusão e o desmembramento de Municípios preservação a continuidade e a unidade histórico-cultural do ambiente urbano, far-se-ão por lei estadual, obedecidos os requisitos previstos em lei complementar estadual, e dependerão de consulta prévia, mediante plebiscito, às populações diretamente interessadas.

Art. 19. É vedado à União, aos Estados, ao Distrito Federal e aos Municípios:
I – estabelecer cultos religiosos ou igrejas, subvencioná-los, embaraçar-lhes o funcionamento ou manter com eles ou seus representantes relações de dependência ou aliança, ressalvada, na forma da lei, a colaboração de interesse público;
II – recusar fé aos documentos públicos;
III – criar distinções entre brasileiros ou preferências entre si.

CAPÍTULO II
DA UNIÃO

Art. 20. São bens da União:
I – os que atualmente lhe pertencem e os que lhe vierem a ser atribuídos;
II – as terras devolutas indispensáveis à defesa das fronteiras, das fortificações e construções militares, das vias federais de comunicação e à preservação ambiental, definidas em lei;
III – os lagos, rios e quaisquer correntes de água em terrenos de seu domínio, ou que banhem mais de um Estado, sirvam de limites com outros países, ou se estendam a território estrangeiro ou dele provenham, bem como os terrenos marginais e as praias fluviais;
IV – as ilhas fluviais e lacustres nas zonas limítrofes com outros países; as praias marítimas; as ilhas oceânicas e as costeiras, excluídas, destas, as áreas referidas no art. 26, II;
V – os recursos naturais da plataforma continental e da zona econômica exclusiva;
VI – o mar territorial;
VII – os terrenos de marinha e seus acrescidos;
VIII – os potenciais de energia hidráulica;
IX – os recursos minerais, inclusive os do subsolo;
X – as cavidades naturais subterrâneas e os sítios arqueológicos e pré-históricos;
XI – as terras tradicionalmente ocupadas pelos índios.

§ 1º É assegurada, nos termos da lei, aos Estados, ao Distrito Federal e aos Municípios, bem como a órgãos da administração direta da União, participação no resultado da exploração de petróleo ou gás natural, de recursos hídricos para fins de geração de energia elétrica e de outros recursos minerais no respectivo território, plataforma continental, mar territorial ou zona econômica exclusiva, ou compensação financeira por essa exploração.

§ 2º A faixa de até cento e cinqüenta quilômetros de largura, ao longo das fronteiras terrestres, designada como faixa de fronteira, é considerada fundamental para defesa do território nacional, e sua ocupação e utilização serão reguladas em lei.

Art. 21. Compete à União:

I – manter relações com Estados estrangeiros e participar de organizações internacionais;

II – declarar a guerra e celebrar a paz;

III – assegurar a defesa nacional;

IV – permitir, nos casos previstos em lei complementar, que forças estrangeiras transitem pelo território nacional ou nele permaneçam temporariamente;

V – decretar o estado de sítio, o estado de defesa e a intervenção federal;

VI – autorizar e fiscalizar a produção e o comércio de material bélico;

VII – emitir moeda;

VIII – administrar as reservas cambiais do País e fiscalizar as operações de natureza financeira, especialmente as de crédito, câmbio e capitalização, bem como as de seguros e de previdência privada;

IX – elaborar e executar planos nacionais e regionais de ordenação do território e de desenvolvimento econômico e social;

X – manter o serviço postal e o correio aéreo nacional;

XI – explorar, diretamente ou mediante concessão a empresas sob controle acionário estatal, os serviços telefônicos, telegráficos, de transmissão de dados e demais serviços públicos de telecomunicações, assegurada a prestação de serviços de informações por entidades de direito privado através da rede pública de telecomunicações explorada pela União;

XII – explorar, diretamente ou mediante autorização, concessão ou permissão;

a) os serviços de radiodifusão sonora, de sons e imagens e demais serviços de telecomunicações;

b) os serviços e instalações de energia elétrica e o aproveitamento energético dos cursos de água, em articulação com os Estados onde se situam os potenciais hidroenergéticos;

c) a navegação aérea, aeroespacial e a infra-estrutura aeroportuária;

d) os serviços de transporte ferroviário e aquaviário entre portos brasileiros e fronteiras nacionais, ou que transponham os limites de Estado ou Território;

e) os serviços de transporte rodoviário interestadual e internacional de passageiros;

f) os portos marítimos, fluviais e lacustres;

XIII – organizar e manter o Poder Judiciário, o Ministério Público e a Defensoria Pública do Distrito Federal e dos Territórios;

XIV – organizar e manter a polícia federal, a polícia rodoviária e a ferroviária federais, bem como a polícia civil, a polícia militar e o corpo de bombeiros militar do Distrito Federal e dos Territórios;

XV – organizar e manter os serviços oficiais de estatística, geografia, geologia e cartografia de âmbito nacional;

XVI – exercer a classificação, para efeito indicativo, de diversões públicas e de programas de rádio e televisão;

XVII – conceder anistia;

XVIII – planejar e promover a defesa permanente contra as calamidades públicas, especialmente as secas e as inundações;

XIX – instituir sistema nacional de gerenciamento de recursos hídricos e definir critérios de outorga de direitos de seu uso;

XX – instituir diretrizes para o desenvolvimento urbano, inclusive habitação, saneamento básico e transportes urbanos;

XXI – estabelecer princípios e diretrizes para o sistema nacional de viação;

XXII – executar os serviços de polícia marítima, aérea e de fronteira;

XXIII – explorar os serviços e instalações nucleares de qualquer natureza e exercer monopólio estatal sobre a pesquisa, a lavra, o enriquecimento e reprocessamento, a industrialização e o comércio de minérios nucleares e seus derivados, atendidos os seguintes princípios e condições:

a) toda atividade nuclear em território nacional somente será admitida para fins pacíficos e mediante aprovação do Congresso Nacional;

b) sob regime de concessão ou permissão, é autorizada a utilização de radioisótopos para a pesquisa e usos medicinais, agrícolas, industriais e atividades análogas;

c) a responsabilidade civil por danos nucleares independe da existência de culpa;

XXIV – organizar, manter e executar a inspeção do trabalho;

XXV – estabelecer as áreas e as condições para o exercício da atividade de garimpagem, em forma associativa.

Art. 22. Compete privativamente à União legislar sobre:

I – direito civil, comercial, penal, processual, eleitoral, agrário, marítimo, aeronáutico, espacial e do trabalho;

II – desapropriação;

III – requisições civis e militares, em caso de iminente perigo e em tempo de guerra;

IV – águas, energia, informática, telecomunicações e radiodifusão;

V – serviço postal;

VI – sistema monetário e de medidas, títulos e garantias dos metais;

VII – política de crédito, câmbio, seguros e transferência de valores;

VIII – comércio exterior e interestadual;

IX – diretrizes da política nacional de transportes;

X – regime dos portos, navegação lacustre, fluvial, marítima, aérea e aeroespacial;

XI – trânsito e transporte;

XII – jazidas, minas, outros recursos minerais e metalurgia;

XIII – nacionalidade, cidadania e naturalização;

XIV – populações indígenas;

XV – emigração e imigração, entrada, extradição e expulsão de estrangeiros;

XVI – organização do sistema nacional de emprego e condições para o exercício de profissões;

XVII – organização judiciária, do Ministério Público e da Defensoria Pública do Distrito Federal e dos Territórios, bem como organização administrativa destes;

XVIII – sistema estatístico, sistema cartográfico e de geologia nacionais;

XIX – sistemas de poupança, captação e garantia da poupança popular;

XX – sistemas de consórcios e sorteios;

XXI – normas gerais de organização, efetivos, material bélico, garantias, convocação e mobilização das polícias militares e corpos de bombeiros militares;

XXII – competência da polícia federal e das polícias rodoviária e ferroviária federais;

XXIII – seguridade social;

XXIV – diretrizes e bases da educação nacional;

XXV – registros públicos;

XXVI – atividades nucleares de qualquer natureza;

XXVII – normas gerais de licitação e contratação em todas as modalidades, para a administração pública, direta e indireta, incluídas as fundações instituídas e mantidas pelo Poder Público, nas diversas esferas de governo, e empresas sob seu controle;

XXVIII – defesa territorial, defesa aeroespacial, defesa marítima, defesa civil e mobilização nacional;

XXIX – propaganda comercial.

Parágrafo único. Lei complementar poderá autorizar os Estados a legislar sobre questões específicas das matérias relacionadas neste artigo.

Art. 23. É competência comum da União, dos Estados, do Distrito Federal e dos Municípios:

I – zelar pela guarda da Constituição, das leis e das instituições democráticas e conservar o patrimônio público;

II – cuidar da saúde e assistência pública, da proteção e garantia das pessoas portadoras de deficiência;

III – proteger os documentos, as obras e outros bens de valor histórico, artístico e cultural, os monumentos, as paisagens naturais notáveis e os sítios arqueológicos;

IV – impedir a evasão, a destruição e descaracterização de obras de arte e de outros bens de valor histórico, artístico e cultural;

V – proporcionar os meios de acesso à cultura, à educação e à ciência;

VI – proteger o meio ambiente e combater a poluição em qualquer de suas formas;

VII – preservar as florestas, a fauna e a flora;

VIII – fomentar a produção agropecuária e organizar o abastecimento alimentar;

IX – promover programas de construção de moradias e a melhoria das condições habitacionais e de saneamento básico;

X – combater as causas da pobreza e os fatores de marginalização, promovendo a integração social dos setores desfavorecidos;

XI – registrar, acompanhar e fiscalizar as concessões de direitos de pesquisa e exploração de recursos hídricos e minerais em seus territórios;

XII – estabelecer e implantar política de educação para a segurança do trânsito.

Parágrafo único. Lei complementar fixará normas para a cooperação entre a União e os Estados, o Distrito Federal e os Municípios, tendo em vista o equilíbrio do desenvolvimento e do bem-estar em âmbito nacional.

Art. 24. Compete à União, aos Estados e ao Distrito Federal legislar concorrentemente sobre:

I – direito tributário, financeiro, penitenciário, econômico e urbanístico;

II – orçamento;

III – juntas comerciais;

IV – custas dos serviços forenses;

V – produção e consumo;

VI – florestas, caça, pesca, fauna, conservação da natureza, defesa do solo e dos recursos naturais, proteção do meio ambiente e controle da poluição;

VII – proteção ao patrimônio histórico, cultural, turístico e paisagístico;

VIII – responsabilidade por dano ao meio ambiente, ao consumidor, a bens e direitos de valor artístico, estético, histórico, turístico e paisagístico;

IX – educação, cultura, ensino e desporto;

X – criação, funcionamento e processo do juizado de pequenas causas;

XI – procedimentos em matéria processual;

XII – previdência social, proteção e defesa da saúde;

XIII – assistência jurídica e defensoria pública;

XIV – proteção e integração social das pessoas portadoras de deficiência;

XV – proteção à infância e à juventude;

XVI – organização, garantias, direitos e deveres das polícias civis.

§ 1º No âmbito da legislação concorrente, a competência da União limitar-se-á a estabelecer normas gerais.

§ 2º A competência da União para legislar sobre normas gerais não exclui a competência suplementar dos Estados.

§ 3º Inexistindo lei federal sobre normas gerais, os Estados exercerão a competência legislativa plena, para atender a suas peculiaridades.

§ 4º A superveniência de lei federal sobre normas gerais suspende a eficácia da lei estadual, no que lhe for contrário.

CAPÍTULO III

DOS ESTADOS FEDERADOS

Art. 25. Os Estados organizam-se e regem-se pelas Constituições e leis que adotarem, observados os princípios desta Constituição.

§ 1º São reservadas aos Estados as competências que não lhes sejam vedadas por esta Constituição.

§ 2º Cabe aos Estados explorar diretamente, ou mediante concessão a empresa estatal, com exclusividade de distribuição, os serviços locais de gás canalizado.

§ 3º Os Estados poderão, mediante lei complementar, instituir regiões metropolitanas, aglomerações urbanas e microrregiões, constituídas por agrupamentos de municípios limítrofes, para integrar a organização, o planejamento e a execução de funções públicas de interesse comum.

Art. 26. Incluem-se entre os bens dos Estados:

I – as águas superficiais ou subterrâneas, fluentes, emergentes e em depósito, ressalvadas, neste caso, na forma da lei, as decorrentes de obras da União;

II – as áreas, as ilhas oceânicas e costeiras, que estiverem no seu domínio, excluídas aquelas sob domínio da União, Municípios ou terceiros;

III – as ilhas fluviais e lacustres não pertencentes à União;

IV – as terras devolutas não compreendidas entre as da União.

Art. 27. O número de Deputados à Assembléia Legislativa corresponderá ao triplo da representação do Estado na Câmara dos Deputados e, atingido o número de trinta e seis, será acrescido de tantos quantos forem os Deputados Federais acima de doze.

§ 1º Será de quatro anos o mandato dos Deputados Estaduais, aplicando-se-lhes as regras desta Constituição, sobre sistema eleitoral, inviolabilidade, imunidades, remuneração, perda de mandato, licença, impedimento e incorporação às Forças Armadas.

§ 2º A remuneração dos Deputados Estaduais será fixada em cada legislatura, para a subseqüente, pela Assembléia Legislativa, observando o que dispõem os arts. 150, II, 153, III e 153, § 2º, I.

§ 3º Compete às Assembléias Legislativas dispor sobre seu regimento interno, polícia e serviços administrativos de sua secretaria, e prover os respectivos cargos.

§ 4º A lei disporá sobre a iniciativa popular no processo legislativo estadual.

Art. 28. A eleição do Governador e do Vice-Governador de Estado, para mandato de quatro anos, realizar-se-á noventa dias antes do término do mandato de seus antecessores, e a posse ocorrerá no dia 1º de janeiro do ano subseqüente, observado, quanto ao mais, o disposto no art. 77.

Parágrafo único. Perderá o mandato o Governador que assumir outro cargo ou função na administração pública direta ou indireta, ressalvada a posse em virtude de concurso público e observado o disposto no art. 38, I, IV e V.

CAPÍTULO IV

DOS MUNICÍPIOS

Art. 29. O Município reger-se-á por lei orgânica, votada em dois turnos, com o interstício mínimo de dez dias, e aprovada por dois terços dos membros da Câmara Municipal, que a promulgará, atendidos os princípios estabelecidos nesta Constituição, na Constituição do respectivo Estado e os seguintes preceitos:

I – eleição do Prefeito, do Vice-Prefeito e dos Vereadores, para mandato de quatro anos, mediante pleito direto e simultâneo realizado em todo o País;

II – eleição do Prefeito e do Vice-Prefeito até noventa dias antes do término do mandato dos que devam suceder, aplicadas as regras do art. 77, no caso de municípios com mais de duzentos mil eleitores;

III – posse do Prefeito e do Vice-Prefeito no dia 1º de janeiro do ano subseqüente ao da eleição;

IV – número de Vereadores proporcional à população do Muncípio, observados os seguintes limites:

a) mínimo de nove e máximo de vinte e um nos Municípios de até um milhão de habitantes;

b) mínimo de trinta e três e máximo de quarenta e um nos Municípios de mais de um milhão e menos de cinco milhões de habitantes;

c) mínimo de quarenta e dois e máximo de cinqüenta e cinco nos Municípios de mais de cinco milhões de habitantes;

V – remuneração do Prefeito, do Vice-Prefeito e dos Vereadores fixada pela Câmara Municipal em cada legislação, para a subseqüente, observado o que dispõem os arts. 37, XI, 150, II, 153, III, e 153, § 2º, I;

VI – inviolabilidade dos Vereadores por suas opiniões, palavras e votos no exercício do mandato e na circunscrição do Município;

VII – proibições e incompatibilidades, no exercício da vereança, similares, no que couber, ao disposto nesta Constituição para os membros do Congresso Nacional e, na Constituição do respectivo Estado, para os membros da Assembléia Legislativa;

VIII – julgamento do Prefeito perante o Tribunal de Justiça;

IX – organização das funções legislativas e fiscalizadoras da Câmara Municipal;

X – cooperação das associações representativas no planejamento municipal;

XI – iniciativa popular de projetos de lei de interesse específico do Município, da cidade ou de bairros, através de manifestação de, pelo menos, cinco por cento do eleitorado;

XII – perda do mandato do Prefeito, nos termos do art. 28, parágrafo único.

Art. 30. Compete aos Municípios:

I – legislar sobre assuntos de interesse local;

II – suplementar a legislação federal e a estadual no que couber;

III – instituir e arrecadar os tributos de sua competência, bem como aplicar suas rendas, sem prejuízo da obrigatoriedade de prestar contas e publicar balancetes nos prazos fixados em lei;

IV – criar, organizar e suprimir distritos, observada a legislação estadual;

V – organizar e prestar, diretamente ou sob regime de concessão ou permissão, os serviços públicos de interesse local, incluído o de transporte coletivo, que tem caráter essencial;

VI – manter, com a cooperação técnica e financeira da União e do Estado, programas de educação pré-escolar e de ensino fundamental;

VII – prestar, com a cooperação técnica e financeira da União e do Estado, serviços de atendimento à saúde da população;

VIII – promover, no que couber, adequado ordenamento territorial, mediante planejamento e controle do uso, do parcelamento e da ocupação do solo urbano;

IX – promover a proteção do patrimônio histórico-cultural local, observada a legislação e a ação fiscalizadora federal e estadual.

Art. 31. A fiscalização do Município será exercida pelo Poder Legislativo Municipal, mediante controle externo, e pelos sistemas de controle interno do Poder Executivo Municipal, na forma da lei.

§ 1º O controle externo da Câmara Municipal será exercido com o auxílio dos Tribunais de Contas dos Estados ou do Município ou dos Conselhos ou Tribunais de Contas dos Municípios, onde houver.

§ 2º O parecer prévio, emitido pelo órgão competente sobre as contas que o Prefeito deve anualmente prestar, só deixará de prevalecer por decisão de dois terços dos membros da Câmara Municipal.

§ 3º As contas dos Municípios ficarão, durante sessenta dias, anualmente, à disposição de qualquer contribuinte, para exame e apreciação, o qual poderá questionar-lhes a legitimidade, nos termos da lei.

§ 4º É vedada a criação de Tribunais, Conselhos ou órgãos de Contas Municipais.

CAPÍTULO V

DO DISTRITO FEDERAL E DOS TERRITÓRIOS

SEÇÃO I

DO DISTRITO FEDERAL

Art. 32. O Distrito Federal, vedada sua divisão em Municípios, reger-se-á por lei orgânica, votada em dois turnos com interstício mínimo de dez dias, e aprovada por dois terços da Câmara Legislativa, que a promulgará, atendidos os princípios estabelecidos nesta Constituição.

§ 1º Ao Distrito Federal são atribuídas as competências legislativas reservadas aos Estados e Municípios.

§ 2º A eleição do Governador e do Vice-Governador, observadas as regras do art. 77, e dos Deputados Distritais coincidirá com a dos Governadores e Deputados Estaduais, para mandato de igual duração.

§ 3º Aos Deputados Distritais e à Câmara Legislativa aplica-se o disposto no art. 27.

§ 4º Lei federal disporá sobre a utilização, pelo Governo do Distrito Federal, das polícias civil e militar e do corpo de bombeiros militar.

SEÇÃO II
DOS TERRITÓRIOS

Art. 33. A lei disporá sobre a organização administrativa e judiciária dos Territórios.

§ 1º Os Territórios poderão ser divididos em Municípios, aos quais se aplicará, no que couber, o disposto no Capítulo IV deste Título.

§ 2º As contas do Governo do Território serão submetidas ao Congresso Nacional, com parecer prévio do Tribunal de Contas da União.

§ 3º Nos Territórios Federais com mais de cem mil habitantes, além do Governador nomeado na forma desta Constituição, haverá órgãos judiciários de primeira e segunda instância, membros do Ministério Público e defensores públicos federais; a lei disporá sobre as eleições para a Câmara Territorial e sua competência deliberativa.

CAPÍTULO VI
DA INTERVENÇÃO

Art. 34. A União não intervirá nos Estados nem no Distrito Federal, exceto para:

I – manter a integridade nacional;

II – repelir invasão estrangeira ou de uma unidade da Federação em outra;

III – pôr termo a grave comprometimento da ordem pública;

IV – garantir o livre exercício de qualquer dos Poderes nas unidades da Federação;

V – reorganizar as finanças da unidade da Federação que:

a) suspender o pagamento da dívida fundada por mais de dois anos consecutivos, salvo motivo de força maior;

b) deixar de entregar aos Municípios receitas tributárias fixadas nesta Constituição, dentro dos prazos estabelecidos em lei;

VI – prover a execução de lei federal, ordem ou decisão judicial;

VII – assegurar a observância dos seguintes princípios constitucionais:

a) forma republicana, sistema representativo e regime democrático;

b) direitos da pessoa humana;

c) autonomia municipal;

d) prestação de contas da administração pública, direta e indireta.

Art. 35. O Estado não intervirá em seus Municípios, nem a União nos Municípios localizados em Território Federal, exceto quando:

I – deixar de ser paga, sem motivo de força maior, por dois anos consecutivos, a dívida fundada;

II – não forem prestadas contas devidas, na forma da lei;

III – não tiver sido aplicado o mínimo exigido da receita municipal na manutenção e desenvolvimento do ensino;

IV – o Tribunal de Justiça der provimento a representação para assegurar a observância de princípios indicados na Constituição Estadual, ou para prover a execução de lei, de ordem ou de decisão judicial.

Art. 36. A decretação da intervenção dependerá:

I – no caso do art. 34, IV, de solicitação do Poder Legislativo ou do Poder Executivo coacto ou impedido, ou de requisição do Supremo Tribunal Federal, se a coação for exercida contra o Poder Judiciário;

II – no caso de desobediência a ordem ou decisão judiciária, de requisição do Supremo Tribunal Federal, do Superior Tribunal de Justiça ou do Tribunal Superior Eleitoral;

III – de provimento, pelo Supremo Tribunal Federal, de representação do Procurador-Geral da República, na hipótese do art. 34, VII;

IV – de provimento, pelo Superior Tribunal de Justiça, de representação do Procurador-Geral da República, no caso de recusa à execução de lei federal.

§ 1º O decreto de intervenção, que especificará a amplitude, o prazo e as condições de execução e que, se couber, nomeará o interventor, será submetido à apreciação do Congresso Nacional ou da Assembléia Legislativa do Estado, no prazo de vinte e quatro horas.

§ 2º Se não estiver funcionando o Congresso Nacional ou a Assembléia Legislativa, far-se-á convocação extraordinária, no mesmo prazo de vinte e quatro horas.

§ 3º Nos casos do art. 34, VI e VII, ou do art. 35, IV, dispensada a apreciação pelo Congresso Nacional ou pela Assembléia Legislativa, o decreto limitar-se-á a suspender a execução do ato impugnado, se essa medida bastar ao restabelecimento da normalidade.

§ 4º Cessados os motivos da intervenção, as autoridades afastadas de seus cargos a estes voltarão, salvo impedimento legal.

CAPÍTULO VII
DA ADMINISTRAÇÃO PÚBLICA

SEÇÃO I
DISPOSIÇÕES GERAIS

Art. 37. A administração pública direta, indireta ou fundacional, de qualquer dos Poderes da União, dos Estados, do Distrito Federal e dos Municípios obedecerá aos princípios de legalidade, impessoalidade, moralidade, publicidade e, também, ao seguinte:

I – os cargos, empregos e funções públicas são acessíveis aos brasileiros que preencham os requisitos estabelecidos em lei;

II – a investidura em cargo ou emprego público depende de aprovação prévia em concurso público de provas ou de provas e títulos, ressalvadas as nomeações para cargo em comissão declarado em lei de livre nomeação e exoneração;

III – o prazo de validade do concurso público será de até dois anos, prorrogável uma vez, por igual período;

IV – durante o prazo improrrogável previsto no edital de convocação, aquele aprovado em concurso público de provas ou de provas e títulos será convocado com prioridade sobre novos concursados para assumir cargo ou emprego, na carreira;

V – os cargos em comissão e as funções de confiança serão exercidos, preferencialmente, por servidores ocupantes de cargo de carreira técnica ou profissional, nos casos e condições previstos em lei;

VI – é garantido ao servidor público civil o direito à livre associação sindical;

VII – o direito de greve será exercido nos termos e nos limites definidos em lei complementar;

VIII – a lei reservará percentual dos cargos e empregos públicos para as pessoas portadoras de deficiências e definirá os critérios de sua admissão;

IX – a lei estabelecerá os casos de contratação por tempo determinado para atender a necessidade temporária de excepcional interesse público;

X – a revisão geral da remuneração dos servidores públicos, sem distinção de índices entre servidores públicos civis e militares, far-se-á sempre na mesma data;

XI – a lei fixará o limite máximo e a relação de valores entre a maior e a menor remuneração dos servidores públicos, observados, como limites máximos e no âmbito dos respectivos poderes, os valores percebidos como remuneração, em espécie, a qualquer título, por membros do Congresso Nacional, Ministros de Estado e Ministros do Supremo Tribunal Federal e seus correspondentes nos Estados, no Distrito Federal e nos Territórios, e, nos Municípios, os valores percebidos como remuneração, em espécie, pelo Prefeito;

XII – os vencimentos dos cargos do Poder Legislativo e do Poder Judiciário não poderão ser superiores aos pagos pelo Poder Executivo;

XIII – é vedada a vinculação ou equiparação de vencimentos, para o efeito de remuneração de pessoal do serviço público, ressalvado o disposto no inciso anterior e no art. 39, § 1º;

XIV – os acréscimos pecuniários percebidos por servidor público não serão computados nem acumulados, para fins de concessão de acréscimos ulteriores, sob o mesmo título ou idêntico fundamento;

XV – os vencimentos dos servidores públicos, civis e militares, são irredutíveis e a remuneração observará o que dispõem os arts. 37, XI, XII, 150, II, 153, III e 153 § 2º, I;

XVI – é vedada a acumulação remunerada de cargos públicos, exceto, quando houver compatibilidade de horários:

a) a de dois cargos de professor;

b) a de um cargo de professor com outro técnico ou científico;

c) a de dois cargos privativos de médico;

XVII – a proibição de acumular estende-se a empregos e funções e abrange autarquias, empresas públicas, sociedades de economia mista e fundações mantidas pelo Poder Público;

XVIII – a administração fazendária e seus servidores fiscais terão, dentro de suas áreas de competência e jurisdição, precedência sobre os demais setores administrativos, na forma da lei;

XIX – somente por lei específica poderão ser criadas empresa pública, sociedade de economia mista, autarquia ou fundação pública;

XX – depende de autorização legislativa, em cada caso, a criação de subsidiárias das entidades mencionadas no inciso anterior, assim como a participação de qualquer delas em empresa privada;

XXI – ressalvados os casos especificados na legislação, as obras, serviços, compras e alienações serão contratados mediante processo de licitação pública que assegure igualdade de condições a todos os concorrentes, com cláusulas que estabeleçam obrigações de pagamento, mantidas as condições efetivas da proposta, nos termos da lei, o qual somente permitirá as exigências de qualificação técnica e econômica indispensáveis à garantia do cumprimento das obrigações.

§ 1º A publicidade dos atos, programas, obras, serviços e campanhas dos órgãos públicos deverá ter caráter educativo, informativo ou de orientação social, dela não podendo constar nomes, símbolos ou imagens que caracterizem promoção pessoal de autoridades ou servidores públicos.

§ 2º A não observância do disposto nos incisos II e III implicará a nulidade do ato e a punição da autoridade responsável, nos termos da lei.

§ 3º As reclamações relativas à prestação de serviços públicos serão disciplinadas em lei.

§ 4º Os atos de improbidade administrativa importarão a suspensão dos direitos políticos, a perda da função pública, a indisponibilidade dos bens e o ressarcimento ao erário, na forma e gradação previstas em lei, sem prejuízo da ação penal cabível.

§ 5º A lei estabelecerá os prazos de prescrição para ilícitos praticados por qualquer agente, servidor ou não, que causem prejuízos ao erário, ressalvadas as respectivas ações de ressarcimento.

§ 6º As pessoas jurídicas de direito público e as de direito privado prestadoras de serviços públicos responderão pelos danos que seus agentes, nessa qualidade, causarem a terceiros, assegurado o direito de regresso contra o responsável nos casos de dolo ou culpa.

Art. 38. Ao servidor público em exercício de mandato eletivo aplicam-se as seguintes disposições:

I – tratando-se de mandato eletivo federal, estadual ou distrital, ficará afastado de seu cargo, emprego ou função;

II – investido no mandato de Prefeito, será afastado do cargo, emprego ou função, sendo-lhe facultado optar pela sua remuneração;

III – investido no mandato de Vereador, havendo compatibilidade de horários, perceberá as vantagens de seu cargo, emprego ou função, sem prejuízo da remuneração do cargo eletivo, e, não havendo compatibilidade, será aplicada a norma do inciso anterior;

IV – em qualquer caso que exija o afastamento para o exercício de mandato eletivo, seu tempo de serviço será contado para todos os efeitos legais, exceto para promoção por merecimento;

V – para efeito de benefício previdenciário, no caso de afastamento, os valores serão determinados como se no exercício estivesse.

SEÇÃO II
DOS SERVIDORES PÚBLICOS CIVIS

Art. 39. A União, os Estados, o Distrito Federal e os Municípios instituirão, no âmbito de sua competência, regime jurídico único e planos de carreira para os servidores da administração pública direta, das autarquias e das fundações públicas.

§ 1º A lei assegurará, aos servidores da administração direta, isonomia de vencimentos para cargos de atribuições iguais ou assemelhados do mesmo Poder ou entre servidores dos Poderes Executivo, Legislativo e Judiciário, ressalvadas as vantagens de caráter individual e as relativas à natureza ou ao local de trabalho.

§ 2º Aplica-se a esses servidores o disposto no art. 7º, IV, VI, VII, VIII, IX, XII, XIII, XV, XVI, XVII, XVIII, XIX, XX, XXII, XXIII e XXX.

Art. 40. O servidor será aposentado:

I – por invalidez permanente, sendo os proventos integrais quando decorrentes de acidente em serviço, moléstia profissional ou doença grave, contagiosa ou incurável, especificadas em lei, e proporcionais nos demais casos;

II – compulsoriamente, aos setenta anos de idade, com proventos proporcionais ao tempo de serviço;

III – voluntariamente:

a) aos trinta e cinco anos de serviço, se homem, e aos trinta, se mulher, com proventos integrais;

b) aos trinta anos de efetivo exercício em funções de magistério, se professor, e vinte e cinco, se professora, com proventos integrais;

c) aos trinta anos de serviço, se homem, e aos vinte e cinco, se mulher, com proventos proporcionais a esse tempo;

d) aos sessenta e cinco anos de idade, se homem, e aos sessenta, se mulher, com proventos proporcionais ao tempo de serviço.

§ 1º Lei complementar poderá estabelecer exceções ao disposto no inciso III, "a" e "c", no caso de exercício de atividades consideradas penosas, insalubres ou perigosas.

§ 2º A lei disporá sobre a aposentadoria em cargos ou empregos temporários.

§ 3º O tempo de serviço público federal, estadual ou municipal será computado integralmente para os efeitos de aposentadoria e de disponibilidade.

§ 4º Os proventos da aposentadoria serão revistos, na mesma proporção e na mesma data, sempre que se modificar a remuneração dos servidores em atividade, sendo também estendidos aos inativos quaisquer benefícios ou vantagens posteriormente concedidos aos servidores em atividade, inclusive quando decorrentes da transformação ou reclassificação do cargo ou função em que se deu a aposentadoria, na forma da lei.

§ 5º O benefício da pensão por morte corresponderá à totalidade dos vencimentos ou proventos do servidor falecido, até o limite estabelecido em lei, observado o disposto no parágrafo anterior.

Art. 41. São estáveis, após dois anos de efetivo exercício, os servidores nomeados em virtude de concurso público.

§ 1º O servidor público estável só perderá o cargo em virtude de sentença judicial transitada em julgado ou mediante processo administrativo em que lhe seja assegurada ampla defesa.

§ 2º Invalidada por sentença judicial a demissão do servidor estável, será ele reintegrado, e o eventual ocupante da vaga reconduzido ao cargo de origem, sem direito a indenização, aproveitado em outro cargo ou posto em disponibilidade.

§ 3º Extinto o cargo ou declarada sua desnecessidade, o servidor estável ficará em disponibilidade remunerada, até seu adequado aproveitamento em outro cargo.

SEÇÃO III
DOS SERVIDORES PÚBLICOS MILITARES

Art. 42. São servidores militares federais os integrantes das Forças Armadas e servidores militares dos Estados, Territórios e Distrito Federal os integrantes de suas polícias militares e de seus corpos de bombeiros militares.

§ 1º As patentes, com prerrogativas, direitos e deveres a elas inerentes, são asseguradas em plenitude aos oficiais da ativa, da reserva ou reformados das Forças Armadas, das polícias militares e dos corpos de bombeiros militares dos Estados, dos Territórios e do Distrito Federal, sendo-lhes privativos os títulos, postos e uniformes militares.

§ 2º As patentes dos oficiais das Forças Armadas são conferidas pelo Presidente da República, e as dos oficiais das polícias militares e corpos de bombeiros militares dos Estados, Territórios e Distrito Federal, pelos respectivos Governadores.

§ 3º O militar em atividade que aceitar cargo público civil permanente será transferido para a reserva.

§ 4º O militar da ativa que aceitar cargo, emprego ou função pública temporária, não eletiva, ainda que da administração indireta, ficará agregado ao respectivo quadro e somente poderá, enquanto permanecer nessa situação, ser promovido por antigüidade, contando-se-lhe o tempo de serviço apenas para aquela promoção e transferência para a reserva, sendo depois de dois anos de afastamento, contínuos ou não, transferido para a inatividade.

§ 5º Ao militar são proibidas a sindicalização e a greve.

§ 6º O militar, enquanto em efetivo serviço, não pode estar filiado a partidos políticos.

§ 7º O oficial das Forças Armadas só perderá o posto e a patente se for julgado indigno do oficialato ou com ele incompatível, por decisão de tribunal militar de caráter permanente, em tempo de paz, ou de tribunal especial, em tempo de guerra.

§ 8º O oficial condenado na justiça comum ou militar a pena privativa de liberdade superior a dois anos, por sentença transitada em julgado, será submetido ao julgamento previsto no parágrafo anterior.

§ 9º A lei disporá sobre os limites de idade, a estabilidade e outras condições de transferência do servidor militar para a inatividade.

§ 10. Aplica-se aos servidores a que se refere este artigo, e a seus pensionistas, o disposto no art. 40, §§ 4º e 5º.

§ 11. Aplica-se aos servidores a que se refere este artigo o disposto no art. 7º, VIII, XII, XVII, XVIII e XIX.

SEÇÃO IV
DAS REGIÕES

Art. 43. Para efeitos administrativos, a União poderá articular sua ação em um mesmo complexo geoeconômico e social, visando a seu desenvolvimento e à redução das desigualdades regionais.

§ 1º Lei complementar disporá sobre:

I – as condições para integração de regiões em desenvolvimento;

II – a composição dos organismos regionais que executarão, na forma da lei, os planos regionais, integrantes dos planos nacionais de desenvolvimento econômico e social, aprovados juntamente com estes.

§ 2º Os incentivos regionais compreenderão, além de outros, na forma da lei:

I – igualdade de tarifas, fretes, seguros e outros itens de custos e preços de responsabilidade do Poder Público;

II – juros favorecidos para financiamento de atividades prioritárias;
III – isenções, reduções ou diferimento temporário de tributos federais devidos por pessoas físicas ou jurídicas;
IV – prioridade para o aproveitamento econômico e social dos rios e das massas de água represadas ou represáveis nas regiões de baixa renda, sujeitas a secas periódicas.

§ 3º Nas áreas a que se refere o § 2º, IV, a União incentivará a recuperação de terras áridas e cooperará com os pequenos e médios proprietários rurais para o estabelecimento, em suas glebas, de fontes de água e de pequena irrigação.

TÍTULO IV
Da Organização dos Poderes

CAPÍTULO I
DO PODER LEGISLATIVO
SEÇÃO I
DO CONGRESSO NACIONAL

Art. 44. O Poder Legislativo é exercido pelo Congresso Nacional, que se compõe da Câmara dos Deputados e do Senado Federal.

Parágrafo único. Cada legislatura terá a duração de quatro anos.

Art. 45. A Câmara dos Deputados compõe-se de representantes do povo, eleitos, pelo sistema proporcional, em cada Estado, em cada Território e no Distrito Federal.

§ 1º O número total de Deputados, bem como a representação por Estado e pelo Distrito Federal, será estabelecido por lei complementar, proporcionalmente à população, procedendo-se aos ajustes necessários, no ano anterior às eleições, para que nenhuma daquelas unidades da Federação tenha menos de oito ou mais de setenta Deputados.

§ 2º Cada Território elegerá quatro Deputados.

Art. 46. O Senado Federal compõe-se de representantes dos Estados e do Distrito Federal, eleitos segundo o princípio majoritário.

§ 1º Cada Estado e o Distrito Federal elegerão três Senadores, com mandato de oito anos.

§ 2º A representação de cada Estado e do Distrito Federal será renovada de quatro em quatro anos, alternadamente, por um e dois terços.

§ 3º Cada Senador será eleito com dois suplentes.

Art. 47. Salvo disposição constitucional em contrário, as deliberações de cada Casa e de suas Comissões serão tomadas por maioria dos votos, presente a maioria absoluta de seus membros.

SEÇÃO II
DAS ATRIBUIÇÕES DO CONGRESSO NACIONAL

Art. 48. Cabe ao Congresso Nacional, com a sanção do Presidente da República, não exigida esta para o especificado nos arts. 49, 51 e 52, dispor sobre todas as matérias de competência da União, especialmente sobre:

I – sistema tributário, arrecadação e distribuição de rendas;
II – plano plurianual, diretrizes orçamentárias, orçamento anual, operações de crédito, dívida pública e emissões de curso forçado;
III – fixação e modificação do efetivo das Forças Armadas;
IV – planos e programas nacionais, regionais e setoriais de desenvolvimento;
V – limites do território nacional, espaço aéreo e marítimo e bens do domínio da União;
VI – incorporação, subdivisão ou desmembramento de áreas de Territórios ou Estados, ouvidas as respectivas Assembléias Legislativas;
VII – transferência temporária da sede do Governo Federal;
VIII – concessão de anistia;
IX – organização administrativa, judiciária, do Ministério Público e da Defensoria Pública da União e dos Territórios e organização judiciária, do Ministério Público e da Defensoria Pública do Distrito Federal;
X – criação, transformação e extinção de cargos, empregos e funções públicas;
XI – criação, estruturação e atribuições dos Ministérios e órgãos da administração pública;
XII – telecomunicações e radiodifusão;
XIII – matéria financeira, cambial e monetária, instituições financeiras e suas operações;
XIV – moeda, seus limites de emissão, e montante da dívida mobiliária federal.

Art. 49. É da competência exclusiva do Congresso Nacional:

I – resolver definitivamente sobre tratados, acordos ou atos internacionais que acarretem encargos ou compromissos gravosos ao patrimônio nacional;
II – autorizar o Presidente da República a declarar guerra, a celebrar a paz, a permitir que forças estrangeiras transitem pelo território nacional ou nele permaneçam temporariamente, ressalvados os casos previstos em lei complementar;
III – autorizar o Presidente e o Vice-Presidente da República a se ausentarem do País, quando a ausência exceder a quinze dias;
IV – aprovar o estado de defesa e a intervenção federal, autorizar o estado de sítio, ou suspender qualquer uma dessas medidas;
V – sustar os atos normativos do Poder Executivo que exorbitem do poder regulamentar ou dos limites de delegação legislativa;
VI – mudar temporariamente sua sede;
VII – fixar idêntica remuneração para os Deputados Federais e os Senadores, em cada legislatura, para a subseqüente, observado o que dispõem os arts. 150, II, 153, III, e 153, § 2º, I.
VIII – fixar para cada exercício financeiro a remuneração do Presidente e do Vice-Presidente da República e dos Ministros de Estado, observado o que dispõem os arts. 150, II, 153, III, e 153, § 2º, I;
IX – julgar anualmente as contas prestadas pelo Presidente da República e apreciar os relatórios sobre a execução dos planos de governo;
X – fiscalizar e controlar, diretamente, ou por qualquer de suas Casas, os atos do Poder Executivo, incluídos os da administração indireta;
XI – zelar pela preservação de sua competência legislativa em face da atribuição normativa dos outros Poderes;
XII – apreciar os atos de concessão e renovação de concessão de emissoras de rádio e televisão;
XIII – escolher dois terços dos membros do Tribunal de Contas da União;
XIV – aprovar iniciativas do Poder Executivo referentes a atividades nucleares;
XV – autorizar referendo e convocar plebiscito;
XVI – autorizar, em terras indígenas, a exploração e o aproveitamento de recursos hídricos e a pesquisa e lavra de riquezas minerais;
XVII – aprovar, previamente, a alienação ou concessão de terras públicas com área superior a dois mil e quinhentos hectares.

Art. 50. A Câmara dos Deputados ou o Senado Federal, bem como qualquer de suas Comissões, poderão convocar Ministro de Estado para prestar, pessoalmente, informações sobre assunto previamente determinado, importando crime de responsabilidade a ausência sem justificação adequada.

§ 1º Os Ministros de Estado poderão comparecer ao Senado Federal, à Câmara dos Deputados, ou a qualquer de suas Comissões, por sua iniciativa e mediante entendimentos com a Mesa respectiva, para expor assunto de relevância de seu Ministério.

§ 2º As Mesas da Câmara dos Deputados e do Senado Federal poderão encaminhar pedidos escritos de informação aos Ministros de Estado, importando crime de responsabilidade a recusa, ou o não-atendimento no prazo de trinta dias, bem como a prestação de informações falsas.

SEÇÃO III
DA CÂMARA DOS DEPUTADOS

Art. 51. Compete privativamente à Câmara dos Deputados:

I – autorizar, por dois terços de seus membros, a instauração de processo contra o Presidente e o Vice-Presidente da República e os Ministros de Estado;
II – proceder à tomada de contas do Presidente da República, quando não apresentadas ao Congresso Nacional dentro de sessenta dias após a abertura da sessão legislativa;
III – elaborar seu regimento interno;
IV – dispor sobre sua organização, funcionamento, polícia, criação, transformação ou extinção dos cargos, empregos e funções de seus serviços e fixação da respectiva remuneração, observados os parâmetros estabelecidos na lei de diretrizes orçamentárias;
V – eleger membros do Conselho da República, nos termos do art. 89, VII.

SEÇÃO IV
DO SENADO FEDERAL

Art. 52. Compete privativamente ao Senado Federal:

I – processar e julgar o Presidente e o Vice-Presidente da República nos crimes de responsabilidade e os Ministros de Estado nos crimes da mesma natureza conexos com aqueles;

II – processar e julgar os Ministros do Supremo Tribunal Federal, o Procurador-Geral da República e o Advogado-Geral da União nos crimes de responsabilidade;

III – aprovar previamente, por voto secreto, após argüição pública, a escolha de:

a) magistrados, nos casos estabelecidos nesta Constituição;

b) Ministros do Tribunal de Contas da União indicados pelo Presidente da República;

c) Governador de Território;

d) Presidente e diretores do banco central;

e) Procurador-Geral da República;

f) titulares de outros cargos que a lei determinar;

IV – aprovar previamente, por voto secreto, após argüição em sessão secreta, a escolha dos chefes de missão diplomática de caráter permanente;

V – autorizar operações externas de natureza financeira, de interesse da União, dos Estados, do Distrito Federal, dos Territórios e dos Municípios;

VI – fixar, por proposta do Presidente da República, limites globais para o montante da dívida consolidada da União, dos Estados, do Distrito Federal e dos Municípios;

VII – dispor sobre limites globais e condições para as operações de crédito externo e interno da União, dos Estados, do Distrito Federal e dos Municípios, de suas autarquias e demais entidades controladas pelo Poder Público federal;

VIII – dispor sobre limites e condições para a concessão de garantia da União em operações de crédito externo e interno;

IX – estabelecer limites globais e condições para o montante da dívida mobiliária dos Estados, do Distrito Federal e dos Municípios;

X – suspender a execução, no todo ou em parte, de lei declarada inconstitucional por decisão definitiva do Supremo Tribunal Federal;

XI – aprovar, por maioria absoluta e por voto secreto, a exoneração, de ofício, do Procurador-Geral da República antes do término de seu mandato;

XII – elaborar seu regimento interno;

XIII – dispor sobre sua organização, funcionamento, polícia, criação, transformação ou extinção dos cargos, empregos e funções de seus serviços e fixação da respectiva remuneração, observados os parâmetros estabelecidos na lei de diretrizes orçamentárias;

XIV – eleger membros do Conselho da República, nos termos do art. 89, VII.

Parágrafo único. Nos casos previstos nos incisos I e II, funcionará como Presidente o do Supremo Tribunal Federal, limitando-se a condenação, que somente será proferida por dois terços dos votos do Senado Federal, à perda do cargo, com inabilitação, por oito anos, para o exercício de função pública, sem prejuízo das demais sanções judiciais cabíveis.

SEÇÃO V
DOS DEPUTADOS E DOS SENADORES

Art. 53. Os Deputados e Senadores são invioláveis por suas opiniões, palavras e votos.

§ 1º Desde a expedição do diploma, os membros do Congresso Nacional não poderão ser presos, salvo em flagrante de crime inafiançável, nem processados criminalmente, sem prévia licença de sua Casa.

§ 2º O indeferimento do pedido de licença ou a ausência de deliberação suspende a prescrição enquanto durar o mandato.

§ 3º No caso de flagrante de crime inafiançável, os autos serão remetidos, dentro de vinte e quatro horas, à Casa respectiva, para que, pelo voto secreto da maioria de seus membros, resolva sobre a prisão e autorize, ou não, a formação de culpa.

§ 4º Os Deputados e Senadores serão submetidos a julgamento perante o Supremo Tribunal Federal.

§ 5º Os Deputados e Senadores não serão obrigados a testemunhar sobre informações recebidas ou prestadas em razão do exercício do mandato, nem sobre as pessoas que lhes confiaram ou deles receberam informações.

§ 6º A incorporação às Forças Armadas de Deputados e Senadores, embora militares e ainda que em tempo de guerra, dependerá de prévia licença da Casa respectiva.

§ 7º As imunidades de Deputados ou Senadores subsistirão durante o estado de sítio, só podendo ser suspensas mediante o voto de dois terços dos membros da Casa respectiva, nos casos de atos, praticados fora do recinto do Congresso, que sejam incompatíveis com a execução da medida.

Art. 54. Os Deputados e Senadores não poderão:

I – desde a expedição do diploma:

a) firmar ou manter contrato com pessoa jurídica de direito público, autarquia, empresa pública, sociedade de economia mista ou empresa concessionária de serviço público, salvo quando o contrato obedecer a cláusulas uniformes;

b) aceitar ou exercer cargo, função ou emprego remunerado, inclusive os de que sejam demissíveis "ad nutum", nas entidades constantes da alínea anterior;

II – desde a posse:

a) ser proprietários, controladores ou diretores de empresa que goze de favor decorrente de contrato com pessoa jurídica de direito público, ou nela exercer função remunerada;

b) ocupar cargo ou função de que sejam demissíveis "ad nutum", nas entidades referidas no inciso I, "a";

c) patrocinar causa em que seja interessada qualquer das entidades a que se refere o inciso I, "a";

d) ser titulares de mais de um cargo ou mandato público eletivo

Art. 55. Perderá o mandato o Deputado ou Senador:

I – que infringir qualquer das proibições estabelecidas no artigo anterior;

II – cujo procedimento for declarado incompatível com o decoro parlamentar;

III – que deixar de comparecer, em cada sessão legislativa, à terça parte das sessões ordinárias da Casa a que pertencer, salvo licença ou missão por esta autorizada;

IV – que perder ou tiver suspensos os direitos políticos;

V – quando o decretar a Justiça Eleitoral, nos casos previstos nesta Constituição;

VI – que sofrer condenação criminal em sentença transitada em julgado.

§ 1º É incompatível com o decoro parlamentar, além dos casos definidos no regimento interno, o abuso das prerrogativas asseguradas a membro do Congresso Nacional ou a percepção de vantagens indevidas.

§ 2º Nos casos dos incisos I, II e VI, a perda do mandato será decidida pela Câmara dos Deputados ou pelo Senado Federal, por voto secreto e maioria absoluta, mediante provocação da respectiva Mesa ou de partido político representado no Congresso Nacional, assegurada ampla defesa.

§ 3º Nos casos previstos nos incisos III a V, a perda será declarada pela Mesa da Casa respectiva, de ofício ou mediante provocação de qualquer de seus membros, ou de partido político representado no Congresso Nacional, assegurada ampla defesa.

Art. 56. Não perderá o mandato o Deputado ou Senador:

I – investido no cargo de Ministro de Estado, Governador de Território, Secretário de Estado, do Distrito Federal, de Território, de Prefeitura de Capital ou chefe de missão diplomática temporária;

II – licenciado pela respectiva Casa por motivo de doença, ou para tratar, sem remuneração, de interesse particular, desde que, neste caso, o afastamento não ultrapasse cento e vinte dias por sessão legislativa.

§ 1º O suplente será convocado nos casos de vaga, de investidura em funções previstas neste artigo ou de licença superior a cento e vinte dias.

§ 2º Ocorrendo vaga e não havendo suplente, far-se-á eleição para preenchê-la se faltarem mais de quinze meses para o término do mandato.

§ 3º Na hipótese do inciso I, o Deputado ou Senador poderá optar pela remuneração do mandato.

SEÇÃO VI
DAS REUNIÕES

Art. 57. O Congresso Nacional reunir-se-á, anualmente, na Capital Federal, de 15 de fevereiro a 30 de junho e de 1º de agosto a 15 de dezembro.

§ 1º As reuniões marcadas para essas datas serão transferidas para o primeiro dia útil subseqüente, quando recairem em sábados, domingos ou feriados.

§ 2º A sessão legislativa não será interrompida sem a aprovação do projeto de lei de diretrizes orçamentárias.

§ 3º Além de outros casos previstos nesta Constituição, a Câmara dos Deputados e o Senado Federal reunir-se-ão em sessão conjunta para:

I – inaugurar a sessão legislativa;

II – elaborar o regimento comum e regular a criação de serviços comuns às duas Casas;

III – receber o compromisso do Presidente e do Vice-Presidente da República;

IV – conhecer do veto e sobre ele deliberar.

§ 4º Cada uma das Casas reunir-se-á em sessões preparatórias, a partir de 1º de fevereiro, no primeiro ano da legislatura, para a posse de seus membros e eleição das respectivas Mesas, para mandato de dois anos, vedada a recondução para o mesmo cargo na eleição imediatamente subseqüente.

§ 5º A Mesa do Congresso Nacional será presidida pelo Presidente do Senado Federal, e os demais cargos serão exercidos, alternadamente, pelos ocupantes de cargos equivalentes na Câmara dos Deputados e no Senado Federal.

§ 6º A convocação extraordinária do Congresso Nacional far-se-á:

I – pelo Presidente do Senado Federal, em caso de decretação de estado de defesa ou de intervenção federal, de pedido de autorização para a decretação de estado de sítio e para o compromisso e a posse do Presidente e do Vice-Presidente da República;

II – pelo Presidente da República, pelos Presidentes da Câmara dos Deputados e do Senado Federal, ou a requerimento da maioria dos membros de ambas as Casas, em caso de urgência ou interesse público relevante.

§ 7º Na sessão legislativa extraordinária, o Congresso Nacional somente deliberará sobre a matéria para a qual foi convocado.

SEÇÃO VII
DAS COMISSÕES

Art. 58. O Congresso Nacional e suas Casas terão comissões permanentes e temporárias, constituídas na forma e com as atribuições previstas no respectivo regimento ou no ato de que resultar sua criação.

§ 1º Na constituição das Mesas e de cada Comissão, é assegurada, tanto quanto possível, a representação proporcional dos partidos ou dos blocos parlamentares que participam da respectiva Casa.

§ 2º Às comissões, em razão da matéria de sua competência, cabe:

I – discutir e votar projeto de lei que dispensar, na forma do regimento, a competência do Plenário, salvo se houver recurso de um décimo dos membros da Casa;

II – realizar audiências públicas com entidades da sociedade civil;

III – convocar Ministro de Estado para prestar informações sobre assuntos inerentes a suas atribuições;

IV – receber petições, reclamações, representações ou queixas de qualquer pessoa contra atos ou omissões das autoridades ou entidades públicas;

V – solicitar depoimento de qualquer autoridade ou cidadão;

VI – apreciar programas de obras, planos nacionais, regionais e setoriais de desenvolvimento e sobre eles emitir parecer.

§ 3º As comissões parlamentares de inquérito, que terão poderes de investigação próprios das autoridades judiciais, além de outros previstos nos regimentos das respectivas Casas, serão criadas pela Câmara dos Deputados e pelo Senado Federal, em conjunto ou separadamente, mediante requerimento de um terço de seus membros, para a apuração de fato determinado e por prazo certo, sendo suas conclusões, se for o caso, encaminhadas ao Ministério Público, para que promova a responsabilidade civil ou criminal dos infratores.

§ 4º Durante o recesso, haverá uma Comissão representativa do Congresso Nacional, eleita por suas Casas na última sessão ordinária do período legislativo, com atribuições definidas no regimento comum, cuja composição reproduzirá, quanto possível, a proporcionalidade da representação partidária.

SEÇÃO VIII
DO PROCESSO LEGISLATIVO

SUBSEÇÃO I
DISPOSIÇÃO GERAL

Art. 59. O processo legislativo compreende a elaboração de:

I – emendas à Constituição;

II – leis complementares;

III – leis ordinárias;

IV – leis delegadas;

V – decretos legislativos;

VI – resoluções.

Parágrafo único. Lei complementar disporá sobre a elaboração, redação, alteração e consolidação das leis.

SUBSEÇÃO II
DA EMENDA À CONSTITUIÇÃO

Art. 60. A Constituição poderá ser emendada mediante proposta:

I – de um terço, no mínimo, dos membros da Câmara dos Deputados ou do Senado Federal;

II – do Presidente da República;

III – de mais da metade das Assembléias Legislativas das unidades da Federação, manifestando-se, cada uma delas, pela maioria relativa de seus membros.

§ 1º A Constituição não poderá ser emendada na vigência de intervenção federal, de estado de defesa ou de estado de sítio.

§ 2º A proposta será discutida e votada em cada Casa do Congresso Nacional, em dois turnos, considerando-se aprovada se obtiver, em ambos, três quintos dos votos dos respectivos membros.

§ 3º A emenda à Constituição será promulgada pelas Mesas da Câmara dos Deputados e do Senado Federal, com o respectivo número de ordem.

§ 4º Não será objeto de deliberação a proposta de emenda tendente a abolir:

I – a forma federativa de Estado;

II – o voto direto, secreto, universal e periódico;

III – a separação dos Poderes;

IV – os direitos e garantias individuais.

§ 5º A matéria constante de proposta de emenda rejeitada ou havida por prejudicada não pode ser objeto de nova proposta na mesma sessão legislativa.

SUBSEÇÃO III
DAS LEIS

Art. 61. A iniciativa das leis complementares e ordinárias cabe a qualquer membro ou Comissão da Câmara dos Deputados, do Senado Federal ou do Congresso Nacional, ao Presidente da República, ao Supremo Tribunal Federal, aos Tribunais Superiores, ao Procurador-Geral da República e aos cidadãos, na forma e nos casos previstos nesta Constituição.

§ 1º São de iniciativa privativa do Presidente da República as leis que:

I – fixem ou modifiquem os efetivos das Forças Armadas;

II – disponham sobre:

a) criação de cargos, funções ou empregos públicos na administração direta e autárquica ou aumento de sua remuneração;

b) organização administrativa e judiciária, matéria tributária e orçamentária, serviços públicos e pessoal da administração dos Territórios;

c) servidores públicos da União e Territórios, seu regime jurídico, provimento de cargos, estabilidade e aposentadoria de civis, reforma e transferência de militares para a inatividade;

d) organização do Ministério Público e da Defensoria Pública da União, bem como normas gerais para a organização do Ministério Público e da Defensoria Pública dos Estados, do Distrito Federal e dos Territórios;

e) criação, estruturação e atribuições dos Ministérios e órgãos da administração pública.

§ 2º A iniciativa popular pode ser exercida pela apresentação à Câmara dos Deputados de projeto de lei subscrito por, no mínimo, um por cento do eleitorado nacional, distribuído pelo menos por cinco Estados, com não menos de três décimos por cento dos eleitores de cada um deles.

Art. 62. Em caso de relevância e urgência, o Presidente da República poderá adotar medidas provisórias, com força de lei, devendo submetê-las de imediato ao Congresso Nacional, que, estando em recesso, será convocado extraordinariamente para se reunir no prazo de cinco dias.

Parágrafo único. As medidas provisórias perderão eficácia, desde a edição, se não forem convertidas em lei no prazo de trinta dias, a partir de sua publicação, devendo o Congresso Nacional disciplinar as relações jurídicas delas decorrentes.

Art. 63. Não será admitido aumento da despesa prevista:

I – nos projetos de iniciativa exclusiva do Presidente da República, ressalvado o disposto no art. 166, §§ 3º e 4º;

II – nos projetos sobre organização dos serviços administrativos da Câmara dos Deputados, do Senado Federal, dos Tribunais Federais e do Ministério Público.

Art. 64. A discussão e votação dos projetos de lei de iniciativa do Presidente da República, do Supremo Tribunal Federal e dos Tribunais Superiores terão início na Câmara dos Deputados.

§ 1º O Presidente da República poderá solicitar urgência para apreciação de projetos de sua iniciativa.

§ 2º Se, no caso do parágrafo anterior, a Câmara dos Deputados e o Senado Federal não se manifestarem, cada qual, sucessivamente, em até quarenta e cinco dias, sobre a proposição, será esta incluída na ordem do dia, sobrestando-se a deliberação quanto aos demais assuntos, para que se ultime a votação.

§ 3º A apreciação das emendas do Senado Federal pela Câmara dos Deputados far-se-á no prazo de dez dias, observando quanto ao mais o disposto no parágrafo anterior.

§ 4º Os prazos do § 2º não correm nos períodos de recesso do Congresso Nacional, nem se aplicam aos projetos de código.

Art. 65. O projeto de lei aprovado por uma Casa será revisto pela outra, em um só turno de discussão e votação, e enviado à sanção ou promulgação, se a Casa revisora o aprovar, ou arquivado, se o rejeitar.

Parágrafo único. Sendo o projeto emendado, voltará à Casa iniciadora.

Art. 66. A Casa na qual tenha sido concluída a votação enviará o projeto de lei ao Presidente da República, que, aquiescendo, o sancionará.

§ 1º Se o Presidente da República considerar o projeto, no todo ou em parte, inconstitucional ou contrário ao interesse público, vetá-lo-á total ou parcialmente, no prazo de quinze dias úteis, contados da data do recebimento, e comunicará, dentro de quarenta e oito horas, ao Presidente do Senado Federal os motivos do veto.

§ 2º O veto parcial somente abrangerá texto integral de artigo, de parágrafo, de inciso ou de alínea.

§ 3º Decorrido o prazo de quinze dias, o silêncio do Presidente da República importará sanção.

§ 4º O veto será apreciado em sessão conjunta, dentro de trinta dias a contar de seu recebimento, só podendo ser rejeitado pelo voto da maioria absoluta dos Deputados e Senadores, em escrutínio secreto.

§ 5º Se o veto não for mantido, será o projeto enviado, para promulgação, ao Presidente da República.

§ 6º Esgotado sem deliberação o prazo estabelecido no § 4º, o veto será colocado na ordem do dia da sessão imediata, sobrestadas as demais proposições, até sua votação final, ressalvadas as matérias de que trata o art. 62, parágrafo único.

§ 7º Se a lei não for promulgada dentro de quarenta e oito horas pelo Presidente da República, nos casos dos §§ 3º e 5º, o Presidente do Senado a promulgará, e, se este não o fizer em igual prazo, caberá ao Vice-Presidente do Senado fazê-lo.

Art. 67. A matéria constante de projeto de lei rejeitado somente poderá constituir objeto de novo projeto, na mesma sessão legislativa, mediante proposta da maioria absoluta dos membros de qualquer das Casas do Congresso Nacional.

Art. 68. As leis delegadas serão elaboradas pelo Presidente da República, que deverá solicitar a delegação ao Congresso Nacional.

§ 1º Não serão objeto de delegação os atos de competência exclusiva do Congresso Nacional, os de competência privativa da Câmara dos Deputados ou do Senado Federal, a matéria reservada à lei complementar, nem a legislação sobre:

I – organização do Poder Judiciário e do Ministério Público, a carreira e a garantia de seus membros;

II – nacionalidade, cidadania, direitos individuais, políticos e eleitorais;

III – planos plurianuais, diretrizes orçamentárias e orçamentos.

§ 2º A delegação ao Presidente da República terá a forma de resolução do Congresso Nacional, que especificará seu conteúdo e os termos de seu exercício.

§ 3º Se a resolução determinar a apreciação do projeto pelo Congresso Nacional, este a fará em votação única, vedada qualquer emenda.

Art. 69. As leis complementares serão aprovadas por maioria absoluta.

SEÇÃO IX
DA FISCALIZAÇÃO CONTÁBIL, FINANCEIRA E ORÇAMENTÁRIA

Art. 70. A fiscalização contábil, financeira, orçamentária, operacional e patrimonial da União e das entidades da administração direta e indireta, quanto à legalidade, legitimidade, economicidade, aplicação das subvenções e renúncia de receitas, será exercida pelo Congresso Nacional, mediante controle externo, e pelo sistema de controle interno de cada Poder.

Parágrafo único. Prestará contas qualquer pessoa física ou entidade pública que utilize, arrecade, guarde, gerencie ou administre dinheiros, bens e valores públicos ou pelos quais a União responda, ou que, em nome desta, assuma obrigações de natureza pecuniária.

Art. 71. O controle externo, a cargo do Congresso Nacional, será exercido com o auxílio do Tribunal de Contas da União, ao qual compete:

I – apreciar as contas prestadas anualmente pelo Presidente da República, mediante parecer prévio que deverá ser elaborado em sessenta dias a contar de seu recebimento;

II – julgar as contas dos administradores e demais responsáveis por dinheiros, bens e valores públicos da administração direta e indireta, incluídas as fundações e sociedades instituídas e mantidas pelo Poder Público federal, e as contas daqueles que derem causa a perda, extravio ou outra irregularidade de que resulte prejuízo ao erário público;

III – apreciar, para fins de registro, a legalidade dos atos de admissão de pessoal, a qualquer título, na administração direta e indireta, incluídas as fundações instituídas e mantidas pelo Poder Público, excetuadas as nomeações para cargo de provimento em comissão, bem como a das concessões de aposentadorias, reformas e pensões, ressalvadas as melhorias posteriores que não alterem o fundamento legal do ato concessório;

IV – realizar, por iniciativa própria, da Câmara dos Deputados, do Senado Federal, de Comissão técnica ou de inquérito, inspeções e auditoria de natureza contábil, financeira, orçamentária, operacional e patrimonial, nas unidades administrativas dos Poderes Legislativo, Executivo e Judiciário, e demais entidades referidas no inciso II;

V – fiscalizar as contas nacionais das empresas supranacionais de cujo capital social a União participe, de forma direta ou indireta, nos termos do tratado constitutivo;

VI – fiscalizar a aplicação de quaisquer recursos repassados pela União mediante convênio, acordo, ajuste ou outros instrumentos congêneres, a Estado, ao Distrito Federal ou a Município;

VII – prestar as informações solicitadas pelo Congresso Nacional, por qualquer de suas Casas, ou por qualquer das respectivas Comissões, sobre a fiscalização contábil, financeira, orçamentária, operacional e patrimonial e sobre resultados de auditorias e inspeções realizadas;

VIII – aplicar aos responsáveis, em caso de ilegalidade de despesa ou irregularidade de contas, as sanções previstas em lei, que estabelecerá, entre outras cominações multa proporcional ao dano causado ao erário;

IX – assinar prazo para que o órgão ou entidade adote as providências necessárias ao exato cumprimento da lei, se verificada ilegalidade;

X – sustar, se não atendido, a execução do ato impugnado, comunicando a decisão à Câmara dos Deputados e ao Senado Federal;

XI – representar ao Poder competente sobre irregularidades ou abusos apurados.

§ 1º No caso de contrato, o ato de sustação será adotado diretamente pelo Congresso Nacional, que solicitará, de imediato, ao Poder Executivo as medidas cabíveis.

§ 2º Se o Congresso Nacional ou o Poder Executivo, no prazo de noventa dias, não efetivar as medidas previstas no parágrafo anterior, o Tribunal decidirá a respeito.

§ 3º As decisões do Tribunal de que resulte imputação de débito ou multa terão eficácia de título executivo.

§ 4º O Tribunal encaminhará ao Congresso Nacional, trimestral e anualmente, relatório de suas atividades.

Art. 72. A Comissão mista permanente a que se refere o art. 166, § 1º, diante de indícios de despesas não autorizadas, ainda que sob a forma de investimentos não programados ou de subsídios não aprovados, poderá solicitar à autoridade governamental responsável que, no prazo de cinco dias, preste os esclarecimentos necessários.

§ 1º Não prestados os esclarecimentos, ou considerados estes insuficientes, a Comissão solicitará ao Tribunal pronunciamento conclusivo sobre a matéria, no prazo de trinta dias.

§ 2º Entendendo o Tribunal irregular a despesa, a Comissão, se julgar que o gasto possa causar dano irreparável ou grave à economia pública, proporá ao Congresso Nacional sua sustação.

Art. 73. O Tribunal de Contas da União, integrado por nove Ministros, tem sede no Distrito Federal, quadro próprio de pessoal e jurisdição em todo o território nacional, exercendo, no que couber, as atribuições previstas no art. 96.

§ 1º Os Ministros do Tribunal de Contas da União serão nomeados dentre brasileiros que satisfaçam os seguintes requisitos:

I – mais de trinta e cinco e menos de sessenta e cinco anos de idade;

II – idoneidade moral e reputação ilibada;

III – notórios conhecimentos jurídicos, contábeis, econômicos e financeiros ou de administração pública;

IV – mais de dez anos de exercício de função ou de efetiva atividade profissional que exija os conhecimentos mencionados no inciso anterior.

§ 2º Os Ministros do Tribunal de Contas da União serão escolhidos:

I – um terço pelo Presidente da República, com aprovação do Senado Federal, sendo dois alternadamente dentre auditores e membros do Ministério Público junto ao Tribunal, indicados em lista tríplice pelo Tribunal, segundo os critérios de antiguidade e merecimento;

II – dois terços pelo Congresso Nacional.

§ 3º Os Ministros do Tribunal de Contas da União terão as mesmas garantias, prerrogativas, impedimentos, vencimentos e vantagens dos Ministros do Superior Tribunal de Justiça e somente poderão aposentar-se com as vantagens do cargo quando o tiverem exercido efetivamente por mais de cinco anos.

§ 4º O auditor, quando em substituição a Ministro, terá as mesmas garantias e impedimentos do titular e, quando no exercício das demais atribuições da judicatura, as de juiz de Tribunal Regional Federal.

Art. 74. Os Poderes Legislativo, Executivo e Judiciário manterão, de forma integrada, sistema de controle interno com a finalidade de:

I – avaliar o cumprimento das metas previstas no plano plurianual, a execução dos programas de governo e dos orçamentos da União;

II – comprovar a legalidade e avaliar os resultados, quanto à eficácia e eficiência, da gestão orçamentária, financeira e patrimonial nos órgãos e entidades da administração federal, bem como da aplicação de recursos públicos por entidades de direito privado;

III – exercer o controle das operações de crédito, avais e garantias, bem como dos direitos e haveres da União;

IV – apoiar o controle externo no exercício de sua missão institucional.

§ 1º Os responsáveis pelo controle interno, ao tomarem conhecimento de qualquer irregularidade ou ilegalidade, dela darão ciência ao Tribunal de Contas da União, sob pena de responsabilidade solidária.

§ 2º Qualquer cidadão, partido político, associação ou sindicato é parte legítima para, na forma da lei, denunciar irregularidades ou ilegalidades perante o Tribunal de Contas da União.

Art. 75. As normas estabelecidas nesta seção aplicam-se, no que couber, à organização, composição e fiscalização dos Tribunais de Contas dos Estados e do Distrito Federal, bem como dos Tribunais e

Conselhos de Contas dos Municípios.

Parágrafo único. As Constituições estaduais disporão sobre os Tribunais de Contas respectivos, que serão integrados por sete Conselheiros.

CAPÍTULO II
DO PODER EXECUTIVO

SEÇÃO I
DO PRESIDENTE E DO VICE-PRESIDENTE DA REPÚBLICA

Art. 76. O Poder Executivo é exercido pelo Presidente da República, auxiliado pelos Ministros de Estado.

Art. 77. A eleição do Presidente e do Vice-Presidente da República realizar-se-á, simultaneamente, noventa dias antes do término do mandato presidencial vigente.

§ 1º A eleição do Presidente da República importará a do Vice-Presidente com ele registrado.

§ 2º Será considerado eleito Presidente o candidato que, registrado por partido político, obtiver a maioria absoluta de votos, não computados os em branco e os nulos.

§ 3º Se nenhum candidato alcançar maioria absoluta na primeira votação, far-se-á nova eleição em até vinte dias após a proclamação do resultado, concorrendo os dois candidatos mais votados e considerando-se eleito aquele que obtiver a maioria dos votos válidos.

§ 4º Se, antes de realizado o segundo turno, ocorrer morte, desistência ou impedimento legal de candidato, convocar-se-á, dentre os remanescentes, o de maior votação.

§ 5º Se, na hipótese dos parágrafos anteriores, remanescer, em segundo lugar, mais de um candidato com a mesma votação, qualificar-se-á o mais idoso.

Art. 78. O Presidente e o Vice-Presidente da República tomarão posse em sessão do Congresso Nacional, prestando o compromisso de manter, defender e cumprir a Constituição, observar as leis, promover o bem geral do povo brasileiro, sustentar a união, a integridade e a independência do Brasil.

Parágrafo único. Se, decorridos dez dias da data fixada para a posse, o Presidente ou o Vice-Presidente, salvo motivo de força maior, não tiver assumido o cargo, este será declarado vago.

Art. 79. Substituirá o Presidente, no caso de impedimento, e suceder-lhe-á, no de vaga, o Vice-Presidente.

Parágrafo único. O Vice-Presidente da República, além de outras atribuições que lhe forem conferidas por lei complementar, auxiliará o Presidente, sempre que por ele convocado para missões especiais.

Art. 80. Em caso de impedimento do Presidente e do Vice-Presidente, ou vacância dos respectivos cargos, serão sucessivamente chamados ao exercício da Presidência o Presidente da Câmara dos Deputados, o do Senado Federal e o do Supremo Tribunal Federal.

Art. 81. Vagando os cargos de Presidente e Vice-Presidente da República, far-se-á eleição noventa dias depois de aberta a última vaga.

§ 1º Ocorrendo a vacância nos últimos dois anos do período presidencial, a eleição para ambos os cargos será feita trinta dias depois da última vaga, pelo Congresso Nacional, na forma da lei.

§ 2º Em qualquer dos casos, os eleitos deverão completar o período de seus antecessores.

Art. 82. O mandato do Presidente da República é de cinco anos, vedada a reeleição para o período subseqüente, e terá início em 1º de janeiro do ano seguinte ao da sua eleição.

Art. 83. O Presidente e o Vice-Presidente da República não poderão, sem licença do Congresso Nacional, ausentar-se do País por período superior a quinze dias, sob pena de perda de cargo.

SEÇÃO II
DAS ATRIBUIÇÕES DO PRESIDENTE DA REPÚBLICA

Art. 84. Compete privativamente ao Presidente da República:

I – nomear e exonerar os Ministros de Estado;

II – exercer, com o auxílio dos Ministros de Estado, a direção superior da administração federal;

III – iniciar o processo legislativo, na forma e nos casos previstos nesta Constituição;

IV – sancionar, promulgar e fazer publicar as leis, bem como expedir decretos e regulamentos para sua fiel execução;

V – vetar projetos de lei, total ou parcialmente;

VI – dispor sobre a organização e o funcionamento da administração federal, na forma da lei;

VII – manter relações com Estados estrangeiros e acreditar seus representantes diplomáticos;

VIII – celebrar tratados, convenções e atos internacionais, sujeitos a referendo do Congresso Nacional;

IX – decretar o estado de defesa e o estado de sítio;

X – decretar e executar a intervenção federal;

XI – remeter mensagem e plano de governo ao Congresso Nacional por ocasião da abertura da sessão legislativa, expondo a situação do País e solicitando as providências que julgar necessárias;

XII – conceder indulto e comutar penas, com audiência, se necessário, dos órgãos instituídos em lei;

XIII – exercer o comando supremo das Forças Armadas, promover seus oficiais-generais e nomeá-los para os cargos que lhes são privativos;

XIV – nomear, após aprovação pelo Senado Federal, os Ministros do Supremo Tribunal Federal e dos Tribunais Superiores, os Governadores de Territórios, o Procurador-Geral da República, o presidente e os diretores do banco central e outros servidores, quando determinado em lei;

XV – nomear, observado o disposto no art. 73, os Ministros do Tribunal de Contas da União;

XVI – nomear os magistrados, nos casos previstos nesta Constituição, e o Advogado Geral da União;

XVII – nomear membros do Conselho da República, nos termos do art. 89, VII;

XVIII – convocar e presidir o Conselho da República e o Conselho de Defesa Nacional;

XIX – declarar guerra, no caso de agressão estrangeira, autorizado pelo Congresso Nacional ou referendado por ele, quando ocorrida no intervalo das sessões legislativas, e, nas mesmas condições, decretar, total ou parcialmente, a mobilização nacional;

XX – celebrar a paz, autorizado ou com o referendo do Congresso Nacional;

XXI – conferir condecorações e distinções honoríficas;

XXII – permitir, nos casos previstos em lei complementar, que forças estrangeiras transitem pelo território nacional ou nele permaneçam temporariamente;

XXIII – enviar ao Congresso Nacional o plano plurianual, o projeto de lei de diretrizes orçamentárias e as propostas de orçamento previstos nesta Constituição;

XXIV – prestar, anualmente, ao Congresso Nacional, dentro de sessenta dias após a abertura da sessão legislativa, as contas referentes ao exercício anterior;

XXV – prover e extinguir os cargos públicos federais, na forma da lei;

XXVI – editar medidas provisórias com força de lei, nos termos do art. 62;

XXVII – exercer outras atribuições previstas nesta Constituição.

Parágrafo único. O Presidente da República poderá delegar as atribuições mencionadas nos incisos VI, XII e XXV, primeira parte, aos Ministros de Estado, ao Procurador-Geral da República ou ao Advogado-Geral da União, que observarão os limites traçados nas respectivas delegações.

SEÇÃO III
DA RESPONSABILIDADE DO PRESIDENTE DA REPÚBLICA

Art. 85. São crimes de responsabilidade os atos do Presidente da República que atentem contra a Constituição Federal e, especialmente, contra:

I – a existência da União;

II – o livre exercício do Poder Legislativo, do Poder Judiciário, do Ministério Público e dos Poderes constitucionais das unidades da Federação;

III – o exercício dos direitos políticos, individuais e sociais;

IV – a segurança interna do País;

V – a probidade na administração;

VI – a lei orçamentária;

VII – o cumprimento das leis e das decisões judiciais.

Parágrafo único. Esses crimes serão definidos em lei especial, que estabelecerá as normas de processo e julgamento.

Art. 86. Admitida a acusação contra o Presidente da República, por dois terços da Câmara dos Deputados, será ele submetido a julgamento perante o Supremo Tribunal Federal, nas infrações penais comuns, ou perante o Senado Federal, nos crimes de responsabilidade.

§ 1º O Presidente ficará suspenso de suas funções:

I – nas infrações penais comuns, se recebida a denúncia ou queixa-crime pelo Supremo Tribunal Federal;

II – nos crimes de responsabilidade, após a instauração do processo pelo Senado Federal.

§ 2º Se, decorrido o prazo de cento e oitenta dias, o julgamento não estiver concluído, cessará o afastamento do Presidente, sem prejuízo do regular prosseguimento do processo.

§ 3º Enquanto não sobrevier sentença condenatória, nas infrações comuns, o Presidente da República não estará sujeito a prisão.

§ 4º O Presidente da República, na vigência de seu mandato, não pode ser responsabilizado por atos estranhos ao exercício de suas funções.

SEÇÃO IV
DOS MINISTROS DE ESTADO

Art. 87. Os Ministros de Estado serão escolhidos dentre brasileiros maiores de vinte e um anos e no exercício dos direitos políticos.

Parágrafo único. Compete ao Ministro de Estado, além de outras atribuições estabelecidas nesta Constituição e na lei:

I - exercer a orientação, coordenação e supervisão dos órgãos e entidades da administração federal na área de sua competência e referendar os atos e decretos assinados pelo Presidente da República;

II - expedir instruções para a execução das leis, decretos e regulamentos;

III - apresentar ao Presidente da República relatório anual de sua gestão no Ministério;

IV - praticar os atos pertinentes às atribuições que lhe forem outorgadas ou delegadas pelo Presidente da República.

Art. 88. A lei disporá sobre a criação, estruturação e atribuições dos Ministérios.

SEÇÃO V
DO CONSELHO DA REPÚBLICA E DO CONSELHO DE DEFESA NACIONAL

SUBSEÇÃO I
DO CONSELHO DA REPÚBLICA

Art. 89. O Conselho da República é órgão superior de consulta do Presidente da República, e dele participam:

I - O Vice-Presidente da República;

II - o Presidente da Câmara dos Deputados;

III - o Presidente do Senado Federal;

IV - os líderes da maioria e da minoria na Câmara dos Deputados;

V - os líderes da maioria e da minoria no Senado Federal.

VI - o Ministro da Jutiça.

VII - seis cidadãos brasileiros natos, com mais de trinta e cinco anos de idade, sendo dois nomeados pelo Presidente da República, dois eleitos pelo Senado Federal e dois eleitos pela Câmara dos Deputados, todos com mandato de três anos, vedada a recondução.

Art. 90. Compete ao Conselho da República pronunciar-se sobre:

I - intervenção federal, estado de defesa e estado de sítio;

II - as questões relevantes para a estabilidade das instituições democráticas.

§ 1º O Presidente da República poderá convocar Ministro de Estado para participar da reunião do Conselho, quando constar da pauta questão relacionada com o respectivo Ministério.

§ 2º A lei regulamentará a organização e o funcionamento do Conselho da República.

SUBSEÇÃO II
DO CONSELHO DE DEFESA NACIONAL

Art. 91. O Conselho de Defesa Nacional é órgão de consulta do Presidente da República nos assuntos relacionados com a soberania nacional e a defesa do Estado democrático, e dele participam como membros natos:

I - o Vice-Presidente da República;

II - o Presidente da Câmara dos Deputados;

III - o Presidente do Senado Federal;

IV - o Ministro da Justiça;

V - os Ministros militares;

VI - o Ministro das Relações Exteriores;

VII - o Ministro do Planejamento;

§ 1º Compete ao Conselho de Defesa Nacional:

I - opinar nas hipóteses de declaração de guerra e de celebração da paz, nos termos desta Constituição;

II - opinar sobre a decretação do estado de defesa, do estado de sítio e da intervenção federal;

III - propor os critérios e condições de utilização de áreas indispensáveis à segurança do território nacional e opinar sobre seu efetivo uso, especialmente na faixa de fronteira e nas relacionadas com a preservação e a exploração dos recursos naturais de qualquer tipo;

IV - estudar, propor e acompanhar o desenvolvimento de iniciativas necessárias a garantir a independência nacional e a defesa do Estado democrático.

§ 2º A lei regulará a organização e o funcionamento do Conselho de Defesa Nacional.

CAPÍTULO III
DO PODER JUDICIÁRIO

SEÇÃO I
DISPOSIÇÕES GERAIS

Art. 92. São órgãos do Poder Judiciário:

I - o Supremo Tribunal Federal;

II - o Superior Tribunal de Justiça;

III - os Tribunais Regionais Federais e Juízes Federais;

IV - os Tribunais e Juízes do Trabalho;

V - os Tribunais e Juízes Eleitorais;

VI - os Tribunais e Juízes Militares;

VII - os Tribunais e Juízes dos Estados e do Distrito Federal e Territórios.

Parágrafo único. O Supremo Tribunal Federal e os Tribunais Superiores têm sede na Capital Federal e jurisdição em todo o território nacional.

Art. 93. Lei complementar, de iniciativa do Supremo Tribunal Federal, disporá sobre o Estatuto da Magistratura, observados os seguintes princípios:

I - ingresso na carreira, cujo cargo inicial será o de juiz substituto, através de concurso público de provas e títulos, com a participação da Ordem dos Advogados do Brasil em todas as suas fases, obedecendo-se, nas nomeações, à ordem de classificação;

II - promoção de entrância para entrância, alternadamente, por antiguidade e merecimento, atendidas as seguintes normas:

a) é obrigatória a promoção do juiz que figure por três vezes consecutivas ou cinco alternadas em lista de merecimento;

b) a promoção por merecimento pressupõe dois anos de exercício na respectiva entrância e integrar o juiz a primeira quinta parte da lista de antiguidade desta, salvo se não houver com tais requisitos quem aceite o lugar vago;

c) aferição do merecimento pelos critérios da presteza e segurança no exercício da jurisdição e pela freqüência e aproveitamento em cursos reconhecidos de aperfeiçoamento;

d) na apuração da antiguidade, o tribunal somente poderá recusar o juiz mais antigo pelo voto de dois terços de seus membros, conforme procedimento próprio, repetindo-se a votação até fixar-se a indicação;

III - o acesso aos tribunais de segundo grau far-se-á por antiguidade e merecimento, alternadamente, apurados na última entrância ou, onde houver, no Tribunal de Alçada, quando se tratar de promoção para o Tribunal de Justiça, de acordo com o inciso II e a classe de origem;

IV - previsão de cursos oficiais de preparação e aperfeiçoamento de magistrados como requisitos para ingresso e promoção na carreira;

V - os vencimentos dos magistrados serão fixados com diferença não superior a dez por cento de uma para outra das categorias da carreira, não podendo, a título nenhum, exceder os dos Ministros do Supremo Tribunal Federal;

VI - a aposentadoria com proventos integrais é compulsória por invalidez ou aos setenta anos de idade, e facultativa aos trinta anos de serviço, após cinco anos de exercício efetivo na judicatura;

VII - o juiz titular residirá na respectiva comarca;

VIII - o ato de remoção, disponibilidade e aposentadoria do magistrado, por interesse público, fundar-se-á em decisão por voto de dois terços do respectivo tribunal, assegurada ampla defesa;

IX - todos os julgamentos dos órgãos do Poder Judiciário serão públicos, e fundamentadas todas as decisões, sob pena de nulidade, podendo a lei, se o interesse público o exigir, limitar a presença, em determinados atos, às próprias partes e a seus advogados, ou somente a estes;

X - as decisões administrativas dos tribunais serão motivadas, sendo as disciplinares tomadas pelo voto da maioria absoluta de seus membros;

XI - nos tribunais com número superior a vinte e cinco julgadores poderá ser constituído órgão especial, com o mínimo de onze e o máximo de vinte e cinco membros, para q exercício das atribuições administrativas e jurisdicionais da competência do tribunal pleno.

Art. 94. Um quinto dos lugares dos Tribunais Regionais Federais, dos Tribunais dos Estados, e do Distrito Federal e Territórios será composto de membros, do Ministério Público, com mais de dez anos de carreira, e de advogados de notório saber jurídico e de reputação ilibada, com mais de dez anos de efetiva atividade profissional, indicados em lista sêxtupla pelos órgãos de representação das respectivas classes.

Parágrafo único. Recebidas as indicações, o tribunal formará lista tríplice, enviando-a ao Poder Executivo, que, nos vinte dias subseqüentes, escolherá um de seus integrantes para nomeação.

Art. 95. Os juízes gozam das seguintes garantias:

I - vitaliciedade, que, no primeiro grau, só será adquirida após dois anos de exercício, dependendo a perda do cargo, nesse período, de deli-

beração do tribunal a que o juiz estiver vinculado, e, nos demais casos, de sentença judicial transitada em julgado;
II – inamovibilidade, salvo por motivo de interesse público, na forma do art. 93, VIII;
III – irredutibilidade de vencimentos, observado, quanto à remuneração, que dispõem os arts. 37, XI, 150, II, 153, III, e 153, § 2º, I.
Parágrafo único. Aos juízes é vedado:
I – exercer, ainda que em disponibilidade, outro cargo ou função, salvo uma de magistério;
II – receber, a qualquer título ou pretexto, custas ou participação em processo;
III – dedicar-se à atividade político-partidária;
Art. 96. Compete privativamente:
I – aos tribunais:
a) eleger seus órgãos diretivos e elaborar seus regimentos internos, com observância das normas de processo e das garantias processuais das partes, dispondo sobre a competência e o funcionamento dos respectivos órgãos jurisdicionais e administrativos:
b) organizar suas secretarias e serviços auxiliares e os dos juízos que lhes forem vinculados, velando pelo exercício da atividade correicional respectiva;
c) prover, na forma prevista nesta Constituição, os cargos de juiz de carreira da respectiva jurisdição;
d) propor a criação de novas varas judiciárias;
e) prover, por concurso público de provas, ou de provas e títulos, obedecido o disposto no art. 169, parágrafo único, os cargos necessários à administração da Justiça, exceto os de confiança assim definidos em lei;
f) conceder licença, férias e outros afastamentos a seus membros e aos juízes e servidores que lhes forem imediatamente vinculados;
II – ao Supremo Tribunal Federal, aos Tribunais Superiores e aos Tribunais de Justiça propor ao Poder Legislativo respectivo, observado o disposto no art. 169.
a) a alteração do número de membros dos tribunais inferiores;
b) a criação e a extinção de cargos e a fixação de vencimentos de seus membros, dos juízes, inclusive dos tribunais inferiores, onde houver, dos serviços auxiliares e os dos juízos que lhes forem vinculados;
c) a criação ou extinção dos tribunais inferiores;
d) a alteração da organização e da divisão judiciárias;
III – aos tribunais de Justiça julgar aos juízes estaduais e do Distrito Federal e Territórios, bem como os membros do Ministério Público, nos crimes comuns e de responsabilidade, ressalvada a competência da Justiça Eleitoral.
Art. 97. Somente pelo voto da maioria absoluta de seus membros ou dos membros do respectivo órgão especial poderão os tribunais declarar a inconstitucionalidade de lei ou ato normativo do Poder Público.
Art. 98. A União, no Distrito Federal e nos Territórios, e os Estados criarão:
I – juizados especiais, providos por juízes togados, ou togados e leigos, competentes para a conciliação, o julgamento e a execução de causas cíveis de menor complexidade e infrações penais de menor potencial ofensivo, mediante os procedimentos oral e sumaríssimo, permitidos, nas hipóteses previstas em lei, a transação e o julgamento de recursos por turmas de juízes de primeiro grau;
II – justiça de paz, remunerada, composta de cidadãos eleitos pelo voto direto, universal e secreto, com mandato de quatro anos e competência para, na forma da lei, celebrar casamentos, verificar, de ofício ou em face de impugnação apresentada, o processo de habilitação e exercer atribuições conciliatórias, sem caráter jurisdicional, além de outras previstas na legislação.
Art. 99. Ao Poder Judiciário é assegurada autonomia administrativa e financeira.
§ 1º Os tribunais elaborarão suas propostas orçamentárias dentro dos limites estipulados conjuntamente com os demais Poderes na lei de diretrizes orçamentárias.
§ 2º O encaminhamento da proposta, ouvidos os outros tribunais interessados compete:
I – no âmbito da União, os Presidentes do Supremo Tribunal Federal e dos Tribunais Superiores, com a aprovação dos respectivos tribunais;
II – no âmbito dos Estados e no do Distrito Federal e Territórios, aos Presidentes dos Tribunais de Justiça, com a aprovação dos respectivos tribunais.
Art. 100. À exceção dos créditos de natureza alimentícia, os pagamentos devidos pela Fazenda Federal, Estadual ou Municipal, em virtude de sentença judiciária, far-se-ão exclusivamente na ordem cronológica de apresentação dos precatórios e à conta dos créditos respectivos, proibida a designação de casos ou de pessoas nas dotações orçamentárias e nos créditos adicionais abertos para este fim.
§ 1º É obrigatória a inclusão, no orçamento das entidades de direito público, de verba necessária ao pagamento de seus débitos constantes de precatórios judiciários, apresentados até 1º de julho, data em que terão atualizados seus valores, fazendo-se o pagamento até o final do exercício seguinte.
§ 2º As dotações orçamentárias e os créditos abertos serão consignados ao Poder Judiciário, recolhendo-se as importâncias respectivas à repartição competente, cabendo ao Presidente do Tribunal que proferir a decisão exeqüenda determinar o pagamento, segundo as possibilidades do depósito, e autorizar, a requerimento do credor e exclusivamente para o caso de preterimento de seu direito de precedência, o seqüestro da quantia necessária à satisfação do débito.

SEÇÃO II
DO SUPREMO TRIBUNAL FEDERAL

Art. 101. O Supremo Tribunal Federal compõe-se de onze Ministros, escolhidos dentre cidadãos com mais de trina e cinco anos e menos de sessenta e cinco anos de idade, de notável saber jurídico e reputação ilibada.
Parágrafo único. Os Ministros do Supremo Tribunal Federal serão nomeados pelo Presidente da República, depois de aprovada a escolha pela maioria absoluta do Senado Federal.
Art. 102. Compete ao Supremo Tribunal Federal, precipuamente, a guarda da Constituição, cabendo-lhe:
I – processar e julgar, originariamente:
a) a ação direta de inconstitucionalidade de lei ou ato normativo federal ou estadual;
b) nas infrações penais comuns, o Presidente da República, o Vice-Presidente, os membros do Congresso Nacional, seus próprios Ministros e o Procurador-Geral da República;
c) nas infrações penais comuns e nos crimes de responsabilidade, os Ministros de Estado, ressalvado o disposto no art. 52, I, os membros dos Tribunais Superiores, os do Tribunal de Contas da União e os chefes de missão diplomática de caráter permanente;
d) o "habeas-corpus", sendo paciente qualquer das pessoas referidas nas alíneas anteriores; o mandado de segurança e o "habeas-data" contra atos do Presidente da República, das Mesas da Câmara dos Deputados e do Senado Federal, do Tribunal de Contas da União, do Procurador-Geral da República e do próprio Supremo Tribunal Federal;
e) o litígio entre Estado estrangeiro ou organismo internacional e a União, o Estado, o Distrito Federal ou o Território;
f) as causas e os conflitos entre a União e os Estados, a União e o Distrito Federal, ou entre uns e outros, inclusive as respectivas entidades da administração indireta;
g) a extradição solicitada por Estado estrangeiro;
h) a homologação das sentenças estrangeiras e a concessão do "exequatur" às cartas rogatórias, que podem ser conferidas pelo regimento interno a seu Presidente;
i) o "habeas-corpus", quando o coator ou o paciente for tribunal, autoridade ou funcionário cujos atos estejam sujeitos diretamente à jurisdição do Supremo Tribunal Federal, ou se trate de crime sujeito à mesma jurisdição em uma única instância;
j) a revisão criminal e a ação rescisória de seus julgados;
l) a reclamação para a preservação de sua competência e garantia da autoridade de suas decisões;
m) a execução de sentença nas causas de sua competência originária, facultada a delegação de atribuições para a prática de atos processuais;
n) a ação em que todos os membros da magistratura sejam direta ou indiretamente interessados, e aquela em que mais da metade dos membros do tribunal de origem estejam impedidos ou sejam direta ou indiretamente interessados;
o) os conflitos de jurisdição entre o Superior Tribunal de Justiça e quaisquer tribunais, entre Tribunais Superiores, ou entre estes e qualquer outro tribunal;
p) o pedido de medida cautelar das ações diretas de inconstitucionalidade;
q) o mandado de injunção, quando a elaboração da norma regulamentadora for atribuição do Presidente da República, do Congresso Nacional, da Câmara dos Deputados, do Senado Federal, das Mesas de uma dessas Casas Legislativas, do Tribunal de Contas da União, de um dos Tribunais Superiores, ou do próprio Supremo Tribunal Federal;
II – julgar, em recurso ordinário:
a) o "habeas-corpus", o mandado de segurança, o "habeas-data" e o mandado de injunção decididos em única instância pelos Tribunais Superiores, se denegatória a decisão;
b) o crime político;
III – julgar, mediante recurso extraordinário, as causas decididas em única ou última instância, quando a decisão recorrida:
a) contrariar dispositivo desta Constituição;
b) declarar a inconstitucionalidade de tratado ou lei federal;
c) julgar válida lei ou ato de governo local contestado em face desta Constituição.
Parágrafo único. A argüição de descumprimento de preceito fundamental decorrente desta Constituição será apreciada pelo Supremo Tribunal Federal, na forma da lei.
Art. 103. Podem propor a ação de inconstitucionalidade:
I – o Presidente da República;
II – a Mesa do Senado Federal;

III - a Mesa da Câmara dos Deputados;
IV - a Mesa de Assembléia Legislativa;
V - o Governador de Estado;
VI - o Procurador-Geral da República;
VII - o Conselho Federal da Ordem dos Advogados do Brasil;
VIII - partido político com representação no Congresso Nacional;
IX - confederação sindical ou entidade de classe de âmbito nacional.

§ 1º O Procurador-Geral da República deverá ser previamente ouvido nas ações de inconstitucionalidade e em todos os processos de competência do Supremo Tribunal Federal.

§ 2º Declarada a inconstitucionalidade por omissão de medida para tornar efetiva norma constitucional, será dada ciência ao Poder competente para a adoção das providências necessárias e, em se tratando de órgão administrativo, para fazê-lo em trinta dias.

§ 3º Quando o Supremo Tribunal Federal apreciar a inconstitucionalidade, em tese, de norma legal ou ato normativo, citará, previamente, o Advogado-Geral dá União, que defenderá o ato ou texto impugnado.

SEÇÃO III
DO SUPERIOR TRIBUNAL DE JUSTIÇA

Art. 104. O Superior Tribunal de Justiça compõe-se de, no mínimo, trinta e três Ministros.

Parágrafo único. Os Ministros do Superior Tribunal de Justiça serão nomeados pelo Presidente da República, dentre brasileiros com mais de trinta e cinco e menos de sessenta e cinco anos, de notável saber jurídico e reputação ilibada, depois de aprovada a escolha pelo Senado Federal, sendo:

I - um terço dentre juízes dos Tribunais Regionais Federais e um terço dentre desembargadores dos Tribunais de Justiça, indicados em lista tríplice elaborada pelo próprio Tribunal;

II - um terço, em partes iguais, dentre advogados e membros do Ministério Público Federal, Estadual, do Distrito Federal e Territórios, alternadamente, indicados na forma do art. 94.

Art. 105. Compete ao Superior Tribunal de Justiça:

I - processar e julgar, originariamente:

a) nos crimes comuns, os Governadores dos Estados e do Distrito Federal, e, nestes e nos de responsabilidade, os desembargadores dos Tribunais de Justiça dos Estados e do Distrito Federal, os membros dos Tribunais de Contas dos Estados e do Distrito Federal, os dos Tribunais Regionais Federais, dos Tribunais Regionais Eleitorais e do Trabalho, os membros dos Conselhos ou Tribunais de Contas dos Municípios e os do Ministério Público da União que oficiem perante tribunais;

b) os mandados de segurança e os "habeas-data" contra ato de Ministro de Estado ou do próprio Tribunal;

c) os "habeas-corpus", quando o coator ou o paciente for qualquer das pessoas mencionadas na alínea "a", ou quando o coator for Ministro de Estado, ressalvada a competência da Justiça Eleitoral;

d) os conflitos de jurisdição entre quaisquer tribunais, ressalvado o disposto no art. 102, I, "o", bem como entre tribunal e juízes a ele não vinculados e entre juízes vinculados a tribunais diversos;

e) as revisões criminais e as ações rescisórias de seus julgados;

f) a reclamação para a preservação de sua competência e garantia da autoridade de suas decisões;

g) os conflitos de atribuições entre autoridades administrativas e judiciárias da União, ou entre autoridades judiciárias de um Estado e administrativas de outro ou do Distrito Federal, ou entre as deste e da União;

h) o mandado de injunção, quando a elaboração da norma regulamentadora for atribuição de órgão, entidade ou autoridade federal, da administração direta ou indireta, excetuados os casos de competência do Supremo Tribunal Federal e dos órgãos da Justiça Militar, da Justiça Eleitoral, da Justiça do Trabalho e da Justiça Federal;

II - julgar, em recurso ordinário:

a) os "habeas-corpus" decididos em única ou última instância pelos Tribunais Regionais Federais ou pelos tribunais dos Estados, do Distrito Federal e Territórios, quando a decisão for denegatória;

b) os mandados de segurança decididos em única instância pelos Tribunais Regionais Federais ou pelos tribunais dos Estados, do Distrito Federal e Territórios, quando denegatória a decisão;

c) as causas em que forem partes Estado estrangeiro ou organismo internacional, de um lado, e, do outro, Município ou pessoa residente ou domiciliada no País;

III - julgar, em recurso especial, as causas decididas, em única ou última instância, pelos Tribunais Regionais Federais ou pelos tribunais dos Estados, do Distrito Federal e Territórios, quando a decisão recorrida:

a) contrariar tratado ou lei federal, ou negar-lhes vigência;

b) julgar válida lei ou ato de governo local contestado em face de lei federal;

c) der a lei federal interpretação divergente da que lhe haja atribuído outro tribunal.

Parágrafo único. Funcionará junto ao Superior Tribunal de Justiça o Conselho da Justiça Federal, cabendo-lhe, na forma da lei, exercer a supervisão administrativa e orçamentária da Justiça Federal de primeiro e segundo graus.

SEÇÃO IV
DOS TRIBUNAIS REGIONAIS FEDERAIS E DOS JUÍZES FEDERAIS

Art. 106. São órgãos da Justiça Federal:

I - os Tribunais Regionais Federais;

II - os Juízes Federais.

Art. 107. Os Tribunais Regionais Federais compõem-se de, no mínimo, sete juízes, recrutados, quando possível, na respectiva região e nomeados pelo Presidente da República dentre brasileiros com mais de trinta e menos de sessenta e cinco anos, sendo:

I - um quinto dentre advogados com mais de dez anos de efetiva atividade profissional e membros do Ministério Público Federal com mais de dez anos de carreira;

II - os demais, mediante promoção de juízes federais com mais de cinco anos de exercício, por antigüidade e merecimento, alternadamente.

Parágrafo único. A lei disciplinará a remoção ou a permuta de juízes dos Tribunais Regionais Federais e determinará sua jurisdição e sede.

Art. 108. Compete aos Tribunais Regionais Federais:

I - processar e julgar, originariamente:

a) os juízes federais da área de sua jurisdição, incluídos os da Justiça Militar e da Justiça do Trabalho, nos crimes comuns e de responsabilidade, e os membros do Ministério Público da União, ressalvada a competência da Justiça Eleitoral;

b) as revisões criminais e as ações rescisórias de julgados seus ou dos juízes federais da região;

c) os mandados de segurança e os "habeas-data" contra ato do próprio Tribunal ou de juiz federal;

d) os "habeas-corpus", quando a autoridade coatora for juiz federal;

e) os conflitos de jurisdição entre juízes federais vinculados ao Tribunal;

II - julgar, em grau de recurso, as causas decididas pelos juízes federais e pelos juízes estaduais no exercício da competência federal da área de sua jurisdição.

Art. 109. Aos juízes federais compete processar e julgar:

I - as causas em que a União, entidade autárquica ou empresa pública federal forem interessadas na condição de autoras, rés, assistentes ou oponentes, exceto as de falência, as de acidentes de trabalho e as sujeitas à Justiça Eleitoral e à Justiça do Trabalho;

II - as causas entre Estado estrangeiro ou organismo internacional e Município ou pessoa domiciliada ou residente no País;

III - as causas fundadas em tratado ou contrato da União com Estado estrangeiro ou organismo internacional;

IV - os crimes políticos e as infrações penais praticadas em detrimento de bens, serviços ou interesse da União ou de suas entidades autárquicas ou empresas públicas, excluídas as contravenções e ressalvada a competência da Justiça Militar e da Justiça Eleitoral;

V - os crimes previstos em tratado ou convenção internacional, quando, iniciada a execução no País, o resultado tenha ou devesse ter ocorrido no estrangeiro, ou reciprocamente;

VI - os crimes contra a organização do trabalho e, nos casos determinados por lei, contra o sistema financeiro e a ordem econômico-financeira;

VII - os "habeas-corpus", em matéria criminal de sua competência ou quando o constrangimento provier de autoridade cujos atos não estejam diretamente sujeitos a outra jurisdição;

VIII - os mandados de segurança e os "habeas-data" contra ato de autoridade federal, excetuados os casos de competência dos tribunais federais;

IX - os crimes cometidos a bordo de navios ou aeronaves, ressalvada a competência da Justiça Militar;

X - os crimes de ingresso ou permanência irregular de estrangeiro, a execução de carta rogatória, após o "exequatur", e de sentença estrangeira, após a homologação, as causas referentes à nacionalidade, inclusive a respectiva opção, e à naturalização;

XI - a disputa sobre direitos indígenas.

§ 1º As causas em que a União for autora serão aforadas na seção judiciária onde tiver domicílio a outra parte.

§ 2º As causas intentadas contra a União poderão ser aforadas na seção judiciária em que for domiciliado o autor, naquela onde houver ocorrido o ato ou fato que deu origem à demanda ou onde esteja situada a coisa, ou, ainda, no Distrito Federal.

§ 3º Serão processadas e julgadas na justiça estadual, no foro do domicílio dos segurados ou beneficiários, as causas em que forem parte instituição de previdência social e segurado, sempre que a comarca não seja sede de vara do juízo federal, e, se verificada essa condição, a lei poderá permitir que outras causas sejam também processadas e julgadas pela justiça estadual.

§ 4º Na hipótese do parágrafo anterior, o recurso cabível será sempre para o Tribunal Regional Federal na área de jurisdição do juiz de primeiro grau.

Art. 110. Cada Estado, bem como o Distrito Federal, constituirá uma seção judiciária que terá por sede a respectiva Capital, e varas localizadas segundo o estabelecido em lei.

Parágrafo único. Nos Territórios Federais, a jurisdição e as atribuições cometidas aos juízes federais caberão aos juízes da justiça local, na forma da lei.

SEÇÃO V
DOS TRIBUNAIS E JUÍZES DO TRABALHO

Art. 111. São órgãos da Justiça do Trabalho:

I – o Tribunal Superior do Trabalho;

II – os Tribunais Regionais do Trabalho;

III – as Juntas de Conciliação e Julgamento.

§ 1º O Tribunal Superior do Trabalho compor-se-á de vinte e sete Ministros, escolhidos dentre brasileiros com mais de trinta e cinco e menos de sessenta e cinco anos, nomeados pelo Presidente da República após aprovação pelo Senado Federal, sendo:

I – dezessete togados e vitalícios, dos quais onze escolhidos dentre juízes de carreira da magistratura trabalhista, três dentre advogados e três dentre membros do Ministério Público do Trabalho;

II – dez classistas temporários, com representação paritária dos trabalhadores e empregadores.

§ 2º O Tribunal encaminhará ao Presidente da República listas tríplices, observando-se, quanto às vagas destinadas aos advogados e aos membros do Ministério Público, o disposto no art. 94, e, para as de classistas, o resultado de indicação de colégio eleitoral integrado pelas diretorias das confederações nacionais de trabalhadores ou empregadores, conforme o caso; as listas tríplices para o provimento de cargos destinados aos juízes da magistratura trabalhista de carreira deverão ser elaboradas pelos Ministros togados e vitalícios.

§ 3º A lei disporá sobre a competência do Tribunal Superior do Trabalho.

Art. 112. Haverá pelo menos um Tribunal Regional do Trabalho em cada Estado e no Distrito Federal, e a lei instituirá as Juntas de Conciliação e Julgamento, podendo, nas comarcas onde não forem instituídas, atribuir sua jurisdição aos juízes de direito.

Art. 113. A lei disporá sobre a constituição, investidura, jurisdição, competência, garantias e condições de exercício dos órgãos da Justiça do Trabalho, assegurada a paridade de representação de trabalhadores e empregadores.

Art. 114. Compete à Justiça do Trabalho conciliar e julgar os dissídios individuais e coletivos entre trabalhadores e empregadores, abrangidos os entes de direito público externo e da administração pública direta e indireta dos Municípios, do Distrito Federal, dos Estados e da União, e, na forma da lei, outras controvérsias decorrentes da relação de trabalho, bem como os litígios que tenham origem no cumprimento de suas próprias sentenças, inclusive coletivas.

§ 1º Frustrada a negociação coletiva, as partes poderão eleger árbitros.

§ 2º Recusando-se qualquer das partes à negociação ou à arbitragem, é facultado aos respectivos sindicatos ajuizar dissídio coletivo, podendo a Justiça do Trabalho estabelecer normas e condições, respeitadas as disposições convencionais e legais mínimas de proteção ao trabalho.

Art. 115. Os Tribunais Regionais do Trabalho serão compostos de juízes nomeados pelo Presidente da República, sendo dois terços de juízes togados vitalícios e um terço de juízes classistas temporários, observada, entre os juízes togados, a proporcionalidade estabelecida no art. 111, § 1º, I.

Parágrafo único. Os magistrados dos Tribunais Regionais do Trabalho serão:

I – juízes do trabalho, escolhidos por promoção, alternadamente, por antigüidade e merecimento;

II – advogados e membros do Ministério Público do Trabalho, obedecido o disposto no art. 94;

III – classistas indicados em listas tríplices pelas diretorias das federações e dos sindicatos com base territorial na região.

Art. 116. A Junta de Conciliação e Julgamento será composta de um juiz do trabalho, que a presidirá, e dois juízes classistas temporários, representantes dos empregados e dos empregadores.

Parágrafo único. Os juízes classistas das Juntas de Conciliação e Julgamento serão nomeados pelo Presidente do Tribunal Regional do Trabalho, na forma da lei, permitida uma recondução.

Art. 117. O mandato dos representantes classistas, em todas as instâncias, é de três anos.

Parágrafo único. Os representantes classistas terão suplentes.

SEÇÃO VI
DOS TRIBUNAIS E JUÍZES ELEITORAIS

Art. 118. São órgãos da Justiça Eleitoral:

I – o Tribunal Superior Eleitoral;

II – os Tribunais Regionais Eleitorais;

III – os Juízes Eleitorais;

IV – as Juntas Eleitorais.

Art. 119. O Tribunal Superior Eleitoral compor-se-á, no mínimo, de sete membros, escolhidos:

I – mediante eleição, pelo voto secreto:

a) três juízes dentre os Ministros do Supremo Tribunal Federal;

b) dois juízes dentre os Ministros do Superior Tribunal de Justiça;

II – por nomeação do Presidente da República, dois juízes dentre seis advogados de notável saber jurídico e idoneidade moral, indicados pelo Supremo Tribunal Federal.

Parágrafo único. O Tribunal Superior Eleitoral elegerá seu Presidente e o Vice-Presidente dentre os Ministros do Supremo Tribunal Federal, e o Corregedor Eleitoral dentre os Ministros do Superior Tribunal de Justiça.

Art. 120. Haverá um Tribunal Regional Eleitoral na Capital de cada Estado e no Distrito Federal.

§ 1º Os Tribunais Regionais Eleitorais compor-se-ão:

I – mediante eleição, pelo voto secreto:

a) de dois juízes dentre os desembargadores do Tribunal de Justiça;

de dois juízes, dentre juízes de direito, escolhidos pelo Tribunal de Justiça;

II – de um juiz do Tribunal Regional Federal com sede na Capital do Estado ou no Distrito Federal, ou, não havendo, de juiz federal, escolhido, em qualquer caso, pelo Tribunal Regional Federal respectivo;

III – por nomeação, pelo Presidente da República, de dois juízes dentre seis advogados de notável saber jurídico e idoneidade moral, indicados pelo Tribunal de Justiça.

§ 2º O Tribunal Regional Eleitoral elegerá seu Presidente e o Vice-Presidente dentre os desembargadores.

Art. 121. Lei complementar disporá sobre a organização e competência dos tribunais, dos juízes de direito e das juntas eleitorais.

§ 1º Os membros dos tribunais, os juízes de direito e os integrantes das juntas eleitorais, no exercício de suas funções, e no que lhes for aplicável, gozarão de plenas garantias e serão inamovíveis.

§ 2º Os juízes dos tribunais eleitorais, salvo motivo justificado, servirão por dois anos, no mínimo, e nunca por mais de dois biênios consecutivos, sendo os substitutos escolhidos na mesma ocasião e pelo mesmo processo, em número igual para cada categoria.

§ 3º São irrecorríveis as decisões do Tribunal Superior Eleitoral, salvo as que contrariarem esta Constituição e as denegatórias de "habeas-corpus" ou mandado de segurança.

§ 4º Das decisões dos Tribunais Regionais Eleitorais somente caberá recurso quando:

I – forem proferidas contra disposição expressa desta Constituição ou de lei;

II – ocorrer divergência na interpretação de lei entre dois ou mais tribunais eleitorais;

III – versarem sobre inelegibilidade ou expedição de diplomas nas eleições federais ou estaduais;

IV – anularem diplomas ou decretarem a perda de mandatos eletivos federais ou estaduais;

V – denegarem "habeas-corpus", mandado de segurança, "habeas-data" ou mandado de injunção.

SEÇÃO VII
DOS TRIBUNAIS E JUÍZES MILITARES

Art. 122. São órgãos da Justiça Militar:

I – o Superior Tribunal Militar;

II – os Tribunais e Juízes Militares instituídos por lei.

Art. 123. O Superior Tribunal Militar compor-se-á de quinze Ministros vitalícios, nomeados pelo Presidente da República, depois de aprovada a indicação pelo Senado Federal, sendo três dentre oficiais-generais da Marinha, quatro dentre oficiais-generais do Exército, três dentre oficiais-generais da Aeronáutica, todos da ativa e do posto mais elevado da carreira, e cinco dentre civis.

Parágrafo único. Os Ministros civis serão escolhidos pelo Presidente da República dentre brasileiros maiores de trinta e cinco anos, sendo:

I – três dentre advogados de notório saber jurídico e conduta ilibada, com mais de dez anos de efetiva atividade profissional;

II – dois, por escolha paritária, dentre juízes auditores e membros do Ministério Público da Justiça Militar.

Art. 124. À Justiça Militar compete processar e julgar os crimes militares definidos em lei.

Parágrafo único. A lei disporá sobre a organização, o funcionamento e a competência da Justiça Militar.

SEÇÃO VIII
DOS TRIBUNAIS E JUÍZES DOS ESTADOS

Art. 125. Os Estados organizarão sua Justiça, observados os princípios estabelecidos nesta Constituição.

§ 1º A competência dos tribunais será definida na Constituição do Estado, sendo a lei de organização judiciária de iniciativa do Tribunal de Justiça.

§ 2º Cabe aos Estados a instituição de representação de inconstitucionalidade de leis ou atos normativos estaduais ou municipais em face da Constituição Estadual, vedada a atribuição da legitimação para agir a um único órgão.

§ 3º A lei estadual poderá criar, mediante proposta do Tribunal de Justiça, a Justiça Militar estadual, constituída, em primeiro grau, pelos Conselhos de Justiça e, em segundo, pelo próprio Tribunal de Justiça, ou por Tribunal de Justiça Militar nos Estados em que o efetivo da polícia militar seja superior a vinte mil integrantes.

§ 4º Compete à Justiça Militar estadual processar e julgar os policiais militares e bombeiros militares nos crimes militares, definidos em lei, cabendo ao tribunal competente decidir sobre a perda do posto e da patente dos oficiais e da graduação das praças.

Art. 126. Para dirimir conflitos fundiários, o Tribunal de Justiça designará juízes de entrância especial, com competência exclusiva para questões agrárias.

Parágrafo único. Sempre que necessário à eficiente prestação jurisdicional, o juiz far-se-á presente no local do litígio.

CAPÍTULO IV
DAS FUNÇÕES ESSENCIAIS À JUSTIÇA

SEÇÃO I
DO MINISTÉRIO PÚBLICO

Art. 127. O Ministério Público é instituição permanente, essencial à função jurisdicional do Estado, incumbindo-lhe a defesa da ordem jurídica, do regime democrático e dos interesses sociais e individuais indisponíveis.

§ 1º São princípios institucionais do Ministério Público a unidade, a indivisibilidade e a independência funcional.

§ 2º Ao Ministério Público é assegurada autonomia funcional e administrativa, podendo, observado o disposto no art. 169, propor ao Poder Legislativo a criação e extinção de seus cargos e serviços auxiliares, provendo-os por concurso público de provas e de provas e títulos; a lei disporá sobre sua organização e funcionamento.

§ 3º O Ministério Público elaborará sua proposta orçamentária dentro dos limites estabelecidos na lei de diretrizes orçamentárias.

Art. 128. O Ministério Público abrange:

I – o Ministério Público da União, que compreende:

a) o Ministério Público Federal;

b) o Ministério Público do Trabalho;

c) o Ministério Publico Militar;

d) o Ministério Público do Distrito Federal e Territórios;

II – os Ministérios Públicos dos Estados.

§ 1º O Ministério Público da União tem por chefe o Procurador-Geral da República, nomeado pelo Presidente da República dentre integrantes da carreira, maiores de trinta e cinco anos, após a aprovação de seu nome pela maioria absoluta dos membros do Senado Federal, para mandato de dois anos, permitida a recondução.

§ 2º A destituição do Procurador-Geral da República, por iniciativa do Presidente da República, deverá ser precedida de autorização da maioria absoluta do Senado Federal.

§ 3º Os Ministérios Públicos dos Estados e o do Distrito Federal e Territórios formarão lista tríplice dentre integrantes da carreira, na forma da lei respectiva, para escolha de seu Procurador-Geral, que será nomeado pelo Chefe do Poder Executivo, para mandato de dois anos, permitida uma recondução.

§ 4º Os Procuradores-Gerais nos Estados e no Distrito Federal e Territórios poderão ser destituídos por deliberação da maioria absoluta do Poder Legislativo, na forma da lei complementar respectiva.

§ 5º Leis complementares da União e dos Estados, cuja iniciativa é facultada aos respectivos Procuradores-Gerais, estabelecerão a organização, as atribuições e o estatuto de cada Ministério Público, observadas, relativamente a seus membros:

I – as seguintes garantias:

a) vitaliciedade, após dois anos de exercício, não podendo perder o cargo senão por sentença judicial transitada em julgado;

b) inamovibilidade, salvo por motivo de interesse público, mediante decisão do órgão colegiado competente do Ministério Público, por voto de dois terços de seus membros, assegurada ampla defesa;

c) irredutibilidade de vencimentos, observado, quanto à remuneração, o que dispõem os arts. 37, XI, 150, II, 153, III, 153, § 2º, I;

II – as seguintes vedações:

a) receber, a qualquer título e sob qualquer pretexto, honorários, percentagens ou custas processuais;

b) exercer a advocacia;

c) participar de sociedade comercial, na forma da lei;

d) exercer, ainda que em disponibilidade, qualquer outra função pública, salvo uma de magistério;

e) exercer atividade político-partidária, salvo exceções previstas na lei.

Art. 129. São funções institucionais do Ministério Público:

I – promover, privativamente, a ação penal pública, na forma da lei;

II – zelar pelo efetivo respeito dos Poderes Públicos e dos serviços de relevância pública aos direitos assegurados nesta Constituição, promovendo as medidas necessárias a sua garantia;

III – promover o inquérito civil e a ação civil pública, para a proteção do patrimônio público e social, do meio ambiente e de outros interesses difusos e coletivos;

IV – promover a ação de inconstitucionalidade ou representação para fins de intervenção da União e dos Estados, nos casos previstos nesta Constituição;

V – defender judicialmente os direitos e interesses das populações indígenas;

VI – expedir notificações nos procedimentos administrativos de sua competência, requisitando informações e documentos para instruí-los, na forma da lei complementar respectiva;

VII – exercer o controle externo da atividade policial, na forma da lei complementar mencionada no artigo anterior;

VIII – requisitar diligências investigatórias e a instauração de inquérito policial, indicados os fundamentos jurídicos de suas manifestações processuais;

IX – exercer outras funções que lhe forem conferidas, desde que compatíveis com sua finalidade, sendo-lhe vedada a representação judicial e a consultoria jurídica de entidades públicas.

§ 1º A legitimação do Ministério Público para as ações civis previstas neste artigo não impede a de terceiros, nas mesmas hipóteses, segundo o disposto nesta Constituição e na lei.

§ 2º As funções de Ministério Público só podem ser exercidas por integrantes da carreira, que deverão residir na comarca da respectiva lotação.

§ 3º O ingresso na carreira far-se-á mediante concurso público de provas e títulos, assegurada participação da Ordem dos Advogados do Brasil em sua realização, e observada, nas nomeações, a ordem de classificação.

§ 4º Aplica-se ao Ministério Público, no que couber, o disposto no art. 93, II e VI.

Art. 130. Aos membros do Ministério Público junto aos Tribunais de Contas aplicam-se as disposições desta seção pertinentes a direitos, vedações e forma de investidura.

SEÇÃO II
DA ADVOCACIA-GERAL DA UNIÃO

Art. 131. A Advocacia-Geral da União é a instituição que, diretamente ou através de órgão vinculado, representa a União, judicial e extrajudicialmente, cabendo-lhe, nos termos da lei complementar que dispuser sobre sua organização e funcionamento, as atividades de consultoria e assessoramento jurídico do Poder Executivo.

§ 1º A Advocacia-Geral da União tem por chefe o Advogado-Geral da União, de livre nomeação pelo Presidente da República dentre cidadãos maiores de trinta e cinco anos, de notável saber jurídico e reputação ilibada.

§ 2º O ingresso nas classes iniciais das carreiras da instituição de que trata este artigo far-se-á mediante concurso público de provas e títulos.

§ 3º Na execução da dívida ativa de natureza tributária, a representação da União cabe à Procuradoria-Geral da Fazenda Nacional, observado o disposto em lei.

Art. 132. Os Procuradores dos Estados e do Distrito Federal exercerão a representação judicial e a consultoria jurídica das respectivas unidades federadas, organizados em carreira na qual o ingresso dependerá de concurso público de provas e títulos, observado o disposto no art. 135.

SEÇÃO III
DA ADVOCACIA E DA DEFENSORIA PÚBLICA

Art. 133. O advogado é indispensável à administração da justiça, sendo inviolável por seus atos e manifestações no exercício da profissão, nos limites da lei.

Art. 134. A Defensoria Pública é instituição essencial à função jurisdicional do Estado, incumbindo-lhe a orientação jurídica e a defesa, em todos os graus, dos necessitados, na forma do art. 5º, LXXIV.

Parágrafo único. Lei complementar organizará a Defensoria Pública da União e do Distrito Federal e dos Territórios e prescreverá normas gerais para sua organização nos Estados, em cargos de carreira, providos, na classe inicial, mediante concurso público de provas e títulos, assegurada a seus integrantes a garantia da inamovibilidade e vedado o exercício da advocacia fora das atribuições institucionais.

Art. 135. Às carreiras disciplinadas neste Título aplicam-se o princípio do art. 37, XII, e o art. 39, § 1º.

TÍTULO V

Da Defesa do Estado e das Instituições Democráticas

CAPÍTULO I

DO ESTADO DE DEFESA E DO ESTADO DE SÍTIO

SEÇÃO I
DO ESTADO DE DEFESA

Art. 136. O Presidente da República pode, ouvidos o Conselho da República e o Conselho de Defesa Nacional, decretar estado de defesa para preservar ou prontamente restabelecer, em locais restritos e determinados, a ordem pública ou a paz social ameaçadas por grave e iminente instabilidade institucional ou atingidas por calamidades de grandes proporções na natureza.

§ 1º O decreto que instituir o estado de defesa determinará o tempo de sua duração, especificará as áreas a serem abrangidas e indicará, nos termos e limites da lei, as medidas coercitivas a vigorarem, dentre as seguintes:

I – restrições aos direitos de:

a) reunião, ainda que exercida no seio das associações;

b) sigilo de correspondência;

c) sigilo de comunicação telegráfica e telefônica;

II – ocupação e uso temporário de bens e serviços públicos, na hipótese de calamidade pública, respondendo a União pelos danos e custos decorrentes.

§ 2º O tempo de duração do estado de defesa não será superior a trinta dias, podendo ser prorrogado uma vez, por igual período, se persistirem as razões que justificaram a sua decretação.

§ 3º Na vigência do estado de defesa:

I – a prisão por crime contra o Estado, determinada pelo executor da medida, será por este comunicada imediatamente ao juiz competente, que a relaxará, se não for legal, facultado ao preso requerer exame de corpo de delito à autoridade policial;

II – a comunicação será acompanhada de declaração, pela autoridade, do estado físico e mental do detido no momento de sua autuação;

III – a prisão ou detenção de qualquer pessoa não poderá ser superior a dez dias, salvo quando autorizada pelo Poder Judiciário;

IV – é vedada a incomunicabilidade do preso.

§ 4º Decretado o estado de defesa ou sua prorrogação, o Presidente da República, dentro de vinte e quatro horas, submeterá o ato com a respectiva justificação ao Congresso Nacional, que decidirá por maioria absoluta.

§ 5º Se o Congresso Nacional estiver em recesso, será convocado, extraordinariamente, no prazo de cinco dias.

§ 6º O Congresso Nacional apreciará o decreto dentro de dez dias contados de seu recebimento, devendo continuar funcionando enquanto vigorar o estado de defesa.

§ 7º Rejeitado o decreto, cessa imediatamente o estado de defesa.

SEÇÃO II
DO ESTADO DE SÍTIO

Art. 137. O Presidente da República pode, ouvidos o Conselho da República e o Conselho de Defesa Nacional, solicitar ao Congresso Nacional autorização para decretar o estado de sítio nos casos de:

I – comoção grave de repercussão nacional ou ocorrência de fatos que comprovem a ineficácia de medida tomada durante o estado de defesa;

II – declaração de estado de guerra ou resposta a agressão armada estrangeira.

Parágrafo único. O Presidente da República, ao solicitar autorização para decretar o estado de sítio ou sua prorrogação, relatará os motivos determinantes do pedido, devendo o Congresso Nacional decidir por maioria absoluta.

Art. 138. O decreto do estado de sítio indicará sua duração, as normas necessárias a sua execução e as garantias constitucionais que ficarão suspensas, e, depois de publicado, o Presidente da República designará o executor das medidas específicas e as áreas abrangidas.

§ 1º O estado de sítio, no caso do art. 137, I, não poderá ser decretado por mais de trinta dias, nem prorrogado, de cada vez, por prazo superior; no do inciso II, poderá ser decretado por todo o tempo que perdurar a guerra ou a agressão armada estrangeira.

§ 2º Solicitada autorização para decretar o estado de sítio durante o recesso parlamentar, o Presidente do Senado Federal, de imediato, convocará extraordinariamente o Congresso Nacional para se reunir dentro de cinco dias, a fim de apreciar o ato.

§ 3º O Congresso Nacional permanecerá em funcionamento até o término das medidas coercitivas.

Art. 139. Na vigência do estado de sítio decretado com fundamento no art. 137, I, só poderão ser tomadas contra as pessoas as seguintes medidas:

I – obrigação de permanência em localidade determinada;

II – detenção em edifício não destinado a acusados ou condenados por crimes comuns;

III – restrições relativas à inviolabilidade da correspondência, ao sigilo das comunicações, à prestação de informações e à liberdade de imprensa, radiodifusão e televisão, na forma da lei;

IV – suspensão da liberdade de reunião;

V – busca e apreensão em domicílio;

VI – intervenção nas empresas de serviços públicos;

VII – requisição de bens.

Parágrafo único. Não se inclui nas restrições do inciso III a difusão de pronunciamentos de parlamentares efetuados em suas Casas Legislativas, desde que liberada pela respectiva Mesa.

SEÇÃO III
DISPOSIÇÕES GERAIS

Art. 140. A Mesa do Congresso Nacional, ouvidos os líderes partidários, designará Comissão composta de cinco de seus membros para acompanhar e fiscalizar a execução das medidas referentes ao estado de defesa e ao estado de sítio.

Art. 141. Cessado o estado de defesa ou o estado de sítio, cessarão também seus efeitos, sem prejuízo da responsabilidade pelos ilícitos cometidos por seus executores ou agentes.

Parágrafo único. Logo que cesse o estado de defesa ou o estado de sítio, as medidas aplicadas em sua vigência serão relatadas pelo Presidente da República, em mensagem ao Congresso Nacional, com especificação e justificação das providências adotadas, com relação nominal dos atingidos e indicação das restrições aplicadas.

CAPÍTULO II

DAS FORÇAS ARMADAS

Art. 142. As Forças Armadas, constituídas pela Marinha, pelo Exército e pela Aeronáutica, são instituições nacionais permanentes e regulares organizadas com base na hierarquia e na disciplina, sob a autoridade suprema do Presidente da República, e destinam-se à defesa da Pátria, à garantia dos poderes constitucionais e, por iniciativa de qualquer destes, da lei e da ordem.

§ 1º Lei complementar estabelecerá as normas gerais a serem adotadas na organização, no preparo e no emprego das Forças Armadas.

§ 2º Não caberá "habeas-corpus" em relação a punições disciplinares militares.

Art. 143. O serviço militar é obrigatório nos termos da lei.

§ 1º Às Forças Armadas compete, na forma da lei, atribuir serviço alternativo aos que, em tempo de paz, após alistados, alegarem imperativo de consciência, entendendo-se como tal o decorrente de crença religiosa e de convicção filosófica ou política, para se eximirem de atividades de caráter essencialmente militar.

§ 2º As mulheres e os eclesiásticos ficam isentos do serviço militar obrigatório em tempo de paz, sujeitos, porém, a outros encargos que a lei lhes atribuir.

CAPÍTULO III

DA SEGURANÇA PÚBLICA

Art. 144. A segurança pública, dever do Estado, direito e responsabilidade de todos, é exercida para a preservação da ordem pública e da incolumidade das pessoas e do patrimônio, através dos seguintes órgãos:

I – polícia federal;

II – polícia rodoviária federal;

III – polícia ferroviária federal;

IV – polícias civis;

V – polícias militares e corpos de bombeiros militares.

§ 1º A polícia federal, instituída por lei como órgão permanente, estruturado em carreira, destina-se a:

I – apurar infrações penais contra a ordem política e social ou em detrimento de bens, serviços e interesses da União ou de suas entidades autárquicas e empresas públicas, assim como outras infrações cuja prática tenha repercussão interestadual ou internacional e exija repressão uniforme, segundo se dispuser em lei;

II - prevenir e reprimir o tráfico ilícito de entorpecente e drogas afins, o contrabando e o descaminho, sem prejuízo da ação fazendária e de outros órgãos públicos nas respectivas áreas de competência;

III - exercer as funções de polícia marítima, aérea e de fronteiras;

IV - exercer, com exclusividade, as funções de polícia judiciária da União.

§ 2º A polícia rodoviária federal, órgão permanente, estruturado em carreira, destina-se, na forma da lei, ao patrulhamento ostensivo das rodovias federais.

§ 3º A polícia ferroviária federal, órgão permanente, estruturado em carreira, destina-se, na forma da lei, ao patrulhamento ostensivo das ferrovias federais.

§ 4º Às polícias civis, dirigidas por delegados de polícia de carreira, incumbem, ressalvada a competência da União, as funções de polícia judiciária e a apuração de infrações penais, exceto as militares.

§ 5º Às polícias militares cabem a polícia ostensiva e a preservação da ordem pública; aos corpos de bombeiros militares, além das atribuições definidas em lei, incumbe a execução de atividade de defesa civil.

§ 6º As polícias militares e corpos de bombeiros militares, forças auxiliares e reserva do Exército, subordinam-se, juntamente com as polícias civis, aos Governadores dos Estados, do Distrito Federal e dos Territórios.

§ 7º A lei disciplinará a organização e o funcionamento dos órgãos responsáveis pela segurança pública, de maneira a garantir a eficiência de suas atividades.

§ 8º Os Municípios poderão constituir guardas municipais destinadas à proteção de seus bens, serviços e instalações, conforme dispuser a lei.

TÍTULO VI

Da Tributação e do Orçamento

CAPÍTULO I

DO SISTEMA TRIBUTÁRIO NACIONAL

SEÇÃO I

DOS PRINCÍPIOS GERAIS

Art. 145. A União, os Estados, o Distrito Federal e os Municípios poderão instituir os seguintes tributos:

I - impostos;

II - taxas, em razão do exercício do poder de polícia ou pela utilização, efetiva ou potencial, de serviços públicos específicos e divisíveis, prestados ao contribuinte ou postos a sua disposição;

III - contribuição de melhoria, decorrente de obras públicas.

§ 1º Sempre que possível, os impostos terão caráter pessoal e serão graduados segundo a capacidade econômica do contribuinte, facultado à administração tributária, especialmente para conferir efetividade a esses objetivos, identificar, respeitados os direitos individuais e nos termos da lei, o patrimônio, os rendimentos e as atividades econômicas do contribuinte.

§ 2º As taxas não poderão ter base de cálculo própria de impostos.

Art. 146. Cabe à lei complementar:

I - dispor sobre conflitos de competência, em matéria tributária, entre a União, os Estados, o Distrito Federal e os Municípios;

II - regular as limitações constitucionais ao poder de tributar;

III - estabelecer normas gerais em matéria de legislação tributária, especialmente sobre:

a) definição de tributos e de suas espécies, bem como, em relação aos impostos discriminados nesta Constituição, a dos respectivos fatos geradores, bases de cálculo e contribuintes;

b) obrigação, lançamento, crédito, prescrição e decadência tributários;

c) adequado tratamento tributário ao ato cooperativo praticado pelas sociedades cooperativas.

Art. 147. Competem à União, em Território Federal, os impostos estaduais e, se o Território não for dividido em Municípios, cumulativamente, os impostos municipais; ao Distrito Federal cabem os impostos municipais.

Art. 148. A União, mediante lei complementar, poderá instituir empréstimos compulsórios:

I - para atender a despesas extraordinárias, decorrentes de calamidade pública, de guerra externa ou sua iminência;

II - no caso de investimento público de caráter urgente e de relevante interesse nacional, observado o disposto no art. 150, III, "b".

Parágrafo único. A aplicação dos recursos provenientes de empréstimo compulsório será vinculada à despesa que fundamentou sua instituição.

Art. 149. Compete exclusivamente à União instituir contribuições sociais, de intervenção no domínio econômico e de interesse das categorias profissionais ou econômicas, como instrumento de sua atuação nas respectivas áreas, observado o disposto nos arts. 146, III, e 150, I e III, e sem prejuízo do previsto no art. 195, § 6º, relativamente às contribuições a que alude o dispositivo.

Parágrafo único. Os Estados, o Distrito Federal e os Municípios poderão instituir contribuição, cobrada de seus servidores, para o custeio, em benefício destes, de sistemas de previdência e assistência social.

SEÇÃO II

DAS LIMITAÇÕES DO PODER DE TRIBUTAR

Art. 150. Sem prejuízo de outras garantias asseguradas ao contribuinte, é vedado à União, aos Estados, ao Distrito Federal e aos Municípios:

I - exigir ou aumentar tributo sem lei que o estabeleça;

II - instituir tratamento desigual entre contribuintes que se encontrem em situação equivalente, proibida qualquer distinção em razão de ocupação profissional ou função por eles exercida, independentemente da denominação jurídica dos rendimentos, títulos ou direitos;

III - cobrar tributos:

a) em relação a fatos geradores ocorridos antes do início da vigência da lei que os houver instituído ou aumentado;

b) no mesmo exercício financeiro em que haja sido publicada a lei que os instituiu ou aumentou;

IV - utilizar tributo com efeito de confisco;

V - estabelecer limitações ao tráfego de pessoas ou bens, por meio de tributos interestaduais ou intermunicipais, ressalvada a cobrança de pedágio pela utilização de vias conservadas pelo Poder Público;

VI - instituir impostos sobre:

a) patrimônio, renda ou serviços, uns dos outros;

b) templos de qualquer culto;

c) patrimônio, renda ou serviços dos partidos políticos, inclusive suas fundações, das entidades sindicais dos trabalhadores, das instituições de educação e de assistência social, sem fins lucrativos, atendidos os requisitos da lei;

d) livros, jornais, periódicos e o papel destinado a sua impressão.

§ 1º A vedação do inciso III, "b", não se aplica aos impostos previstos nos arts. 153, I, II, IV e V, e 154, II.

§ 2º A vedação do inciso VI, "a", é extensiva às autarquias e às fundações instituídas e mantidas pelo Poder Público, no que se refere ao patrimônio, à renda e aos serviços, vinculados a suas finalidades essenciais ou às delas decorrentes.

§ 3º As vedações do inciso VI, "a", e do parágrafo anterior não se aplicam ao patrimônio, à renda e aos serviços, relacionados com exploração de atividades econômicas regidas pelas normas aplicáveis a empreendimentos privados, ou em que haja contraprestação ou pagamento de preços ou tarifas pelo usuário, nem exonera o promitente comprador da obrigação de pagar imposto relativamente ao bem imóvel.

§ 4º As vedações expressas no inciso VI alíneas "b" e "c", compreendem somente o patrimônio, a renda e os serviços, relacionados com as finalidades essenciais das entidades nelas mencionadas.

§ 5º A lei determinará medidas para que os consumidores sejam esclarecidos acerca dos impostos que incidam sobre mercadorias e serviços.

§ 6º Qualquer anistia ou remissão que envolva matéria tributária ou previdenciária só poderá ser concedida através de lei específica, federal, estadual ou municipal.

Art. 151. É vedado à União:

I - instituir tributo que não seja uniforme em todo o território nacional ou que implique distinção ou preferência em relação a Estado, ao Distrito Federal ou a Município, em detrimento de outro, admitida a concessão de incentivos fiscais destinados a promover o equilíbrio do desenvolvimento sócio-econômico entre as diferentes regiões do País;

II - tributar a renda das obrigações da dívida pública dos Estados, do Distrito Federal e dos Municípios, bem como a remuneração e os proventos dos respectivos agentes públicos, em níveis superiores aos que fixar para suas obrigações e para seus agentes;

III - instituir isenções de tributos da competência dos Estados, do Distrito Federal ou dos Municípios.

Art. 152. É vedado aos Estados, ao Distrito Federal e aos Municípios estabelecer diferença tributária entre bens e serviços, de qualquer natureza, em razão de sua procedência ou destino.

SEÇÃO III
DOS IMPOSTOS DA UNIÃO

Art. 153. Compete à União instituir impostos sobre:
I – importação de produtos estrangeiros;
II – exportação, para o exterior, de produtos nacionais ou nacionalizados;
III – renda e proventos de qualquer natureza;
IV – produtos industrializados;
V – operações de crédito, câmbio e seguro, ou relativas a títulos ou valores mobiliários;
VI - propriedade territorial rural;
VII – grandes fortunas, nos termos de lei complementar.

§ 1º É facultado ao Poder Executivo, atendidas as condições e os limites estabelecidos em lei, alterar as alíquotas dos impostos enumerados nos incisos I; II, IV e V.

§ 2º O imposto previsto no inciso III:
I – será informado pelos critérios da generalidade, da universalidade e da progressividade, na forma da lei;
II – não incidirá, nos termos e limites fixados em lei, sobre rendimentos provenientes de aposentadoria e pensão, pagos pela previdência social da União, dos Estados, do Distrito Federal e dos Municípios, a pessoa com idade superior a sessenta e cinco anos, cuja renda total seja constituída, exclusivamente, de rendimentos do trabalho.

§ 3º O imposto previsto no inciso IV:
I – será seletivo, em função da essencialidade do produto;
II – será não-cumulativo, compensando-se o que for devido em cada operação com o montante cobrado nas anteriores;
III – não incidirá sobre produtos industrializados destinados ao exterior.

§ 4º O imposto previsto no inciso VI terá suas alíquotas fixadas de forma a desestimular a manutenção de propriedades improdutivas e não incidirá sobre pequenas glebas rurais, definidas em lei, quando as explore, só ou com sua família, o proprietário que não possua outro imóvel.

§ 5º O ouro, quando definido em lei como ativo financeiro ou instrumento cambial, sujeita-se exclusivamente à incidência do imposto de que trata o inciso V do "caput" deste artigo, devido na operação de origem; a alíquota mínima será de um por cento, assegurada a transferência do montante da arrecadação nos seguintes termos:
I – trinta por cento para o Estado, o Distrito Federal ou o Território, conforme a origem;
II – setenta por cento para o Município de origem.

Art. 154. A União poderá instituir:
I – mediante lei complementar, impostos não previstos no artigo anterior, desde que sejam não-cumulativos e não tenham fato gerador ou base de cálculo próprios dos discriminados nesta Constituição;
II – na iminência ou no caso de guerra externa, impostos extraordinários, compreendidos ou não em sua competência tributária, os quais serão suprimidos, gradativamente, cessadas as causas de sua criação.

SEÇÃO IV
DOS IMPOSTOS DOS ESTADOS E DO DISTRITO FEDERAL

Art. 155. Compete aos Estados e ao Distrito Federal instituir:
I – impostos sobre:
a) transmissão "causa mortis" e doação, de quaisquer bens ou direitos;
b) operações relativas à circulação de mercadorias e sobre prestações de serviços de transporte interestadual e intermunicipal e de comunicação, ainda que as operações e as prestações se iniciem no exterior;
c) propriedade de veículos automotores;
II – adicional de até cinco por cento do que for pago à União por pessoas físicas ou jurídicas domiciliadas nos respectivos territórios, a título do imposto previsto no art. 153, III, incidente sobre lucros, ganhos e rendimentos de capital.

§ 1º O imposto previsto no inciso I, "a".
I – relativamente a bens imóveis e respectivos direitos, compete ao Estado da situação do bem, ou ao Distrito Federal;
II – relativamente a bens móveis, títulos e créditos, compete ao Estado onde se processar o inventário ou arrolamento, ou tiver domicílio o doador, ou ao Distrito Federal;
III – terá a competência para sua instituição regulada por lei complementar:
a) se o doador tiver domicílio ou residência no exterior;
b) se o "de cujus" possuía bens, era residente ou domiciliado ou teve o seu inventário processado no exterior;
IV - terá suas alíquotas máximas fixadas pelo Senado Federal.

§ 2º O imposto previsto no inciso I, "b", atenderá ao seguinte:
I – será não-cumulativo, compensando-se o que for devido em cada operação relativa à circulação de mercadorias ou prestação de serviços com o montante cobrado nas anteriores pelo mesmo ou outro Estado ou pelo Distrito Federal;
II – a isenção ou não-incidência, salvo determinação em contrário da legislação:
a) não implicará crédito para compensação com o montante devido nas operações ou prestações seguintes;
b) acarretará a anulação do crédito relativo às operações anteriores;
III – poderá ser seletivo, em função da essencialidade das mercadorias e dos serviços;
IV – resolução do Senado Federal, de iniciativa do Presidente da República ou de um terço dos Senadores, aprovada pela maioria absoluta de seus membros, estabelecerá as alíquotas aplicáveis às operações e prestações, interestaduais e de exportação;
V – é facultado ao Senado Federal:
a) estabelecer alíquotas mínimas nas operações internas, mediante resolução de iniciativa de um terço e aprovada pela maioria absoluta de seus membros;
b) fixar alíquotas máximas nas mesmas operações para resolver conflito específico que envolva interesse de Estados, mediante resolução de iniciativa da maioria absoluta e aprovada por dois terços de seus membros;
VI – salvo deliberação em contrário dos Estados e do Distrito Federal, nos termos do disposto no inciso XII, "g", as alíquotas internas, nas operações relativas à circulação de mercadorias e nas prestações de serviços, não poderão ser inferiores às previstas para as operações interestaduais;
VII – em relação às operações e prestações que destinem bens e serviços a consumidor final localizado em outro Estado, adotar-se-á:
a) a alíquota interestadual, quando o destinatário for contribuinte do imposto;
b) a alíquota interna, quando o destinatário não for contribuinte dele:
VIII – na hipótese da alínea "a" do inciso anterior, caberá ao Estado da localização do destinatário o imposto correspondente à diferença entre a alíquota interna e a interestadual;
IX – incidirá também:
a) sobre a entrada de mercadoria importada do exterior, ainda quando se tratar de bem destinado a consumo ou ativo fixo do estabelecimento, assim como sobre serviço prestado no exterior, cabendo o imposto ao Estado onde estiver situado o estabelecimento destinatário da mercadoria ou do serviço;
b) sobre o valor total da operação, quando mercadorias forem fornecidas com serviços não compreendidos na competência tributária dos Municípios;
X – não incidirá:
a) sobre operações que destinem ao exterior produtos industrializados, excluídos os semi-elaborados definidos em lei complementar;
b) sobre operações que destinem a outros Estados petróleo, inclusive lubrificantes, combustíveis líquidos e gasosos dele derivados, e energia elétrica;
c) sobre o ouro, nas hipóteses definidas no art. 153, § 5º;
XI – não compreenderá, em sua base de cálculo, o montante do imposto sobre produtos industrializados, quando a operação, realizada entre contribuintes e relativa a produto destinado à industrialização ou à comercialização, configure fato gerador dos dois impostos;
XII – cabe à lei complementar:
a) definir seus contribuintes;
b) dispor sobre substituição tributária;
c) disciplinar o regime de compensação do imposto;
d) fixar, para efeito de sua cobrança e definição do estabelecimento responsável, o local das operações relativas à circulação de mercadorias e das prestações de serviços;
e) excluir da incidência do imposto, nas exportações para o exterior serviços e outros produtos além dos mencionados no inciso X, "a";
f) prever casos de manutenção de crédito, relativamente à remessa para outro Estado e exportação para o exterior, de serviços e de mercadorias;
g) regular a forma como, mediante deliberação dos Estados e do Distrito Federal, isenções, incentivos e benefícios fiscais serão concedidos e revogados.

§ 3º À exceção dos impostos de que tratam o inciso I, "b", do "caput" deste artigo e os arts. 153, I e II, e 156, III, nenhum outro tributo incidirá sobre operações relativas a energia elétrica, combustíveis líquidos e gasosos, lubrificantes e minerais do País.

SEÇÃO V
DOS IMPOSTOS DOS MUNICÍPIOS

Art. 156. Compete aos Municípios instituir impostos sobre:
I – propriedade predial e territorial urbana;
II – transmissão "inter vivos", a qualquer título, por ato oneroso, de bens imóveis, por natureza ou acessão física, e de direitos reais sobre imóveis, exceto os de garantia, bem como cessão de direitos a sua aquisição;
III – vendas a varejo de combustíveis líquidos e gasosos, exceto óleo diesel;
IV – serviços de qualquer natureza, não compreendidos no art. 155, I, "b", definidos em lei complementar.
§ 1º O imposto previsto no inciso I poderá ser progressivo, nos termos de lei municipal, de forma a assegurar o cumprimento da função social da propriedade.
§ 2º O imposto previsto no inciso II:
I – não incide sobre a transmissão de bens ou direitos incorporados ao patrimônio de pessoa jurídica em realização de capital, nem sobre a transmissão de bens ou direitos decorrente de fusão, incorporação, cisão ou extinção de pessoa jurídica, salvo se, nesses casos, a atividade preponderante do adquirente for a compra e venda desses bens ou direitos, locação de bens imóveis ou arrendamento mercantil;
II – compete ao Município da situação do bem.
§ 3º O imposto previsto no inciso III não exclui a incidência do imposto estadual previsto no art. 155, I, "b", sobre a mesma operação.
§ 4º Cabe à lei complementar:
I – fixar as alíquotas máximas dos impostos previstos nos incisos III e IV;
II – excluir da incidência do imposto previsto no inciso IV exportações de serviços para o exterior.

SEÇÃO VI
DA REPARTIÇÃO DAS RECEITAS TRIBUTÁRIAS

Art. 157. Pertencem aos Estados e ao Distrito Federal:
I – o produto da arrecadação do imposto da União sobre renda e proventos de qualquer natureza, incidente na fonte, sobre rendimentos pagos, a qualquer título, por eles, suas autarquias e pelas fundações que instituírem e mantiverem;
II – vinte por cento do produto da arrecadação do imposto que a União instituir no exercício da competência que lhe é atribuída pelo art. 154, I.
Art. 158. Pertencem aos Municípios:
I – o produto da arrecadação do imposto da União sobre renda e proventos de qualquer natureza, incidente na fonte, sobre rendimentos pagos, a qualquer título, por eles, suas autarquias e pelas fundações que instituírem e mantiverem;
II – cinqüenta por cento do produto da arrecadação do imposto da União sobre a propriedade territorial rural, relativamente aos imóveis neles situados;
III – cinqüenta por cento do produto da arrecadação do imposto do Estado sobre a propriedade de veículos automotores licenciados em seus territórios;
IV – vinte e cinco por cento do produto da arrecadação do imposto do Estado sobre operações relativas à circulação de mercadorias e sobre prestações de serviços de transporte interestadual e intermunicipal e de comunicação.
Parágrafo único. As parcelas de receita pertencentes aos Municípios, mencionadas no inciso IV, serão creditadas conforme os seguintes critérios:
I – três quartos, no mínimo, na proporção do valor adicionado nas operações relativas à circulação de mercadorias e nas prestações de serviços, realizadas em seus territórios;
II – até um quarto, de acordo com o que dispuser lei estadual ou, no caso dos Territórios, lei federal.
Art. 159. A União entregará:
I – do produto da arrecadação dos impostos sobre renda e proventos de qualquer natureza e sobre produtos industrializados, quarenta e sete por cento na seguinte forma:
a) vinte e um inteiros e cinco décimos por cento ao Fundo de Participação dos Estados e do Distrito Federal;
b) vinte e dois inteiros e cinco décimos por cento ao Fundo de Participação dos Municípios;
c) três por cento, para aplicação em programas de financiamento ao setor produtivo das Regiões Norte, Nordeste e Centro-Oeste, através de suas instituições financeiras de caráter regional, de acordo com os planos regionais de desenvolvimento, ficando assegurada ao semi-árido do Nordeste a metade dos recursos destinados à Região, na forma que a lei estabelecer;
II – do produto da arrecadação do imposto sobre produtos industrializados, dez por cento aos Estados e ao Distrito Federal, proporcionalmente ao valor das respectivas exportações de produtos industrializados.
§ 1º Para efeito de cálculo da entrega a ser efetuada de acordo com o previsto no inciso I, excluir-se-á a parcela da arrecadação do imposto de renda e proventos de qualquer natureza pertencente aos Estados, ao Distrito Federal e aos Municípios, nos termos do disposto nos arts. 157, I, e 158, I.
§ 2º A nenhuma unidade federada poderá ser destinada parcela superior a vinte por cento do montante a que se refere o inciso II, devendo o eventual excedente ser distribuído entre os demais participantes, mantido, em relação a esses, o critério de partilha nele estabelecido.
§ 3º Os Estados entregarão aos respectivos Municípios vinte e cinco por cento dos recursos que receberem nos termos do inciso II, observados os critérios estabelecidos no art. 158, parágrafo único, I e II.
Art. 160. É vedada a retenção ou qualquer restrição à entrega e ao emprego dos recursos atribuídos, nesta seção, aos Estados, ao Distrito Federal e aos Municípios, neles compreendidos adicionais e acréscimos relativos a impostos.
Parágrafo único. Essa vedação não impede a União de condicionar a entrega de recursos ao pagamento de seus créditos.
Art. 161. Cabe à lei complementar:
I – definir valór adicionado para fins do disposto no art. 158, parágrafo único, I;
II – estabelecer normas sobre a entrega dos recursos de que trata o art. 159, especialmente sobre os critérios de rateio dos fundos previstos em seu inciso I, objetivando promover o equilíbrio sócio-econômico entre Estados e entre Municípios;
III – dispor sobre o acompanhamento, pelos beneficiários, do cálculo das quotas e da liberação das participações previstas nos arts. 157, 158 e 159.
Parágrafo único. O Tribunal de Contas da União efetuará o cálculo das quotas referentes aos fundos de participação a que alude o inciso II.
Art. 162. A União, os Estados, o Distrito Federal e os Municípios divulgarão, até o último dia do mês subseqüente ao da arrecadação, os montantes de cada um dos tributos arrecadados, os recursos recebidos, os valores de origem tributária entregues e a entregar e a expressão numérica dos critérios de rateio.
Parágrafo único. Os dados divulgados pela União serão discriminados por Estado e por Município; os dos Estados, por Município.

CAPÍTULO II
DAS FINANÇAS PÚBLICAS

SEÇÃO I
NORMAS GERAIS

Art. 163. Lei complementar disporá sobre:
I – finanças públicas;
II – dívida pública externa e interna, incluída a das autarquias, fundações e demais entidades controladas pelo Poder Público;
III – concessão de garantias pelas entidades públicas;
IV – emissão e resgate de títulos da dívida pública;
V – fiscalização das instituições financeiras;
VI – operações de câmbio realizadas por órgãos e entidades da União, dos Estados, do Distrito Federal e dos Municípios;
VII – compatibilização das funções das instituições oficiais de crédito da União, resguardadas as características e condições operacionais plenas das voltadas ao desenvolvimento regional.
Art. 164. A competência da União para emitir moeda será exercida exclusivamente pelo banco central.
§ 1º É vedado ao banco central conceder, direta ou indiretamente, empréstimos ao Tesouro Nacional e a qualquer órgão ou entidade que não seja instituição financeira.
§ 2º O banco central poderá comprar e vender títulos de emissão do Tesouro Nacional, com o objetivo de regular a oferta de moeda ou a taxa de juros.
§ 3º As disponibilidades de caixa da União serão depositadas no banco central; as dos Estados, do Distrito Federal, dos Municípios e dos órgãos ou entidades do Poder Público e das empresas por ele controladas, em instituições financeiras oficiais, ressalvados os casos previstos em lei.

SEÇÃO II
DOS ORÇAMENTOS

Art. 165. Leis de iniciativa do Poder Executivo estabelecerão:
I – o plano plurianual;
II – as diretrizes orçamentárias;
III– os orçamentos anuais.
§ 1º A lei que instituir o plano plurianual estabelecerá, de forma regionalizada, as diretrizes, objetivos e metas da administração pública federal para as despesas de capital e outras delas decorrentes e para as rela-

tivas aos programas de duração continuada.

§ 2º A lei de diretrizes orçamentárias compreenderá as metas e prioridades da administração pública federal, incluindo as despesas de capital para o exercício financeiro subseqüente, orientará a elaboração da lei orçamentária anual, disporá sobre as alterações na legislação tributária e estabelecerá a política de aplicação das agências financeiras oficiais de fomento.

§ 3º O Poder Executivo publicará, até trinta dias após o encerramento de cada bimestre, relatório resumido da execução orçamentária.

§ 4º Os planos e programas nacionais, regionais e setoriais previstos nesta Constituição serão elaborados em consonância com o plano plurianual e apreciados pelo Congresso Nacional.

§ 5º A lei orçamentária anual compreenderá:

I – o orçamento fiscal referente aos Poderes da União, seus fundos, órgãos e entidades da administração direta e indireta, inclusive fundações instituídas e mantidas pelo Poder Público;

II – o orçamento de investimento das empresas em que a União, direta ou indiretamente, detenha a maioria do capital social com direito a voto;

III – o orçamento da seguridade social, abrangendo todas as entidades e órgãos a ela vinculados, da administração direta ou indireta, bem como os fundos e fundações instituídos e mantidos pelo Poder Público.

§ 6º O projeto de lei orçamentária será acompanhado de demonstrativo regionalizado do efeito, sobre as receitas e despesas, decorrente de isenções, anistias, remissões, subsídios e benefícios de natureza financeira, tributária e creditícia.

§ 7º Os orçamentos previstos no § 5º, I e II, deste artigo, compatibilizados com o plano plurianual, terão entre suas funções a de reduzir desigualdades inter-regionais, segundo critério populacional.

§ 8º A lei orçamentária anual não conterá dispositivo estranho à previsão da receita e à fixação da despesa, não se incluindo na proibição a autorização para abertura de créditos suplementares e contratação de operações de crédito, ainda que por antecipação de receita, nos termos da lei.

§ 9º Cabe à lei complementar:

I – dispor sobre o exercício financeiro, a vigência, os prazos, a elaboração e a organização do plano plurianual, da lei de diretrizes orçamentárias e da lei orçamentária anual;

II – estabelecer normas de gestão financeira e patrimonial da administração direta e indireta, bem como condições para a instituição e funcionamento de fundos.

Art. 166. Os projetos de lei relativos ao plano plurianual às diretrizes orçamentárias, ao orçamento anual e aos créditos adicionais serão apreciados pelas duas Casas do Congresso Nacional, na forma do regimento comum.

§ 1º Caberá a uma Comissão mista permanente de Senadores e Deputados:

I – examinar e emitir parecer sobre os projetos referidos neste artigo e sobre as contas apresentadas anualmente pelo Presidente da República;

II – examinar e emitir parecer sobre os planos e programas nacionais, regionais e setoriais previstos nesta Constituição e exercer o acompanhamento e a fiscalização orçamentária, sem prejuízo da atuação das demais comissões do Congresso Nacional e de suas Casas, criadas de acordo com o art. 58.

§ 2º As emendas serão apresentadas na Comissão mista, que sobre elas emitirá parecer, e apreciadas, na forma regimental, pelo Plenário das duas Casas do Congresso Nacional.

§ 3º As emendas ao projeto de lei do orçamento anual ou aos projetos que o modifiquem somente podem ser aprovadas caso:

I – sejam compatíveis com o plano plurianual e com a lei de diretrizes orçamentárias;

II – indiquem os recursos necessários, admitidos apenas os provenientes de anulação de despesa, excluídas as que incidam sobre:

a) dotações para pessoal e seus encargos;

b) serviço da dívida;

c) transferências tributárias constitucionais para Estados, Municípios e Distrito Federal; ou

III – sejam relacionadas:

a) com a correção de erros ou omissões; ou

b) com os dispositivos do texto do projeto de lei.

§ 4º As emendas ao projeto de lei de diretrizes orçamentárias nao poderão ser aprovadas quando incompatíveis com o plano plurianual.

§ 5º O Presidente da República poderá enviar mensagem ao Congresso Nacional para propor modificação nos projetos a que se refere este artigo enquanto não iniciada a votação, na Comissão mista, da parte cuja alteração é proposta.

§ 6º Os projetos de lei do plano plurianual, das diretrizes orçamentárias e do orçamento anual serão enviados pelo Presidente da República ao Congresso Nacional, nos termos da lei complementar a que se refere o art. 165, § 9º.

§ 7º Aplicam-se aos projetos mencionados neste artigo, no que não contrariar o disposto nesta seção, as demais normas relativas ao processo legislativo.

§ 8º Os recursos que, em decorrência de veto, emenda ou rejeição do projeto de lei orçamentária anual, ficarem sem despesas correspondentes poderão ser utilizados, conforme o caso, mediante créditos especiais ou suplementares, com prévia e específica autorização legislativa.

Art. 167. São vedados:

I – O início de programas ou projetos não incluídos na lei orçamentária anual;

II – a realização de despesas ou a assunção de obrigações diretas que excedam os créditos orçamentários ou adicionais;

III – a realização de operações de créditos que excedam o montante das despesas de capital, ressalvadas as autorizadas mediante créditos suplementares ou especiais com finalidade precisa, aprovados pelo Poder Legislativo por maioria absoluta;

IV – a vinculação de receita de impostos a órgão, fundo ou despesa, ressalvadas a repartição do produto da arrecadação dos impostos a que se referem os arts. 158 e 159, a destinação de recursos para manutenção e desenvolvimento do ensino, como determinado pelo art. 212, e a prestação de garantias às operações de crédito por antecipação de receita, previstas no art. 165, § 8º;

V – a abertura de crédito suplementar ou especial sem prévia autorização legislativa e sem indicação dos recursos correspondentes;

VI – a transposição, o remanejamento ou a transferência de recursos de uma categoria de programação para outra ou de um órgãos para outro, sem prévia autorização legislativa;

VII – a concessão ou utilização de créditos ilimitados;

VIII – a utilização, sem autorização legislativa específica, de recursos dos orçamentos fiscal e da seguridade social para suprir necessidade ou cobrir déficit de empresas, fundações e fundos, inclusive dos mencionados no art. 165, § 5º;

IX – a instituição de fundos de qualquer natureza, sem prévia autorização legislativa.

§ 1º Nenhum investimento cuja execução ultrapasse um exercício financeiro poderá ser iniciado sem prévia inclusão no plano plurianual, ou sem lei que autorize a inclusão, sob pena de crime de responsabilidade.

§ 2º Os créditos especiais e extraordinários terão vigência no exercício financeiro em que forem autorizados, salvo se o ato de autorização for promulgado nos últimos quatro meses daquele exercício, caso em que, reabertos nos limites de seus saldos, serão incorporados ao orçamento do exercício financeiro subseqüente.

§ 3º A abertura de crédito extraordinário somente será admitida para atender a despesas imprevisíveis e urgentes, como as decorrentes de guerra, comoção interna ou calamidade pública, observado o disposto no art. 62.

Art. 168. Os recursos correspondentes às dotações orçamentárias, compreendidos os créditos suplementares e especiais, destinados aos órgãos dos Poderes Legislativo e Judiciário e do Ministério Público, ser-lhes-ão entregues até o dia 20 de cada mês, na forma da lei complementar a que se refere o art. 165, § 9º.

Art. 169. A despesa com pessoal ativo e inativo da União, dos Estados, do Distrito Federal e dos Municípios não poderá exceder os limites estabelecidos em lei complementar.

Parágrafo único. A concessão de qualquer vantagem ou aumento de remuneração, a criação de cargos ou alteração de estrutura de carreiras, bem como a admissão de pessoal, a qualquer título, pelos órgãos e entidades da administração direta ou indireta, inclusive fundações instituídas e mantidas pelo Poder Público, só poderão ser feitas:

I – se houver prévia dotação orçamentária suficiente para atender às projeções de despesa de pessoal e aos acréscimos dela decorrentes;

II – se houver autorização específica na lei de diretrizes orçamentárias, ressalvadas as empresas públicas e as sociedades de economia mista.

TÍTULO VII
Da Ordem Econômica e Financeira

CAPÍTULO I
DOS PRINCÍPIOS GERAIS DA ATIVIDADE ECONÔMICA

Art. 170. A ordem econômica, fundada na valorização do trabalho humano e na livre iniciativa, tem por fim assegurar a todos existência digna, conforme os ditames da justiça social, observados os seguintes princípios.

I - soberania nacional;
II - propriedade privada;
III - função social da propriedade;
IV - livre concorrência;
V - defesa do consumidor;
VI - defesa do meio ambiente;
VII - redução das desigualdades regionais e sociais;
VIII - busca do pleno emprego;
IX - tratamento favorecido para as empresas brasileiras de capital nacional de pequeno porte.

Parágrafo único. É assegurado a todos o livre exercício de qualquer atividade econômica, independentemente de autorização de órgãos públicos, salvo nos casos previstos em lei.

Art. 171. São consideradas:

I - empresa brasileira a constituída sob as leis brasileiras e que tenha sua sede e administração no País;

II - empresa brasileira de capital nacional aquela cujo controle efetivo esteja em caráter permanente sob a titularidade direta ou indireta de pessoas físicas domiciliadas e residentes no País ou de entidades de direito público interno, entendendo-se por controle efetivo da empresa a titularidade da maioria de seu capital votante e o exercício, de fato e de direito, do poder decisório para gerir suas atividades.

§ 1º A lei poderá, em relação à empresa brasileira de capital nacional:

I - conceder proteção e benefícios especiais temporários para desenvolver atividades consideradas estratégicas para a defesa nacional ou imprescindíveis ao desenvolvimento do País;

II - estabelecer, sempre que considerar um setor imprescindível ao desenvolvimento tecnológico nacional, entre outras condições requisitos:

a) a exigência de que o controle referido no inciso II do "caput" se estenda às atividades tecnológicas da empresa, assim entendido o exercício, de fato e de direito, do poder decisório para desenvolver ou absorver tecnologia;

b) percentuais de participação, no capital, de pessoas físicas domiciliadas e residentes no País ou entidades de direito público interno.

§ 2º Na aquisição de bens e serviços, o Poder Público dará tratamento preferencial, nos termos da lei, à empresa brasileira de capital nacional.

Art. 172. A lei disciplinará, com base no interesse nacional, os investimentos de capital estrangeiro, incentivará os reinvestimentos e regulará a remessa de lucros.

Art. 173. Ressalvados os casos previstos nesta Constituição, a exploração direta de atividade econômica pelo Estado só será permitida quando necessária aos imperativos da segurança nacional ou a relevante interesse coletivo, conforme definidos em lei.

§ 1º A empresa pública, a sociedade de economia mista e outras entidades que explorem atividade econômica sujeitam-se ao regime jurídico próprio das empresas privadas, inclusive quanto às obrigações trabalhistas e tributárias.

§ 2º As empresas públicas e as sociedades de economia mista não poderão gozar de privilégios fiscais não extensivos às do setor privado.

§ 3º A lei regulamentará as relações da empresa pública com o Estado e a sociedade.

§ 4º A lei reprimirá o abuso do poder econômico que vise à dominação dos mercados, à eliminação da concorrência e ao aumento arbitrário dos lucros.

§ 5º A lei, sem prejuízo da responsabilidade individual dos dirigentes da pessoa jurídica, estabelecerá a responsabilidade desta, sujeitando-a às punições compatíveis com sua natureza, nos atos praticados contra a ordem econômica e financeira e contra a economia popular.

Art. 174. Como agente normativo e regulador da atividade econômica, o Estado exercerá, na forma da lei, as funções de fiscalização, incentivo e planejamento, sendo este determinante para o setor público e indicativo para o setor privado.

§ 1º A lei estabelecerá as diretrizes e bases do planejamento do desenvolvimento nacional equilibrado, o qual incorporará e compatibilizará os planos nacionais e regionais de desenvolvimento.

§ 2º A lei apoiará e estimulará o cooperativismo e outras formas de associativismo.

§ 3º O Estado favorecerá a organização da atividade garimpeira em cooperativas, levando em conta a proteção do meio ambiente e a promoção econômica-social dos garimpeiros.

§ 4º As cooperativas a que se refere o parágrafo anterior terão prioridade na autorização ou concessão para pesquisa e lavra dos recursos e jazidas de minerais garimpáveis, nas áreas onde estejam atuando, e naquelas fixadas de acordo com o art. 21, XXV, na forma da lei.

Art. 175. Incumbe ao Poder Público, na forma da lei, diretamente ou sob regime de concessão ou permissão, sempre através de licitação, a prestação de serviços públicos.

Parágrafo único. A lei disporá sobre:

I - o regime das empresas concessionárias e permissionárias de serviços públicos, o caráter especial de seu contrato e de sua prorrogação, bem como as condições de caducidade, fiscalização e rescisão da concessão ou permissão;
II - os direitos dos usuários;
III - política tarifária;
IV - a obrigação de manter serviço adequado.

Art. 176. As jazidas, em lavra ou não, e demais recursos minerais e os potenciais de energia hidráulica constituem propriedade distinta da do solo, para efeito de exploração ou aproveitamento, e pertencem à União, garantida ao concessionário a propriedade do produto da lavra.

§ 1º A pesquisa e a lavra de recursos minerais e o aproveitamento dos potenciais a que se refere o "caput" deste artigo somente poderão ser efetuados mediante autorização ou concessão da União, no interesse nacional, por brasileiros ou empresa brasileira de capital nacional, na forma da lei, que estabelecerá as condições específicas quando essas atividades se desenvolverem em faixa de fronteira ou terras indígenas.

§ 2º É assegurada participação ao proprietário do solo nos resultados da lavra, na forma e no valor que dispuser a lei.

§ 3º A autorização de pesquisa será sempre por prazo determinado, e as autorizações e concessões previstas neste artigo não poderão ser cedidas ou transferidas, total ou parcialmente, sem prévia anuência do poder concedente.

§ 4º Não dependerá de autorização ou concessão o aproveitamento do potencial de energia renovável de capacidade reduzida.

Art. 177. Constituem monopólio da União:

I - a pesquisa e a lavra das jazidas de petróleo e gás natural e outros hidrocarbonetos fluidos;
II - a refinação do pretróleo nacional ou estrangeiro;
III - a importação e exportação dos produtos e derivados básicos resultantes das atividades previstas nos incisos anteriores;
IV - o transporte marítimo do petróleo bruto de origem nacional ou de derivados básicos de petróleo produzidos no País, bem assim o transporte, por meio de conduto, de petróleo bruto, seus derivados e gás natural de qualquer origem;
V - a pesquisa, a lavra, o enriquecimento, o reprocessamento, a industrialização e o comércio de minérios e minerais nucleares e seus derivados.

§ 1º O monopólio previsto neste artigo inclui os riscos e resultados decorrentes das atividades nele mencionadas, sendo vedado à União ceder ou conceder qualquer tipo de participação, em espécie ou em valor, na exploração de jazidas de petróleo ou gás natural, ressalvado o disposto no art. 20, § 1º.

§ 2º A lei disporá sobre o transporte e a utilização de materiais radioativos no território nacional.

Art. 178. A lei disporá sobre:

I - a ordenação dos transportes aéreo, marítimo e terrestre;
II - a predominância dos armadores nacionais e navios de bandeira e registros brasileiros e do país exportador ou importador;
III - o transporte de granéis;
IV - a utilização de embarcações de pesca e outras.

§ 1º A ordenação do transporte internacional cumprirá os acordos firmados pela União, atendido o princípio de reciprocidade.

§ 2º Serão brasileiros os armadores, os proprietários, os comandantes e dois terços, pelo menos, dos tripulantes de embarcações nacionais.

§ 3º A navegação de cabotagem e a interior são privativas de embarcações nacionais, salvo caso de necessidade pública, segundo dispuser a lei.

Art. 179. A União, os Estados, o Distrito Federal e os Municípios dispensarão às microempresas e às empresas de pequeno porte, assim definidas em lei, tratamento jurídico diferenciado, visando a incentivá-las pela simplificação de suas obrigações administrativas, tributárias, previdenciárias e creditícias, ou pela eliminação ou redução destas por meio de lei.

Art. 180. A União, os Estados, o Distrito Federal e os Municípios promoverão e incentivarão o turismo como fator de desenvolvimento social e econômico.

Art. 181. O atendimento de requisição de documento ou informação de natureza comercial, feita por autoridade administrativa ou judiciária estrangeira, a pessoa física ou jurídica residente ou domiciliada no País dependerá de autorização do Poder competente.

CAPÍTULO II

DA POLÍTICA URBANA

Art. 182. A política de desenvolvimento urbano, executada pelo Poder Público municipal, conforme diretrizes gerais fixadas em lei, tem por objetivo ordenar o pleno desenvolvimento das funções sociais da cidade e garantir o bem-estar de seus habitantes.

§ 1º O plano diretor, aprovado pela Câmara Municipal, obrigatório para cidades com mais de vinte mil habitantes, é o instrumento básico da política de desenvolvimento e de expansão urbana.

§ 2º A propriedade urbana cumpre sua função social quando atende às exigências fundamentais de ordenação da cidade expressas no plano diretor.

§ 3º As desapropriações de imóveis urbanos serão feitas com prévia e justa indenização em dinheiro.

§ 4º É facultado ao Poder Público municipal, mediante lei específica para área incluída no plano diretor, exigir, nos termos da lei federal, do proprietário do solo urbano não edificado, subutilizado ou não utilizado, que promova seu adequado aproveitamento, sob pena, sucessivamente, de:

I – parcelamento ou edificação compulsórios;

II – imposto sobre a propriedade predial e territorial urbana progressiva no tempo;

III – desapropriação com pagamento mediante títulos da dívida pública de emissão previamente aprovada pelo Senado Federal, com prazo de resgate de até dez anos, em parcelas anuais, iguais e sucessivas, assegurados o valor real da indenização e os juros legais.

Art. 183. Aquele que possuir como sua área urbana de até duzentos e cinqüenta metros quadrados, por cinco anos, ininterruptamente e sem oposição, utilizando-a para sua moradia ou de sua família, adquirir-lhe-á o domínio, desde que não seja proprietário de outro imóvel urbano ou rural.

§ 1º O título de domínio e a concessão de uso serão conferidos ao homem ou à mulher, ou a ambos, independentemente do estado civil.

§ 2º Esse direito não será reconhecido ao mesmo possuidor por mais de uma vez.

§ 3º Os imóveis públicos não serão adquiridos por usucapião.

CAPÍTULO III

DA POLÍTICA AGRÍCOLA E FUNDIÁRIA E DA REFORMA AGRÁRIA

Art. 184. Compete à União desapropriar por interesse social, para fins de reforma agrária, o imóvel rural que não esteja cumprindo sua função social, mediante prévia e justa indenização em títulos da dívida agrária, com cláusula de preservação do valor real, resgatáveis no prazo de até vinte anos, a partir do segundo ano de sua emissão, e cuja utilização será definida em lei.

§ 1º As benfeitorias úteis e necessárias serão indenizadas em dinheiro.

§ 2º O decreto que declarar o imóvel como de interesse social, para fins de reforma agrária, autoriza a União a propor a ação de desapropriação.

§ 3º Cabe à lei complementar estabelecer procedimento contraditório especial, de rito sumário, para o processo judicial de desapropriação.

§ 4º O orçamento fixará anualmente o volume total de títulos da dívida agrária, assim como o montante de recursos para atender ao programa de reforma agrária no exercício.

§ 5º São isentas de impostos federais, estaduais e municipais as operações de transferência de imóveis desapropriados para fins de reforma agrária.

Art. 185. São insuscetíveis de desapropriação para fins de reforma agrária:

I – a pequena e média propriedade rural, assim definida em lei, desde que seu proprietário não possua outra;

II – a propriedade produtiva.

Parágrafo único. A lei garantirá tratamento especial à propriedade produtiva e fixará normas para o cumprimento dos requisitos relativos a sua função social.

Art. 186. A função social é cumprida quando a propriedade rural atende, simultaneamente, segundo critérios e graus de exigências estabelecidos em lei, aos seguintes requisitos:

I – aproveitamento racional e adequado;

II – utilização adequada dos recursos naturais disponíveis e preservação do meio ambiente;

III – observância das disposições que regulam as relações de trabalho;

IV – exploração que favoreça o bem-estar dos proprietários e dos trabalhadores.

Art. 187. A política agrícola será planejada e executada na forma da lei, com a participação efetiva do setor de produção, envolvendo produtores e trabalhadores rurais, bem como dos setores de comercialização, de armazenamento e de transportes, levando em conta, especialmente:

I – os instrumentos creditícios e fiscais;

II – os preços compatíveis com os custos de produção e a garantia de comercialização;

III – o incentivo à pesquisa e à tecnologia;

IV – a assistência técnica e extensão rural;

V – o seguro agrícola;

VI – o cooperativismo;

VII – a eletrificação rural e irrigação;

VIII – a habitação para o trabalhador rural.

§ 1º Incluem-se no planejamento agrícola as atividades agroindustriais, agropecuárias, pesqueiras e florestais.

§ 2º Serão compatibilizadas as ações de política agrícola e de reforma agrária.

Art. 188. A destinação de terras públicas e devolutas será compatibilizada com a política agrícola e com o plano nacional de reforma agrária.

§ 1º A alienação ou a concessão, a qualquer título, de terras públicas com área superior a dois mil e quinhentos hectares a pessoa física ou jurídica, ainda que por interposta pessoa, dependerá de prévia aprovação do Congresso Nacional.

§ 2º Excetuam-se do disposto no parágrafo anterior as alienações ou as concessões de terras públicas para fins de reforma agrária.

Art. 189. Os beneficiários da distribuição de imóveis rurais pela reforma agrária receberão títulos de domínio ou de concessão de uso, inegociáveis pelo prazo de dez anos.

Parágrafo único. O título de domínio e a concessão de uso serão conferidos ao homem ou à mulher, ou a ambos, independentemente do estado civil, nos termos e condições previstos em lei.

Art. 190. A lei regulará e limitará a aquisição ou o arrendamento de propriedade rural por pessoa física ou jurídica estrangeira e estabelecerá os casos que dependerão de autorização do Congresso Nacional.

Art. 191. Quem, não sendo proprietário de imóvel rural ou urbano, possua como seu, por cinco anos ininterruptos, sem oposição, área de terra, em zona rural, não superior a cinqüenta hectares, tornando-a produtiva por seu trabalho ou de sua família, tendo nela sua moradia, adquirir-lhe-á a propriedade.

Parágrafo único. Os imóveis públicos não serão adquiridos por usucapião.

CAPÍTULO IV

DO SISTEMA FINANCEIRO NACIONAL

Art. 192. O sistema financeiro nacional, estruturado de forma a promover o desenvolvimento equilibrado do País e a servir aos interesses da coletividade, será regulado em lei complementar, que disporá, inclusive, sobre:

I – a autorização para o funcionamento das instituições financeiras, assegurado às instituições bancárias oficiais e privadas acesso a todos os instrumentos do mercado financeiro bancário, sendo vedada a essas instituições a participação em atividades não previstas na autorização de que trata este inciso;

II – autorização e funcionamento dos estabelecimentos de seguro, previdência e capitalização, bem como do órgão oficial fiscalizador e do órgão oficial ressegurador;

III – as condições para a participação do capital estrangeiro nas instituições a que se referem os incisos anteriores, tendo em vista, especialmente:

a) os interesses nacionais;

b) os acordos internacionais;

IV – a organização, o funcionamento e as atribuições do banco central e demais instituições financeiras públicas e privadas;

V – os requisitos para a designação de membros da diretoria do banco central e demais instituições financeiras, bem como seus impedimentos após o exercício do cargo;

VI – a criação de fundo ou seguro, com o objetivo de proteger a economia popular, garantindo créditos, aplicações e depósitos até determinado valor, vedada a participação de recursos da União;

VII – os critérios restritivos da transferência de poupança de regiões com renda inferior à média nacional para outras de maior desenvolvimento;

VIII – o funcionamento das cooperativas de crédito e os requisitos para que possam ter condições de operacionalidade e estruturação próprias das instituições financeiras.

§ 1º A autorização a que se referem os incisos I e II será inegociável e intransferível, permitida a transmissão do controle da pessoa jurídica titular, e concedida sem ônus, na forma da lei do sistema financeiro nacional, a pessoa jurídica cujos diretores tenham capacidade técnica e reputação ilibada, e que comprove capacidade econômica compatível com o empreendimento.

§ 2º Os recursos financeiros relativos a programas e projetos de caráter regional, de responsabilidade da União, serão depositados em suas instituições regionais de crédito e por elas aplicados.

§ 3º As taxas de juros reais, nelas incluídas comissões e quaisquer outras remunerações direta ou indiretamente referidas à concessão de crédito, não poderão ser superiores a doze por cento ao ano; a cobrança acima deste limite será conceituada como crime de usura, punido, em todas as suas modalidades, nos termos que a lei determinar.

TÍTULO VIII

Da Ordem Social

CAPÍTULO I

DISPOSIÇÃO GERAL

Art. 193. A ordem social tem como base o primado do trabalho, e como objetivo o bem-estar e a justiça sociais.

CAPÍTULO II

DA SEGURIDADE SOCIAL

SEÇÃO I
DISPOSIÇÕES GERAIS

Art. 194. A seguridade social compreende um conjunto integrado de ações de iniciativa dos Poderes Públicos e da sociedade, destinadas a assegurar os direitos relativos à saúde, à previdência e à assistência social.

Parágrafo único. Compete ao Poder Público, nos termos da lei, organizar a seguridade social, com base nos seguintes objetivos:

I – universalidade da cobertura e do atendimento;

II – uniformidade e equivalência dos benefícios e serviços às populações urbanas e rurais;

III – seletividade e distributividade na prestação dos benefícios e serviços;

IV – irredutibilidade do valor dos benefícios;

V – eqüidade na forma de participação no custeio;

VI – diversidade da base de financiamento;

VII – caráter democrático e descentralizado da gestão administrativa, com a participação da comunidade, em especial de trabalhadores, empresários e aposentados.

Art. 195. A seguridade social será financiada por toda a sociedade, de forma direta e indireta, nos termos da lei, mediante recursos provenientes dos orçamentos da União, dos Estados, do Distrito Federal e dos Municípios, e das seguintes contribuições sociais:

I – dos empregadores, incidente sobre a folha de salários, o faturamento e o lucro;

II – dos trabalhadores;

III – sobre a receita de concursos de prognósticos.

§ 1º As receitas dos Estados, do Distrito Federal e dos Municípios destinadas à seguridade social constarão dos respectivos orçamentos, não integrando o orçamento da União.

§ 2º A proposta de orçamento da seguridade social será elaborada de forma integrada pelos órgãos responsáveis pela saúde, previdência social e assistência social, tendo em vista as metas e prioridades estabelecidas na lei de diretrizes orçamentárias, assegurada a cada área a gestão de seus recursos.

§ 3º A pessoa jurídica em débito com o sistema da seguridade social, como estabelecido em lei, não poderá contratar com o Poder Público nem dele receber benefícios ou incentivos fiscais ou creditícios.

§ 4º A lei poderá instituir outras fontes destinadas a garantir a manutenção ou expansão da seguridade social, obedecido o disposto no art. 154, I.

§ 5º Nenhum benefício ou serviço da seguridade social poderá ser criado, majorado ou estendido sem a correspondente fonte de custeio total.

§ 6º As contribuições sociais de que trata este artigo só poderão ser exigidas após decorridos noventa dias da data da publicação da lei que as houver instituído ou modificado, não se lhes aplicando o disposto no art. 150, III, "b".

§ 7º São isentas de contribuição para a seguridade social as entidades beneficentes de assistência social que atendam às exigências estabelecidas em lei.

§ 8º O produtor, o parceiro, o meeiro e o arrendatário rurais, o garimpeiro e o pescador artesanal, bem como os respectivos cônjuges, que exerçam suas atividades em regime de economia familiar, sem empregados permanentes, contribuirão para a seguridade social mediante a aplicação de uma alíquota sobre o resultado da comercialização da produção e farão jus aos benefícios nos termos da lei.

SEÇÃO II
DA SAÚDE

Art. 196. A saúde é direito de todos e dever do Estado, garantido mediante políticas sociais e econômicas que visem à redução do risco de doença e de outros agravos e ao acesso universal e igualitário às ações e serviços para sua promoção, proteção e recuperação.

Art. 197. São de relevância pública as ações e serviços de saúde, cabendo ao Poder Público dispor, nos termos da lei, sobre sua regulamentação, fiscalização e controle, devendo sua execução ser feita diretamente ou através de terceiros e, também, por pessoa física ou jurídica de direito privado.

Art. 198. As ações e serviços públicos de saúde integram uma rede regionalizada e hierarquizada e constituem um sistema único, organizado de acordo com as seguintes diretrizes:

I – descentralização, com direção única em cada esfera de governo;

II – atendimento integral, com prioridade para as atividades preventivas, sem prejuízo dos serviços assistenciais;

III – participação da comunidade.

Parágrafo único. O sistema único de saúde será financiado, nos termos do art. 195, com recursos do orçamento da seguridade social, da União, dos Estados, do Distrito Federal e dos Municípios, além de outras fontes.

Art. 199. A assistência à saúde é livre à iniciativa privada.

§ 1º As instituições privadas poderão participar de forma complementar do sistema único de saúde, segundo diretrizes deste, mediante contrato de direito público ou convênio, tendo preferência as entidades filantrópicas e as sem fins lucrativos.

§ 2º É vedada a destinação de recursos públicos para auxílios ou subvenções às instituições privadas com fins lucrativos.

§ 3º É vedada a participação direta ou indireta de empresas ou capitais estrangeiros na assistência à saúde no País, salvo nos casos previstos em lei.

§ 4º A lei disporá sobre as condições e os requisitos que facilitem a remoção de órgãos, tecidos e substâncias humanas para fins de transplante, pesquisa e tratamento, bem como a coleta, processamento e transfusão de sangue e seus derivados, sendo vedado todo tipo de comercialização.

Art. 200. Ao sistema único de saúde compete, além de outras atribuições, nos termos da lei:

I – controlar e fiscalizar procedimentos, produtos e substâncias de interesse para a saúde e participar da produção de medicamentos, equipamentos, imunobiológicos, hemoderivados e outros insumos;

II – executar as ações de vigilância sanitária e epidemiológica, bem como as de saúde do trabalhador;

III – ordenar a formação de recursos humanos na área de saúde;

IV – participar da formulação da política e da execução das ações de saneamento básico;

V – incrementar em sua área de atuação o desenvolvimento científico e tecnológico;

VI – fiscalizar e inspecionar alimentos, compreendido o controle de seu teor nutricional, bem como bebidas e águas para consumo humano;

VII – participar do controle e fiscalização da produção, transporte, guarda e utilização de substâncias e produtos psicoativos, tóxicos e radioativos;

VIII – colaborar na proteção do meio ambiente, nele compreendido o do trabalho.

SEÇÃO III
DA PREVIDÊNCIA SOCIAL

Art. 201. Os planos de previdência social, mediante contribuição, atenderão, nos termos da lei, a:

I – cobertura dos eventos de doença, invalidez, morte, incluídos os resultantes de acidentes do trabalho, velhice e reclusão;

II – ajuda à manutenção dos dependentes dos segurados de baixa renda;

III – proteção à maternidade, especialmente à gestante;

IV – proteção ao trabalhador em situação de desemprego involuntário;

V – pensão por morte de segurado, homem ou mulher, ao cônjuge ou companheiro e dependentes, obedecido o disposto no § 5º e no art. 202.

§ 1º Qualquer pessoa poderá participar dos benefícios da previdência social, mediante contribuição na forma dos planos previdenciários.

§ 2º É assegurado o reajustamento dos benefícios para preservar-lhes, em caráter permanente, o valor real, conforme critérios definidos em lei.

§ 3º Todos os salários de contribuição considerados no cálculo do benefício serão corrigidos monetariamente.

§ 4º Os ganhos habituais do empregado, a qualquer título, serão incorporados ao salário para efeito de contribuição previdenciária e conseqüente repercussão em benefícios, nos casos e na forma da lei.

§ 5º Nenhum benefício que substitua o salário de contribuição ou o rendimento do trabalho do segurado terá valor mensal inferior ao salário mínimo.

§ 6º A gratificação natalina dos aposentados e pensionistas terá por base o valor dos proventos do mês de dezembro de cada ano.

§ 7º A previdência social manterá seguro coletivo, de caráter complementar e facultativo, custeado por contribuições adicionais.

§ 8º É vedado subvenção ou auxílio do Poder Público às entidades de previdência privada com fins lucrativos.

Art. 202. É assegurada aposentadoria, nos termos da lei, calculando-se o benefício sobre a média dos trinta e seis últimos salários de contribuição, corrigidos monetariamente mês a mês, e comprovada a regularidade dos reajustes dos salários de contribuição de modo a preservar seus valores reais e obedecidas as seguintes condições:

I – aos sessenta e cinco anos de idade, para o homem, e aos sessenta, para as mulheres, reduzido em cinco anos o limite de idade para os trabalhadores rurais de ambos os sexos e para os que exerçam suas atividades em regime de economia familiar, neste incluídos o produtor rural, o garimpeiro e o pescador artesanal;

II – após trinta e cinco anos de trabalho, ao homem, e, após trinta, à mulher, ou em tempo inferior, se sujeitos a trabalho sob condições especiais, que prejudiquem a saúde ou a integridade física, definidas em lei;

III – após trinta anos, ao professor, e, após vinte e cinco, à professora, por efetivo exercício de função de magistério.

§ 1º É facultada aposentadoria proporcional, após trinta anos de trabalho, ao homem, e, após vinte e cinco, à mulher.

§ 2º Para efeito de aposentadoria, é assegurada a contagem recíproca do tempo de contribuição na administração pública e na atividade privada, rural e urbana, hipótese em que os diversos sistemas de previdência social se compensarão financeiramente, segundo critérios estabelecidos em lei.

SEÇÃO IV
DA ASSISTÊNCIA SOCIAL

Art. 203. A assistência social será prestada a quem dela necessitar, independentemente da contribuição à seguridade social, e tem por objetivos:

I – a proteção à família, à maternidade, à infância, à adolescência e à velhice:

II – o amparo às crianças e adolescentes carentes;

III – a promoção da integração ao mercado de trabalho;

IV – a habilitação e reabilitação das pessoas portadoras de deficiência e a promoção de sua integração à vida comunitária;

V – a garantia de um salário mínimo de benefício mensal à pessoa portadora de deficiência e ao idoso que comprovem não possuir meios de prover à própria manutenção ou de tê-la provida por sua família, conforme dispuser a lei.

Art. 204. As ações governamentais na área da assistência social serão realizadas com recursos do orçamento da seguridade social, previstos no art. 195, além de outras fontes, e organizadas com base nas seguintes diretrizes:

I – descentralização político-administrativa, cabendo a coordenação e as normas gerais à esfera federal e a coordenação e a execução dos respectivos programas às esferas estadual e municipal, bem como a entidades beneficentes e de assistência social;

II – participação da população, por meio de organizações representativas, na formulação das políticas e no controle das ações em todos os níveis.

CAPÍTULO III
DA EDUCAÇÃO, DA CULTURA E DO DESPORTO

SEÇÃO I
DA EDUCAÇÃO

Art. 205. A educação, direito de todos e dever do Estado e da família, será promovida e incentivada com a colaboração da sociedade, visando ao pleno desenvolvimento da pessoa, seu preparo para o exercício da cidadania e sua qualificação para o trabalho.

Art. 206. O ensino será ministrado com base nos seguintes princípios:

I – igualdade de condições para o acesso e permanência na escola;

II – liberdade de aprender, ensinar, pesquisar e divulgar o pensamento, a arte e o saber;

III – pluralismo de idéias e de concepções pedagógicas, e coexistência de instituições públicas e privadas de ensino;

IV – gratuidade do ensino público em estabelecimentos oficiais;

V – valorização dos profissionais do ensino, garantido, na forma da lei, plano de carreira para o magistério público, com piso salarial profissional e ingresso exclusivamente por concurso público de provas e títulos, assegurado regime jurídico único para todas as instituições mantidas pela União;

VI – gestão democrática do ensino público, na forma da lei;

VII – garantia de padrão de qualidade.

Art. 207. As universidades gozam de autonomia didático-científica, administrativa e de gestão financeira e patrimonial, e obedecerão ao princípio de indissociabilidade entre ensino, pesquisa e extensão.

Art. 208. O dever do Estado com a educação será efetivado mediante a garantia de:

I – ensino fundamental, obrigatório e gratuito, inclusive para os que a ele não tiveram acesso na idade própria;

II – progressiva extensão da obrigatoriedade e gratuidade ao ensino médio;

III – atendimento educacional especializado aos portadores de deficiência, preferencialmente na rede regular de ensino;

IV – atendimento em creche e pré-escola às crianças de zero a seis anos de idade;

V – acesso aos níveis mais elevados do ensino, da pesquisa e da criação artística, segundo a capacidade de cada um;

VI – oferta de ensino noturno regular, adequado às condições do educando;

VII – atendimento ao educando, no ensino fundamental, através de programas suplementares de material didático-escolar, transporte, alimentação e assistência à saúde.

§ 1º O acesso ao ensino obrigatório e gratuito é direito público subjetivo.

§ 2º O não-oferecimento do ensino obrigatório pelo Poder Público, ou sua oferta irregular, importa responsabilidade da autoridade competente.

§ 3º Compete ao Poder Público recensear os educandos no ensino fundamental, fazer-lhes a chamada e zelar, junto aos pais ou responsáveis, pela freqüência à escola.

Art. 209. O ensino é livre à iniciativa privada, atendidas as seguintes condições:

I – cumprimento das normas gerais da educação nacional;

II – autorização e avaliação de qualidade pelo Poder Público.

Art. 210. Serão fixados conteúdos mínimos para o ensino fundamental, de maneira a assegurar formação básica comum e respeito aos valores culturais e artísticos, nacionais e regionais.

§ 1º O ensino religioso, de matrícula facultativa, constituirá disciplina dos horários normais das escolas públicas de ensino fundamental.

§ 2º O ensino fundamental regular será ministrado em língua portuguesa, assegurada às comunidades indígenas também a utilização de suas línguas maternas e processos próprios de aprendizagem.

Art. 211. A União, os Estados, o Distrito Federal e os Municípios organizarão em regime de colaboração seus sistemas de ensino.

§ 1º A União organizará e financiará o sistema federal de ensino e o dos Territórios, e prestará assistência técnica e financeira aos Estados, ao Distrito Federal e aos Municípios para o desenvolvimento de seus sistemas de ensino e o atendimento prioritário à escolaridade obrigatória.

§ 2º Os Municípios atuarão prioritariamente no ensino fundamental e pré-escolar.

Art. 212. A União aplicará, anualmente, nunca menos de dezoito, e os Estados, o Distrito Federal e os Municípios vinte e cinco por cento, no mínimo, da receita resultante de impostos, compreendida a proveniente de transferências, na manutenção e desenvolvimento do ensino.

§ 1º A parcela da arrecadação de impostos transferida pela União aos Estados, ao Distrito Federal e aos Municípios, ou pelos Estados aos respectivos Municípios, não é considerada, para efeito do cálculo previsto neste artigo, receita do governo que a transferir.

§ 2º Para efeito do cumprimento do disposto no "caput" deste artigo, serão considerados os sistemas de ensino federal, estadual e municipal e os recursos aplicados na forma do art. 213.

§ 3º A distribuição dos recursos públicos assegurará prioridade ao atendimento das necessidades do ensino obrigatório, nos termos do plano nacional de educação.

§ 4º Os programas suplementares de alimentação e assistência à saúde previstos no art. 208, VII, serão financiados com recursos provenientes de contribuições sociais e outros recursos orçamentários.

§ 5º O ensino fundamental público terá como fonte adicional de financiamento a contribuição social do salário-educação, recolhida, na forma da lei, pelas empresas, que dela poderão deduzir a aplicação realizada no ensino fundamental de seus empregados e dependentes.

Art. 213. Os recursos públicos serão destinados às escolas públicas, podendo ser dirigidos a escolas comunitárias, confessionais ou filantrópicas, definidas em lei, que:
I – comprovem finalidade não-lucrativa e apliquem seus excedentes financeiros em educação;
II – assegurem a destinação de seu patrimônio a outra escola comunitária, filantrópica ou confessional, ou ao Poder Público, no caso de encerramento de suas atividades.
§ 1º Os recursos de que trata este artigo poderão ser destinados a bolsas de estudo para o ensino fundamental e médio, na forma da lei, para os que demonstrarem insuficiência de recursos, quando houver falta de vagas e cursos regulares da rede pública na localidade da residência do educando, ficando o Poder Público obrigado a investir prioritariamente na expansão de sua rede na localidade.
§ 2º As atividades universitárias de pesquisa e extensão poderão receber apoio financeiro do Poder Público.
Art. 214. A lei estabelecerá o plano nacional de educação, de duração plurianual, visando à articulação e ao desenvolvimento do ensino em seus diversos níveis e à integração das ações do Poder Público que conduzam à:
I – erradicação do analfabetismo;
II – universalização do atendimento escolar;
III – melhoria da qualidade do ensino;
IV – formação para o trabalho;
V – promoção humanística, científica e tecnológica do País.

SEÇÃO II
DA CULTURA

Art. 215. O Estado garantirá a todos o pleno exercício dos direitos culturais e acesso às fontes da cultura nacional, e apoiará e incentivará a valorização e a difusão das manifestações culturais.
§ 1º O Estado protegerá as manifestações das culturas populares, indígenas e afro-brasileiras, e das de outros grupos participantes do processo civilizatório nacional.
§ 2º A lei disporá sobre a fixação de datas comemorativas de alta significação para os diferentes segmentos étnicos nacionais.
Art. 216. Constituem patrimônio cultural brasileiro os bens de natureza material e imaterial, tomados individualmente ou em conjunto, portadores de referência à identidade, à ação, à memória dos diferentes grupos formadores da sociedade brasileira, nos quais se incluem:
I – as formas de expressão;
II – os modos de criar, fazer e viver;
III – as criações científicas, artísticas e tecnológicas;
IV – as obras, objetos, documentos, edificações e demais espaços destinados às manifestações artístico-culturais;
V – os conjuntos urbanos e sítios de valor histórico, paisagístico, artístico, arqueológico, paleontológico, ecológico e científico.
§ 1º O Poder Público, com a colaboração da comunidade, promoverá e protegerá o patrimônio cultural brasileiro, por meio de inventários, registros, vigilância, tombamento e desapropriação, e de outras formas de acautelamento e preservação.
§ 2º Cabem à administração pública, na forma da lei, a gestão da documentação governamental e as providências para franquear sua consulta a quantos dela necessitem.
§ 3º A lei estabelecerá incentivos para a produção e o conhecimento de bens e valores culturais.
§ 4º Os danos e ameaças ao patrimônio cultural serão punidos, na forma da lei.
§ 5º Ficam tombados todos os documentos e os sítios detentores de reminiscências históricas dos antigos quilombos.

SEÇÃO III
DO DESPORTO

Art. 217. É dever do Estado fomentar práticas desportivas formais e não-formais como direito de cada um, observados:
I – a autonomia das entidades desportivas dirigentes e associações, quanto a sua organização e funcionamento;
II – a destinação de recursos públicos para a promoção prioritária do desporto educacional e, em casos específicos, para a do desporto de alto rendimento;
III – o tratamento diferenciado para o desporto profissional e o não-profissional;
IV – a proteção e o incentivo às manifestações desportivas de criação nacional.
§ 1º O Poder Judiciário só admitirá ações relativas à disciplina e às competições desportivas após esgotarem-se as instâncias da justiça desportiva, regulada em lei.
§ 2º A justiça desportiva terá o prazo máximo de sessenta dias, contados da instauração do processo, para proferir decisão final.
§ 3º O Poder Público incentivará o lazer, como forma de promoção social.

CAPÍTULO IV
DA CIÊNCIA E TECNOLOGIA

Art. 218. O Estado promoverá e incentivará o desenvolvimento científico, a pesquisa e a capacitação tecnológicas.
§ 1º A pesquisa científica básica receberá tratamento prioritário do Estado, tendo em vista o bem público e o progresso das ciências.
§ 2º A pesquisa tecnológica voltar-se-á preponderantemente para a solução dos problemas brasileiros e para o desenvolvimento do sistema produtivo nacional e regional.
§ 3º O Estado apoiará a formação de recursos humanos nas áreas de ciência, pesquisa e tecnologia, e concederá aos que delas se ocupem meios e condições especiais de trabalho.
§ 4º A lei apoiará e estimulará as empresas que invistam em pesquisa, criação de tecnologia adequada ao País, formação e aperfeiçoamento de seus recursos humanos e que pratiquem sistemas de remuneração que assegurem ao empregado, desvinculada do salário, participação nos ganhos econômicos resultantes da produtividade de seu trabalho.
§ 5º É facultado aos Estados e ao Distrito Federal vincular parcela de sua receita orçamentária a entidades públicas de fomento ao ensino e à pesquisa científica e tecnológica.
Art. 219. O mercado interno integra o patrimônio nacional e será incentivado de modo a viabilizar o desenvolvimento cultural e sócio-econômico, o bem-estar da população e a autonomia tecnológica do País, nos termos da lei federal.

CAPÍTULO V
DA COMUNICAÇÃO SOCIAL

Art. 220. A manifestação do pensamento, a criação, a expressão e a informação, sob qualquer forma, processo ou veículo não sofrerão qualquer restrição, observado o disposto nesta Constituição.
§ 1º Nenhuma lei conterá dispositivo que possa constituir embaraço à plena liberdade de informação jornalística em qualquer veículo de comunicação social, observado o disposto no art. 5º, IV, V, X, XIII e XIV.
§ 2º É vedada toda e qualquer censura de natureza política, ideológica e artística.
§ 3º Compete à lei federal:
I – regular as diversões e espetáculos públicos, cabendo ao Poder Público informar sobre a natureza deles, as faixas etárias a que não se recomendem, locais e horários em que sua apresentação se mostre inadequada;
II – estabelecer os meios legais que garantam à pessoa e à família a possibilidade de se defenderem de programas ou programações de rádio e televisão que contrariem o disposto no art. 221, bem como da propaganda de produtos, práticas e serviços que possam ser nocivos à saúde e ao meio ambiente.
§ 4º A propaganda comercial de tabaco, bebidas alcoólicas, agrotóxicos, medicamentos e terapias estará sujeita a restrições legais, nos termos do inciso II do parágrafo anterior, e conterá, sempre que necessário, advertência sobre os malefícios decorrentes de seu uso.
§ 5º Os meios de comunicação social não podem, direta ou indiretamente, ser objeto de monopólio ou oligopólio.
§ 6º A publicação de veículo impresso de comunicação independe de licença de autoridade.
Art. 221. A produção e a programação das emissoras de rádio e televisão atenderão aos seguintes princípios:
I – preferência a finalidades educativas, artísticas, culturais e informativas;
II – promoção da cultura nacional e regional e estímulo à produção independente que objetive sua divulgação;
III – regionalização da produção cultural, artística e jornalística, conforme percentuais estabelecidos em lei;
IV – respeito aos valores éticos e sociais da pessoa e da família.
Art. 222. A propriedade de empresa jornalística e de radiodifusão sonora e de sons e imagens é privativa de brasileiros natos ou naturalizados há mais de dez anos, aos quais caberá a responsabilidade por sua administração e orientação intelectual.
§ 1º É vedada a participação de pessoa jurídica no capital social de empresa jornalística ou de radiodifusão, exceto a de partido político e de sociedades cujo capital pertença exclusiva e nominalmente a brasileiros.
§ 2º A participação referida no parágrafo anterior só se efetuará através de capital sem direito a voto e não poderá exceder a trinta por cento do capital social.
Art. 223. Compete ao Poder Executivo outorgar e renovar concessão, permissão e autorização para o serviço de radiodifusão sonora e de sons e imagens, observado o princípio da complementaridade dos sistemas privado, público e estatal.
§ 1º O Congresso Nacional apreciará o ato no prazo do art. 64, §§

2º e 4º, a contar do recebimento da mensagem.

§ 2º A não renovação da concessão ou permissão dependerá de aprovação de, no mínimo, dois quintos do Congresso Nacional, em votação nominal.

§ 3º O ato de outorga ou renovação somente produzirá efeitos legais após deliberação do Congresso Nacional, na forma dos parágrafos anteriores.

§ 4º O cancelamento da concessão ou permissão, antes de vencido o prazo, depende de decisão judicial.

§ 5º O prazo da concessão ou permissão será de dez anos para as emissoras de rádio e de quinze para as de televisão.

Art. 224. Para os efeitos do disposto neste capítulo, o Congresso Nacional instituirá, como seu órgão auxiliar, o Conselho de Comunicação Social, na forma da lei.

CAPÍTULO VI
DO MEIO AMBIENTE

Art. 225. Todos têm direito ao meio ambiente ecologicamente equilibrado, bem de uso comum do povo e essencial à sadia qualidade de vida, impondo-se ao Poder Público e à coletividade o dever de defendê-lo e preservá-lo para as presentes e futuras gerações.

§ 1º Para assegurar a efetividade desse direito, incumbe ao Poder Público:

I – preservar e restaurar os processos ecológicos essenciais e prover o manejo ecológico das espécies e ecossistemas;

II – preservar a diversidade e a integridade do patrimônio genético do País e fiscalizar as entidades dedicadas à pesquisa e manipulação de material genético;

III– definir, em todas as unidades da Federação, espaços territoriais e seus componentes a serem especialmente protegidos, sendo a alteração e a supressão permitidas somente através de lei, vedada qualquer utilização que comprometa a integridade dos atributos que justifiquem sua proteção;

IV – exigir, na forma da lei, para instalação de obra ou atividade potencialmente causadora de significativa degradação do meio ambiente, estudo prévio de impacto ambiental, a que se dará publicidade;

V – controlar a produção, a comercialização e o emprego de técnicas, métodos e substâncias que comportem risco para a vida, a qualidade de vida e o meio ambiente;

VI – promover a educação ambiental em todos os níveis de ensino e a conscientização pública para a preservação do meio ambiente;

VII – proteger a fauna e a flora, vedadas, na forma da lei, as práticas que coloquem em risco sua função ecológica, provoquem a extinção de espécies ou submetam os animais a crueldade.

§ 2º Aquele que explorar recursos minerais fica obrigado a recuperar o meio ambiente degradado, de acordo com solução técnica exigida pelo órgão público competente, na forma da lei.

§ 3º As condutas e atividades consideradas lesivas ao meio ambiente sujeitarão os infratores, pessoas físicas ou jurídicas, a sanções penais e administrativas, independentemente da obrigação de reparar os danos causados.

§ 4º A Floresta Amazônica brasileira, a Mata Atlântica, a Serra do Mar, o Pantanal Mato-Grossense e a Zona Costeira são patrimônio nacional, e sua utilização far-se-á, na forma da lei, dentro de condições que assegurem a preservação do meio ambiente, inclusive quanto ao uso dos recursos naturais.

§ 5º São indisponíveis as terras devolutas ou arrecadadas pelos Estados, por ações discriminatórias, necessárias à proteção dos ecossistemas naturais.

§ 6º As usinas que operem com reator nuclear deverão ter sua localização definida em lei federal, sem o que não poderão ser instaladas.

CAPÍTULO VII
DA FAMÍLIA, DA CRIANÇA, DO ADOLESCENTE E DO IDOSO

Art. 226. A família, base da sociedade, tem especial proteção do Estado.

§ 1º O casamento é civil e gratuita a celebração.

§ 2º O casamento religioso tem efeito civil, nos termos da lei.

§ 3º Para efeito da proteção do Estado, é reconhecida a união estável entre o homem e a mulher como entidade familiar, devendo a lei facilitar sua conversão em casamento.

§ 4º Entende-se, também, como entidade familiar a comunidade formada por qualquer dos pais e seus descendentes.

§ 5º Os direitos e deveres referentes à sociedade conjugal são exercidos igualmente pelo homem e pela mulher.

§ 6º O casamento civil pode ser dissolvido pelo divórcio, após prévia separação judicial por mais de um ano nos casos expressos em lei, ou comprovada separação de fato por mais de dois anos.

§ 7º Fundado nos princípios da dignidade da pessoa humana e da parternidade responsável, o planejamento familiar é livre decisão do casal, competindo ao Estado propiciar recursos educacionais e científicos para o exercício desse direito, vedada qualquer forma coercitiva por parte de instituições oficiais ou privadas.

§ 8º O Estado assegurará a assistência à família na pessoa de cada um dos que a integram, criando mecanismos para coibir a violência no âmbito de suas relações.

Art. 227. É dever da família, da sociedade e do Estado assegurar à criança e ao adolescente, com absoluta prioridade, o direito à vida, à alimentação, à educação, ao lazer, à profissionalização, à cultura, à dignidade, ao respeito, à liberdade e à convivência familiar e comunitária, além de colocá-los a salvo de toda forma de negligência, discriminação, exploração, violência, crueldade e opressão.

§ 1º O Estado promoverá programas de assistência integral à saúde da criança e do adolescente, admitida a participação de entidades não governamentais e obedecendo os seguintes preceitos:

I – aplicação de percentual dos recursos públicos destinados à saúde na assistência materno-infantil;

II – criação de programas de prevenção e atendimento especializado para os portadores de deficiência física, sensorial ou mental, bem como de integração social do adolescente portador de deficiência, mediante o treinamento para o trabalho e a convivência, e a facilitação do acesso aos bens e serviços coletivos, com a eliminação de preconceitos e obstáculos arquitetônicos.

§ 2º A lei disporá sobre normas de construção dos logradouros e dos edifícios de uso público e de fabricação de veículos de transporte coletivo, a fim de garantir acesso adequado às pessoas portadoras de deficiência.

§ 3º O direito a proteção especial abrangerá os seguintes aspectos:

I – idade mínima de quatorze anos para admissão ao trabalho, observado o disposto no art. 7º, XXXIII;

II – garantia de direitos previdenciários e trabalhistas;

III – garantia de acesso do trabalhador adolescente à escola;

IV – garantia de pleno e formal conhecimento da atribuição de ato infracional, igualdade na relação processual e defesa técnica por profissional habilitado, segundo dispuser a legislação tutelar específica;

V – obediência aos princípios de brevidade, excepcionalidade e respeito à condição peculiar de pessoa em desenvolvimento, quando da aplicação de qualquer medida privativa da liberdade;

VI – estímulo do Poder Público, através de assistência jurídica, incentivos fiscais e subsídios, nos termos da lei, ao acolhimento, sob a forma de guarda, de criança ou adolescente órfão ou abandonado;

VII – programas de prevenção e atendimento especializado à criança e ao adolescente dependente de entorpecentes e drogas afins.

§ 4º A lei punirá severamente o abuso, a violência e a exploração sexual da criança e do adolescente.

§ 5º A adoção será assistida pelo Poder Público, na forma da lei, que estabelecerá casos e condições de sua efetivação por parte de estrangeiros.

§ 6º Os filhos, havidos ou não da relação do casamento, ou por adoção, terão os mesmos direitos e qualificações, proibidas quaisquer designações discriminatórias relativas à filiação.

§ 7º No atendimento dos direitos da criança e do adolescente levar-se-á em consideração o disposto no art. 204.

Art. 228. São penalmente inimputáveis os menores de dezoito anos, sujeito às normas da legislação especial.

Art. 229. Os pais têm o dever de assistir, criar e educar os filhos, menores, e os filhos maiores têm o dever de ajudar e amparar os pais na velhice, carência ou enfermidade.

Art. 230. A família, a sociedade e o Estado têm o dever de amparar as pessoas idosas, assegurando sua participação na comunidade, defendendo sua dignidade e bem-estar e garantindo-lhes o direito à vida.

§ 1º Os programas de amparo aos idosos serão executados preferencialmente em seus lares.

§ 2º Aos maiores de sessenta e cinco anos é garantida a gratuidade dos transportes coletivos urbanos.

CAPÍTULO VIII
DOS ÍNDIOS

Art. 231. São reconhecidos aos índios sua organização social, costumes, línguas, crenças e tradições, e os direitos originários sobre as terras que tradicionalmente ocupam, competindo à União demarcá-las, proteger e fazer respeitar todos os seus bens.

§ 1º São terras tradicionalmente ocupadas pelos índios as por eles habitadas em caráter permanente, as utilizadas para suas atividades produtivas, as imprescindíveis à preservação dos recursos ambientais necessários a seu bem-estar e as necessárias a sua reprodução física e cultural, segundo seus usos, costumes e tradições.

§ 2º As terras tradicionalmente ocupadas pelos índios destinam-se a sua posse permanente, cabendo-lhes o usufruto exclusivo das riquezas do solo, dos rios e dos lagos nelas existentes.

§ 3º O aproveitamento dos recursos hídricos, incluídos os potenciais energéticos, a pesquisa e a lavra das riquezas minerais em terras indígenas só podem ser efetivados com autorização do Congresso Nacional, ouvidas as comunidades afetadas, ficando-lhes assegurada participação nos resultados da lavra, na forma da lei.

§ 4º As terras de que trata este artigo são inalienáveis e indisponíveis, e os direitos sobre elas, imprescritíveis.

§ 5º É vedada a remoção dos grupos indígenas de suas terras, salvo, "ad referendum" do Congresso Nacional, em caso de catástrofe ou epidemia que ponha em risco sua população, ou no interesse da soberania do País, após deliberação do Congresso Nacional, garantido, em qualquer hipótese, o retorno imediato logo que cesse o risco.

§ 6º São nulos e extintos, não produzindo efeitos jurídicos, os atos que tenham por objeto a ocupação, o domínio e a posse das terras a que se refere este artigo, ou a exploração das riquezas naturais do solo, dos rios e dos lagos nelas existentes, ressalvado relevante interesse público da União, segundo o que dispuser lei complementar, não gerando a nulidade e a extinção direito a indenização ou a ações contra a União, salvo, na forma da lei, quanto às benfeitorias derivadas da ocupação de boa fé.

§ 7º Não se aplica às terras indígenas o dispostos no art. 174, § § 3º e 4º.

Art. 232. Os índios, suas comunidades e organizações são partes legítimas para ingressar em juízo em defesa de seus direitos e interesses, intervindo o Ministério Público em todos os atos do processo.

TÍTULO IX
Das Disposições Constitucionais Gerais

Art. 233. Para efeito do art. 7º, XXIX, o empregador rural comprovará, de cinco em cinco anos, perante a Justiça do trabalho, o cumprimento das suas obrigações trabalhistas para com o empregado rural, na presença deste e de seu representante sindical.

§ 1º Uma vez comprovado o cumprimento das obrigações mencionadas neste artigo, fica o empregador isento de qualquer ônus decorrente daquelas obrigações no período respectivo. Caso o empregado e seu representante não concordem com a comprovação do empregador, caberá à Justiça do Trabalho a solução da controvérsia.

§ 2º Fica ressalvado ao empregado, em qualquer hipótese, o direito de postular, judicialmente, os créditos que entender existir, relativamente aos últimos cinco anos.

§ 3º A comprovação mencionada neste artigo poderá ser feita em prazo inferior a cinco anos, a critério do empregador.

Art. 234. É vedado à União, direta ou indiretamente, assumir, em decorrência da criação de Estado, encargos referentes a despesas com pessoal inativo e com encargos e amortizações da dívida interna ou externa da administração pública, inclusive da indireta.

Art. 235. Nos dez primeiros anos da criação de Estado, serão observadas as seguintes normas básicas:

I – a Assembléia Legislativa será composta de dezessete Deputados se a população do Estado for inferior a seiscentos mil habitantes, e de vinte e quatro, se igual ou superior a esse número, até um milhão e quinhentos mil;

II – o Governo terá no máximo dez Secretarias;

III – o Tribunal de Contas terá três membros, nomeados, pelo Governador eleito, dentre brasileiros de comprovada idoneidade e notório saber;

IV – o Tribunal de Justiça terá sete Desembargadores;

V – os primeiros Desembargadores serão nomeados pelo Governador eleito, escolhidos da seguinte forma:

a) cinco dentre os magistrados com mais de trinta e cinco anos de idade, em exercício na área do novo Estado ou do Estado originário;

b) dois dentre promotores, nas mesmas condições, e advogados de comprovada idoneidade e saber jurídico, com dez anos, no mínimo, de exercício profissional, obedecido o procedimento fixado na Constituição;

VI – no caso de Estado proveniente de Território Federal, os cinco primeiros Desembargadores poderão ser escolhidos dentre juízes de direito de qualquer parte do País;

VII – em cada Comarca, o primeiro Juiz de Direito, o primeiro Promotor de Justiça e o primeiro Defensor Público serão nomeados pelo Governador eleito após concurso público de provas e títulos;

VIII – até a promulgação da Constituição Estadual, responderão pela Procuradoria-Geral, pela Advocacia-Geral e pela Defensoria-Geral do Estado advogados de notório saber, com trinta e cinco anos de idade, no mínimo, nomeados pelo Governador eleito e demissíveis "ad nutum";

IX – se o novo Estado for resultado de transformação de Território Federal, a transferência de encargos financeiros da União para pagamento dos servidores optantes que pertenciam à Administração Federal ocorrerá da seguinte forma:

a) no sexto ano de instalação, o Estado assumirá vinte por cento dos encargos financeiros para fazer face ao pagamento dos servidores públicos, ficando ainda o restante sob a responsabilidade da União;

b) no sétimo ano, os encargos do Estado serão acrescidos de trinta por cento e, no oitavo, dos restantes cinqüenta por cento;

X – as nomeações que se seguirem às primeiras, para os cargos mencionados neste artigo, serão disciplinadas na Constituição Estadual;

XI – as despesas orçamentárias com pessoal não poderão ultrapassar cinqüenta por cento da receita do Estado.

Art. 236. Os serviços notariais e de registro são exercidos em caráter privado, por delegação do Poder Público.

§ 1º Lei regulará as atividades, disciplinará a responsabilidade civil e criminal dos notários, dos oficiais de registro e de seus prepostos, e definirá a fiscalização de seus atos pelo Poder Judiciário.

§ 2º Lei federal estabelecerá normas gerais para fixação de emolumentos relativos aos atos praticados pelos serviços notariais e de registro.

§ 3º O ingresso na atividade notarial e de registro depende de concurso público de provas e títulos, não se permitindo que qualquer serventia fique vaga, sem abertura de concurso de provimento ou de remoção, por mais de seis meses.

Art. 237. A fiscalização e o controle sobre o comércio exterior, essenciais à defesa dos interesses fazendários nacionais, serão exercidos pelo Ministério da Fazenda.

Art. 238. A lei ordenará a venda e revenda de combustíveis de petróleo, álcool, carburante e outros combustíveis derivados de matérias-primas renováveis, respeitados os princípios desta Constituição.

Art. 239. A arrecadação decorrente das contribuições para o Programa de Integração Social, criado pela Lei Complementar nº 7, de 7 de setembro de 1970, e para o Programa de Formação do Patrimônio do Servidor Público, criado pela Lei Complementar nº 8, de 3 de dezembro de 1970, passa, a partir da promulgação desta Constituição, a financiar, nos termos que a lei dispuser, o programa do seguro-desemprego e o abono de que trata o § 3º deste artigo.

§ 1º Dos recursos mencionados no "caput" deste artigo, pelo menos quarenta por cento serão destinados a financiar programas de desenvolvimento econômico, através do Banco Nacional de Desenvolvimento Econômico e Social, com critérios de remuneração que lhes preservem o valor.

§ 2º Os patrimônios acumulados do Programa de Integração Social e do Programa de Formação do Patrimônio do Servidor Público são preservados, mantendo-se os critérios de saque nas situações previstas nas leis específicas, com exceção da retirada por motivo de casamento, ficando vedada a distribuição da arrecadação de que trata o "caput" deste artigo, para depósito nas contas individuais dos participantes.

§ 3º Aos empregados que percebam de empregadores que contribuem para o Programa de Integração Social ou para o Programa de Formação do Patrimônio do Servidor Público, até dois salários mínimos de remuneração mensal, é assegurado o pagamento de um salário mínimo anual, computado neste valor o rendimento das contas individuais, no caso daqueles que já participavam dos referidos programas, até a data da promulgação desta Constituição.

§ 4º O financiamento do seguro-desemprego receberá uma contribuição adicional da empresa cujo índice de rotatividade da força de trabalho superar o índice médio da rotatividade do setor, na forma estabelecida por lei.

Art. 240. Ficam ressalvadas do disposto no art. 195 as atuais contribuições compulsórias dos empregadores sobre a folha de salários, destinadas às entidades privadas de serviço social e de formação profissional vinculadas ao sistema sindical.

Art. 241. Aos delegados de polícia de carreira aplica-se o princípio do art. 39, § 1º, correspondente às carreiras disciplinadas no art. 135 desta Constituição.

Art. 242. O princípio do art. 206, IV, não se aplica às instituições educacionais oficiais criadas por lei estadual ou municipal e existentes na data da promulgação desta Constituição, que não sejam total ou preponderantemente mantidas com recursos públicos.

§ 1º O ensino da História do Brasil levará em conta as contribuições das diferentes culturas e etnias para a formação do povo brasileiro.

§ 2º O Colégio Pedro II, localizado na cidade do Rio de Janeiro, será mantido na órbita federal.

Art. 243. As glebas de qualquer região do País onde forem localizadas culturas ilegais de plantas psicotrópicas serão imediatamente expropriadas e especificamente destinadas ao assentamento de colonos, para o cultivo de produtos alimentícios e medicamentosos, sem qualquer indenização ao proprietário e sem prejuízo de outras sanções previstas em lei.

Parágrafo único. Todo e qualquer bem de valor econômico apreendido em decorrência do tráfico ilícito de entorpecentes e drogas afins será confiscado e reverterá em benefício de instituições e pessoal especializados no tratamento e recuperação de viciados e no aparelhamento e custeio de atividades de fiscalização, controle, prevenção e repressão do crime de tráfico dessas substâncias.

Art. 244. A lei disporá sobre a adaptação dos logradouros, dos edifícios de uso público e dos veículos de transporte coletivo atualmetne existentes a fim de garantir acesso adequado às pessoas portadoras de deficiência, conforme o disposto no art. 227, § 2º.

Art. 245. A lei disporá sobre as hipóteses e condições em que o Poder Público dará assistência aos herdeiros e dependentes carentes de pessoas vitimadas por crime doloso, sem prejuízo da responsabilidade civil do autor do ilícito.

ATO DAS DISPOSIÇÕES CONSTITUCIONAIS TRANSITÓRIAS

Art. 1º O Presidente da República, o Presidente do Supremo Tribunal Federal e os membros do Congresso Nacional prestarão o compromisso de manter, defender e cumprir a Constituição, no ato e na data de sua promulgação.

Art. 2º No dia 7 de setembro de 1993 o eleitorado definirá, através de plebiscito, a forma (república ou monarquia constitucional) e o sistema de governo (parlamentarismo ou presidencialismo) que devem vigorar no País.

§ 1º Será assegurada gratuidade na livre divulgação dessas formas e sistemas, através dos meios de comunicação de massa cessionários de serviço público.

§ 2º O Tribunal Superior Eleitoral, promulgada a Constituição, expedirá as normas regulamentadoras deste artigo.

Art. 3º A revisão constitucional será realizada após cinco anos, contados da promulgação da Constituição, pelo voto da maioria absoluta dos membros do Congresso Nacional, em sessão unicameral.

Art. 4º O mandato do atual Presidente da República terminará em 15 de março de 1990.

§ 1º A primeira eleição para Presidente da República após a promulgação da Constituição será realizada no dia 15 de novembro de 1989, não se lhe aplicando o disposto no art. 16 da Constituição.

§ 2º É assegurada a irredutibilidade da atual representação dos Estados e do Distrito Federal na Câmara dos Deputados.

§ 3º Os mandatos dos Governadores e dos Vice-Governadores eleitos em 15 de novembro de 1986 terminarão em 15 de março de 1991.

§ 4º Os mandatos dos atuais Prefeitos, Vice-Prefeitos e Vereadores terminarão no dia 1º de janeiro de 1989, com a posse dos eleitos.

Art. 5º Não se aplicam às eleições previstas para 15 de novembro de 1988 o disposto no art. 16 e as regras do art. 77 da Constituição.

§ 1º Para as eleições de 15 de novembro de 1988 será exigido domicílio eleitoral na circunscrição pelo menos durante os quatro meses anteriores ao pleito, podendo os candidatos que preencham este requisito, atendidas as demais exigências da lei, ter seu registro efetivado pela Justiça Eleitoral após a promulgação da Constituição.

§ 2º Na ausência de norma legal específica, caberá ao Tribunal Superior Eleitoral editar as normas necessárias à realização das eleições de 1988, respeitada a legislação vigente.

§ 3º Os atuais parlamentares federais e estaduais eleitos Vice-Prefeitos, se convocados a exercer a função de Prefeito, não perderão o mandato parlamentar.

§ 4º O número de vereadores por município será fixado, para a representação a ser eleita em 1988, pelo respectivo Tribunal Regional Eleitoral, respeitados os limites estipulados no art. 29, IV, da Constituição.

§ 5º Para as eleições de 15 de novembro de 1988, ressalvados os que já exercem mandato eletivo, são inelegíveis para qualquer cargo, no território de jurisdição do titular, o cônjuge e os parentes por consangüinidade ou afinidade, até segundo grau, ou por adoção, do Presidente da República, do Governador de Estado, do Governador do Distrito Federal e do Prefeito que tenham exercido mais da metade do mandato.

Art. 6º Nos seis meses posteriores à promulgação da Constituição, parlamentares federais, reunidos em número não inferior a trinta, poderão requerer ao Tribunal Superior Eleitoral o registro de novo partido político, juntando ao requerimento o manifesto, o estatuto e o programa devidamente assinados pelos requerentes.

§ 1º O registro provisório, que será concedido de plano pelo Tribunal Superior Eleitoral, nos termos deste artigo, defere ao novo partido todos os direitos, deveres e prerrogativas dos atuais, entre eles o de participar, sob legenda própria, das eleições que vierem a ser realizadas nos doze meses seguintes a sua formação.

§ 2º O novo partido perderá automaticamente seu registro provisório se, no prazo de vinte e quatro meses, contados de sua formação, não obtiver registro definitivo no Tribunal Superior Eleitoral, na forma que a lei dispuser.

Art. 7º O Brasil propugnará pela formação de um tribunal internacional dos direitos humanos.

Art. 8º É concedida aos que, no período de 18 de setembro de 1946 até a data da promulgação da Constituição, foram atingidos, em decorrência de motivação exclusivamente política, por atos de exceção, institucionais ou complementares, aos que foram abrangidos pelo Decreto Legislativo nº 18, de 15 de dezembro de 1961, e aos atingidos pelo Decreto-Lei nº 864, de 12 de setembro de 1969, asseguradas as promoções, na inatividade, ao cargo, emprego, posto ou graduação a que teriam direito se estivessem em serviço ativo, obedecidos os prazos de permanência em atividade previstos nas leis e regulamentos vigentes, respeitadas as características e peculiaridades das carreiras dos servidores públicos civis e militares e observados os respectivos regimes jurídicos.

§ 1º O disposto neste artigo somente gerará efeitos financeiros a partir da promulgação da Constituição, vedada a remuneração de qualquer espécie em caráter retroativo.

§ 2º Ficam assegurados os benefícios estabelecidos neste artigo aos trabalhadores do setor privado, dirigentes e representantes sindicais que, por motivos exclusivamente políticos, tenham sido punidos, demitidos ou compelidos ao afastamento das atividades remuneradas que exerciam, bem como aos que foram impedidos de exercer atividades profissionais em virtude de pressões ostensivas ou expedientes oficiais sigilosos.

§ 3º Aos cidadãos que foram impedidos de exercer, na vida civil, atividade profissional específica, em decorrência das Portarias Reservadas do Ministério da Aeronáutica nº S-50-GM5, de 19 de junho de 1964, e nº S-285-GM5 será concedida reparação de natureza econômica, na forma que dispuser lei de iniciativa do Congresso Nacional e a entrar em vigor no prazo de doze meses a contar da promulgação da Constituição.

§ 4º Aos que, por força de atos institucionais, tenham exercido gratuitamente mandato eletivo de vereador serão computados, para efeito de aposentadoria no serviço público e previdência social, os respectivos períodos.

§ 5º A anistia concedida nos termos deste artigo aplica-se aos servidores públicos civis e aos empregados em todos os níveis de governo ou em suas fundações, empresas públicas ou empresas mistas sob controle estatal, exceto nos Ministérios militares, que tenham sido punidos ou demitidos por atividades profissionais interrompidas em virtude de decisão de seus trabalhadores, bem como em decorrência do Decreto-Lei nº 1.632, de 4 de agosto de 1978, ou por motivos exclusivamente políticos, assegurada a readmissão dos que foram atingidos a partir de 1979, observado o disposto no § 1º.

Art. 9º Os que, por motivos exclusivamente políticos, foram cassados ou tiveram seus direitos políticos suspensos no período de 15 de julho a 31 de dezembro de 1969, por ato do então Presidente da República, poderão requerer ao Supremo Tribunal Federal o reconhecimento dos direitos e vantagens interrompidos pelos atos punitivos, desde que comprovem terem sido estes eivados de vício grave.

Parágrafo único. O Supremo Tribunal Federal proferirá a decisão no prazo de cento e vinte dias, a contar do pedido do interessado.

Art. 10. Até que seja promulgada a lei complementar a que se refere o art. 7º, I, da Constituição:

I – fica limitada a proteção nele referida ao aumento, para quatro vezes, da porcentagem prevista no art. 6º, "caput" e § 1º, da Lei nº 5.107, de 13 de setembro de 1966;

II – fica vedada a dispensa arbitrária ou sem justa causa:

a) do empregado eleito para cargo de direção de comissões internas de prevenção de acidentes, desde o registro de sua candidatura até um ano após o final de seu mandato;

b) da empregada gestante, desde a confirmação da gravidez até cinco meses após o parto.

§ 1º Até que a lei venha a disciplinar o disposto no art. 7º, XIX, da Constituição, o prazo da licença-paternidade a que se refere o inciso é de cinco dias.

§ 2º Até ulterior disposição legal, a cobrança das contribuições para o custeio das atividades dos sindicatos rurais será feita jutamente com a do imposto territorial rural, pelo mesmo órgão arrecadador.

§ 3º Na primeira comprovação do cumprimento das obrigações trabalhistas pelo empregador rural, na forma do art. 233, após a promulgação da Constituição, será certificada perante a Justiça do Trabalho a regularidade do contrato e das atualizações das obrigações trabalhistas de todo o período.

Art. 11. Cada Assembléia Legislativa, com poderes constituintes, elaborará a Constituição do Estado, no prazo de um ano, contado da promulgação da Constituição Federal, obedecidos os princípios desta.

Parágrafo único. Promulgada a Constituição do Estado, caberá à Câmara Municipal, no prazo de seis meses, votar a Lei Orgânica respectiva, em dois turnos de discussão e votação, respeitado o disposto na Constituição Federal e na Constituição Estadual.

Art. 12. Será criada, dentro de noventa dias da promulgação da Constituição, Comissão de Estudos Territoriais, com dez membros indicados pelo Congresso Nacional e cinco pelo Poder Executivo, com a finalidade de apresentar estudos sobre o território nacional e anteprojetos relativos a novas unidades territoriais, notadamente na Amazônia Legal e em áreas pendentes de solução.

§ 1º No prazo de um ano, a Comissão submeterá ao Congresso Nacional os resultados de seus estudos para, nos termos da Constituição, serem apreciados nos dozes meses subseqüentes, extinguindo-se logo após.

§ 2º Os Estados e o Municípios deverão, no prazo de três anos, a contar da promulgação da Constituição, promover, mediante acordo ou arbitramento, a demarcação de suas linhas divisórias atualmente litigiosas, podendo para isso fazer alterações e compensações de área que atendam aos acidentes naturais, critérios históricos, conveniências administrativas e comodidade das populações limítrofes.

§ 3º Havendo solicitação dos Estados e Municípios interessados, a União poderá encarregar-se dos trabalhos demarcatórios.

§ 4º Se, decorrido o prazo de três anos, a contar da promulgação da Constituição, os trabalhos demarcatórios não tiverem sido concluídos, caberá à União determinar os limites das áreas litigiosas.

§ 5º Ficam reconhecidos e homologados os atuais limites do Estado do Acre com os Estados do Amazonas e de Rondônia, conforme levantamentos cartográficos e geodésicos realizados pela Comissão Tripartite integrada por representantes dos Estados e dos serviços técnico-especializados do Instituto Brasileiro de Geografia e Estatística.

Art. 13. É criado o Estado do Tocantins, pelo desmembramento da área descrita neste artigo, dando-se sua instalação no quadragésimo sexto dia após a eleição prevista no § 3º, mas não antes de 1º de janeiro de 1989.

§ 1º O Estado do Tocantins integra a Região Norte e limita-se com o Estado de Goiás pelas divisas norte dos Municípios de São Miguel do Araguaia, Porangatu, Formoso, Minaçu, Cavalcante, Monte Alegre de Goiás e Campos Belos, conservando a leste, norte e oeste as divisas atuais de Goiás com os Estados da Bahia, Piauí, Maranhão, Pará e Mato Grosso.

§ 2º O Poder Executivo designará uma das cidades do Estado para sua Capital provisória até a aprovação da sede definitiva do governo pela Assembléia Constituinte.

§ 3º O Governador, o Vice-Governador, os Senadores, os Deputados Federais e os Deputados Estaduais serão eleitos, em um único turno, até setenta e cinco dias após a promulgação da Constituição, mas não antes de 15 de novembro de 1988, a critério do Tribunal Superior Eleitoral, obedecidas, entre outras, as seguintes normas:

I – o prazo de filiação partidária dos candidatos será encerrado setenta e cinco dias antes da data das eleições;

II – as datas das convenções regionais partidárias destinadas a deliberar sobre coligações e escolha de candidatos, de apresentação de requerimento de registro dos candidatos escolhidos e dos demais procedimentos legais serão fixadas, em calendário especial, pela Justiça Eleitoral;

III – são inelegíveis os ocupantes de cargos estaduais ou municipais que não se tenham deles afastado, em caráter definitivo, setenta e cinco dias antes da data das eleições previstas neste parágrafo;

IV – ficam mantidos os atuais diretórios regionais dos partidos políticos do Estado de Goiás, cabendo às comissões executivas nacionais designar comissões provisórias no Estado do Tocantins, nos termos e para os fins previstos na lei.

§ 4º Os mandatos do Governador, do Vice-Governador, dos Deputados Federais e Estaduais eleitos na forma do parágrafo anterior extinguir-se-ão concomitantemente aos das demais unidades da Federação; o mandato do Senador eleito menos votado extinguir-se-á nessa mesma oportunidade, e os dos outros dois, juntamente com os dos Senadores eleitos em 1986 nos demais Estados.

§ 5º A Assembléia Estadual Constituinte será instalada no quadragésimo sexto dia da eleição de seus integrantes, mas não antes de 1º de janeiro de 1989, sob a presidência do Presidente do Tribunal Regional Eleitoral do Estado de Goiás, e dará posse, na mesma data, ao Governador e ao Vice-Governador eleitos.

§ 6º Aplicam-se à criação e instalação do Estado do Tocantins, no que couber, as normas legais disciplinadoras da divisão do Estado de Mato Grosso, observado o disposto no art. 234 da Constituição.

§ 7º Fica o Estado de Goiás liberado dos débitos e encargos decorrentes de empreendimentos no território do novo Estado, e autorizada a União, a seu critério, a assumir os referidos débitos.

Art. 14. Os Territórios Federais de Roraima e do Amapá são transformados em Estados Federados, mantidos seus atuais limites geográficos.

§ 1º A instalação dos Estados dar-se-á com a posse dos governadores eleitos em 1990.

§ 2º Aplicam-se à transformação e instalação dos Estados de Roraima e Amapá as normas e critérios seguidos na criação do Estado de Rondônia, respeitado o disposto na Constituição e neste Ato.

§ 3º O Presidente da República, até quarenta e cinco dias após a promulgação da Constituição, encaminhará à apreciação do Senado Federal os nomes dos governadores dos Estados de Roraima e do Amapá que exercerão o Poder Executivo até a instalação dos novos Estados com a posse dos governadores eleitos.

§ 4º Enquanto não concretizada a transformação em Estados, nos termos deste artigo, os Territórios Federais de Roraima e do Amapá serão beneficiados pela transferência de recursos prevista nos arts. 159, I, "a", da Constituição, e 34, § 2º, II, deste Ato.

Art. 15. Fica extinto o Território Federal de Fernando de Noronha, sendo sua área reincorporada ao Estado de Pernambuco.

Art. 16. Até que se efetive o disposto no art. 32, § 2º, da Constituição, caberá ao Presidente da República, com a aprovação do Senado Federal, indicar o Governador e o Vice-Governador do Distrito Federal.

§ 1º A competência da Câmara Legislativa do Distrito Federal, até que se instale, será exercida pelo Senado Federal.

§ 2º A fiscalização contábil, financeira, orçamentária, operacional e patrimonial do Distrito Federal, enquanto não for instalada a Câmara Legislativa, será exercida pelo Senado Federal, mediante controle externo, com o auxílio do Tribunal de Contas do Distrito Federal, observado o disposto no art. 72 da Constituição.

§ 3º Incluem-se entre os bens do Distrito Federal aqueles que lhe vierem a ser atribuídos pela União na forma da lei.

Art. 17. Os vencimentos, a remuneração, as vantagens e os adicionais, bem como os proventos de aposentadoria que estejam sendo percebidos em desacordo com a Constituição serão imediatamente reduzidos aos limites dela decorrentes, não se admitindo, neste caso, invocação de direito adquirido ou percepção de excesso a qualquer título.

§ 1º É assegurado o exercício cumulativo de dois cargos ou empregos privativos de médico que estejam sendo exercidos por médico militar na administração pública direta ou indireta.

§ 2º É assegurado o exercício cumulativo de dois cargos ou empregos privativos de profissionais de saúde que estejam sendo exercidos na administração pública direta ou indireta.

Art. 18. Ficam extintos os efeitos jurídicos de qualquer ato legislativo ou administrativo, lavrado a partir da instalação da Assembléia Nacional Constituinte, que tenha por objeto a concessão de estabilidade a servidor admitido sem concurso público, da administração direta ou indireta, inclusive das fundações instituídas e mantidas pelo Poder Público.

Art. 19. Os servidores públicos civis da União, dos Estados, do Distrito Federal e dos Municípios, da administração direta, autárquica e das fundações públicas, em exercício na data da promulgação da Constituição, há pelo menos cinco anos continuados, e que não tenham sido admitidos na forma regulada no art. 37, da Constituição, são considerados estáveis no serviço público.

§ 1º O tempo de serviço dos servidores referidos neste artigo será contado como título quando se submeterem a concurso para fins de efetivação, na forma da lei.

§ 2º O disposto neste artigo não se aplica aos ocupantes de cargos, funções, e empregos de confiança ou em comissão, nem aos que a lei declare de livre exoneração, cujo tempo de serviço não será computado para os fins do "caput" deste artigo, exceto se se tratar de servidor.

§ 3º O disposto neste artigo não se aplica aos professores de nível superior, nos termos da lei.

Art. 20. Dentro de cento e oitenta dias, proceder-se-á à revisão dos direitos dos servidores públicos inativos e pensionistas e à atualização dos proventos e pensões a eles devidos, a fim de ajustá-los ao disposto na Constituição.

Art. 21. Os juízes togados de investidura limitada no tempo, admitidos mediante concurso público de provas e títulos e que estejam em exercício na data da promulgação da Constituição, adquirem estabilidade, observado o estágio probatório, e passam a compor quadro em extinção, mantidas as competências, prerrogativas e restrições da legislação a que se achavam submetidos, salvo as inerentes à transitoriedade da investidura.

Parágrafo único. A aposentadoria dos juízes de que trata este artigo regular-se-á pelas normas fixadas para os demais juízes estaduais.

Art. 22. É assegurado aos defensores públicos investidos na função até a data de instalação da Assembléia Nacional Constituinte o direito de opção pela carreira, com a observância das garantias e vedações previstas no art. 134, parágrafo único, da Constituição.

Art. 23. Até que se edite a regulamentação do art. 21, XVI, da Constituição, os atuais ocupantes do cargo de censor federal continuarão exercendo funções com este compatíveis, no Departamento de Polícia Federal, observadas as disposições constitucionais.

Parágrafo único. A lei referida disporá sobre o aproveitamento dos Censores Federais, nos termos deste artigo.

Art. 24. A União, os Estados, o Distrito Federal e os Municípios editarão leis que estabeleçam critérios para a compatibilização de seus quadros de pessoal ao disposto no art. 39 da Constituição e à reforma administrativa dela decorrente, no prazo de dezoito meses, contados da sua promulgação.

Art. 25. Ficam revogados, a partir de cento e oitenta dias da promulgação da Constituição, sujeito este prazo a prorrogação por lei, todos os dispositivos legais que atribuam ou deleguem a órgão do Poder Executivo competência assinalada pela Constituição ao Congresso Nacional, especialmente no que tange a:

I – ação normativa;

II – alocação ou transferência de recursos de qualquer espécie.

§ 1º Os decretos-leis em tramitação no Congresso Nacional e por este não apreciados até a promulgação da Constituição terão seus efeitos regulados da seguinte forma:

I – se editados até 2 de setembro de 1988, serão apreciados pelo Congresso Nacional no prazo de até cento e oitenta dias a contar da promulgação da Constituição, não computado o recesso parlamentar;

II – decorrido o prazo definido no inciso anterior, e não havendo apreciação, os decretos-leis ali mencionados serão considerados rejeitados;

III – nas hipóteses definidas nos incisos I e II, terão plena validade os atos praticados na vigência dos respectivos decretos-leis, podendo o Congresso Nacional, se necessário, legislar sobre os efeitos deles remanescentes.

§ 2º Os decretos-leis editados entre 3 de setembro de 1988 e a promulgação da Constituição serão convertidos, nesta data, em medidas provisórias, aplicando-se-lhes as regras estabelecidas no art. 62, parágrafo único.

Art. 26. No prazo de um ano a contar da promulgação da Constituição, o Congresso Nacional promoverá, através de Comissão mista, exame analítico e pericial dos atos e fatos geradores do endividamento externo brasileiro.

§ 1º A Comissão terá a força legal de Comissão parlamentar de inquérito para os fins de requisição e convocação, e atuará com o auxílio do Tribunal de Contas da União.

§ 2º Apurada irregularidade, o Congresso Nacional proporá ao Poder Executivo a declaração de nulidade do ato e encaminhará o processo ao Ministério Público Federal, que formalizará, no prazo de sessenta dias, a ação cabível.

Art. 27. O Superior Tribunal de Justiça será instalado sob a Presidência do Supremo Tribunal Federal.

§ 1º Até que se instale o Superior Tribunal de Justiça, o Supremo Tribunal Federal exercerá as atribuições e competências definidas na ordem constitucional precedente.

§ 2º A composição inicial do Superior Tribunal de Justiça far-se-á:

I – pelo aproveitamento dos Ministérios do Tribunal Federal de Recursos;

II – pela nomeação dos Ministros que sejam necessários para completar o número estabelecido na Constituição.

§ 3º Para os efeitos do disposto na Constituição, os atuais Ministros do Tribunal Federal de Recursos serão considerados pertencentes à classe de que provieram, quando de sua nomeação.

§ 4º Instalado o Tribunal, os Ministros aposentados do Tribunal Federal de Recursos tornar-se-ão, automaticamente, Ministros aposentados do Superior Tribunal de Justiça.

§ 5º Os Ministros a que se refere o § 2º, II, serão indicados em lista tríplice pelo Tribunal Federal de Recursos, observado o disposto no art. 104, parágrafo único, da Constituição.

§ 6º Ficam criados cinco Tribunais Regionais Federais, a serem instalados no prazo de seis meses a contar da promulgação da Constituição, com a jurisdição e sede que lhes fixar o Tribunal Federal de Recursos, tendo em conta o número de processos e sua localização geográfica.

§ 7º Até que se instalem os Tribunais Regionais Federais, o Tribunal Federal de Recursos exercerá a competência a eles atribuída em todo o território nacional, cabendo-lhe promover sua instalação e indicar os candidatos a todos os cargos da composição inicial, mediante lista tríplice, podendo desta constar juízes federais de qualquer região, observado o disposto no § 9º.

§ 8º É vedado, a partir da promulgação da Constituição, o provimento de vagas de Ministros do Tribunal Federal de Recursos.

§ 9º Quando não houver juiz federal que conte o tempo mínimo previsto no art. 101, II, da Constituição, a promoção poderá contemplar juiz com menos de cinco anos no exercício do cargo.

§ 10º Compete à Justiça Federal julgar as ações nela propostas até a data da promulgação da Constituição, e aos Tribunais Regionais Federais bem como ao Superior Tribunal de Justiça julgar as ações rescisórias das decisões até então proferidas pela Justiça Federal, inclusive daquelas cuja matéria tenha passado à competência de outro ramo do Judiciário.

Art. 28. Os juízes federais de que trata o art. 123, § 2º, da Constituição de 1967, com a redação dada pela Emenda Constitucional nº 7, de 1977, ficam investidos na titularidade de varas na Seção Judicária para a qual tenham sido nomeados ou designados; na inexistência de vagas, proceder-se-á ao desdobramento das varas existentes.

Parágrafo único. Para efeito de promoção por antigüidade, o tempo de serviço desses juízes será computado a partir do dia de sua posse.

Art. 29. Enquanto não aprovadas as leis complementares relativas ao Ministério Público e à Advocacia Geral da União, o Ministério Público Federal, a Procuradoria-Geral da Fazenda Nacional, as Consultorias Jurídicas dos Ministérios, as Procuradorias e Departamentos Jurídicos de autarquias federais com representação própria e os membros das Procuradorias das Universidades fundacionais públicas continuarão a exercer suas atividades na área das respectivas atribuições.

§ 1º O Presidente da República, no prazo de cento e vinte dias, encaminhará ao Congresso Nacional projeto de lei complementar dispondo sobre a organização e o funcionamento da Advocacia-Geral da União.

§ 2º Aos atuais Procuradores da República, nos termos da lei complementar, será facultada a opção, de forma irretratável, entre as carreiras do Ministério Público Federal e da Advocacia-Geral da União.

§ 3º Poderá optar pelo regime anterior, no que respeita às garantias e vantagens, o membro do Ministério Público admitido antes da promulgação da Constituição, observando-se, quanto às vedações, a situação jurídica na data desta.

§ 4º Os atuais integrantes do quadro suplementar dos Ministérios Públicos do Trabalho e Militar que tenham adquirido estabilidade nessas funções passam a integrar o quadro da respectiva carreira.

§ 5º Cabe à atual Procuradoria-Geral da Fazenda Nacional, diretamente ou por delegação, que pode ser ao Ministério Público Estadual representar judicialmente a União nas causas da natureza fiscal, na área da respectiva competência, até a promulgação das leis complementares previstas neste artigo.

Art. 30 A legislação que criar a justiça de paz manterá os atuais juízes de paz até a posse dos novos titulares, assegurando-lhes os direitos e atribuições conferidos a estes, e designará o dia para a eleição prevista no art. 98, II, da Constituição.

Art. 31. Serão estatizadas as serventias do foro judicial, assim definidas em lei, respeitados os direitos dos atuais titulares.

Art. 32. O disposto no art. 236 não se aplica aos serviços notariais e de registro que já tenham sido oficializados pelo Poder Público, respeitando-se o direito de seus servidores.

Art. 33. Ressalvados os créditos de natureza alimentar, o valor dos precatórios judiciais pendentes de pagamento na data da promulgação da Constituição, incluído o remanescente de juros e correção monetária, poderá ser pago em moeda corrente, com atualização, em prestações anuais, iguais e sucessivas, no prazo máximo de oito anos, a partir de 1º de julho de 1989, por decisão editada pelo Poder Executivo até cento e oitenta dias da promulgção da Constituição.

Parágrafo único. Poderão as entidades devedoras, para o cumprimento do disposto neste artigo, emitir, em cada ano, no exato montante do dispêndio, títulos de dívida pública não computáveis para efeito do limite global de endividamento.

Art. 34. O sistema tributário nacional entrará em vigor a partir do primeiro dia do quinto mês seguinte ao da promulgação da Constituição, mantido, até então, o da Constituição de 1967, com a redação dada pela Emenda nº 1 (de 1969) e pelas posteriores.

§ 1º Entrarão em vigor com a promulgação da Constituição os arts. 148, 149, 150, 154, I, 156, III, e 159, I, "c", revogadas as disposições em contrário da Constituição de 1967 e das Emendas que a modificaram, especialmente de seu art. 25, III.

§ 2º O Fundo de Participação dos Estados e do Distrito Federal e o Fundo de Participação dos Municípios obedecerão às seguintes determinações:

I – a partir da promulgação da Constituição, os percentuais serão, respectivamente, de dezoito por cento e de vinte por cento, calculados sobre o produto da arrecadação dos impostos referidos no art. 153, III e IV, mantidos os atuais critérios de rateio até a entrada em vigor da lei complementar a que se refere o art. 161, II;

II – o percentual relativo ao Fundo de Participação dos Estados e do Distrito Federal será acrescido de um ponto percentual no exercício financeiro de 1989 e, a partir de 1990, inclusive, à razão de meio ponto por exercício, até 1992, inclusive, atingindo em 1993 o percentual estabelecido no art. 159, I, "a";

III – o percentual relativo ao Fundo de Participação dos Municípios, a partir de 1989, inclusive, será elevado à razão de meio ponto percentual por exercício financeiro, até atingir o estabelecido no art. 159, I, "b".

§ 3º Promulgada a Constituição, a União, os Estados, o Distrito Federal e os Municípios poderão editar as leis necessárias à aplicação do sistema tributário nacional nela previsto.

§ 4º As leis editadas nos termos do parágrafo anterior produzirão efeitos a partir da entrada em vigor do sistema tributário nacional previsto na Constituição.

§ 5º Vigente o novo sistema tributário nacional, fica assegurada a aplicação da legislação anterior, no que não seja incompatível com ele e com a legislação referida nos §§ 3º e 4º.

§ 6º Até 31 de dezembro de 1989, o disposto no art. 150, III, "b", não se aplica aos impostos de que tratam os arts. 155, I, "a" e "b", e 156, II e III, que podem ser cobrados trinta dias após a publicação da lei que os tenha instituído ou aumentado.

§ 7º Até que sejam fixadas em lei complementar, as alíquotas máximas do imposto municipal sobre vendas a varejo de combustíveis líquidos e gasosos não excederão a três por cento.

§ 8º Se, no prazo de sessenta dias contados da promulgação da Constituição, não for editada a lei complementar necessária à instituição do imposto de que trata o art. 155, I, "b", os Estados e o Distrito Federal, mediante convênio celebrado nos termos da Lei Complementar nº 24, de 7 de janeiro de 1975, fixarão normas para regular provisoriamente a matéria.

§ 9º Até que lei complementar disponha sobre a matéria, as empresas distribuidoras de energia elétrica, na condição de contribuintes ou de substitutos tributários, serão as responsáveis, por ocasião da saída do produto de seus estabelecimentos, ainda que destinado a outra unidade da Federação, pelo pagamento do imposto sobre operações relativas à circulação de mercadorias incidente sobre energia elétrica, desde a produção ou importação até a última operação, calculado o imposto sobre o preço então praticado na operação final e assegurado seu recolhimento ao Estado ou ao Distrito Federal, conforme o local onde deva ocorrer essa operação.

§ 10. Enquanto não entrar em vigor a lei prevista no art. 159, I "c", cuja promulgação se fará até 31 de dezembro de 1989, é assegurada a aplicação dos recursos previstos naquele dispositivo da seguinte maneira:

I – seis décimos por cento na Região Norte, através do Banco da Amazônia S.A.;

II – um inteiro e oito décimos por cento na Região Nordeste, através do Banco do Nordeste do Brasil S.A.;

III – seis décimos por cento na Região Centro-Oeste, através do Banco do Brasil S.A.

§ 11. Fica criado, nos termos da lei, o Banco de Desenvolvimento do Centro-Oeste, para dar cumprimento, na referida região, ao que determinam os arts. 159, I, "c", e 192, § 2º, da Constituição.

§ 12. A urgência prevista no art. 148, II, não prejudica a cobrança do empréstimo compulsório instituído, em benefício das Centrais Elétricas Brasileiras S.A. (Eletrobrás), pela Lei nº 4.156, de 28 de novembro de 1962, com as alterações posteriores.

Art. 35. O disposto no art. 165, § 7º, será cumprido de forma progressiva, no prazo de até dez anos, distribuindo-se os recursos entre as regiões macroeconômicas em razão proporcional à população, a partir da situação verificada no biênio 1986-87.

§ 1º Para aplicação dos critérios de que trata este artigo, excluem-se das despesas totais as relativas:

I – aos projetos considerados prioritários no plano plurianual;

II – à segurança e defesa nacional;

III – à manutenção dos órgãos federais do Distrito Federal;

IV – ao Congresso Nacional, ao Tribunal de Contas da União e ao Poder Judiciário;

V – ao serviço da dívida da administração direta e indireta da União, inclusive fundações instituídas e mantidas pelo Poder Público federal.

§ 2º Até a entrada em vigor da lei complementar a que se refere o art. 165, § 9º, I e II, serão obedecidas as seguintes normas:

I – o projeto do plano plurianual, para vigência até o final do primeiro exercício financeiro do mandato presidencial subseqüente, será encaminhado até quatro meses antes do encerramento do primeiro exercício financeiro e devolvido para sanção até o encerramento da sessão legislativa;

II – o projeto de lei de diretrizes orçamentárias será encaminhado até oito meses e meio antes do encerramento do exercício financeiro e devolvido para sanção até o encerramento do primeiro período da sessão legislativa;

III – o projeto de lei orçamentária da União será encaminhado até quatro meses antes do encerramento do exercício financeiro e devolvido para sanção até o encerramento da sessão legislativa.

Art. 36. Os fundos existentes na data da promulgação da Constituição, excetuados os resulantes de isenções fiscais que passem a integrar patrimônio privado e os que interessem à defesa nacional, extinguir-se-ão, se não forem retificados pelo Congresso Nacional no prazo de dois anos.

Art. 37. A adaptação ao que estabelece o art. 167, III, deverá processar-se no prazo de cinco anos, reduzindo-se o excesso à base de, pelo menos, um quinto por ano.

Art. 38. Até a promulgação da lei complementar referida no art. 169, a União, os Estados, o Distrito Federal e os Municípios não poderão despender com pessoal mais do que sessenta e cinco por cento do valor das respectivas receitas correntes.

Paragráfo único. A União, os Estados, o Distrito Federal e os Municípios, quando a respectiva despesa de pessoal exceder o limite previsto neste artigo, deverão retornar àquele limite, reduzindo o percentual excedente à razão de um quinto por ano.

Art. 39. Para efeito do cumprimento das disposições constitucionais que impliquem variações de despesas e receitas da União, após a promulgação da Constituição, o Poder Executivo deverá elaborar e o Poder Legislativo apreciar projeto de revisão da lei orçamentária referente ao exercício financeiro de 1989.

Parágrafo único. O Congresso Nacional deverá votar no prazo de doze meses a lei complementar prevista no art. 161, II.

Art. 40. É mantida a Zona Franca de Manaus, com suas características de área livre de comércio, de exportação e importação, e de incentivos fiscais, pelo prazo de vinte e cinco anos, a partir da promulgação da Constituição.

Parágrafo único. Somente por lei federal podem ser modificados os critérios que disciplinaram ou venham a disciplinar a aprovação dos projetos na Zona Franca de Manaus.

Art. 41. Os Poderes Executivos da União, dos Estados, do Distrito Federal e dos Municípios reavaliarão todos os incentivos fiscais de natureza setorial ora em vigor, propondo aos Poderes Legislativos respectivos as medidas cabíveis.

§ 1º Considerar-se-ão revogados após dois anos, a partir da data da promulgação da Constituição, os incentivos que não forem confirmados por lei.

§ 2º A revogação não prejudicará os direitos que já tiverem sido adquiridos, àquela data, em relação a incentivos concedidos sob condição e com prazo certo.

§ 3º Os incentivos concedidos por convênio entre Estados, celebrados nos termos do art. 23, § 6º, da Constituição de 1967, com a redação da Emenda nº 1, de 17 de outubro de 1969, também deverão ser reavaliados e reconfirmados nos prazos deste artigo.

Art. 42. Durante quinze anos, a União aplicará, dos recursos destinados à irrigação:

I – vinte por cento na Região Centro-Oeste;

II – cinqüenta por cento na Região Nordeste, preferencialmente no semi-árido.

Art. 43. Na data da promulgação da lei que disciplinar a pesquisa e a lavra de recursos e jazidas minerais, ou no prazo de um ano, a contar da promulgação da Constituição, tornar-se-ão sem efeito as autorizações, concessões e demais títulos atributivos de direitos minerários, caso os trabalhos de pesquisa ou de lavra não hajam sido comprovadamente iniciados nos prazos legais ou estejam inativos.

Art. 44. As atuais empresas brasileiras titulares de autorização de pesquisa, concessão de lavra de recursos minerais e de aproveitamento dos potenciais de energia hidráulica em vigor terão quatro anos, a partir da promulgação da Constituição, para cumprir os requisitos do art. 176, parágrafo 1º.

§ 1º Ressalvadas as disposições de interesse nacional previstas no texto constitucional, as empresas brasileiras ficarão dispensadas do cumprimento do disposto no art. 176, § 1º, desde que, no prazo de até quatro anos da data da promulgação da Constituição, tenham o produto de sua lavra e beneficiamento destinado a industrialização no território nacional, em seus próprios estabelecimentos ou em empresa industrial controladora ou controlada.

§ 2º Ficarão também dispensadas do cumprimento do disposto no art. 176, § 1º, as empresas brasileiras titulares de concessão de energia hidráulica para uso em seu processo de industrialização.

§ 3º As empresas brasileiras referidas no § 1º somente poderão ter autorizações de pesquisa e concessões de lavra ou potenciais de energia hidráulica, desde que a energia e o produto da lavra sejam utilizados nos respectivos processos industriais.

Art. 45. Ficam excluídas do monopólio estabelecido pelo art. 177, II, da Constituição as refinarias em funcionamento no País amparadas pelo art. 43 e nas condições do art. 45 da Lei nº 2.004, de 3 de outubro de 1953.

Parágrafo único. Ficam ressalvados da vedação do art. 177, § 1º, os contratos de risco feitos com a Petróleo Brasileiro S.A. (Petrobrás), para pesquisa de petróleo, que estejam em vigor na data da promulgação da Constituição.

Art. 46. São sujeitos à correção monetária desde o vencimento, até seu efetivo pagamento, sem interrupção ou suspensão, os créditos junto a entidade sumetidas aos regimes de intervenção ou liquidação extrajudicial, mesmo quando esses regimes sejam convertidos em falência.

Parágrafo único. O disposto neste artigo aplica-se também:

I – às operações realizadas posteriormente à decretação dos regimes referidos no "caput" deste artigo;

II – às operações de empréstimo, financiamento, refinanciamento, assistência financeira de liquidez, cessão ou sub-rogação de créditos ou cédulas hipotecárias, efetivação de garantia de depósitos do público ou de compra de obrigações passivas, inclusive as realizadas com recursos de fundos que tenham essas destinações;

III – aos créditos anteriores à promulgação da Constituição;

IV – aos créditos das entidades da administração pública anteriores à promulgação da Constituição, não liquidados até 1º de janeiro de 1988.

Art. 47. Na liquidação dos débitos, inclusive suas renegociações e composições posteriores, ainda que ajuizados, decorrentes de quaisquer empréstimos concedidos por bancos e por instituições financeiras, não existirá correção monetária desde que o empréstimo tenha sido concedido:

I – aos micro e pequenos empresários ou seus estabelecimentos no período de 28 de fevereiro de 1986 a 28 de fevereiro de 1987;

II – aos mini, pequenos e médios produtores rurais no período de 28 de fevereiro de 1986 a 31 de dezembro de 1987, desde que relativos a crédito rural.

§ 1º Consideram-se, para efeito deste artigo microempresas as pessoas jurídicas e as firmas individuais com receitas anuais de até dez mil Obrigações do Tesouro Nacional, e pequenas empresas as pessoas jurídicas e as firmas individuais com receita anual até vinte e cinco mil Obrigações do Tesouro Nacional.

§ 2º A classificação de mini, pequeno e médio produtor rural será feita obedecendo-se às normas de crédito rural vigentes à época do contrato.

§ 3º A isenção da correção monetária a que se refere este artigo só será concedida nos seguintes casos:

I – se a liquidação do débito inicial, acrescido de juros legais e taxas judiciais, vier a ser efetivada no prazo de noventa dias, a contar da data da promulgação da Constituição;

II – se a aplicação dos recursos não contrariar a finalidade do financiamento, cabendo o ônus da prova à instituição credora;

III – se não for demonstrado pela instituição credora que o mutuário dispõe de meios para o pagamento de seu débito, excluído desta demonstração seu estabelecimento, a casa de moradia e os instrumentos de trabalho e produção;

IV – se o financiamento inicial não ultrapassar o limite de cinco mil Obrigações do Tesouro Nacional;

V – se o beneficiário não for proprietário de mais de cinco módulos rurais.

§ 4º Os benefícios de que trata este artigo não se estendem aos débitos já quitados e aos devedores que sejam constituintes.

§ 5º No caso de operações com prazos de vencimento posteriores à data-limite de liquidação da dívida, havendo interesse do mutuário, os bancos e as instituições financeiras promoverão, por instrumento próprio, alteração nas condições contratuais originais de forma a ajustá-las ao presente benefício.

§ 6º A concessão do presente benefício por bancos comerciais privados em nenhuma hipótese acarretará ônus para o Poder Público, ainda que através de refinanciamento e repasse de recursos pelo banco central.

§ 7º No caso de repasse a agentes financeiros oficiais ou cooperativas de crédito, o ônus recairá sobre a fonte de recursos originária.

Art. 48. O Congresso Nacional, dentro de cento e vinte dias da promulgação da Constituição, elaborará código de defesa do consumidor.

Art. 49. A lei disporá sobre o instituto da enfiteuse em imóveis urbanos, sendo facultada aos foreiros, no caso de sua extinção, a remição dos aforamentos mediante aquisição do domínio direto, na conformidade do que dispuserem os respectivos contratos.

§ 1º Quando não existir cláusula contratual, serão adotados os critérios e bases hoje vigentes na legislação especial dos imóveis da União.

§ 2º Os direitos dos atuais ocupantes inscritos ficam assegurados pela aplicação de outra modalidade de contrato.

§ 3º A enfiteuse continuará sendo aplicada aos terrenos de marinha e seus acrescidos, situados na faixa de segurança, a partir da orla marítima.

§ 4º Remido o foro, o antigo titular do domínio direto deverá, no prazo de noventa dias, sob pena de responsabilidade, confiar à guarda do registro de imóveis competente toda a documentação a ele relativa.

Art. 50. Lei agrícola a ser promulgada no prazo de um ano disporá, nos termos da Constituição, sobre os objetivos e instrumentos de política agrícola, prioridades, planejamento de safras, comercialização, abastecimento interno, mercado externo e instituição de crédito fundiário.

Art. 51. Serão revistos pelo Congresso Nacional, através de Comissão mista, nos três anos a contar da data de promulgação da Constituição, todas as doações, vendas e concessões de terras públicas com área superior a três mil hectares, realizadas no período de 1º de janeiro de 1962 a 31 de dezembro de 1987.

§ 1º No tocante às vendas, a revisão será feita com base exclusivamente no critério de legalidade da operação.

§ 2º No caso de concessões e doações, a revisão obedecerá aos critérios de legalidade e de conveniência do interesse público.

§ 3º Nas hipóteses previstas nos parágrafos anteriores, comprovada a ilegalidade, ou havendo interesse público, as terras reverterão ao patrimônio da União, dos Estados, do Distrito Federal ou dos Municípios.

Art. 52. Até que sejam fixadas as condições a que se refere o art. 192, III, são vedados:

I – a instalação, no País, de novas agências de instituições financeiras domiciliadas no exterior;

II – o aumento do percentual de participação, no capital de instituições financeiras com sede no País, de pessoas físicas ou jurídicas residentes ou domiciliadas no exterior.

Parágrafo único. A vedação a que se refere este artigo não se aplica às autorizações resultantes de acordos internacionais, de reciprocidade, ou de interesse do Governo brasileiro.

Art. 53. Ao ex-combatente que tenha efetivamente participado de operações bélicas durante a Segunda Guerra Mundial, nos termos da Lei nº 5.315, de 12 de setembro de 1967, serão assegurados os seguintes direitos:

I – aproveitamento no serviço público, sem a exigência de concurso, com estabilidade;

II – pensão especial correspondente à deixada por segundo-tenente das Forças Armadas, que poderá ser requerida a qualquer tempo, sendo inacumulável com quaisquer rendimentos recebidos dos cofres públicos, exceto os benefícios previdenciários, ressalvado o direito de opção;

III – em caso de morte, pensão à viúva ou companheira ou dependente, de forma proporcional, de valor igual à do inciso anterior;

IV – assistência médica, hospitalar e educacional gratuita, extensiva aos dependentes;

V – aposentadoria com proventos integrais aos vinte e cinco anos de serviço efetivo, em qualquer regime jurídico;

VI – prioridade na aquisição da casa própria, para os que não a possuam ou para suas viúvas ou companheiras.

Parágrafo único. A concessão da pensão especial do inciso II substitui, para todos os efeitos legais, qualquer outra pensão já concedida ao ex-combatente.

Art. 54. Os seringueiros recrutados nos termos do Decreto-Lei nº 5.813, de 14 de setembro de 1943, e amparados pelo Decreto-Lei nº 9.882, de 16 de setembro de 1946, receberão, quando carentes, pensão mensal vitalícia no valor de dois salários mínimos.

§ 1º O benefício é estendido aos seringueiros que, atendendo a apelo do Governo brasileiro, contribuíram para o esforço de guerra, trabalhando na produção de borracha, na Região Amazônica, durante a Segunda Guerra Mundial.

§ 2º Os benefícios estabelecidos neste artigo são transferíveis aos dependentes reconhecidamente carentes.

§ 3º A concessão do benefício far-se-á conforme lei a ser proposta pelo Poder Executivo dentro de cento e cinqüenta dias da promulgação da Constituição.

Art. 55. Até que seja aprovada a lei de diretrizes orçamentárias, trinta por cento, no mínimo, do orçamento da seguridade social excluído o seguro-desemprego, serão destinados ao setor de saúde.

Art. 56. Até que a lei disponha sobre o art. 195, I, a arrecadação decorrente de, no mínimo, cinco dos seis décimos percentuais correspondentes à alíquota da contribuição de que trata o Decreto-Lei nº 1.940, de 25 de maio de 1982, alterada pelo Decreto-Lei nº 2.049, de 1º de agosto de 1983, pelo Decreto nº 91.236, de 8 de maio de 1985, e pela Lei nº 7.611, de 8 de julho de 1987, passa a integrar a receita da seguridade social, ressalvados, exclusivamente no exercício de 1988, os compromissos assumidos com programas e projetos em andamento.

Art. 57. Os débitos dos Estados e dos Municípios relativos às contribuições previdenciárias até 30 de junho de 1988 serão liquidados, com correção monetária, em cento e vinte parcelas mensais, dispensados os juros e multas sobre eles incidentes, desde que os devedores requeiram o parcelamento e iniciem seu pagamento no prazo de cento e oitenta dias a contar da promulgação da Constituição.

§ 1º O montante a ser pago em cada um dos dois primeiros anos não será inferior a cinco por cento do total do débito consolidado e atualizado, sendo o restante dividido em parcelas mensais de igual valor.

§ 2º A liquidação poderá incluir pagamentos na forma de cessão de bens e prestação de serviços, nos termos da Lei nº 7.578, de 23 de dezembro de 1986.

§ 3º Em garantia do cumprimento do parcelamento, os Estados e os Municípios consignarão, anualmente, nos respectivos orçamentos as dotações necessárias ao pagamento de seus débitos.

§ 4º Descumprida qualquer das condições estabelecidas para concessão do parcelamento, o débito será considerado vencido em sua totalidade, sobre ele incidindo juros de mora; nesta hipótese, parcela dos recursos correspondentes aos Fundos de Participação, destinada aos Estados e Municípios devedores, será bloqueada e repassada à previdência social para pagamento de seus débitos.

Art. 58. Os benefícios de prestação continuada, mantidos pela previdência social na data da promulgação da Constituição, terão seus valores revistos, a fim de que seja restabelecido o poder aquisitivo, expresso em número de salários mínimos, que tinham na data de sua concessão, obedecendo-se a esse critério de atualização até a implantação do plano de custeio e benefícios referidos no artigo seguinte.

Parágrafo único. As prestações mensais dos benefícios atualizados de acordo com este artigo serão devidas e pagas a partir do sétimo mês a contar da promulgação da Constituição.

Art. 59. Os projetos de lei relativos à organização da seguridade social e aos planos de custeio e de benefício serão apresentados no prazo máximo de seis meses da promulgação da Constituição ao Congresso Nacional, que terá seis meses para apreciá-los.

Parágrafo único. Aprovados pelo Congresso Nacional, os planos serão implantados progressivamente nos dezoito meses seguintes.

Art. 60. Nos dez primeiros anos da promulgação da Constituição, o Poder Público desenvolverá esforços, com a mobilização de todos os setores organizados da sociedade e com a aplicação de, pelo menos, cinqüenta por cento dos recursos a que se refere o art. 212 da Constituição, para eliminar o analfabetismo e universalizar o ensino fundamental.

Parágrafo único. Em igual prazo, as universidades públicas descentralizarão suas atividades, de modo a estender suas unidades de ensino superior às cidades de maior densidade populacional.

Art. 61. As entidades educacionais a que se refere o art. 213, bem como as fundações de ensino e pesquisa cuja criação tenha sido autorizada por lei, que preencham os requisitos dos incisos I e II do referido artigo e que, nos últimos três anos, tenham recebido recursos públicos, poderão continuar a recebê-los, salvo disposição legal em contrário.

Art. 62. A lei criará o Serviço Nacional de Aprendizagem Rural (SENAR) nos moldes da legislação relativa ao Serviço Nacional de Aprendizagem Industrial (SENAI) e ao Serviço Nacional de Aprendizagem do Comércio (SENAC), sem prejuízo das atribuições dos órgãos públicos que atuam na área.

Art. 63. É criada uma Comissão composta de nove membros, sendo três do Poder Legislativo, três do Poder Judiciário e três do Poder Executivo, para promover as comemorações do centenário da proclamação da República e da promulgação da primeira Constituição republicana do País, podendo, a seu critério, desdobrar-se em tantas subcomissões quantas forem necessárias.

Parágrafo único. No desenvolvimento de suas atribuições, a Comissão promoverá estudos, debates e avaliações sobre a evolução política, social, econômica e cultural do País, podendo articular-se com os governos estaduais e municipais e com instituições públicas e privadas que desejem participar dos eventos.

Art. 64. A Imprensa Nacional e demais gráficas da União, dos Estados, do Distrito Federal e dos Municípios, da administração direta ou indireta, inclusive fundações instituídas e mantidas pelo Poder Público, promoverão edição popular do texto integral da Constituição, que será posta à disposição das escolas e dos cartórios, dos sindicatos, dos quartéis, das igrejas e de outras instituições representativas da comunidade, gratuitamente, de modo que cada cidadão brasileiro possa receber do Estado um exemplar da Constituição do Brasil.

Art. 65. O Poder Legislativo regulamentará, no prazo de doze meses, o art. 220, § 4º.

Art. 66. São mantidas as concessões de serviços públicos de telecomunicações atualmente em vigor, nos termos da lei.

Art. 67. A União concluirá a demarcação das terras indígenas no prazo de cinco anos a partir da promulgação da Constituição.

Art. 68. Aos remanescentes das comunidades dos quilombos que estejam ocupando suas terras é reconhecida a propriedade definitiva, devendo o Estado, emitir-lhes os títulos respectivos.

Art. 69. Será permitido aos Estados manter consultorias jurídicas separadas de suas Procuradorias-Gerais ou Advocacias-Gerais, desde que, na data da promulgação da Constituição, tenham órgãos distintos para as respectivas funções.

Art. 70. Fica mantida a atual competência dos tribunais estaduais até que a mesma seja definida na Constituição do Estado, nos termos do art. 125, § 1º, da Constituição.